Andere Europäer

Hanns Walter Huppenbauer

Andere Europäer

Studien zur Geschichte der Basler Mission in Westafrika

EVANGELISCHE VERLAGSANSTALT
Leipzig

Hanns Walter Huppenbauer, Dr. theol., wurde 1930 in eine seit 1825 mit der Basler Mission verbundenen Familie geboren. Er studierte Theologie, promovierte 1958 über den Dualismus in Qumran und arbeitete als Pfarrer einer Bauerngemeinde, Lehrer am Trinity College Ghana und Präsident der KEM Kooperation evang. Kirchen und Missionen. Über Jahre hinweg war er in Vorstand und Abgeordnetenversammlung der Südafrika Mission und zeitweise der Basler Mission sowie Delegierter bei der CEVAA Communauté d'Églises en Mission. Seit seiner Pensionierung befasst er sich mit Briefen und Berichten früherer Missionare der Basler Mission.

Gedruckt mit freundlicher Unterstützung der Berta Hess-Cohn Stiftung, Basel.

Bibliographische Information der Deutschen Nationalbibliothek
Die Deutsche Nationalbibliothek verzeichnet diese Publikation in der Deutschen Nationalbibliographie; detaillierte bibliographische Daten sind im Internet über http://dnb.dnb.de abrufbar.

Das Buch wurde auf alterungsbeständigem Papier gedruckt.

Cover: Zacharias Bähring, Leipzig
Satz: Armin Zimmermann, Rheinfelden
Druck und Binden: Hubert & Co., Göttingen

ISBN 978-3-374-05572-2
www.eva-leipzig.de

Vorwort

Als ich 1966 in Yendi (Ghana) beim König nachfragte, ob es noch Erinnerungen an die Basler Missionare vor dem ersten Weltkrieg gäbe, wusste ein alter Ratgeber, es habe damals verschiedene Europäer in Yendi gegeben. Die deutschen Militärs auf der einen Seite, auf der andern die Händler und Kaufleute und schließlich an der Straße nach Kuge im Osten andere, zu denen die Leute gingen und Geschichten erzählten. Diese andern Europäer waren die Basler Missionare O. Schimming, I. Kiess und mein Vater, der über Märchen und Sprichwörter die Sprache der Dagomba aufzunehmen suchte. Was dieser Ratgeber fünfzig Jahre später vorsichtig erklärte, entsprach der Erfahrung jener Missionare, »andere« oder »keine rechten« Europäer zu sein, weil sie weder mit Soldaten noch mit der Geldkiste Eindruck machten. Dieselbe Erfahrung zieht sich durch alle sieben hier vereinten Studien, angefangen bei Jakob Sessing in Liberia, über Philipp Henke auf der Goldküste und Fritz Ramseyer in Kumasi und ein Stück weit bis in meine eigene Afrikazeit hinein. So spiegelt der Titel dieses Sammelbandes eine Grunderfahrung vieler Mitarbeitenden der Mission wieder, deren Grundlage sich in der Instruktion an die 1827 nach Liberia ausgesandten Missionsbrüder findet.

Seit zwanzig Jahren arbeite ich im Basler Missionsarchiv an Einzelthemen zur Geschichte der Basler Mission im 19. Jahrhundert. Mein Grundanliegen ist dabei, die Geschichte sozusagen von »unten her«, d.h. von den Erlebnissen und Empfindungen der Missionsbrüder her zu verstehen. Die letzte dieser Studien dieses Bandes ist zugleich die älteste, 2002 als ein Stück Familienforschung entstanden, was ein Jahr später zur Rückfrage nach dem Hintergrund dieser Mission in Deutsch Togo führte, dem vorletzten Beitrag. Beide sind gegenüber damals ziemlich stark überarbeitet worden. Die Geschichte meines Vaters (Togo) und Großvaters (Kyebi, Ghana) haben mich auf die Frage nach Theologie und Motiven in der Basler Mission geführt und so auch zu den Anfängen in Afrika, jeweils zuerst über das Lebensbild eines Missionars, wie Ph. Henke in Osu auf der Goldküste. Der »Afrikanische Friedensschluss« ist das Nebenprodukt der Arbeit über meinen Großvater in Kyebi (Akem, Ghana), die Studie über die Instruktion von 1927 speziell im Blick auf das Jubiläum der Basler Mission entstanden. Vor zwei Jahren schließlich habe ich die Tagebücher Fritz Ramseyers aus der Gefangenschaft in Kumasi für eine Mitarbeiterin transkribiert, was mein Interesse am Verhältnis des Gefangenen zu seinem König geweckt hat.

Dass ein Teil meiner Studien zur Geschichte der Basler Mission nun an eine breitere Öffentlichkeit gelangt, verdanke ich der Anregung und Ermunterung von Herrn Prof. Dr. A. Heuser in Basel. Danken möchte ich auch Dr. Dr. A. Zimmermann, der das Lektorat auf sich nahm, der Basler Mission für ihren Beitrag zur Erstellung des Manuskripts, dem Verlag für die Bereitschaft, das Buch aufzunehmen. Gedruckt wurde es mit Unterstützung der Berta Hess-Cohn Stiftung. Auch ihr sei gedankt, wie auch dem unermüdlichen Personal im Basler Missionsarchiv.

Affoltern a.A. im November 2017 Hanns Walter Huppenbauer

Inhaltsverzeichnis

Mission Impossible?

Die Anfänge des Afrikaunternehmens der Evangelischen Missionsgesellschaft zu Basel

1. Vorgeschichte

1.1 Vorüberlegung: Wo fängt die Geschichte an?

Wann die »Missionsunternehmung in Afrika« der Evangelischen Missionsgesellschaft zu Basel ihren Anfang nahm, ist gar nicht so eindeutig festzulegen. Diese war als Missionsinstitut gegründet worden, wo, wie in Jaenickes Berliner Institut, junge Männer für den Missionsdienst ausgebildet und dann an Missionsgesellschaften zur Aussendung weitergegeben wurden. Als sich das Missionsinstitut 1820/21 in eine Gesellschaft mit eigenem Arbeitsgebiet umwandelte, lag das Arbeitsfeld in Südrussland und bei weitem nicht in Afrika und ein eigenes Afrikaunternehmen noch in weiter Ferne.

Der eigentliche Beginn der Afrikaarbeit der Basler Mission wird in der Regel mit dem Versuch an der dänischen Goldküste ab 1826/28 in Verbindung gebracht, offensichtlich, weil diesem Bemühen, trotz anfänglicher und erheblicher Rückschläge, schließlich doch Erfolg beschieden war. Frühere Überlegungen und Versuche sind, obwohl in den Missionsgeschichten von Eppler und Schlatter beschrieben, allem Anschein nach dem Erfolgsdenken zum Opfer gefallen und in Vergessenheit geraten.[1]

---

1 Paul Eppler, Geschichte der Basler Mission (1815–1899), Basel 1900, 37ff, Wilhelm Schlatter, Geschichte der Basler Mission, Bd. 3, Basel 1916, 1–9, Gustav Warneck, Abriss einer Geschichte der protestantischen Missionen von der Reformation bis auf die Gegenwart, Berlin 1905, 133 u. Julius Richter, Allgemeine evangelische Missionsgeschichte, Bd. 3, Gütersloh 1922, 90f erwähnen nur kurz den misslungenen Versuch in Liberia von 1827–31. Schon Albert Ostertag, der doch diesen Ursprüngen ziemlich nahe stand, schreibt im Evangelischen Missions-Magazin 3 (1859), 33: »Es war im Jahr 1826, dass die evangelische Missionsgesellschaft zu Basel anfing, ihre Blicke auf die tief versunkene Bevölkerung Westafrikas zu richten« und berichtet dann von Liberia. In Christallers Excerpte über die Geschichte der Evangelischen Missionsgesellschaft in Basel, ohne Jahr (BMA QM 10-35,12), finden wir zwar bei 1819 den Hinweis auf Wünsche, Missionare selber »in die Heidenwelt auszusenden«, Afrika wird

Es gibt jedoch im Missionsarchiv (BMA) ein altes Manuskript mit dem Titel »Anbahnung einer Mission unter den Negern«, das die Anfänge für dieses Unternehmen mit der Umwandlung des Instituts in eine Gesellschaft (1820) verbindet.[2] Blicken wir außerdem auf Christian Gottlieb Blumhardt, den ersten Inspektor der Gesellschaft, so stellen wir schon 1818 sein teilnehmendes Interesse an der Arbeit der britischen Church Mission Society (CMS) in Westafrika fest. Es scheint daher sinnvoll, dieser mit vielen Fragen belasteten Vorgeschichte, der Anbahnung eines Missionsunternehmens in Afrika nachzugehen.

Die Leitung der Basler Missionsgesellschaft hat sich früh Gedanken über eine Arbeit in Afrika gemacht. Blumhardt stand in engem Kontakt mit der CMS, die seit 1809 in der Kolonie für freigelassene Sklaven afrikanischer Herkunft, Sierra Leone, eine eigene Missionsarbeit aufzuziehen versuchte. Seit 1818 vermittelte ihr die BM für den Missionsdienst ausgebildete Männer, seit 1822 auch solche für Sierra Leone/Westafrika. Deren Berichte wurden in Basel gelesen und verbreitet wie diejenigen aus dem Arbeitsgebiet im Kaukasus.

Für unsere Nachforschungen zur Vorgeschichte der ersten eigenen Missionsarbeit der Basler Mission in Afrika sind darum zwei Gegebenheiten wegleitend, Blumhardts Interesse an Afrika, wie es sich in zahlreichen Äußerungen und Schriften manifestiert, und das unveröffentlichte Manuskript »Anbahnung einer Mission unter den Negern« im Missionsarchiv. Das führt zu Überlegungen zur Auseinandersetzung mit dem Sklavenhandel und mündet schließlich unter Verwendung der offiziellen Komiteeprotokolle in den Versuch einer kurzen Darstellung der verschiedenen Schritte hin zu einer eigenständigen Afrikaarbeit der Basler Mission.

1.2 CHRISTIAN GOTTLIEB BLUMHARDT

1.2.1 Erste Basler Zeit

Fragen um die »Mission unter den Heiden« bewegen Blumhardt seit seiner Zeit bei der Christentumsgesellschaft in Basel (1803-7) und seiner Begegnung mit K. F. A. Steinkopf, dem damaligen Generalsekretär und darin Blumhardts Vorgänger und späteren Mitglied im Komitee der Basler Mission. Im

---

aber erst 1825 beim Briefwechsel mit der Washingtoner Gesellschaft wegen Liberia erwähnt und im Zusammenhang mit der Sendung Cappelens nach Dänemark (1826) zur Erkundung einer Missionsarbeit an der Goldküste.

[2] QM-10-35,10, 13 u. 14, in nicht ganz identischen Versionen. Der Sicht dieser Schrift scheint auch Eppler zu folgen. Schlatter scheint wenigstens andeutungsweise die Anfänge der Afrikamission mit der Gründung der Gesellschaft und den damals »ausschliesslich für das heilige Missionswerk« erhaltenen Legaten zu verbinden.

Gegensatz zu C. F. Spittler, dem Nachfolger Blumhardts als Generalsekretär der Christentumsgesellschaft und späteren Mitbegründer der Basler Mission, ist er aber überzeugt, dass die Zeit für eine Missionsanstalt noch nicht gekommen sei. So wie jedes Werk im Reiche Gottes seine Zeit habe und dafür heranreifen müsse, so auch die Mission. Die Zeit der Mission ist für Blumhardt in einen eschatologischen Prozess eingebettet, dessen Verlauf durch die Zeichen der Zeit zu erkennen ist. Wie für Steinkopf wird ihm das Studium der Weltgeschichte zur grundlegenden Voraussetzung, um die Zeichen für das Reich Gottes zu erkennen.[3]

Jeder Schwärmerei abhold und auch für chiliastische Überlegungen und Berechnungen, wie sie andere Pietisten seiner Zeit hochhielten, nicht zu haben, gibt es doch auch für Blumhardt in den Ereignissen seiner Zeit eindeutige Zeichen für ein baldiges und endgültiges Einwirken Gottes in die Weltgeschichte. Die Wirren der Aufklärung, die Französische Revolution und ganz besonders das Auftreten Napoleons, alle Kriege, Hungers- und Krankheitsnöte in seinem Gefolge, deuten das Einbrechen der sogenannten letzten Zeit an. 1813, also zu einem Zeitpunkt als sich die Dinge schon gegen den Siegeszug Napoleons zu wenden beginnen, schreibt er an Spittler: Wenn »das brausende Sturmgewitter der Zeit, das Throne und Kanzeln zerschlägt«, vorüber ist, »wenn alles ausgeglüht und durchläutert sein und alles weltliche und geistliche Formularwesen seine 1000-jährige Hülse abgestreift und dem inwohnenden Keim freie Luft gemacht haben wird, dann - dann kommt das goldene Jahrhundert der Missionen. - Jeder Anschlag zur Bildung von Missionsgesellschaften [... ist ein ...] Lebenszeichen der kommenden besseren Zukunft für das unvergängliche Königreich Jesu Christi [...]. - Eure christlichen Zöglinge werden euch entgegenkommen, ihr mutigen Friedensboten des ewigen Evangeliums (Offb 14,6). Einst suchtet ihr sie in ihren öden Sandwüsten auf, sie werden euch aufsuchen, und die entferntesten Inseln[4] werden euch in eurem Vaterland holen. - Dann kommen die Zeiten der Erquickung vor dem Angesicht des Herrn.«[5]

In dieser Vision von der kommenden Zeit ist kaum Raum für Kirchengründungen. Es geht um die Verkündigung an die fernen Brüder und Schwestern, die ihrerseits die Christen in den alten Ländern rufen und mit ihnen »nach Zion« wallfahren werden. Afrika ist hier nicht ausdrücklich genannt, wie meist in Blumhardts frühen Predigten, Briefen und Schriften. Er spricht hier der alttestamentlichen Redeweise entsprechend von den »Völkern«, resp. »Heiden«. Es liegt jedoch nahe, dabei an afrikanische Völker zu denken.

---

[3] Ausführlich in HANNS WALTER HUPPENBAUER, Menschenliebe und Wiedergutmachung: Missionsmotive und Theologie in den Anfängen der Evangelischen Missionsgesellschaft in Basel, Lembeck 2010.

[4] Vielleicht Anspielung an Jes 49,1, sicher an Jes 66,19.

[5] ALBERT OSTERTAG, Vorarbeiten zur Geschichte der Basler Mission (handschr. o. J) Bund 20, Beilage S. 5.

1.2.2 Missions-Magazin

In den ersten fünf Jahrgängen des Missions-Magazins[6] (1816–20) findet Afrika und die Bereitschaft afrikanischer Völker für das Evangelium und ihr Wunsch nach Lehrern in gleicher Weise Erwähnung wie auch die Arbeit in Indien, der Südsee, China und Nordamerika. 1818 widmet sich Heft IV folgerichtig der Missionsarbeit in Afrika mit Berichten aus den Londoner Gesellschaften und der Brüdergemeine. In der Einleitung zu diesem Heft betont und lobt Blumhardt den Eifer der britischen Mission, die »nicht aufgehört [habe], mit doppelter Sorgfalt und Aufopferungsliebe dem unglücklichen Negergeschlecht jener Gegend [Westafrika] hülfreich entgegen zu eilen.« Auf S. 485 zitiert er einen britischen Bericht über die Schwierigkeiten und Prüfungen, die die Mission in Afrika besonders durch den wiederauflebenden »schändlichen Menschenhandel« zu bestehen habe und bemerkt, dass Gott oft, bevor er Großes tue, schwere Prüfungen auferlege. Die Schwierigkeiten in Afrika seien nicht als gegen Afrika gerichtet zu verstehen, sondern eher als Zeichen für Afrika (S. 487).

Mit dem 5. Jahrgang 1820 tritt dieses Interesse stärker in Erscheinung. Heft II lässt sich ausführlich über Instruktionen für Missionare aus. Eine solche für nach Sierra Leone ausgesandte Prediger des Evangeliums der CMS wird hervorgehoben: »Die durch den Sklavenhandel erhobenen Schwierigkeiten, welche bisher die Wirksamkeit aller unserer Missionsarbeiten unter den Susos verhindert haben, [...] haben uns veranlasst, unsere Aufmerksamkeit mehr auf die Kolonie Sierra Leone als die schicklichste Stelle hinzulenken, von wo aus unter den umgrenzenden Heiden das Evangelium verbreitet werden kann.«[7] Heft III 1820 widmet sich Südafrika und Jahrgang 1822 bringt Einblicke in die Arbeit unter den afrikanischen Sklaven in Westindien und den Menschen Westafrikas, speziell Sierra Leones (Reise nach Grand Bassa, Sklavenschicksale). Jahrgang 1823 berichtet wieder über Südafrika und Heft IV 1824 über die Arbeit unter den afrikanischen Sklaven in Westindien.

Nicht zufällig mehren sich die Meldungen über Afrika. 1821 werden die ersten Basler Brüder für die Arbeit der CMS in Sierra Leone bestimmt, ein weiterer für Südafrika. Von da an erhält Basel Berichte über Afrika aus erster, nämlich der eigenen Brüder Hand. Und wenn Pfr. Von Brunn 1821 in seiner Predigt zum Jahresfest über den Engel und das ewige Evangelium in Offb 14,6–7 und zugleich in Anlehnung an Jesu Predigt in Nazareth (Luk 4,18) und Jes 61,1f von der frohen Botschaft spricht, die »denen, die in Finsternis sitzen, Licht bringt, denen, die in Sklavenketten liegen, wahre Freiheit verschafft [...]«, denkt er gewiss nicht an symbolische Ketten, sondern an die Opfer des

---

[6] Eigentlich Magazin für die neueste Geschichte der protestantischen Missions- und Bibelgesellschaften. Ab 1857 fortgeführt als Evangelisches Missions-Magazin.

[7] Missions-Magazin 5 (1820), 202–207.

Sklavenhandels, über die man inzwischen mehr erfahren hat.[8] Heft I 1825 weiß von Widerständen gegen die Arbeit unter den Sklaven der westindischen Inseln und dem Verbot, Kinder von Sklaven zu unterrichten und ihnen das Evangelium zu verkündigen.

1.2.3 Herzenswunsch Afrika

Anzeichen des Interesses an Afrika werden auch sonst sichtbar. 1822 verspüren zwei Missionsbrüder, Kugler und Müller, das dringende Verlangen, in eigener Regie in die Heidenwelt nach Afrika auszuziehen. Das Komitee sieht darin ein erfreuliches Zeichen des Waltens des Geistes Jesu Christi unter den Missionszöglingen. Blumhardt übergibt am Missionsfest dem Nachdenken und Gebet der Freunde seinen »Herzenswunsch«, »auch in der rohen Negerwelt einen Missionsposten zu haben. Unsere Committee glaubt deutliche Fingerzeige für unsere Gesellschaft anzutreffen, eine direkte Mission in der Negerwelt in Westafrika zu versuchen und hierzu die nötigen Einleitungen zu treffen.«[9] An der Generalkonferenz 1825 spricht er deutlich aus, dass er viel lieber unter dem »unglücklichen und verlassenen Geschlecht« Afrikas arbeiten möchte als in Russland.

1.3 »Anbahnung einer Mission unter den Negern«

Im Ordner QM-10-35 im Basler Missionsarchiv finden sich drei handgeschriebene Texte, die sich mit der Vorgeschichte des Afrikaunternehmens befassen. Ein dünnes Bündel trägt den Titel »Anbahnung einer Mission unter den Negern«, ohne Verfassername und Jahr.[10] In diesem Text sieht jemand schon in den zur Gründung der Missionsgesellschaft führenden Beratungen von 1819 eine erste Vorbereitung für die Mission in Afrika und in den Legaten und Schenkungen dafür, davon eine ausdrücklich für die Mission im »Heiden-

---

8 Missions-Magazin 6 (1821), Heft 3.

9 BMA QM-10-35,10, S. 2 (§6.7)

10 QM-10-35,10. 13 und 14. Die erste Seite von 35,10 trägt die Jahreszahl 1823, zeigt aber nicht das Alter des Manuskripts an. Manuskript 35,14 ist fast identisch mit 35,10, verwendet die gleiche Absatznummerierung, aber in Schönschrift, d.h. von einem »Copisten« geschrieben Es enthält auch einige interessante Ergänzungen und scheint sich enger an die zu Grunde liegenden Komiteeprotokolle zu halten. Welches der beiden Manuskripte das ältere ist, lässt sich damit nicht so genau sagen. Im dritten Text, QM-10-35,13, wird ein Todesdatum, 1859, erwähnt, was den »terminus post quem« angibt. In der gleichen Ablage finden sich Notizen Christallers zur Basler Afrikamission und andere Vorarbeiten für eine Studie über die Basler Afrikamission aus späterer Zeit, Ghana 1831–ca. 1850 betreffend. Darin sind alle Komiteeberatungen und Beschlüsse im Blick auf die spätere Afrikamission gesammelt. Die erstgenannten drei Texte stammen jedoch nicht aus der Hand Christallers.

land«, eine Bestätigung. »Heidenland« ist oft Bezeichnung für Afrika, im Gegensatz zur Arbeit unter Mohammedanern und Juden.

Im Folgenden die weiteren wichtigsten Etappen der Darstellung im behandelten Text:

Ausgangspunkt sind die Pläne der Zöglinge Kugler und Müller, in einer »Mission nach Apostels Weise« als Wanderprediger ohne Rückhalt einer Gesellschaft zu arbeiten. Im April 1823 beschließt das Komitee eine »eigene Missionsstation im Heidenlande im Innern Afrikas«", im »rohen Heidenlande«, d.h. außerhalb der britischen Kolonie Sierra Leone. Für die Versammlung der Freunde der Mission betont man das Verlangen der Heidenwelt nach dem Evangelium. Ein Beschluss wird nicht gefasst, die beiden Zöglinge werden für die weitere Ausbildung nach Großbritannien geschickt. Im September rät K. F. Steinkopf von solchen Unternehmen ab und schlägt Kontakte mit dem dänischen Missionskollegium vor. Im November denkt das Komitee wieder anders. Die Pläne kommen ins Stocken. Blumhardt sei es vor allem gewesen, der den Wunsch, in Afrika zu arbeiten, wach hielt. Er macht weitere Vorschläge. Die Mehrheit im Komitee ist anderer Meinung: Man wolle die Kräfte für die Arbeit nicht zersplittern.

1.4 SKLAVENHANDEL UND ABOLITIONISMUS

C. M. R. Vogelsanger hat in ihrer Dissertation von 1977 »Pietismus und afrikanische Kultur an der Goldküste« darauf aufmerksam gemacht, dass in Großbritannien der Abolitionsgedanke das Interesse an der Mission geweckt und die Missionsbewegung von Großbritannien gerade in dieser Ausprägung auf den schwäbischen Pietismus eingewirkt habe.[11] Auf diesem Mutterboden ist die Basler Mission entstanden. Die ersten Jahre der Basler Mission sind nicht so sehr von Bekehrungseifer, sondern vom Drang nach Wiedergutmachung einer Europa belastenden Schuld geprägt, einer Wiedergutmachung, die den »armen Heiden« die Würde wiedergeben sollte, die ihnen durch »Menschen, die sich Christen nannten«, geraubt worden war.12

Den Berichten über die Arbeit der Herrnhuter unter den Sklaven in der Karibik stellt Blumhardt im Missions-Magazin 1824 unter dem Titel »Die Neger-Klage« eine Darstellung über den grausamen Leidensweg der Sklaven von Afrika nach den Vereinigten Staaten voran, veranschaulicht den Bericht mit dem Plan eines Sklavenschiffes und setzt über alles das Wort aus Jes 40: »Tröstet, tröstet mein Volk, spricht euer Gott, redet ihm freundlich zu, dass

---

[11] CORNELIA MONICA RENATE VOGELSANGER, Pietismus und afrikanische Kultur an der Goldküste. Die Einstellung der Basler Mission zur Haussklaverei, Zürich 1977, 36 u. 38.

[12] Siehe unten »Die Instruction von 1827«.

seine Dienstpflicht ein Ende hat« (S. 498). Viele Jahre später antwortet er auf die Frage, warum Mission gerade in Westafrika? »dieser Theil von Afrika [sei] so schwer misshandelt, und die Christenheit hat an ihm eine schwere und nicht getilgte Schuld abzutragen.«[13]

In den nächsten Jahren gibt es kaum eine Meldung zu Afrika, die nicht die Gräuel des Sklavenhandels erwähnt, schwerpunktmäßig in den Jahrgängen 1822 und 1824 des Missions-Magazins. Dies verraten auch Berichte der Gouverneure von Liberia, Dr. R. Randall und Dr. J. Mechlin: Der Sklavenhandel sei an der Westküste Afrikas mit der Gründung der Kolonie Liberia nicht überwunden, im Gegenteil, er sei wohl nie so aktiv gewesen wie in diesen Jahren (1829-31). Die Brüder aus Sierra Leone (CMS) und Liberia (Baptist Mission) berichten immer wieder vom Wiederaufleben des Handels mit Menschen[14] und seufzen wehmütig, dass nur das Christentum diese unmenschliche Sitte beenden könne. Der Sklavenhandel war theologisch mit dem Fluch über die Nachkommen Hams (Gen 9,24) begründet worden. Christliche Sklavenhändler übernahmen diese Fehlinterpretation des ursprünglich an Kanaan gerichteten Wortes. Für die Missionare aber galt, dass der Fluch durch das Evangelium aufgehoben sei und so auch diesen Völker Segen zuteilwerde.

In seinem Buch »Der verschleierte Völkermord« macht T. N'Diaye darauf aufmerksam, dass noch vor dem transatlantischen Sklavenhandel ein viel schlimmerer arabomuslimischer Sklavenhandel Afrika in die Finsternis gestoßen und die Sklavenjäger sich zudem als »gute Moslems« ausgegeben hätten, die die schlechten Muslime bestrafen und »bekehren« müssten. Obwohl als Missionare aufgetreten, hätten sie rein wirtschaftliche Interessen verfolgt und auf ihren »Missionierungs«-Zügen ganze Dörfer ausgelöscht. Andererseits hält er fest, dass auch die Abolitionsbewegung, sowohl in Großbritannien wie in den USA, nur Erfolg hatte, weil wirtschaftliche Interessen sich mit den philanthropischen Anliegen der Abolitionisten verbanden. Für die USA ist dies im Falle der Gründung der Kolonie Liberia für »free persons of colour« offensichtlich, für Großbritannien eher verborgen.[15]

1.5 Die Entwicklung hin zur Afrikamission

Blumhardt war von Anfang an vom Gedanken einer Mission in Afrika bewegt. Die Komiteeprotokolle dieser Jahre verraten, dass die Darstellung des unbekannten Verfassers der »Anbahnung einer Mission unter den Negern« recht

---

[13] Blumhardt in Missions-Magazin 18 (1833), 356.

[14] Den sie nach Daniel 9,27 und Matthäus 24,14 »Gräuel der Verwüstung« nennen, einer Erscheinung der Endzeit, deren Vernichtung zur Vorbereitung des kommendes Gottesreiches gehört.

[15] Tidiane N'Diaye, Der verschleierte Völkermord: Die Geschichte des muslimischen Sklavenhandels in Afrika, Hamburg 2010.

nahe beim tatsächlichen Verlauf der Dinge liegt. Als am 3. November 1819 die Gründung einer selbstständig aussendenden Missionsgesellschaft beschlossen wurde, sprach der Beschluss ausdrücklich davon, dass die Mission »zunächst für die deutschen und schweizerischen Kolonien an der Wolga« gedacht war. Die großzügige Schenkung von 3000 Gulden aus Württemberg, über die am 10. Januar 1820 beraten wurde und deren Zins jeweils am 6. Januar, dem Tag der Heiden, ausbezahlt wurde, sollte »für den heiligen Missionszweck und ausschliesslich für diesen allein verwendet werden«. Damit war gewiss nicht die pastorale Versorgung der Siedler im Kaukasusgebiet gemeint.

1.5.1 In fremden Diensten

Am 3. Juli 1821 behandelt das Basler Komitee verschiedene eingegangene Briefe, unter ihnen einen vom Sekretär der CMS in London, J. Pratt. Er bittet im Namen seiner Gesellschaft um vier Brüder, zwei für den Dienst in Westafrika, zwei für Indien. Mit der CMS arbeitete Basel durch die Vermittlung von Steinkopf schon seit 1818 eng zusammen. In seinem Schreiben gibt Pratt für die in Afrika dienenden Brüder die nötigen Anforderungen bekannt: Außer christlichem Sinn, duldsamem und liebevollem Wesen auch Liebe zu Kindern und tiefe Demut, die Fähigkeit, Aufsicht zu üben über Kinder und sie in die Grundkenntnisse von Latein und Griechisch einzuführen. Bei den vier von London gewünschten Brüdern sollten die beiden für Westafrika vorrangig bestimmt werden. In der Beratung durch das Komitee fällt die Wahl einhellig auf die Brüder G. W. I. Metzger (Brüderverzeichnis=BV 25) und K. W. Beckauer (BV 12).

Nur wenige Wochen später meldet sich Pratt wieder. Das Werk des Herrn gedeihe in Westafrika besonders gut und erweitere sich. Daher müssten zwei weitere Brüder dorthin gesendet werden. Ob die beiden anderen, für Indien bestimmten Brüder auch nach Afrika gesendet werden könnten? Die Prüfungskommission, die darüber berät, anerkennt das Bedürfnis für zwei weitere Brüder, möchte aber vermeiden, dass Brüder, die bei der Ordination öffentlich nach Indien ausgesandt wurden, eine andere Bestimmung erhielten. Bis Ende Jahr werden J. Gerber (BV 26) und W. H. Schemel (BV 21) für Westafrika bestimmt, weil - wie das Protokoll vom 12. Dezember vermerkt - keine anderen zur Verfügung stehen. Mit diesen vier beginnt die über die CMS laufende Beziehung der Basler Mission zu Sierra Leone.

1.5.2 Das Heidenland nicht vergessen

Im Herbst des gleichen Jahres (1821) trifft Blumhardt H. D. Pinkerton, Sekretär der London Bibel Society, in Straßburg. Sie reden lange und ausführlich über Pläne, die die Bibelgesellschaft gerne mit den Baslern verwirklichen möchte. Neben anderem habe Pinkerton ihnen, den Baslern, »die Tätigkeit in der eigentlichen Heidenwelt« ans Herz gelegt, »namentlich in Südafrika, welcher Wirkungskreis von der Gesellschaft nicht möchte ausser Acht gelassen werden«.[16] Einer der Brüder in den Niederlanden, J. Schulthess, soll mit der Brüdergemeine nach Südafrika ausreisen. Hier aber geht es um wesentlich mehr. Pinkertons Wunsch ist, die Niederländische Mission dringend aufzufordern, alle vier in Berkel zur Ausbildung sich befindenden Brüder nach Südafrika abzuschicken. Am 10. Oktober berichtet Blumhardt im Komitee. Er verfasst dazu einen Bericht, der dem Komitee zur Zirkulation und den Londoner Gesellschaften zur Kenntnis zugestellt werden soll. Die Brüder in Berkel, neben J. Schulthess noch J. J. Bär (BV 8), P. Knecht (BV 4) und D. Müller (BV 2), berichten vom Besuch des Missionars Stomp aus Kapstadt, der ihnen viele gute Ratschläge für ihre spätere Arbeit gegeben habe. Die Niederländische Mission geht jedoch auf den Vorschlag nicht ein. Schulthess stirbt noch vor seiner Ausreise nach Südafrika. Die übrigen werden auf die Molukken ausgesandt.

1.5.3 Kugler und Müller

In Basel löst diese Anfrage ein Echo aus. C. Kugler (BV 39) und T. Müller (BV 33) drängt es in die praktische Missionsarbeit im richtigen »Heidenland«. Ist es Unzufriedenheit mit der Missionsleitung und deren Art, Mission zu verstehen und zu betreiben? Ist es Liebe zu dem »armen Negergeschlecht«? Spüren sie das Verlangen des Inspektors nach einer Afrikamission?

Christian Kugler, geb. 1801, ein Bauernsohn mit wenig Schulbildung, die er allerdings mit Kursen in Lateinisch und Griechisch aufbesserte, erlebte fünfjährig eine erste Glaubenserfahrung. Wie die meisten Zöglinge der Mission fiel er vom guten Weg ab, spürte späterdas Wirken der Gnade Gottes in seinem Herzen und suchte einen Beruf, »wo er ausschliesslich mit dem Worte Gottes zu tun habe«. Missionar will er werden, aus Liebe zum Heiland und »den Menschen, die noch sitzen in Finsternis und Schatten des Todes« (Lukas 1,79), schreibt er in seinem Lebenslauf. Er tritt 1819 ins Seminar ein.

Theodor Müller, geb. 1799, schon mit drei Jahren Vollwaise, wächst bei der Schwester seiner Mutter auf, erfährt durch sie viel Gutes und durch einen Lehrer echten christlichen Glauben. Er wird Metzger und Kellner. Ein Onkel bringt den schüchternen Jungen nach Königsfeld. In Berichten, Versammlungen und durch die Lektüre des Missions-Magazins kommt er mit der Mission in Berührung, nimmt Kontakt auf mit Blumhardt und kann 1821 ins Seminar eintreten.

Die beiden beraten sich mit den anderen Brüdern im Haus. Sie wollen sich und ihre Ansicht vor dem Herrn prüfen, bevor sie damit vor Blumhardt treten. Die Brüderschar unterstützt sie in ihrem Verlangen. Dann eröffnen sie ihren Wunsch dem Inspektor, ohne viel menschliche Hilfe, auch ohne die Infrastruktur einer Missionsgesellschaft, nur auf die Hilfe des Herrn vertrauend, den Heiden die frohe Botschaft zu bringen.

---

[16] Komiteeprotokolle Bd 5. (1821), vom 10. Okt. § 5 II S. 101.

Blumhardt seinerseits legt die Sache dem Komitee vor. Dies befindet am April 1823: »Als erfreuliches Zeichen des Waltens des Geistes Jesu Christi unter unsern lieben Missionszöglingen wurde der vor dem Herrn geprüfte Vorsatz Kuglers und Müllers vorgetragen, dass sie in Seinem Namen und in festem Glauben und Vertrauen auf seine Durchhilfe ohne viele menschliche Unterstützung in die Heidenwelt ausgehen wollten.« Das Komitee will ihrem Wunsch nicht im Wege stehen. Man anerkennt ihr Tun als ein Unternehmen ohne »förmliche Unterstützung einer Gesellschaft«.

Kugler und Müller gelangen schließlich nach London zur weiteren Ausbildung, kommen dann aber über die CMS nach Abessinien und Alexandria. Ihre Vision von einer »nur auf die Durchhilfe des Herrn« basierenden Mission in Afrika wich der praktikableren Version im Dienste einer britischen Missionsgesellschaft. Kugler starb schon früh durch die Explosion einer Gewehrkugel, Müller blieb im Dienst der CMS, u.a. auch als Kaplan an der britischen Niger-Expedition, und beendete seine Laufbahn als Gemeindepfarrer in Großbritannien.

1.5.4 Im bloßen Heidenland

Vom unbändigen »Trieb« der beiden Brüder, im afrikanischen Heidenland wirken zu wollen, muss einiges zu den Herren Vorstehern gedrungen sein, lange bevor man im Komitee davon sprach.[17] Im Komiteeprotokoll vom 18. April 1823 steht kurz: »5. ward eine eigene Missionsstation im Heidenlande, etwa im Innern Africa bei der Suso- oder Bullon-Nation in Anregung gebracht.« Da geht es um mehr als eine etwaige »Anbahnung«, jetzt liegen konkrete Pläne vor, eine eigene Station im Innern, nicht in einer Küstenkolonie wie Sierra Leone, unter den Susu, nördlich des Arbeitsgebietes der CMS.

Die Gründe dafür waren:

- In den vergangenen Jahren hatte man mehr eingenommen als ausgeben können.
- Es bestand Sorge, dass bei dem nur mäßigen Erfolg am Kaspischen Meer die Spendenfreudigkeit unter den Missionsfreunden ohne neue Impulse nachlassen könnte.
- Die Gegend der Susu- und Bullon-Nation, »wo das Evangelium so augenscheinlich gesegneten Fortgang hat«, scheint vielversprechend zu sein.
- Es besteht der Wunsch, »es möchten mit einem neuen Beginn unsere Einnahmen u. Ausgaben mehr ins Gleichgewicht kommen.«[18]

---

17 Im Dok. QM 10-35,10 wird gesagt, dies sei »wiederholt« zur Sprache gekommen.

18 Dok QM-10-35,13 stellt dazu fest, dass Finanzüberschüsse peinlich seien, und fragt, ob der Herr sie nicht dadurch zu einer weiteren Unternehmung zwingen wollte. In der vorgeschlagenen Gegend war schon Mission getrieben worden, unter den Susu 1797 durch Missionare der schottischen und Londoner Gesellschaft und 1807 durch

Der Plan wird der Prüfungskommission zur weiteren Beratung übergeben. Diese nimmt die Sache auf. Hauptanliegen ist nun die Information der Freundeskreise im Rahmen des Missionsfestes am 28. Mai. Man spricht jetzt von der »Anbahnung einer neuen Missionsstation im blossen Heidenlande« und sammelt neue, für die Missionsfreunde überzeugendere Argumente:

- Die Heidenwelt verlangt darnach, das Evangelium zu hören.[19]
- Die Briten gehen für ihre Missionsarbeit nie über die Grenzen der eigenen Kolonie hinaus, da ist ein Schritt ins Innere Afrikas dringend nötig.
- Die Missionare Wylander und Wilhelm würden unsern Leuten beim Sprachstudium helfen.

Ein solches Unternehmen muss in Absprache mit der CMS und in Verbindung mit der britischen Regierung vorbereitet werden. Am 14. Mai, nachdem die Prüfungskommission darüber beraten hat, werden die Anträge genehmigt, »sofern der Herr solches durch fernere Entwicklung der Umstände mit seinem Segen begleitet.« Am 28. Mai versammeln sich die Delegierten der Missionsvereine zur Generalkonferenz. Blumhardt legt ihnen auch das Anliegen einer neuen Missionsarbeit vor:

»Dem Nachdenken und Gebet unserer Freunde übergeben wir einen andern Wunsch unseres Herzens, auch in der rohen Negerwelt einen Missionsposten zu haben. Dies war der Gedanke einiger Committee-Mitglieder, als sich vor einem halben Jahre zwei unserer Zöglinge getrieben fühlten, die Ausführung eines gleichen Unternehmens einigen ihrer Vorsteher mitzuteilen. Der Geist führe diese Sache aus, die wir, seine armen Diener, ihm kindlich übergeben.«[20]

---

eine Gesellschaft zur Erziehung von Negerkindern am Pongafluss. Beide Stationen wurden durch Sklavenhändler abgebrannt. Bei der Bullon-Nation südlich der Susu herrschte 1816 noch eine lebhafte Missionstätigkeit.

[19] Im Jahresbericht 1822 (Missions-Magazin 8 [1823]) nennt BLUMHARDT dafür Beispiele aus Südafrika und dem Pazifik.

[20] QM-10-35,10, S. 2 § 6.7. Dreierlei fällt dazu auf: 1) Blumhardt, der nach dem Dokument QM 10-35,10 die treibende Kraft für eine Afrikamission war, nimmt seine Person zurück und stellt sich hinter die Vorschläge der Komiteemitglieder. Das entspricht seiner Grundhaltung, dass er alles reifen lassen will, bevor er es ausspricht. Wenn andere Vorsteher dasselbe aussprechen, ist dies ein Zeichen für das Heranreifen eines Planes. 2) »Einige Commitee-Mitglieder« zeigt, dass es im Komitee auch Zweifel an Sinn und Durchführbarkeit einer eigenen Afrikamission gegeben haben muss. Wer waren die Bremser? 3) Kugler und Müller meldeten ihr Anliegen »vor einem halben Jahr« im Herbst 1822 an. Sie hatten es vorher im Kreis der Brüder besprochen, als sich vier für Sierra Leone bestimmte Brüder zur Vorbereitung ihrer Ausreise in London befanden. Kuglers und Müllers Anliegen wächst also parallel zur Suche der CMS nach weiteren Mitarbeitern. Sie haben sich wohl von dem Aufruf inspirieren lassen. Der Wunsch »auf Apostelweise« (vgl. Mt 10) für das Gottesreich zu wirken, drückt auch eine Kritik am bisherigen System der Gesellschaften aus.

In der darauffolgenden regen Diskussion gibt es vor allem positives Echo zum neuen Vorhaben. Da und dort hätten sich schon Gebetskreise gebildet für die Arbeit »unter den Heiden«. Sogar Kinder interessierten sich dafür. Der Berner Delegierte macht Mut, indem er zum Gebet aufruft, »dass die Liebe Gottes in unsern Herzen durch den hlg. Geist immer mehr ausgegossen werde« - dann müsse auch dieses Vorhaben wohl gelingen.[21] Das waren deutliche »Fingerzeige der Vorsehung« für eine Arbeit in Afrika.

Noch an der Jahresversammlung berichtet Pfr. Kraft aus dem Elsass, Sklavenhändler hätten in Sierra Leone Missionar Wilhelms Haus und die Kinderanstalt niedergebrannt. Übergriffe von Sklavenhändlern sollten aber nach Blumhardt kein Hindernis, vielmehr eine verstärkte Herausforderung für das Missionswerk sein. Sie zeigen jedoch das Risiko auf, in das sich einzulassen die Mission im Begriff war.

Wesentlich härter trifft der Brief des britischen Missionssekretärs Pratt über das schlechte Englisch der Basler Brüder, wodurch ihre Brauchbarkeit zunächst gehemmt sei und die Achtung bei den Untergebenen schwäche. Dass die »Aussprache im Englischen« der schweizerischen und schwäbischen Brüder beim britischen Gouverneur und den anglikanischen Kollegen von Sierra Leone Anstoß erregte, leuchtet ein. Ob dies die »Eingeboren« und die ehemaligen Sklaven, die vermutlich ihr »Kru-Englisch« sprachen, wirklich störte, ist eine andere Frage.[22] Eigentlich wäre dies ein guter Grund mehr, ein Wirkungsfeld in eigener Regie zu suchen. Aber es kommt noch schlimmer. Vier Basler Brüder waren mit der CMS nach Sierra Leone ausgereist und dort anfangs 1823 angekommen. Zwei von ihnen überleben die ersten Monate und Krankheiten nicht, die Brüder Schemel und Beckauer, dazu die Frauen von Metzger und Gerber. Eine pestartige Epidemie muss in der Gegend gewütet haben, der auch zahlreiche Afrikaner zum Opfer fielen.

Im Spätsommer rät K. F. Steinkopf, lieber weniger Zöglinge und dafür bessere zu nehmen, was allerdings am Kern der Sache, nämlich dem bernerischen und schwäbischen Akzent der Brüder, völlig vorbeigeht. Auch meldet er im Blick auf ein Missionsprojekt unter den Susu Bedenken an. »Das Reisen ins Innere von Afrika als wandernde Lehrer und Prediger [...] sei sehr schwer und gefährlich«, und schnell werde man dann von den dortigen Häuptlingen politischer oder merkantiler (d.h. sklavenhändlerischer) Absichten verdächtigt.[23] Das gibt zu denken!

Und angesichts der Todesfälle fragen am 11. November einige Komiteemitglieder, »ob nicht diese armen Neger so viel möglich durch Lehrer aus ihrer Mitte beraten werden sollten, [und] ob bei unsern Freunden in England nicht [...] angeregt werden dürfte, junge Afrikaner bei uns zu diesem Zwecke

---

21 QM-10-35,13, S. 16

22 Dagegen wehren sich Gerber und Metzger später heftig.

23 Komiteeprotokoll 1823, 72.

erziehen zu lassen. Unserer Gesellschaft scheine ein solches Unternehmen eher aufbehalten zu sein als in Anlegung einer zweiten Mission. Ein solches Unternehmen dürfte auch dem Verfahren der Apostel Jesu am meisten gemäss sein, welche [...] Eingeborene des Landes zu Lehrern für ihre Landsleute aufstellten.«[24]

Mit diesem wenig überzeugenden Hinweis auf die Praxis der Apostel wird die Diskussion geschlossen. Das Komitee hat den im Frühjahr bewiesenen Mut verloren. Wie anfangs 1824 die CMS den Entscheid mitteilt, dass künftig »für Sierra Leone und West-Indien nur geborene Engländer zu Missionaren verwendet werden sollen«, sind die Basler Brüder von der Arbeit in »der Negerwelt ausgeschlossen, so gerne sie ins Land des Todes gewandert wären«.[25] Weil aber unter den britischen Kandidaten keiner im »Tal des Todes« arbeiten will, bleibt schließlich alles beim Alten.

1.5.5 Auswege

Das folgende Jahr bringt im Versuch, eine »Negermission« zu gründen, keine weitere Entwicklung. Möglichkeiten hatten sich einige angeboten:

a) Demerara

Über einen Freund in London fragt im Sommer 1823 ein Pflanzer in Demerara (Guyana) um einen Prediger für die 700 Afrikaner (Sklaven!) auf seiner Farm an. Steinkopf findet am 18. September »solche Winke der Vorsehung seien sehr beachtenswert«.[26] Das Komitee beschließt am 8. Oktober, nicht darauf einzugehen.

b) Guinea

Im September hatte Steinkopf geraten, statt einer eigenen Mission in Afrika sich mit dem Missionskollegium in Kopenhagen für eine »Guinea Mission« in Verbindung zu setzen. Der Missionsgeist sei in Dänemark erwacht. Die Zusammenarbeit mit dem dänischen Kollegium könnte den Baslern einen Weg öffnen. Das bekräftigt im Oktober Dr. A. Roderbach aus Dänemark. Er will den dänischen Bischof Martins für die Sache gewinnen. Basel ist einverstanden. Doch »damit ruhte die Sache vorläufig« (a.a.O. §12).

c) Afrikaner Seminar

Im Oktober setzt sich die Meinung durch, auf eine zweite Mission (neben Südrussland) zu verzichten, dafür aber anzustreben, Afrikaner auch in Basel oder in Großbritannien für den Evangeliumsdienst in ihrer Heimat auszubilden. Schritte in diese Richtung werden aber nicht verfolgt. »Indessen verdient das Aussprechen des Gedankens alle Beachtung!«[27] J. F. Sessing war 1829 der erste Basler Missionar, der einen Afrikaner, den Bassa-Jungen Georg, nach Basel brachte.

---

24 Ebd., 91.

25 bemerkt das Dok. QM 10-35,10.

26 QM-10-35,10 (S. 3, § 8.9).

27 D-10-35,13, S. 21

d) Goldküste oder Südafrika

Blumhardt lässt nicht locker. Im April 1825 schreibt er an Br. J. Gerber in Sierra Leone, die Basler Missionsgesellschaft trage »schon lange den Wunsch in ihrem Herzen, mit ein paar Brüdern einen Missionsversuch auf der Goldküste (Cape Coast) zu machen« und stellt sieben konkrete Fragen zur Vorbereitung eines solches Versuchs.[28] Im gleichen Monat schlägt er dem Komitee eine Arbeit in Südafrika vor. Die Kosten dafür wären nicht zu groß, dafür das Verlangen der Völkerstämme nach dem Evangelium umso mehr. Die Mehrheit im Komitee ist anderer Meinung. Sie befürchten, die Kräfte zu zersplittern.[29] »Damit war wieder ein Gedanke Blumhardts, in die Negerwelt zu kommen, vereitelt«, kommentiert der Schreiber des Dok. QM-10-35,10 (S.7 §19). Seine Enttäuschung drückt Blumhardt an der Generalkonferenz 1825 so aus: »Unser Missionsgeschäft befindet sich im Morgenland, obwohl wir nicht leugnen können, dass wir lieber in die Negerwelt gezogen wären« (a.a.O. S.8 § 21) In einem Brief vom 14. Juli 1825 schreibt er: »Der Heiland tue, was seinem Herzen wohl gefällt; aber seine armen Knechte wollten gerne, dass auch unter diesem unglücklichen und verlassenen Geschlechte Sein Zion aufgebaut, oder wenigstens für die nachkommenden Baumeister Stein und Kalk zugerichtet würden.«

e) Nordamerika

Am Missionsfest in Basel regt Inspektor Stobwasser aus Königsfeld an, unter den afrikanischen Sklaven in Nordamerika einen Missionsversuch zu wagen. Nach Erkundigungen erweist sich auch dieser Versuch als wenig aussichtsvoll und das »Committee steht von diesem Gedanken ab« (a.a.O.).

1.5.6 Differenzen

Soweit das Bild, wie es sich bei der Lektüre der offiziellen Texte ergibt. Einige Ungereimtheiten fallen auf. Eine merkwürdige Diskrepanz besteht zwischen dem Beschluss vom April 1823, eine neue und eigene Station im »blossen Heidenland« zu gründen, und den konkreten Plänen, die überhaupt keine selbstständige Station vorsehen, sondern eine Arbeit »im Schlepptau der Engländer«, wie es in einem Kommentar heißt.30

Die Folgebeschlüsse an der Jahresversammlung meinen nicht mehr die eigene neue Station, sondern den Plan der beiden Brüder Müller und Kugler und scheinen den Gedanken der eigenen unabhängigen Station im Innern Afrikas aus den Augen verloren zu haben. Obwohl Blumhardt der Generalkonferenz den Plan eines eigenen Afrikaunternehmens vorlegt und das Komitee »deutliche Fingerzeige der Vorsehung für eine Mission in Afrika« zu erkennen

---

[28] Kopierbücher BLUMHARDT Bd. 2, Q-3-1,2, 108f.

[29] Komiteeprotokoll 1825, 51 §.

[30] QM-10.35,13, S.13.

meint, beschließt es wenig später, man müsse sich auf Georgien beschränken, und sieht von Afrika ab.

Das alles scheint der Bemerkung Recht zu geben, dass vor allem Blumhardt eine Afrikamission wünschte. Dok. QM-10,35,13 macht S.17 ausdrücklich auf diese Ungereimtheiten aufmerksam und fragt vorsichtig, ohne eigentlich Kritik zu üben: »Sollte wohl die Com. den Plan (der Brüder Kugler und Müller) in der General-Konferenz vorgeschoben haben (wie Fühler), um sich den Rücken zu decken? Man wartet, dass Gott die Thüren öffnet.« Das würde heißen, an jener Generalkonferenz 1823 wurde gar nicht über einen konkreten Plan der Missionsleitung diskutiert, sondern sehr unverbindlich anhand des Anliegens der beiden Brüder, die Möglichkeiten für eine Afrikamission sondiert.

Andere Fragen stellen sich:

- Bei der Gründung der Mission wurde festgehalten, Beschlüsse sollten jeweils einstimmig gefällt werden. Bei den Entscheidungen um eine Mission in Afrika hören wir immer wieder von Mehrheiten. Da ging es nicht einstimmig zu. Es muss zeitweise heftige Auseinandersetzungen gegeben haben, zwischen den »Predigern« auf der einen, und den »Kaufleuten« auf der anderen Seite, wie Präsident N. von Brunn in einem Gespräch mit Missionar Sessing feststellt.
- Bei den Entscheiden für eine Missionsarbeit am Kaspischen Meer gibt es meines Wissens dieses merkwürdige Hin und Her, ein Schritt vorwärts, dann einer zurück, einmal Ja, dann wieder Nein oder Halb-nein, nicht. Weshalb hier? Weshalb dringt Blumhardt hier nicht durch? Wer waren die Bremser und Zauderer?
- Im Suchen nach Alternativen zeigten sich verschiedene offene Türen, auch solche, die Steinkopf beachtenswert fand und die mit relativ wenig Aufwand versucht werden konnten: Was gab den Ausschlag, auch hier nicht einhaken zu wollen? Ist es Zufall, dass das Zaudern überall da stark wird, wo man in Berührung mit Sklavenhaltern oder gar Sklavenhändlern kommt, obwohl ja gerade ihretwegen die Christenheit Europas eine schwere und ungetilgte Schuld abzutragen hätte?
- Liegt die Lösung dieser merkwürdigen Ungereimtheiten vielleicht gerade beim Problem Sklavenhandel und Sklavenhaltung? Mehrere Familien der Kaufleute und der Prediger im Missionskomitee waren in irgendeiner Form im Handel mit Sklaven, dessen Finanzierung oder der Haltung von Sklaven auf Plantagen involviert.[31] Hat es etwas zu

---

[31] Vgl. u.a. HANS FÄSSLER, REISE in SCHWARZ-WEISS: Schweizer Ortstermine in Sachen Sklaverei, Zürich 2005 und THOMAS DAVID, BOUDA ETEMAD, JANICK M. SCHAUFELBUEHL, Schwarze Geschäfte: Die Beteiligung von Schweizern an Sklaverei und Sklavenhandel im 18. und 19. Jahrhundert, Zürich 2005. Siehe dort z.B. die Familien Burckhardt/Bourcard, Merian, Thurneysen, Faesch, u.a., auch Indienne-Hersteller wie Kuster, Roques, Simon, oder Bankiers.

bedeuten, dass die Hemmungen im Basler Komitee, im Namen des Herrn nach Westafrika zu ziehen, erst 1825 wegfallen, in dem Jahr, in dem das letzte Sklavenschiff der Basler Firma Bourcard heimkehrte?

Der Eindruck ist nicht von der Hand zu weisen, dass die Vorgeschichte des Unternehmens »Mission in Afrika« der Basler Mission nicht ganz so friedlich abgelaufen ist, wie die Komiteeprotokolle dies vermuten lassen, und der erste Inspektor, Chr. G. Blumhardt, in dieser Zeit einige schwere Demütigungen für seine großen Pläne der Menschenliebe und Wiedergutmachung hat auf sich nehmen müssen.

2. Das Missionsunternehmen in Liberia

Plötzlich wird dieses Jahr der unerfüllten Wünsche Blumhardts, 1825, zum Jahr des Durchbruchs. Unerwartet trifft eine Anfrage aus Washington für die neugegründete Kolonie Liberia ein. Auch das Projekt Guinea Mission deutet doch noch Lebenszeichen an. Beide Möglichkeiten werden gleichzeitig verfolgt. Sie könnten die »anderen Wege« sein, die zu zeigen man Gott angefleht hatte. Für Liberia sind die offenen Fragen schneller geklärt und die Verhandlungen einfacher als mit Dänemark.

2.1 Die Kolonie Liberia

Im Zuge der Aktionen gegen den Sklavenhandel siedelte Großbritannien in Sierra Leone befreite Sklaven an. Schon früh kümmerte sich die CMS dort um sie. Um 1820 bemüht sich auch die American Colonisation Association (ACS) in Washington, gegründet 1816, um die Wiederansiedlung befreiter Sklaven in Afrika und legt dafür am Cape Mesurado eine amerikanische Kolonie, Liberia genannt, an.

»Diese von der Colonisations-Gesellschaft in den vereinigten Nordamerikanischen Staaten in Verbindung mit der Regierung der südwestlichen Küste Afrikas am Flusse Mesurado angelegte Neger-Colonie, welche die Absicht hat, christlich-civilisierte und in Nordamerika wohnende Afrikaner hier auf vaterländischem Boden anzusiedeln, hat von der Gesellschaft den Namen Liberia erhalten, weil sie lauter freye Leute in sich aufzunehmen die Bestimmung hat. Die Gesellschaft beabsichtigt durch diese Ansiedelung von civilisierten Freynegern nicht nur dem schändlichen Sklavenhandel auf der Küste auf diese Weise ein Ende zu machen, sondern auch die Anstalten zur bürgerlichen und christlichen Bildung der armen Afrikaner vorzubereiten«, schreibt J. Ashmun nach Basel.

Die Gesellschaft in Washington verfolgt also zwei Ziele, ehemalige Sklaven (»Frei-Neger«) sollen in ihren Ursprungskontinent zurückkehren können und die schwarzen Christen in der Siedlung sollen einen Beitrag zur Christianisierung West-Afrikas und zur Überwindung des Sklavenhandels leisten.

Der Distrikt, der an den unmittelbaren Einflussbereich der Kolonie anschließt, zieht sich vom Fluss Gallenas im Norden bis zum Kroo-Land im Süden rund 280 englische Meilen, nach Osten ins Innere aber nur etwa 20-30 Meilen weit. Im Norden bis zum Cape Mount leben die Vey-Völker, weiter südlich das Dey-Volk. Südlich der Kolonie leben verschiedene Gruppen des Bassa-Volkes: Mamba, Junk, Klein-Bassa, Groß-Bassa, Jung-Sesters, Trade-Town, Klein-Colo, Groß-Colo, usw. bis Kroo-Setra. Die Kolonie im engeren Sinn besteht aus den drei Siedlungen Monrovia am Cape Mesurado, Caldwell und Millsburg, etwa sieben Meilen nördlich am St. Paul's River und eine vierte in der Nähe von Bushrod Island.

Das Kolonisationsprojekt hatte zunächst mit erheblichen Schwierigkeiten zu kämpfen. Im ersten Anlauf fielen zahlreiche Siedler dem Tropenfieber, dem sie wie die Weißen hilflos ausgesetzt waren, und kriegerischen Angriffen der Einheimischen zum Opfer. Erst als am Cape Mesurado ein schön gelegener und gesünderer Ort gefunden wurde und neue Rückwanderer sowie dringend benötigte Hilfsgüter ankamen, konnten J. Ashmun und Dr. A. Ayres mit dem Aufbau einer bleibenden Siedlung, Monrovia, und der Kolonie wirkliche Fortschritte machen.

»An dieser Stelle haben sich nunmehr 237 Neger angesiedelt, welche schon in Amerika den Glauben an den Herrn Jesum angenommen haben. Herr Prediger Gurley, der im verflossenen Sommer (1824) die neue Kolonie besuchte, bemerkte nach seiner Rückkehr in seinem Berichte: ›Obschon die Kolonie in verschiedener Beziehung in gedeihlichem Zustand sich befindet, so bedarf sie doch einer schnellen und kräftigen Hilfe. Besonders wünschenswerth ist es, dass neben den erforderlichen Unterstützungen, um den Ackerbau mit Nachdruck betreiben zu können, ihnen noch ein wackerer Missionar zugesendet werde, der für seine Arbeit den weitesten und fruchtbarsten Wirkungskreis antrifft.‹«[32]

Gegend und Stadt werden von Ashmun in den leuchtendsten Farben beschrieben, gesund, fruchtbar, schön, reich an Fischen. Lebensnotwendige Früchte »gedeihen freywillig, ohne Arbeit, die Bäume wachsen auf rund 100 Fuss hoch, indess die essbaren Pflanzen mit unglaublicher Schnelle emporschiessen.« In der näheren Umgebung werde Reis so reichlich angepflanzt und geerntet, dass es auch für die Versorgung der Kolonie ausreiche. Es gebe verschiedene Schoner für den internen Handel, Kühe, Milch, Fleisch und Gemüse in Genüge.[33]

---

32 Missions-Magazin 11 (1826), 18.

33 Missions-Magazin 11 (1826), 78. Auch R. Randall, Ashmuns Nachfolger, äußert sich in ARCJ 5 (1829), 3f nur positiv. Sogar das Klima findet er nur angenehm. Anderes berichten die Missionsbrüder: Mr. Ashmun ziehe übers Wochenende gerne in das etwas nördlich gelegene Caldwell am St. Pauls River, weil das Klima dort angenehmer

Die Kolonisten werden von Ashmun in vier Klassen eingeteilt:

1. Ältere Siedler in »comfortable dwellings«, im Handel oder der Landwirtschaft tätig.
2. Etwa ein Drittel, die noch am eingewöhnen sind und noch Hilfe benötigen.
3. Erst kürzlich Eingetroffene, noch in der Akklimatisationsphase befindlich, die auf öffentliche Unterstützung angewiesen sind und auch noch nicht viel arbeiten können.
4. Nur einige Typen seien »lazy« und wollen nur tun, was sie für jeden Tag brauchen.[34]

2.2 Ein Appell um Hilfe

2.2.1 Die Initiative

Im März 1825 richtet Ashmun einen Aufruf an die Kolonisationsgesellschaft mit der dringenden Bitte um Missionare, einerseits zur Mithilfe in den bestehenden christlichen Gemeinden (Methodisten und Baptisten) und Schulen, vor allem aber im Blick auf die »Bewohner der Küste« und unter den »Natives« der ganzen Gegend. »Dieses Volk durch irgendein anderes Mittel erheben zu wollen als durch die erneuernde Kraft des heiligen Geistes, mitgetheilt [...] durch die Predigt und Annahme des göttlichen Heilandes, das wäre [...] eine Verblendung; jene Erhebung aber abwarten zu wollen, hiesse dieses Volk recht vorbedächtlich und gegen das ausdrückliche Gebot der Vorsehung dem gewissen Untergange hinzugeben.«[35]

In seiner Beschreibung von Sitten, Verhalten und Aberglauben (»Religion sei es ja eigentlich nicht«) wäre Ashmun und seine Gesellschaft bei dem auch hinsichtlich der sog. »primitiven Religionen« sehr vorsichtig urteilenden Blumhardt wohl auf Widerspruch gestoßen.[36] Präzisere Angaben zu den religiösen Vorstellungen der Küstenbewohner und ihrer »Grigris« (Fetische) und damit verbundener Bräuche gibt später Dr. Mechlin. Wichtig ist jedoch Ash-

---

und erholsamer sei. In der Kolonie selber litten die Leute unter bitterer Armut und Hunger, oft rafften Krankheiten ganze Familien weg. Auch Dr. Mechlin berichtet über die Kolonie nur Gutes, beschreibt aber die Gegend um den Mesurado River als »dreadful« und für Landwirtschaft ganz ungeeignet. In Caldwell könnten landwirtschaftliche Siedlungen errichtet werden.

34 Schreiben an die ACS vom 28. Nov. 1827.

35 Ashmun in Missions-Magazin 11 (1826), 84.

36 Huppenbauer, Menschenliebe, 186ff. Bei Ashmun wie seiner Gesellschaft zeigt sich ein Missionsverständnis, das stärker vom zivilisatorischen Mehrwertgefühl abendländischer Christen geprägt ist. Blumhardt spricht in diesem Zusammenhang etwas weniger paternalistisch von »unsern Brüdern, die die Heidenboten rufen, um mit ihnen zum (neuen) Zion zu wallen«.

muns Schlusssatz: »[...] und doch sind sie Gegenstand der erlösenden Liebe und täglichen Sorgfalt des Heilands. Auch sie gehören zu den Bausteinen, aus welchen [...] Gottes Tempel (dereinst) aufgerichtet werden wird.«

2.2.2 Der Aufruf gelangt nach Basel

Ashmuns Schreiben gelangt im Laufe des Sommers durch die Washingtoner Gesellschaft nach Basel und lenkt die Aufmerksamkeit des Komitees auf diese neu »errichtete Neger-Colonie des westlichen Afrikas hin«. Ist das nun Gottes Antwort auf die erbetenen Zeichen? Öffnet sich der Weg, den es zu beschreiten, die Möglichkeit, die es zu ergreifen gilt? Jedenfalls will man »diesen Spuren eines bedürfnisvollen Wirkungskreises unter dem armen Negervolke noch weiter nachgehen«.[37]

Noch im Oktober 1825 geht ein Schreiben an den »Colonial-Agenten« Ashmun, zusammen mit einem Brief an die Leitung der Gesellschaft in Washington. Ein ganzer Katalog von Fragen soll das Feld bereiten, die Bedingungen für eine deutsche Missionsgesellschaft in der amerikanischen Kolonie und auch Fragen um Schutz und Sicherheit klären. Es dauert ein Jahr, bis die Antwort Basel erreicht. Diese ging wieder zuerst über Washington, wo der Sekretär der Gesellschaft, J. M. Campbell, eine Antwort im Juni aufsetzt. Im Herbst hält Basel beides in den Händen.

Die Gesellschaft stellt keinerlei Bedingungen, im Gegenteil, sie freut sich, irgendein Missionsunternehmen im Bereich ihrer Kolonisation zu unterstützen. Obwohl es ihre Hauptaufgabe sei, »Freyneger« Familien in Afrika anzusiedeln, »so haben wir doch die Hoffnung, dass gerade dieses Geschäft unserer Gesellschaft selbst wesentlich dazu beitragen wird, in dem armen barbarischen Africa[38] Civilisation und Christentum befördern zu helfen.« Die Kolonie werde den Missionaren reichen Schutz gewähren und durch ihren moralischen Einfluss auf die Eingeborenen die Tätigkeit der Gottesboten unterstützen. In seiner Antwort beschreibt Ashmun die Lage der umliegenden Ethnien und lässt sich dabei auch über deren Sprachen aus. Die Sprachen der Vey und der Dey seien untereinander verwandt. Ihre Sprache »in grammatische und schreibalphabetische Formen zu bringen« sei aber kaum der Mühe wert, weil diese Gruppen nicht volkreich seien und »das Englische für alle Zwecke der Erziehung mit Leichtigkeit angewendet werden könne«. Die verschiedenen Dialekte der Bassa-Völker könnten dagegen leicht in eine Schriftsprache zusammengeführt werden. Die Landessprache werde aber kaum Mittel für theologischen und philosophischen Unterricht werden können.[39]

---

[37] Missions-Magazin 12 (1827), 412.

[38] Ein Ausdruck, der in Blumhardts Schriften nicht vorkommt.

[39] Missions-Magazin 12 (1827), 415ff.

2.2.3 Fragen der Basler Missionsleitung

Von den zahlreichen Fragen, die das Basler Komitee im Oktober 1825 angemeldet hatte, greift Ashmun deren drei heraus, überzeugt, dass die übrigen damit zur Genüge beantwortet seien.

a) Durch welche Art von Missionaren sollte der erste Versuch gemacht werden?

Dem Basler Komitee geht es darum zu erfahren, ob hier eher eine Lehrperson oder ein Handwerker oder Bauer am besten geeignet sei. Ashmun hält fest, dass die Völker der Region ihr eigenes Handwerk haben, »auch ein System von Ackerbau, das ihnen die Bedürfnisse des tierischen Lebens in genügender Fülle liefert«. Ihr Elend sei moralischer Art. Man müsse sie erst denken lehren. Ackerbau und Handwerk müssten auch gefördert werden, aber darauf dürfe sich die Arbeit nicht beschränken. »Lassen Sie ihre Missionare ausgebildete Lehrer sein und lassen Sie dieselben kommen, ausgerüstet mit wenig Handwerkszeug und einigen wenigen Ackerbaugeräten, wie solche in diesem Land gebraucht werden«. Sie sollen auch als Lehrer ihren Garten besorgen können!

b) Sind Vorarbeiten vorhanden, die das Lehrfach erleichtern, und wenn ja welche?

Ashmuns Antwort ist kurz: Nein, durchaus keine. Allerdings sprächen alle Völker an der Küste ein »verstümmeltes Englisch«, gemischt mit portugiesischen Ausdrücken (das sog. »Kroo-Englisch«), aber nie habe jemand ein Wörterbuch der Vey- oder Bassa-Sprache zusammengestellt. Dann aber erwähnt er doch etwa 50 Jungen aus der Umgebung, die zu regelmäßigem Unterricht in die Kolonie kämen und z.B. als Dolmetscher und Sprachgehilfen dienen könnten. Zur Bassa-Sprache schreibt er: »Ich würde vorschlagen, dass für die Orthographie derselben durch ein neues Alphabeth gesorgt würde, in dem die Buchstaben im Allgemeinen die Kraft hätten wie in dem lateinischen Alphabeth, und kein Buchstabe in jeder möglichen Zusammensetzung mehr als ein Ton. Einige Missionare von wesentlichen philologischen Kenntnissen und Gaben sollen daher zur Ausführung dieses Werkes ausgesendet werden.«

c) Wie könnte eine freundschaftliche Verbindung zwischen der Missionsniederlassung und der Kolonie Liberia unterhalten und ihr Schutz gesichert werden?

Hier versichert der Agent aus den USA den Baslern, dass ihnen ein Stück Land, groß genug für den wirklichen Gebrauch der Niederlassung, abgetreten werde. Da die Kolonie Faktoreien und Stationen entlang der ganzen Küste und auch weiter im Innern des Landes habe, könne sie der Missionsniederlassung den gleichen Schutz gewähren, den sie ihren Faktoreien geben müsse, sofern die Niederlassung nahe genug bei diesen angelegt sei. Auch ärztliche Hilfe und Arzneimittel würden durch die Kolonie gestellt. Waren und Werkzeug seien über die Kolonie erhältlich. Diese komme auch für die Beförderung der Post auf. Zum Schluss erwähnt er die »indirekte Unterstützung«, Freundschaft, Gemeinschaft und das Gebet durch die christlichen Gemeinden der Kolonie.

Das Komitee ist damit zufrieden, die dringendsten Fragen scheinen beantwortet. Es »fühlt Freudigkeit zu einem ganz einfachen Missionsversuche daselbst mit zwei schlichten Brüdern«. Noch 1826 werden die Brüder Handt und Hegele als erste für die Mission in Liberia bestimmt, was beide mit Freude annehmen. Anlässlich eines Besuchs von Mr. Coates (CMS) in Basel werden weitere Nachrichten über die Arbeit in Afrika in Erfahrung gebracht: Das afrikanische Klima sei für Europäer außerordentlich gefährlich. »Allein in allen übrigen Beziehungen sei kaum ein Missionsgebiet so einladend und verpflichtend, als die durch Europäer so sehr misshandelte Negerwelt, in welcher doch die einfältige Predigt des Evang. auf so grossem Segen begleitet sei. [...] Er selbst sei in Africa gewesen und habe kaum irgendwo mehr höchste Seligkeit genossen, als dort in der Anschauung des göttlichen Segens.«[40]

2.3 Bestimmt, vorbereitet und ausgesandt

Schließlich werden drei Zöglinge für die Arbeit in Liberia vorgesehen: C. S. Handt, C. G. Hegele und J. F. Sessing. Im Herbst 1827 kommen zwei weitere hinzu: H. H. Wulff und G. Kissling.

2.3.1 Christian Simon Handt (BV 58, geb. 1793)

kommt aus Acken in Preußen. Der Vater, von Beruf Schneider, hält die Kinder zum Besuch der Schule und der Kirche an. Dem Jungen fällt das Auswendiglernen leicht, Schreiben dagegen bereitet Mühe. Die Kraft des Evangeliums wird ihm bewusst bei der Konfirmation, aber zur eigentlichen Erweckung gelangt er erst später. Auch er wird Schneider. Dem Drang, in die Mission zu gehen, lag der Wunsch zugrunde, den Heiden die Liebe Gottes, die ja allen Menschen gilt, weiterzugeben. Seiner Frömmigkeit haftet eine gewisse Enge an. Er hält sich streng an vorgegebene Regeln mit wenig Spielraum zur kreativen Anwendung. Das führt in London zum Streit mit Sessing. In Liberia dagegen fühlt sich Sessing diesem Bruder nahe, während die anderen eher auf Distanz zu ihm geben. In den Augen der anderen wird Handt zu einem Eigenbrötler, der den Umgang mit ihnen meide.[41] Und: Er will in eigener Regie in einen nahegelegenen Stamm ziehen, dort eine Schule weiterführen und so zur

---

40 Komiteeprotokoll 1826/7, 155, § 3.

41 Dies hängt wohl damit zusammen, dass Handt Mühe hatte mit der ihm vom Komitee zugewiesenen Funktion im Team. Er sollte zuständig sein für die »Hauswirtschaft«, d.h. alles, was mit Küche und Haushalt zusammenhängt. Für die Küche sieht er sich völlig ungeeignet und »ohne Neigung« dazu. Die Brüder regeln das unter sich, ihn aber beschäftigt es doch so, dass er es 1828 in Berichten an das Komitee mehrmals aufgreift und ihm diesen Fehlentscheid vorhält.

„eigentlichen Missionsarbeit" kommen. Seine Eigenwilligkeit, oder Eigenmächtigkeit zieht ihm später auch den Tadel des Komitees in Basel zu.

2.3.2 Christian Gottlieb Hegele (BV 68, geb. 1804)

ist ein schwäbischer Bauersohn aus der Umgebung von Leonberg. Wenig erfährt man über ihn. Er habe sich stets durch Stille und Zurückgezogenheit ausgezeichnet, schreibt sein Vater. Als Bauer hilft er den Eltern in ihrer Landwirtschaft. Die Frömmigkeit von Bauern, die Gottes Wirken im täglichen Geschäft erleben, prägt ihn. In der Schule ist ihm Auswendiglernen lieb und leicht, Fremdsprachen kennt er keine. »Er ist ein einfältiger, schüchterner, gutmütiger Bauernsohn«, schrieb der ihn empfehlende Freund, »der zu sprecharm zu sein scheint, seine Empfindungen in Worte zu fassen und sein Inneres auszusprechen. Doch liegt etwas in seinem Wesen, das einen für ihn einnimmt, und das, wenn die Knospe sich einmal entfaltet hat, vielleicht als eine wohlriechende Blume im Thale Sarons dastehen wird«. In Liberia ist er viel krank, vielleicht als Folge eines Unfalls auf dem Schiff vor Plymouth. Wegen Krankheit muss er nach Europa zurückkehren. Dort erholt er sich rasch und wirkt nachher über 30 Jahre im Kaukasus.[42]

2.3.3 Jakob Friedrich Sessing (BV 60, geb. 1802)

stammt aus dem Odenwald. Sein Vater war Zinngießer, seine Vorfahren väterlicherseits Flüchtlinge aus Böhmen, mütterlicherseits Hugenotten aus der Provence, Menschen auf der Suche nach Heimat, ein Zug, der sich durch Sessings Leben weiterzieht. Die Eltern kommen 1804 nach Basel. Mit 10 Jahren ist Jakob Vollwaise. Die vier Geschwister werden bei frommen Leuten untergebracht, haben aber auf Jahre hinaus keinen Kontakt untereinander. In Liestal beginnt er eine Gerberlehre, wird später in Basel Instrumentenbauer. Da habe Gott an ihm zu arbeiten begonnen. Er liest die »Missionshefte des Basler Instituts« und begegnet den dortigen Missionszöglingen. Nach allerlei Schwierigkeiten wird er im Dezember 1823 aufgenommen, erlebt die Schwierigkeiten der Brüder in Russland, den Wunsch zweier Brüder, nach Afrika ausziehen zu dürfen, den misslungenen Einsatz zweier Brüder in Malta, die Zurückweisung von Basler Brüdern in Afrika durch die CMS, aber auch das starke Interesse des Inspektors an Afrika. Mehrfach wird er ermahnt, doch ja gut Englisch zu lernen, gewiss ein Zeichen, dass er für Afrika bestimmt werde.

2.3.4 Heinrich Hieronimus Wulff (BV 62, geb. 1799)

Ein schillernder Charakter mit dem Bedürfnis, seine Fähigkeiten zu zeigen, überzeugt, jeweils recht oder eine bessere Meinung zu haben, schnell im Urteil über andere. Aufgewachsen in Altona als Sohn eines strengen und from-

[42] Heidenbote 36 (1864), 58.

men Vaters. In der Schule lernt er das übliche. Er habe sich Grundkenntnisse in Englisch und Lateinisch, Griechisch und Hebräisch angeeignet, handwerkliche Arbeiten liegen ihm fern. Die Hamburger Kommission zur Prüfung von Missionskandidaten bezeugt, in der Muttersprache sei er nicht so fest, habe im Lateinischen einen kleinen Anfang gemacht, Englisch sei recht gut, Griechisch und Hebräisch fast unbekannt, Geschichte und Geographie unbedeutend, seine Arithmetik eher beschränkt. Er habe Kenntnisse im Bereich Wolle und Färberei, nicht aber in Zeichnen und Musik. 1822 wird er ins Seminar aufgenommen. Dort verbindet ihn viel mit Sessing. Beide hatten früh ihre Eltern verloren. Wulff war es, der Sessing in London mit seinen Nachrichten aus dem Missionshaus Trost und Mut machte.

2.3.5 Georg Adam Kissling (BV 69, geb. 1805)

wuchs im Württembergischen Unterland mit seinen Geschwistern in armseligen Verhältnissen auf. Mit Weben und etwas Handel auf dem Markt brachten die frommen Eltern die Familie durch. Er habe seit dem 4. Lebensjahr wichtige Erfahrungen mit Jesus gemacht, aber nachts schreckliche Angst vor dem Satan gehabt. Früh schon kann er lesen, lernt leicht und mit Lust. Er ist eher klein und schwächlich, wird darum nicht mit seinen Altersgenossen konfirmiert und darf trotz seines dringenden Wunsches nicht am Abendmahl teilnehmen. Da schneidet er sich zuhause ein Stück Brot ab, geht in den Keller, nimmt etwas Wein, und genießt dort »in derselben Stimmung, die ihn auch in der Kirche beseelt hatte, auf den Knien das Abendmahl«. Er wird Bäcker. Mit 16 verliert er beide Eltern. Ihn drängt es, Missionar zu werden. Zu kurz für das Militär und von schwächlicher Konstitution entkommt er der Konskription, wird 1823 im Missionshaus in Basel aufgenommen, mit dem Zeugnis »sein regelmässiger Fleiss und seine erstaunlichen Fortschritte im Lernen erwecken die besten Hoffnungen für ihn«. Mit Wulff wird er im Herbst 1827 für Liberia nachbestimmt.[43]

2.4 Arbeitsinstruktionen

Eine erste, den drei Brüdern mitgegebene Instruktion, gab nur wenig Anweisungen für die zukünftige Arbeit, die zweite vom September 1827 wird da konkreter.

Zu allererst sollen sie, wie von Ashmun vorgeschlagen, sich einleben, akklimatisieren, erste Krankheiten durchstehen, dann auch ein Stück Land erhalten für den Bau einer Missionsstation mit Garten. Beim Bau der Häuser sollen, hieß es anfänglich, Erfahrungen in der afrikanischen Bauweise beachtet werden (§ 5). Sie sollten außerdem die Hauptsprache der Gegend lernen (§ 6). »Aus diesen Vorbereitungen entwickelt sich nach und nach der eigentliche

---

[43] BV 69 und Ein Missionsleben in Africa und Neu-Seeland, o. Verf., Basel 1871.

Zweck, zu dem ihr ausgesandt [seid], [...] die armen Neger, Grosse und Kleine mit dem Heil in Christo Jesu näher bekannt zu machen.«

Dann soll die Einrichtung von Schulen doppelter Art erfolgen. Eine Volksschule für Junge und Erwachsene, unentgeltlich, um erste Elemente des europäischen Volksschulunterrichts kennenzulernen; außerdem eine Erziehungsanstalt, in der Jugendliche nicht bloß unterrichtet werden, sondern wo sie auf christliche Weise erzogen werden. Schließlich sollen sie Gehilfen für die Mission heranbilden.

Praktische Arbeit ist im Schulbetrieb ebenso wichtig: Feld- und Gartenarbeit, um Lebensunterhalt mit eigener Hand zu ernten, Berufe, die nützlich sein können wie Schneider, Schuhmacher, Weber, Schreiner oder Schlosser. Dafür sollen die Missionare Leute aus der Bevölkerung engagieren. Mit der Predigt des Evangeliums sollen sie nicht zu lange warten, sondern es auch in gebrochenem Englisch versuchen. Grundsätzlich gilt: »Um zu reiner Tauglichkeit zu gelangen [müsst ihr] [...] beim Unterricht der Neger anfangen, nach Negerweise denken, nach ihrem Bedürfnis die gedachte Wahrheit in einfältigen Ausdruck einkleiden lernen«, so die (spätere) Instruktion von 1827.

2.5 Vorbereitung in England

Gut Englisch zu können war eine wichtige Voraussetzung für den Gottesboten im afrikanischen Heidenland. Die Brüder sollten auch Einblick und ein Übung im britischen Schulsystem erhalten. Dem dient die Vorbereitung England. Die drei Missionsbrüder, C. S. Handt, C. G. Hegele und J. F. Sessing, treffen auf verschiedenen Wegen in London ein. Sie hatten die Erlaubnis, auf dem Weg zu dieser letzten Vorbereitung für den Dienst in Afrika noch Familie und Freunde zu besuchen und Abschied zu nehmen. Keiner wusste ja, ob man sich je wiedersehen würde.

In Deddington, bei Prediger R. Greaves, werden sie für die nächsten Monate wohnen, von ihm täglich zwei Lektionen Englisch bekommen und mit einem Hauslehrer englische Konversation üben. Greaves soll ihnen auch behilflich sein beim Zusammenstellen der Ausrüstungsliste. Ihr Aufenthalt dauert länger als geplant. Ihr Schiff ist im September nicht segeltüchtig. Auch sind Br. Gerber, der sie bis Sierra Leone begleiten soll, und ihr Gepäck sind noch nicht da.

Es gibt andere Probleme. Wegen eines Briefes, den Br. Sessing zu Recht für sich persönlich beansprucht, gibt es Streit. Dann ist da die junge Frau im Nachbarhaus, die die Brüder einlädt, sich in ihrem Garten wohlzufühlen, Beeren zu genießen, oder gar zu einem Tee zu kommen, was Br. Sessing mit Vergnügen annimmt, Br. Handt aber Missmut einbringt. Er meint, mit so einem Bruder könne er nicht ausreisen. Er müsse das in Basel melden. Handt und Hegele beklagen sich beim Inspektor über Sessing. Damit ist das ganze Afrikaunternehmen in Frage gestellt. Erst ein geharnischter Brief des Präsidenten

Von Brunn - Blumhardt selber scheint dazu nicht in der Lage zu sein - bringt die Beziehung wieder in Ordnung, später stehen sich Handt und Sessing recht nahe. Im Oktober kommt auch Br. Gerber mit seiner Frau an. Abert erst Mitte November können sie an Bord gehen. Wulf und Kissling werden etwas später nachfolgen.

2.6 Reisen mit dem Segelschiff

Die Brüder erleben ganz unterschiedliche Fahrten. Während die ersten, Handt, Hegele, Sessing und das Ehepaar Gerber, auf ihrer Fahrt gut vorankommen, trifft die zweite Gruppe ganz andere Verhältnisse an, sowohl in Bezug auf die Witterung als auch auf das Schiff.[44]

2.6.1 Seefahrt I

Am 11. November 1827 lichtet die HMS Andrew in Gravesend die Anker. Bei günstigem Wind fliegen sie mit vollen Segeln davon, passieren am 14. November die Isle of Wight, müssen zwischendurch wegen schlechter Sicht und widrigen Winden ein Stück weit umkehren, erreichen aber am 8. Tag Plymouth. Dort will der Kapitän auf günstigen Wind warten und dies und jenes einkaufen.

Dann ein plötzlicher Unfall, der ihre Weiterreise gefährden. Alles ist bereit zur Weiterfahrt. Der Kapitän mahnt Besucher und Passagiere Abschied zu nehmen. Noch werden Waren geladen und Hegele steht wie andere auch an der Reling und schaut zu. Da fällt, wohl durch den Wind verursacht, die Rolle von einem Flaschenzug herunter, und trifft ihn am Kopf. Er fällt um, schlägt mit dem Kopf auf und bleibt bewusstlos liegen. Der von einem benachbarten Kriegsschiff hergerufene Arzt gibt klare Weisung. Mitfahren kann er nicht. Zwei befreundete Quäker sind bereit, Hegele mitzunehmen, zu pflegen und ihn dann sicher nach London zu bringen. Der Schrecken bleibt und die bange Frage, warum »der Herr so etwas zulasse«.

Am 19. November lichten sie die Anker und Sessing schreibt am Abend: »Gestern schon verloren wir das feste Land von England aus unserm Gesichte; u. heute liefen wir in die Bay of Biscaya. Wir alle waren so seekrank, dass wir nichts thun konnten. Selbst Gerber, an die See gewohnt, klagte über Übelkeit. Aber wir haben zugleich Zeit, dem Herrn zu danken, dass er uns einen so sanften und günstigen Ostwind schickte, der uns so leicht durch die Bay of Biscaya führt, die schon manchem Schiff und mancher Seele zum Grab diente.«

Der Wind bläst weiterhin gut, nach Meinung des Kapitäns so gut wie noch nie. Täglich machen sie um die 200 Meilen. Sessing bewundert die Arbeit der Matrosen, die Fische, das Meer und die schönen Sonnenauf- und -untergänge. Am 25. November passieren sie Madeira, am 5. Dezember kommt Afrika in

---

[44] Je in den Tagebüchern von J. F. Sessing (Bd. I) und Chr. Wulff.

Sicht. Am 9. Dezember betreten sie afrikanischen Boden, Sierra Leone. Nur fünf Wochen waren sie unterwegs.

2.6.2 Seefahrt II

Ganz anders ergeht es fünf Wochen später Sessings Freund Wulff mit den zwei anderen Brüdern, Hegele und Kissling. Kurz vor Weihnachten 1827 von Gravesend in See gestochen, erreichen sie nach drei Wochen erst die Isle of Wight, und jetzt bricht ein Sturm aus, der sich zu einem Orkan entwickelt. Haushohe Wellen erheben sich und lassen das Schiff nur so tanzen. Wasser fließt in die Kabine und in den Speiseraum Wellen schlagen über das Schiff, Angst und Schrecken packen die Menschen. In der Küche steht das Wasser ein bis zwei Fuß hoch. Die Nacht ist schlimmer noch als der Tag.

Am 17. Januar 1828, schon vier Wochen unterwegs, wird der Proviant knapp. Passagiere und Besatzung drängen den Kapitän, den nächsten Hafen anzulaufen. Der will nicht. Nach einer weiteren Woche, am 23. Januar, gelangen sie mit Hilfe eines Lotsen an Land. Statt in fünf Wochen Freetown / Sierra Leone zu erreichen, sind sie nun an der Südwestküste Irlands, in Castletown-Bearhaven. »Das Rasseln der Ankerketten war wie Musik in unsern Ohren«, schreibt Wulff.

Beim zweiten Anlauf reklamiert die Besatzung, ihr Schiff sei weder see- noch segeltüchtig. Nach viel Widerstand kehrt der Kapitän um und überwintert im Hafen von Plymouth. Am 1. März geht die Fahrt weiter. Erst im April erreichen sie Freetown, die Zwischenstation, wo ein neues Schiff die Missionare nach Liberia bringen soll.

2.7 Am Ziel

2.7.1 Endlich

Zurück zu Handt und Sessing in Freetown. Für Monrovia bietet sich ein Kriegsschiff aus den USA an, allerdings ohne ihr Gepäck. Sessing, der für die Bauten zuständig ist, wird vorausgeschickt.[45] Handt bleibt zurück bei den Brüdern der CMS und hütet das Gepäck, wird aber bald so schwer krank, dass er die Reise erst im April mit den nachrückenden drei anderen fortsetzen kann. Sessing erreicht Cape Mesurado kurz vor Weihnachten. Und so begrüßt er das Ziel seiner Sehnsucht: »Endlich, diesen Morgen nach einer peinvollen Nacht, denn ich konnte keinen Schlaf finden, erblicke ich mein längst ersehntes Liberia. Ach, dass es wirklich ein geistliches Liberia für mich, für meine Br. u. für alle die werden möchte, die durch uns zum Herrn kommen durch s. Gnade.«

---

[45] Auch hier: Tagebuch J.F. Sessing, Bd. I (sub die).

Morgens früh weht ein herrlich kühler Wind vom Land her. Als die Sonne aufgeht, können sie in der Ferne ein Hochland erblicken. Es ist Cape Mesurado. Nun werden die Anker gelichtet, die Segel aufgezogen. »Als wir um das Cape herumfuhren, kamen nach u. nach 9 Canoe mit Kru-Men, die sich der ganzen Küste nach dienstfertig anbieten. Der zweite brachte uns einen Brief von Mr Ashmun. Ich war auf dem Verdeck aussen in einem Boote u. weidete mich in dem herrlichen Anblick, den das Cape Mesurado darbietete.«

Bei allem Glück, Sessing fühlt sich schwach wegen eines Fiebers, das ihn schon einige Tage begleitete. Die Wohnverhältnisse findet er nicht so, wie er es gewünscht hätte. Auch wird die Christnacht überhaupt nicht gefeiert. Da fühlt man sich als Deutscher schnell einsam. Die Mahlzeiten sind unregelmäßig, manchmal hungert er, und für die in Aussicht gestellte Missionssiedlung ist nicht einmal der Platz festgelegt. Etwas resigniert schreibt er am Abend des 24. Dezember: »Schick dich in die Zeit. Ein Missionar muss vieles mitmachen u. sich hineinschicken, ohne sich vom Ziel abbringen zu lassen.«

Geduld ist jetzt gefragt. Ashmun will mit Sessing entscheiden, wo gebaut werden soll, und kommt täglich mit neuen Ideen. Am Junk River, etwas abseits von Monrovia, würde es Sessing gefallen. Es ist dort auch etwas kühler, aber Ashmun hat Gründe, dann doch eine Anhöhe gleich neben der Kolonistensiedlung zu wählen. Dann die Bauarbeiten, alles geht so langsam. Versprochene Arbeiter sind plötzlich nicht abkömmlich. Andere sagen, sie könnten hier nicht so gut arbeiten wie früher in den Staaten.

Und die Krankheiten! Die ersten zu überstehen, war eine der für den Anfang vorgesehenen Aufgaben. Nur, das ist leicht zu schreiben, anders aber, wenn das Fieber kommt, immer wieder kommt, und der Körper so schwach wird, dass du nichts mehr tun magst, aus Furcht, es komme wieder. Anfang Februar macht Sessing eine solche Phase durch: Er hat früher schon »Preparation of Bark« im Tee eingenommen, d.h. Chinarinde, was wenigstens die Kopfschmerzen zu lindern vermochte. Am 8. Februar fühlt er sich so elend, dass er Mr. Carey, den Baptistenrediger, rufen lässt, der auch als »Arzt« tätig ist.

Den ganzen Monat Februar geht es so, rauf und runter, Fieberschübe, Frost, Erbrechen, Appetitlosigkeit, Kopfschmerz. Und dann die Nachricht aus Sierra Leone. Einer der Brüder, die dorthin mitgereist sind, ist am Fieber gestorben. Wie sehnt er sich nach den Brüdern. Ende März schickt ihm Handt eine Kiste Orangen und Kirschwasser und den Rat, er solle mit allem warten bis die Brüder auch kämen. Die hätten umkehren müssen, weil ihr Schiff nicht dicht war. Wie lange das gehen mag?

2.7.2 Anders als erwartet

Langes, »unthätiges« Warten macht Sessing das Leben schwer. Enttäuschungen mögen zum normalen Lernprozess gehören, aber sie lasten auf dem Gemüt. Da melden sich ein paar Männer. Sie stammen aus Grand Bassa, dem Gebiet, das ihr Missionsgebiet werden soll. Sie scheinen Christen zu sein und wollen Sessing helfen. Nur, das geht nicht so, wie er es möchte. Er muss jetzt auch für sie zu essen besorgen, wo es doch so wenig gibt. Und so hilfreich erweisen sie sich auch nicht. Sie werden zur Last.

Im März verlässt Ashmun das Land, um sich in der Heimat gesundpflegen zu lassen. Ein Verlust für das Missionsunternehmen. Er war der Initiator und die eigentliche Stütze. Das Haus ist noch immer nicht fertig. Und die Brüder sollen bald nachrücken. »All das, Krankheit, die den Körper schwächt, Enttäuschung mit Menschen, die man doch lieben will, getrübte Erwartung, die das erstrebte Ziel in weite Ferne rücken lässt, alles schlägt auch aufs Gemüt. O dass es mehr Pfingsten in meinem Herzen wäre. Todt sieht es da aus. Die Liebe erkaltet, die Gebetslust verschwindet; meine Bibel hat gute Ruhe u. ich fühle, wie ich weiter von meinem Heiland abkomme«.

Es ist, als wäre der Wurm drin. Bibellesen und Gebet sind Sessing in der Zeit seiner Einsamkeit Quellen der Kraft gewesen. Nun lässt der Eifer nach. Immer wieder durchbrechen verzweifelte Hilferufe die täglichen Notizen. Dann folgen fast trotzige Glaubenszusagen und Bitten um Durchhilfe, Licht und Geduld.

2.7.3 Die Brüder kommen

Am 2. Mai treffen die Brüder Handt, Hegele, Kissling und Wulff ein. Sie finden einen schwer kranken Sessing. Unterwegs hatten sie gar gehört, er sei gestorben. Weil ihr Haus noch nicht fertig ist, müssen sie an zwei verschiedenen Orten wohnen, eine unnötige Erschwerung. Sie teilen die Aufgaben unter sich. Während Sessing langsam wieder zu Kräften kommt, erkranken Handt und Hegele und brauchen ihrerseits Pflege. Kissling und Wulff scheinen Reserven zu haben. Da trifft es auch Wulff, der bisher meinte, krank werde man vor allem, weil man Angst davor habe, und sich deshalb den anderen gegenüber eher überheblich benommen hatte. Er gibt dem Feuer und Rauch in der Küche die Schuld. Darüber kommt es zum Streit mit Kissling, dann mit Sessing, seinem bisher besten Freund. Dem kündet er die Freundschaft auf: »Bruder freilich bist du mir – sonst nichts!« Irgendwann findet eine Versöhnung statt. Sie bleibt äußerlich. Wulff scheint dauernd in gereizter Stimmung. Handt bekundet Mühe mit den anderen, und sie mit ihm. Nur Sessing meint ihn verstehen zu können. Ein gereiztes Klima, ihr Haus immer noch nicht bereit, ihr Ziel, im bloßen Heidenland zu wirken, in weiter Ferne. Zum Verzweifeln.

2.8 WIDERWÄRTIGES

2.8.1 Bittere Erfahrungen

Die Gruppe von helfen wollenden Bassas erwies sich als Fehlschlag. Sie sind inzwischen abgereist. Wulff hat sich der Schularbeit gewidmet, setzt acht Stunden täglich dafür ein. Dass dies für ihn zu viel ist, erkennt er, trotz der Mahnungen des Mit-Bruders, erst später. Er wird krank und seufzt. Er möchte arbeiten und kann nicht. Und in der Schule erlebt er tausend Enttäuschungen.

Von einer Woche zur anderen vergessen seine Schüler, was er ihnen beigebracht zu haben meint. Oder Tage mit Kanonendonner: Sie zeigen nicht nur die Ankunft von Schiffen an. Manchmal tauchen Sklavenhändler auf und wollen vor Anker gehen. Sie werden mit Kanonen verjagt, drohen aber, wiederzukommen und die Siedlung abzubrennen. Oder plötzliche Gerüchte, die Einheimischen hätten die Kolonistensiedlung angegriffen. Alle Mann unter die Waffen. Zum Glück nur ein Irrtum!

Für die Missionare einschneidender sind andere Erlebnisse. Es gibt im Ort zwei Kirchen, die methodistische und die baptistische. In der Regel gehen die Brüder am einen oder anderen Ort in den Morgen- oder Nachmittagsgottesdienst. Der Baptistenprediger Carey ist zurzeit stellvertretender Gouverneur. Im Gottesdienst stichelt er immer wieder gegen die Missionare. Sie seien nicht richtig getauft und deshalb auch keine rechten Christen.

Am 7. September predigt Wulff bei den Methodisten. Die anderen vier nehmen am Gottesdienst bei den Baptisten teil und wollen dort Abendmahl feiern. Aber sie werden ausgeschlossen. Nur wer bei der Taufe untergetaucht worden sei, könne zum Mahl des Herrn zugelassen werden. Tief enttäuscht kehren sie heim. So etwas hätten sie in Afrika am allerwenigsten erwartet, ausgeschlossen zu sein vom Tisch des Herrn, nur weil sie in der Taufe besprengt und nicht untergetaucht worden waren. Plötzlich fallen ihnen andere Eigenheiten an den Gottesdiensten auf. Ein Prediger stampft und schreit, um die Gemeindeglieder zur Buße zu treiben. Im September schreibt Wulff: »alles Schreien, Lärmen, Stampfen mit dem Fuss, Mercy, mercy od. God be with us, Holy Spirit come down upon us and illuminate us, fire from heaven fall down upon us and illume us and save. Mit einem Wort es war ein falscher Wirrwarr [...] Dem Geiste Gottes konnte ich solchen Unsinn nicht zuschreiben«.[46]

Eines Abends sehen sie bei den Baptisten die Leute singen, erst Kirchenlieder, dann »Gassenhauer«, die Hüften schwingen und Schnupftücher schwenken. Es »sah aus wie ein country-dance, denn alles geschah im Takt. Gott erbarme dich dieser armen Leute«. Tanzen im Gottesdienst, das ist ihnen zu viel. Sie reagieren wie einst Michal, die Tochter Sauls, als sie David vor der Bundeslade her tanzen sah. Während Sessing darin auch eine Lernerfahrung erkennen will, urteilt Wulff: Sie haben die ganze evangelische Kirche beleidigt. Darauf waren sie nicht vorbereitet!

2.8.2 Sklavenschiffe

Wird einer der Brüder in einem einheimischen Dorf vorgestellt, wird betont: »Er ist kein Kaufmann, er kauft keine Sklaven, er kommt, Gutes zu tun.« Auf dem Wiener Kongress 1815 war der Sklavenhandel zwar geächtet und in Großbritannien schon 1807 und wenig später auch in Spanien und Portugal

---

[46] Ähnlich Handt in einer Notiz vom Pfingstsonntag (Briefe an das Komitee vom 13. Nov. 1828): »Die Prediger dieser Partey (der Meth. Gemeinde, d. Autor) suchen fast immer ihre Zuhörer in eine Art von Ecstase zu bringen«.

verboten worden. Das hindert aber Sklavenhändler aus verschiedenen Nationen nicht, weiterhin ihr arges Geschäft zu betrieben, um »sich von den Gewalttaten [zu] bereichern, mit denen die Mission in unversöhnlichem Kampf liegt«, wie Blumhardt Jahre zuvor ausgerufen hatte. Sessing war schon auf der Reise nach Monrovia Sklavenschiffen begegnet.

Anfang November passiert ein trauriges Unglück. Anlass war ein Disput mit einer einheimischen Volksgruppe. Die Faktorei Digby war von Einheimischen zerstört und das Gebäude von einem französischen Sklavenhändler besetzt worden. Der hatte sich nun seit Tagen vor dem Kap platziert. Man versucht ihn zu vertreiben, zuerst mit Worten. Aber er zerreißt höhnend den Brief des Gouverneurs. Dann eben mit Gewalt. Patronen werden gegossen. Da explodiert das Pulver, durch eine Kerze entzündet. Viele werden verletzt, einige verbrennen bei lebendigem Leid, andere erliegen später ihren Wunden, so auch Carey, der stellvertretende Gouverneur und Baptistenprediger.[47]

In seinem Bericht vom Februar 1829 an die ACS in Washington gibt der damalige Agent R. Randall eine Beschreibung der Lage. Der Sklavenhandel sei noch nie so aktiv gewesen an der Westküste wie in dieser Zeit. An der Grenze zu Sierra Leone habe sich ein Sklavenagent etabliert. Von kleineren Schiffen (auch aus den USA), die die Küste befahren, erhält er seine »Ware«. Er gibt sie an die großen Schiffe für die Karibik oder die USA weiter. Manche dieser Schiffe werden von Briten oder Franzosen gekapert. Später werden sie von den ehemaligen Besitzern in Sierra Leone zurückgekauft. Die Bemühungen der Briten und Franzosen, den Handel zu unterbinden, seien fruchtlos, weil ihre Schiffsbewegungen den Händlern durch Kru-Leute bekannt gemacht würden.[48]

Später, in Grand Bassa, stößt Sessing auf ein Lager mit Sklaven, die am nächsten Tag auf die Schiffe verfrachtet werden sollen, ein anderes Mal auf die Könige, die eben den Lohn für verkaufte Sklaven in Empfang nahmen. Kissling wird Zeuge eines Überfalls der Kolonisten auf solch ein Lager. Die »Native Kings« ziehen als einzige Gewinn daraus. Sie realisieren nicht, welchen Schaden sie damit ihrem eigenen Land zufügen.

2.9 BASSALAND

2.9.1 Begegnung mit König Jove

Monate vergehen. Wulff geht seiner Schularbeit nach, Handt möchte bei erster Gelegenheit in eine selbstständige Arbeit wegreisen und Sessing will unbedingt ins Bassaland und wartet auf eine Weisung des Herrn. Zweimal fährt der

---

47 Tagebücher Sessing und Wulff zum 8./9. Nov. und Bericht Mr. Waring (damals Stellvertreter von Carey) in ARCJ 5 (1829), 10f.

48 ARCJ 5 (1829), 148f.

Schoner der Regierung hin und er ist krank. Beim dritten Mal fühlt er sich wohl. Dafür ist Kissling krank. Mit Hegele bricht Sessing ins Bassaland auf. Unterwegs erleidet Hegele einen Sonnenstich. Die Folgen sind schlimm. Er muss zurückkehren. Das weckt Sorgen und Ängste.

Ansonsten hätte Sessing frohlocken mögen. Hier, im Bassaland, atmet man freier. Kein Vergleich mit dem Kap. Welche Schönheit, Anmut und Fruchtbarkeit hier. Vom Meer aus sieht man Hügel und Berge. Sie scheinen nahe und liegen doch weit im Innern. Versteckt hinter einer großen Sandbank fließt der St. John's River ins Meer. Sessings Hütte steht 20 Schritt vom Ufer entfernt neben der Faktorei. Gleich in der Nähe ein »Qwawabaum« mit Papageien, die herumflattern und morgens, wenn die Sonne aufgeht, »angenehme Töne anschlagen«. Um die 100 Hühner und Küken gackern herum. Die Hütte ist rund. Im Boden verankerte Pfosten tragen das Dach aus Blättern. Bambusmatten bilden die Wände. Licht gibt es durch das Türloch. Der Fußboden besteht aus Bambusrohr, mit Matten belegt. Eine Aussparung im Boden lässt Raum offen für einen Feldstuhl. Dort kann Sessing schreiben. Als Bett dienen eine wollene Decke, zwei Leintücher und ein Kissen.

Über die Einwohner schreibt Sessing: »Sie sind ganz verschieden von den Völkern oberhalb Mesurado. Jene möchte ich den Schwaben vergleichen: wo sie einmal sind, da bleiben sie, auch sind sie sehr arbeitsam u. nähern sich mehr der Cultur als die hier. Sie verlangen to learn books, sie verfertigen auch country-clothes, sind willens- und sittenarm. Die Bassas hingegen sind, wie sie Mr Ashmun beschrieb, arbeitsam, was ihr Bedarf anbetrifft, aber sonst zeigen sie keine Neigung, sich in etwas auszuzeichnen. Sie liefern keine Handarbeiten. Ausser ihren conocs, bowls, Flechtmats, Matten, Beuteln sieht man nichts.« Aber »stumpf« sind sie nicht, vielmehr ein Volk voll Herz und Gemüt, nur »unentwickelt«. Außer ihren »Grigris« gibt es wenig religiöse Bräuche.

2.9.2 Zu Religion und Sitten der Bassa

Die Bassas kennen ein höheres, unsichtbares Wesen, das über ihnen wohnt und alles geschaffen habe, schreibt Sessing. Zu diesem unsichtbaren Wesen richten sie ihre Wünsche und Gebete. Erst durch den Einfluss der Engländer hätten sie zu diesem Wesen »Gott« gesagt. Daneben messen sie vielen sichtbaren Gegenständen überirdische Kräfte zu. Man nennt sie Grigris. Dieselben müssten jeden Tag gespeist werden. Die Bassas, heißt es, glaubten an eine Art Seelenwanderung. Und wenn ein großer König stirbt, müssten wohl auch einige Sklaven dran glauben, zu seiner Bedienung in der anderen Welt.[49] Sie kennen auch die Beschneidung, und zwar beider Geschlechter. Jungen und Mädchen im Alter von 14 Jahren würden reich geschmückt nachts in den Busch gebracht, wo sie gewöhnlich vier Wochen zubringen. Nachher werden

---

[49] Missions-Magazin 14 (1829), Beilage VI: Kurze Beschreibung des Bassalandes in Liberia von Missionar J. F. Sessing. Ausführlich berichtet auch Kissling am Missionsfest 1832.

sie als »mannbar angesehen«. Was genau im Busch vorgeht, das ist Geheimnis.[50]

2.9.3 Eine erste Heidenpredigt?

Über den Leiter der Faktorei, Mr. James, kommt Sessing in Kontakt mit den Leuten, speziell auch dem Häuptling der nächsten Siedlung, König Jove. Der zeigt Interesse daran, dass ein Weißer sich in seiner Gegend niederlässt. Er ist überzeugt, dass »to learn books«, d.h. schreiben und lesen zu lernen, den Weißen vorbehalten und für Schwarze nicht erreichbar ist. Auch für ihn ist der Handel mit Sklaven, Landsleuten oder Gefangenen, fast ausschließliches Mittel, zu Wohlstand zu kommen. Aber er möchte, dass Sessing sich in seinem Revier niederlässt. Immer wieder halten sie Palaver, sehen sich Orte an, wo eine solche Niederlassung gebaut werden könnte und werden sich weitgehend einig. Solche Gespräche gehen weit über die Fragen von Landabtretung und Baurecht hinaus.

Am 29. November sitzen James, König Jove und Sessing zusammen und sprechen über Sessings Absichten. Lesen und schreiben Lernen stehen im Vordergrund, aber auch das »Buch«, die Bibel. Sessing gibt dieses Gespräch so (in »Kru-Englisch«) wider:

»Ich sagte ihm, als von der Bibel die Rede war: ›Look here, King Jove, you know God made all the world, everything he made, you too - is he not a great God? Well this be his book, in this book God said, what we must do and what we must not do [...]. Should you not like to read this book, to read what God has said.‹ ›Ja‹, dachte er, sagte aber, ›this book be for white man, black men cannot read‹.

Ich sagte ihm ferner, ›in my Contry all good people everyone got his own book. They read in it every day. And now, God sent me, in this country to learn you this book. You say, me do not know, what is bad, what we must do not, well therefore I am come with some friends to learn you. You say me cannot learn, but I can tell you, in other countries there are plenty black people like you; some years ago they lived like you, they did not know God nor his book, but now after some good people have brought and learned them this book, they became good people and are now like white men, only they be black. God is good God, he love you, he love me and all men. You see, people in this country make plenty Grigris to kill man, but I am not afraid of them, they cannot do me any hurt. They cannot kill me, me love God, me God love too, he be me father, and I am his son, me cannot happen any bad thing without his will.‹ Dieser gute König verstand alles u. alles gefiel ihm. Nur dass sie auch können book lernen, das wollen u. können sie nicht begreifen.«

---

[50] Über die Beschneidung der Mädchen wird nichts ausgesagt, nur eben diese rites de passage erwähnt. Dr. Mechlin erwähnt später auch von Geheimbünden, wie es sie in Sierra Leone gebe.

Dann lenkt Sessing auf die andere Frage. Wird es möglich sein, hier eine Missionssiedlung anzulegen? Zum Beispiel auf der zweiten Insel? Der König hat nichts dagegen. Er würde Sessing sofort ein Haus bauen, »sobald er Wort gibt«. Sessing verspricht, wenn eine Schule möglich ist, dann kommen weiße Leute, um ihre Kinder auch anderes zu lehren: Weben und Leintücher machen. Und der König sagt: »This be fine palaver!«

Wenn nur der Sklavenhandel nicht wäre. Der bringt dem König viel ein, und zwei Meilen weg liegen zwei Sklavenschiffe vor Anker. Nach vier Wochen erscheint König Jove bei Sessing. Er möchte, dass es eine Missionssiedlung auf seinem Terrain gibt. Ein Stück Land wird bestimmt, ausgemessen und soll gesäubert werden, sodass bei nächster Gelegenheit ein Haus gebaut werden kann.

2.9.4 Schwerer Abschied

Doch dann kommt alles ganz anders. Am Cape Mesurado bahnt sich Dramatisches an: Sessing ist auf Erkundungsmission in Grand Bassa, Handt ist weg in eigener Regie unter »den Heiden«. Hegele geht es zwar besser, aber er muss nach Europa gebracht werden. Wulff steht mit Kissling zusammen in voller Arbeit, um ihr Haus fertigzustellen. Mit dem Gouverneur suchen sie Wege, wie Hegele nach Europa zurückreisen könnte. Dann müssen sie innerhalb eines Tages das von Wulff bewohnte Haus räumen. Das kriegen sie zwar hin. Aber in seiner Bitterkeit will Wulff Sessings Wünsche für den Hausbau im Bassaland nicht erfüllen. Da wird auch er krank. Sein Fieber steigt so, dass er Hilfe benötigt. Ausgerechnet jetzt kommt ein Häuptling aus der Nachbarschaft und bittet um einen weißen Lehrer. Kissling muss ihn vertrösten.

Am 22. Dezember kommt der neue Gouverneur und Arzt an und sieht gleich nach Wulff. Nachts ruft Wulff nach Kissling und bittet um Wasser, »gleich darauf schüttelt er sich, legt sein Haupt zur Seite und [...] war entflohen zum Herrn«. Fünf waren sie. Nun bleiben nur noch Kissling und Sessing. Handt ist ja weg und Hegele muss heim.

Am 28. Dezember erhält Sessing den Brief von Mr. Williams, der Kissling bei der Pflege von Wulff geholfen hatte. Im Tagebuch notiert er, »dass Br. Wulff letzten Montag d. 22. Dez. seelig entschlafen ist, u. dass nun m. beiden Brüder, Hegele u. Kissling, die noch krank sind, sehr nach mir verlangen. Der neue Gouverneur sey gekommen, vermuthlich hat er Briefe, unser Missionshaus betreffend, von Mr Ashmun mitgebracht. Das ist die niederschlagende, betrübende Nachricht dieses Tages. Handt hat uns verlassen, Hegele wird uns, als untüchtig für das africanische Clima auch bald verlassen, Wulff ist todt - wunderbare Dinge [...]. Wenn ich dann noch die schönen Aussichten betrachte, die sich mir hier darbieten. Gerade auf dem schönsten Punkt, den Anfang vielleicht zu einer Gemeine aus den Heiden zu machen. Und nun, muss ich wieder alles verlassen u. ins Elend hinein, aus dem ich kaum entflohen bin.«

Das schmerzt. Er nimmt Abschied und lässt das Haus und seinen Burschen Jake mit allen seinen Sachen in Mr James' Obhut. Diesem gibt er den

Auftrag, jenen Platz von König Jove aushauen und reinigen zu lassen, aber mit dem Bauen noch bis zu seiner Rückkehr zu warten. Unterwegs erlebt er hautnah die Not des Sklavenhandels. Bis zu 40 würden jeden Tag verkauft, hatte James ihm gesagt.

Er kommt in Monrovia an. Am 7. Januar 1829 verfasst Sessing einen Bericht an die ACS in Washington und meldet der Gesellschaft ihre schwierige Lage. Er schreibt von Handt, der eigene Wege gehen zu müssen meint, vom Unglück Hegeles und Wulffs Tod: »Out of five remain only two in the service of our Society in Africa.« Er erinnert daran, dass nach Ashmuns Willen das Haus ihrer Mission vermacht sei, »but it is still very deficient for want of material«, und auch daran, dass sie in diesem Jahr unter schlechten Bedingungen hätten wohnen müssen, »having been obliged and forced to move with our things from house to house, and sometimes to very unhealthy ones.«[51]

2.10 Basel 1829

2.10.1 Bruder Hegele

Hegele ist seit seinem Sonnenstich auf der Fahrt nach Grand Bassa in »seinem Gemüthe verwirrt«, wie Sessing schreibt. Möglich, dass im Hintergrund auch noch Folgen des Unfalls im Hafen von Plymouth nachwirken. Jetzt leidet er an einer Art Verfolgungswahn: Erblickt er eine Waffe, meint er, man wolle ihn erschießen. Macht jemand Feuer, fürchtet er, man wolle ihn in heißem Öl sieden. Selten und nur mühsam lässt er sich beruhigen. Er selber sieht die Ursache in einer verheimlichten, nicht vergebenen Jugendsünde, die er Sessing immer wieder beichtet. Sicher ist, so kann er nicht länger in Afrika bleiben. Sessing wird ihn nach Sierra Leone bringen. Von dort soll er mit Bruder Metzger und dessen Frau nach Europa zurückreisen.

Am 26. Januar gehen sie an Bord des Schoners Fox unter Kapitän Teague. Sessing nimmt einen Bassa-Jungen, Georg, mit. Die Winde sind nicht sonderlich günstig. Zudem verfolgt sie ein Piratenschiff. Ihr Kapitän gerät in die Gewalt der Piraten, sie scheinen verloren. Da folgt eine wundersame Rettung. Teague gibt sich als Freimaurer aus. Dasselbe gilt für den Anführer der Piraten und man trennt sich in Freundschaft. Nach 14 Tagen, am 8. Februar, erreichen sie Freetown. Metzger ist schon weg. Bis ein Schiff nach England gefunden ist, bleiben sie bei den Freunden in Sierra Leone. Mit den dortigen Brüdern wird entschieden, dass Sessing Hegele nach Basel begleiten soll.

Am 4. März gehen sie an Bord mit Ziel Bristol, haben zwar wenig Wind, aber auf dem Schiff gute Bedingungen. Nur, Sessing wird von Zahnweh geplagt und Hegele strapaziert seine und des Kapitäns Geduld. Hin und wieder begegnen ihnen Schiffe. Am 26. April, nach mehr als sieben Wochen, erleben

---

[51] ARCJ 5 (1829), 25f.

sie in der Bay of Biscaya einen heftigen Sturm. Am 8. Mai schließlich erreichen sie Bristol. Für die definitive Ankunft muss das Schiff mit Pferden ein Stück weit den Fluss hochgezogen werden. In Bristol erfährt Sessing, dass das Schiff, auf dem die Metzgers waren, unterwegs Schiffbruch erlitten habe und untergegangen, jedoch die Menschen alle gerettet seien.[52]

Nach einem herzlichen Abschied vom Kapitän erreichen sie am 11. Mai London und Islington. Sessing schreibt Berichte über ihre Arbeit für die CMS. Am 16. Mai folgt die Überfahrt nach Rotterdam im Dampfboot und am 23. Mai weiter nach Mainz. Unterwegs kann er seine Schwester Lorchen, in Neuwied auch sein Schwester Marie treffen. Auch sie möchte »unter den armen Negern« arbeiten. Weiter geht es in einer Kutsche. Da trifft er auch Metzger mit seiner Frau, die wohlbehalten in Europa angekommen sind und sich in eine Kur begeben. Am 4. Juni erreichen sie Basel, werden im Missionshaus »aufs lieblichste« empfangen. Schon am folgenden Tag bespricht sich Blumhardt mit Sessing über die Arbeit in Liberia und bittet ihn, am Missionsfest über Liberia zu berichten. Dies geschieht am 17. Juni, im Rahmen des Festgottesdienstes. »Allgemeine Theilnahme u. Rührung war sichtbar, schreibt Sessing, und auch ich wurde neu getröstet u. gestärkt, dem Herrn in seinem Weinberg zu arbeiten.«

2.10.2 Sessings Bericht

Nach einer kurzen Einleitung über die schwierige Zeit der fünf Brüder im vergangenen Jahr (1828) geht Sessing auf den Zustand der Kolonie und ihrer Bewohner ein. Sie weise Mängel und große Bedürfnisse auf: »Beinahe alle diese aus Amerika nach Afrika zurückgeführten Neger kamen daselbst oft im grössten, sowohl körperlichen als geistlichen Elende an. In Amerika werden sie aus politischen Absichten ferngehalten, ihren Geist und Verstand auszubilden; ja selbst der Unterricht in Schulen ist ihnen untersagt, und so geschieht es nicht selten, dass Familien auf Liberia kommen, die weder lesen noch schreiben können.«

Die meisten Kolonisten seien Leute, die auch in Liberia keine Mittel hätten, ihre Kinder unterrichten zu lassen, weil sie das für den Lehrer nötige Schuldgeld nicht bezahlen könnten. Sie suchten dann bei den Missionaren Hilfe. Diese aber konnten ihrer Krankheiten wegen das Vorhaben nicht durchführen. Br. Kissling möchte dies jetzt tun. Sie wollten einen ersten Versuch wagen, »dem Bassa-Volk das erste Mal zu sagen, dass ihr Heil nahegekommen ist«.

»Da meine Aufgabe war, einen in jeder Hinsicht tauglichen Platz zu einer ersten Missionsniederlassung, mit Bewilligung der Könige und Häuptlinge und dem Wohlwollen der Eingeborenen aufzusuchen und anzubauen, so war es mein erstes Anliegen, das Land den Fluss hinauf zu sehen und mich von

---

[52] Heidenbote 2 (1829), 66.

der Anzahl der Einwohner und der Lage ihrer Wohnorte zu überzeugen, als auch besonders den Hauptkönig jener Gegend, sowie die übrigen Häuptlinge kennen zu lernen, ihre Gesinnung zu erforschen und mich ihres Vertrauens theilhaft zu machen.« Dies sei besonders wichtig, weil die Eingeborenen gewohnt seien, in jedem Weißen einen Sklavenhändler zu sehen. Dass ein weißer Mann unter ihnen leben wollte ohne diese Absicht, vielmehr um sie »das Buch zu lehren« schien ihnen völlig undenkbar. Als Vertrauen da gewesen sei, hätten Eltern ihre Kinder gebracht und andere versichert, sobald ich eine Schule errichtet hätte, wollten sie die Kinder schicken.

»Besonders richtete ich meine Aufmerksamkeit auf den Hauptkönig Jove und seinen Nachfolger. Beide Männer sahen sich hoch erfreut, dass ein weisser Mann unter ihnen leben und ihrem Volke Gutes tun wolle, und beide wünschten, dass ich mich in ihrer Nähe niederlassen möchte. Mit dem älteren König hatte ich öftere Unterredungen über die Bibel, die Erziehung ihrer Kinder in der Schule und besonders über den abscheulichen Sklavenhandel, der immer noch an der Küste getrieben wird. Über den Sklavenhandel drückte er sich so aus: ‚Ich verkaufe meine Leute nicht gerne, ich weiss wohl, dass auch sie Kinder des Gottes da oben sind, wie ich selbst. Aber ich brauche Tabak, Pfeifen, Flinten, Pulver, Tuch. Wenn ich diese Gegenstände auf anderem Wege erhalten kann, so werde ich meine Leute nicht mehr verkaufen.‹« Dies sei ein deutliches Zeichen, dass der Sklavenhandel von Seiten der afrikanischen Fürsten nur durch das Evangelium und Bildung unterdrückt werden könne.

Das Bassa-Volk selber sei friedlich, solange sie nicht zum Zorn gereizt würden. Äußerlich gesehen schienen sie überaus glücklich zu sein. Sie seien handwerklich nicht geschickt wie ihre Nachbarn an der Küste, aber nicht weniger arbeitsam als diese. Mit Liebe behandelt würden sie zu den treuesten Menschen. Dazu seien sie interessiert, zu lernen. Sie verbänden Arbeit immer mit Tanz und Gesang. »Noch muss ich erwähnen, dass kurz vor meiner Abreise der alte König mit dem Ausdruck ›für deine guten weisen Leute in deinem Land‹ unserer Missionsgesellschaft einen sehr schönen, geeigneten Platz am Fluss, nur eine halbe Stunde von seinem Orte, zu einer Missionsniederlassung geschenkt hat.«

2.10.3 Auf Brautschau

Sessings Rückkehr nach Afrika ist für den 15. August ab Le Havre vorgesehen. Bis dahin soll alles Nötige geregelt sein, Gespräche über die Zukunft der Mission in Afrika, mit Inspektor Blumhardt und dem Präsidenten Von Brunn, Kontakte mit den Vorstehern und mit Brüdern, die sich für Afrika interessieren. Dann wird plötzlich eine »Herzensangelegenheit« so wichtig, dass alles andere in den Hintergrund tritt. Blumhardt hatte Sessing am 22. Juni gefragt, ob er gedenke, ledig auszureisen oder zu heiraten, worauf dieser ihn bat, dem Komitee seinen Wunsch, heiraten zu dürfen, vorzulegen. Für Sessing steht fest, entweder heiraten, oder mit seinen beiden Schwestern zusammen ausreisen.

Wer käme als Gattin in Frage? Seine Jugendliebe, Susette Hoch von Liestal, kann Sessing nicht fragen. Die trauert einer vergangenen Liebe nach.[53] Die anderen Schwestern der »lieben Hochs in Liestal« sind vergeben. Mit Kandidat Büchelen erwägt er dies und das. Auch wenn der Herr alles lenken soll, muss man doch ein wenig nachhelfen.

Von Seiten der Missionsleitung werden dem jungen Missionar immer neue Hindernisse in den Weg gelegt. Es gibt im Komitee, wie Von Brunn berichtet, Streit zwischen den Kaufleuten auf der einen und den Predigern auf der anderen Seite. Die einen wollen von einer früheren Erlaubnis nie etwas gehört haben, andere fordern, die Zöglinge müssten gleich am Anfang versprechen, ledig zu bleiben, was Sessing mit guten Gründen als Unfug bezeichnet. Und schließlich: ohne »Heimat«-Schein könne er gar nicht heiraten, und wo soll er den bekommen?

Unter den Missions-Brüdern weiss einer Rat. Dem gehen sie nach. Ein Missionsfreund in Stuttgart, Federhaff, wird bei Familie Gruner in Calw eine Anfrage vorbringen. Mutter und Tochter Tabitha stimmen zu, die Großmutter und der Vater zögern; und Probleme mit den erforderlichen Papieren. Zum Glück gibt es nachsichtige Helfer. Über die Braut bekommt Sessing Bürgerrecht in Calw. Am 31. August 1829 wird das glückliche Paar getraut, Anfang September in Basel verabschiedet. Wenig später reisen sie über Mülhausen und Paris nach Le Havre zur Überfahrt in die USA, wo sie auf Einladung der Freunde der amerikanischen Gesellschaft Zwischenhalt machen und für die Arbeit in Liberia werben sollen. Mit Sessing und seiner Frau Tabitha reisen auch die Brüder J. Bührer (BV 90), R. Dietschy (BV 135) und H. J. F. E. Graner (BV 125) aus.

2.11 Rückkehr nach Liberia

2.11.1 Zwischenstation USA

Mit günstigem Wind erreichen sie New York nach 25 Tagen, treffen dort Mr. Gurley von der ACS in Washington, begeben sich auf dessen Wunsch nach Philadelphia und pendeln hin und her zwischen New York, Washington und Philadelphia. Sie treten in Gottesdiensten und zu anderen Anlässen auf, treffen Pfarrer verschiedener Kirchen und berichten über die Kolonie und die Mission in Liberia.

Bei solchen Auftritten stellt Sessing jeweils die kirchliche Situation in Europa, speziell in Basel vor, bevor er über Liberia berichtet. Er rühmt, was in der dortigen Kolonie schon alles erreicht worden sei, aber es sei noch sehr viel zu tun, und vor allem brauche es Lehrer. Noch dringender sei die Arbeit unter

---

53 Ausführlich in Hanns Walter Huppenbauer, Jakob Sessing möchte heiraten und andere Heiratsgeschichten, Saarbrücken 2015.

den Einheimischen. Sie sehnten sich nach den Vorteilen der Kolonisten und schämten sich ihrer Fetische. Auch den Handel mit Sklaven erwähnt er. Gleich drei Faktoreien für die Verfrachtung von neuen Sklaven habe er vor einem Jahr südlich von Monrovia in Grand Bassa gesehen. Die Kriegsschiffe, die diesem Handel Einhalt gebieten sollten, nützten nicht viel. Nur die christliche Religion und der Kontakt der Kolonisten mit den Einheimischen könnten ihn überwinden.[54]

Jedoch, auf großes Interesse stößt er nicht. Mancherorts heißt es, »der Gegenstände zur Unterstützung seien so viele, dass ein neues wie das unsrige wenig Auf- und Theilnahme erregen werde«". Da und dort erhalten sie wenigsten eine Kollekte und es ergeben sich persönliche Kontakte, die auch für die Zukunft hilfreich sein werden. Dem Board der Gesellschaft legt Sessing Fragen um Handel, Zollfreiheit, Postdienst und anderes vor. Alles wird vorbehaltlich der Zustimmung durch die Generalversammlung bejaht.[55] Mit einigen neuen Ausrüstungsgegenständen versehen, u.a. einem Medizinkasten, schiffen sie sich am 30. November zur Überfahrt nach Liberia ein.[56]

2.11.2 Überfahrt

Die Harvey unter Kapitän Doughty, mit der sie die Reise über den Ozean wagen, ist ein kleiner Schoner von nur 86 Tonnen und im Auftrag der Gesellschaft unterwegs. Außer Doughty, dem Maat Barker und den drei Missionsleuten, das Ehepaar Sessing und Bührer, befinden sich drei weitere »ordentliche« Leute in der Kabine. Dietschy und Graner folgen später. Die Reise in dem kleinen, sympathischen Schiff ist mit Gefahren und Ungemach verbunden. Nach dem Golf von Mexiko geht das Elend los. Die Bewegungen des kleinen Schiffs waren so stark und machten alle seekrank. Auch als der Wind nachließ, war ein Gehen auf dem Verdeck fast unmöglich.

In der Nacht auf den 20. Dezember erleben sie einen fürchterlichen Sturm, der das Verdeck in größte Unordnung, sonst aber keinen großen Schaden bringt. Weihnachten feiern sie in der Stille. Am 7. Januar sind sie bei den Kapverdischen Inseln, und Sonntag, 17. Januar 1830, »war uns die grosse Freude geworden, unsern Fuss wieder auf das feste Land von Cape Mesurado zu setzen.« Bald ist ihr »Schifflein« von Kanus umringt und der Hafenmeister Barber erscheint zur Begrüßung.

---

[54] ARCJ 5 (1829), 313–15.

[55] Heidenbote 3 (1830), 20, meldet, die nordamerikanische habe der Basler Gesellschaft ihre Teilnahme am Missionswerk zugesichert.

[56] Heidenbote 3 (1830), 59, wertet diesen Aufenthalt recht positiv, anders Sessing selbst.

2.11.3 Wieder in Afrika

Freudiges Wiedersehen gibt es mit Barber und herzliche Begrüßung mit Kissling. Handt verhält sich »eher trocken«. Kissling hatte das Haus fertig gebracht und, trotz Krankheiten geschwächt, eine alte Frau aus der Siedlung als Haushälterin angestellt, zwei junge Burschen ins Lesen und Schreiben eingeführt und eine Armenschule eingerichtet, denn die meisten Siedler vermochten es nicht, einen Taler Schulgeld pro Monat aufzubringen. Bis zu 50 Kinder lernten so bei ihm. In der neuen Wohnung erstarkte er, fand auch wieder Kontakt zu den Predigern der Siedlung. »Hier geht alles gut, dem Herrn sei Dank!«, hatte er am 9. Januar 1830 nach Basel geschrieben, von wo bisher kein Brief angekommen war.[57] Gemeinsam danken sie am Abend ihrer Ankunft Gott für die Bewahrung in mancherlei Gefahren zu Wasser und zu Land und freuen sich darnach an den »erquicklichen Betten«, die ihnen so lange gefehlt hatten.

2.11.4 Die neuen Brüder

Johannes Bührer aus Bibern im Kanton Schaffhausen, geboren am 8. Juli 1803, kommt aus sehr einfachen Verhältnissen. In jungen Jahren häufig krank, kann er dann die Schule nicht besuchen und liest dafür in der Bibel. Der Unterricht des Pfarrers prägt seine Zukunft. Er möchte Schullehrer in seinem Dorf werden. Im Brüderregister in Basel wird sein Beruf jedoch als Bauer angegeben. 1825 tritt er ins Seminar ein und besucht später von dort aus auch Kurse an der Universität.

Heinrich Julius Friedrich Emil Graner, geboren am 15. August 1803, kam aus Neudietendorf. Seine Mutter war mit drei Kindern früh Witwe geworden. Heinrich ist der älteste aus ihrer zweiten Ehe. Sein Vater stirbt nach beruflichem Missgeschick schon bald. Heinrich kommt zu seinen Großeltern, die ihre Güter durch Schulden verlieren. Handwerkliche Arbeit mag er nicht, an eine höhere Schule kann er nicht. Seiner Stiefschwester gelingt es, sein Interesse an einem Handwerk zu wecken. Über einen Onkel findet er einen Meister, der auch die »Versammlung« besucht. Er arbeitet nun als Schreinergeselle, findet neu zum Glauben und möchte gerne Missionar werden, gerufen durch Worte wie »Die Ernte ist groß, wenig aber der Arbeiter«. In Basel findet er Arbeit und kommt so in Kontakt mit der Mission. 1828 tritt er ins Seminar ein.

Rudolf Dietschy ist am 10. August 1897 in Basel geboren. Er ist der Älteste unter den drei »neuen«. Als Kaufmann hat er am meisten Schulbildung erfahren. Über seine Herkunft und Familie erfahren wir nichts, denn er schreibt keinen Lebenslauf, sondern nur, was ihn zum Glauben brachte. Im Unterricht sei ihm der »Weg zum Leben« klar vorgegeben gewesen. Er wollte ein frommer Mensch werden, war es aber nur äußerlich, bis doch eine Wende kam. Im April 1829 durchfährt es ihn bei einem Spaziergang ganz plötzlich: »Geh nach

---

[57] Nach Georg Adam Kissling, ein Missionsleben in Afrika und Neuseeland, Basel 1871, o. Verf. und Heidenbote 2 (1830), 1f.

Afrika!« Er bespricht sich mit Bruder Büchelen im Missionshaus, nimmt Kontakt mit Missionar Sessing bei dessen Ankunft in Basel auf und wird gleich nach seiner Meldung vom Komitee für Afrika bestimmt und als Kaufmann mit Sessing nach Liberia ausgesendet.

Diese drei reisen mit den Sessings in die USA. Dietschy und Graner folgen den anderen von dort mit einem späteren Schiff und kommen erst im Februar in Monrovia an.

2.12 1830 - Ein schwieriges Jahr

Eigentlich fängt alles recht gut an. Endlich kann Kissling entlastet werden. Das Haus ist fertig und alle freuen sich daran, auch Tabitha Sessing. Sie sind leidlich gesund, außer Handt, der von seinem eigenwilligen Missionierungszug zu den Vey doch so hergenommen ist, dass er nicht mehr zu Kräften kommt.

2.12.1 Bruder Handt

Handt hatte etwa ein halbes Jahr auf Cape Mount verbracht und eine von den Baptisten verlassene Schule weitergeführt, musste sich aber auf kümmerliche Weise ernähren, weil er kein Geld hatte. In einem Bericht vom 24. Januar 1829 (resp. 20. Dez. 1828) beschreibt er seinen Entschluss, ins Gebiet der Vey zu ziehen. Zugrunde lag ein Missmut über das ihm in der Instruktion von 1827 zugewiesene »Geschäft«, die Hauswirtschaft zu besorgen. Es habe viel gebraucht, bis er den Mut fand, es den Brüdern zu eröffnen. Als Sessing am 12. Nov. 1828 sich entschloss, nach Bassaland zu fahren, wäre er gerne mitgegangen, »aber der Herr liess es nicht zu«.[58] So habe er sich dann »in der Armuth Christi« mit sieben Talern, die er noch in Basel und Württemberg bekommen hatte, auf den Weg gemacht. In Cape Mount beim Volk der Vey trifft er einige Christen, die vorläufig auch für seinen Unterhalt aufkommen. Bald kann er die verlassene Schule weiterführen. Täglich unterrichtet er um die 16 Schüler während sechs Stunden. Mit Hilfe eines Dolmetschers predigt er sonntags.

Er schreibt: »Meine Nahrung ist zweimal des Tages gesottener, mit Palmöl bereiteter Reis, nach afrikanischer Sitte; für den Durst trinke ich Wasser, und bin dabei zufrieden und gesund. Geld kann man hier keines brauchen. Anstatt desselben kauft man seine Bedürfnisse tauschweise durch Schiesspulver, Tabak, Nastücher, Glasperlen usw. Für den Anfang kann ich recht gut in einem Hause der Eingeborenen leben; besonders da ihre Häuser nach afrikanischer

[58] In einem Brief nach Washington vom 7. Jan. 1829 schreibt Sessing, Handt habe auf all ihre Bitten hin geantwortet, »that he could not go with us, that he must go alone«. Er müsse seinem Vorbild Brainard, dessen Lebensbild er las, folgen. ARCJ 5 (1829), 25.

Weise sehr gut gebaut sind; der Boden ist mit festem Lehm ausgeschlagen, die Wände bestehen gewöhnlich aus nebeneinander stehenden Holzpfählen, dazwischen sie noch Lehm drücken, und denselben auch noch auf beiden Seiten glatt darüber schmieren; ausserdem wird das Haus inwendig geweisst. Der Boden ist für Garten- und Ackerbau hier sehr gut; besser als in Sierra Leone, und als in Liberia.«[59]

Das tönt zuversichtlich, täuscht aber darüber hinweg, dass sein Körper diese Lebensführung nicht durchzuhalten vermag. Krank kehrt er nach Monrovia zu Kissling zurück. Wenn er sich wohl fühlt, hält er in Caldwell, Mileburg und bei Kissling Schule. Noch weiß er nicht, wie es weitergehen soll. Im Februar gibt ihm Dr. Mechlin den Rat, Afrika zu verlassen, weil er das Klima offensichtlich nicht ertrage. Am 1. März trägt Sessing folgende Notiz in sein Tagebuch ein: »Da Handt immer kränkelte u. er auch hier keine Ruhe mehr hatte, so gab ihm Dr. Mechlin ein Certificat, dass er in diesem Clima nicht mehr leben könne [...]. Br. Handt verliess uns darnach heute mit einem Boote, das nach S. Leone ging. Dort denkt er entweder unter zukommen, od. wenn dies der Fall nicht ist, von dort mit einem Schiffe über England nach Basel zu gehen. Br. Kissling nahm sich seiner sehr an, um ihn zu seinem Besten zu bewegen, aber meistens vergeblich. Er hatte seinen eigenen Kopf u. Sinn, nach dem handelte er, seit er in Africa ist.« Die Brüder geben ihm 8 $ mit. Für mehr haben sie keine Befugnis.

Im Grunde genommen ein tragisches Ende der Afrikamission von Handt. In London war er überzeugt, er sei der rechte Mann für Afrika und Sessing dafür nicht tauglich. Ein ärztliches Attest in London erklärt ihn, anders als in Monrovia, für kerngesund und »an das afrikanische Klima angewöhnt«. Das bringt ihm erheblichen Ärger in Basel ein. Unter diesen Umständen war seine Heimreise ein Vertragsbruch. Ärger verursachte er den Brüdern in Liberia. In Sierra Leone wie in London gab er an, sie hätten ihn »gänzlich entblösst weggeschickt«. Ob er wirklich nach Basel zurückging, ist unklar. Im Komitee wird nichts vermerkt. Aber Blumhardt erwähnt im Oktober, Handt sei vorbeigekommen. Die CMS jedoch nimmt ihn in ihre Dienste. Im Februar 1831 meldet er seine Abreise nach Neuseeland, wo er bis zu seinem Tod eine Gemeinde betreut.

2.12.2 Bruder Kissling

Über das Jahr, das er allein verbrachte, schreibt Kissling recht positiv. Im Januar, wohl noch stark unter dem Eindruck des Wegzugs von Handt, Wulffs Tod und der Abreise von Sessing und Hegele, bemerkt er, es wäre schon gut, Brüder als Mitarbeiter zu haben, aber eben solche, die harmonieren, vermutlich gesagt im Blick vor allem auf Handt und Wulff, mit denen er während dieses Jahres einige Mühe hatte. Im Juli aber berichtet er zuversichtlich von sei-

---

[59] Heidenbote 2 (1829), 83f.

ner kleinen Familie, zu der inzwischen auch Handt wieder zählte. Da sind Payne, Sohn eines freigelassenen Sklaven, der nach Liberia reiste, dort aber bald starb, Sessings Jake, dem er jetzt den Namen Jakob von Brunn gibt, sehr eifrig im Lernen, dazu ein 8-9 jähriger Junge, den ihm die Mutter zur Erziehung übergeben hatte. Schließlich sind da noch zwei erwachsene Schwarze, für Küche und Garten zuständig. Zwei Missionare, drei junge und zwei erwachsene Schwarze, sieben Personen, die sich im Missionshaus niedergelassen hatten, berichtet der Heidenbote 1830 (13f) und 1831 (19).

Kissling hatte eine »Armenschule« eröffnet mit gut zwei Dutzend, später bis zu 50 Kindern zwischen sechs und 16 Jahren, die er mit Hilfe eines »lieben wackeren Negerknaben« unterrichtet. Er konnte auch den Kontakt mit den beiden Gemeinden in Monrovia wieder aufnehmen, predigt regelmäßig in der Methodistenkirche und gibt sogar vier von ihren Predigern auf deren Wunsch hin Unterricht im Griechischen. Schließlich erhält er von König Jove die dringende Einladung, sie sollten unbedingt zum ihm kommen und dort eine Station mit Schule bauen.[60] Also lauter verheißungsvolle Schritte. Im Oktober 1829 schreibt er gar, »ich wiederhole es, dass dieses Feld reif zur Ernte ist«. Auch gesundheitlich geht es ihm, seit er allein ist, gut. »Ich freue mich meines Hierseins«, schreibt er im Januar 1830.

Im Laufe des Jahres kümmert er sich um Wulffs Sachen, liest sein Tagebuch und scheint plötzlich in dessen Kritik an Sessing einzustimmen. Sessing sei, so schreibt er am 9. Oktober 1829 nach Basel, als Leiter der Afrikamission nicht geeignet. Ohne konkreter zu werden, betont er, von »einem fleischlich Gesinnten« keine Befehle entgegennehmen zu können.[61] Dazu kommt es allerdings gar nicht. Die Anweisungen, die Sessing und die neuen Brüdern mitbringen, passen ihm aber erst recht nicht. Sie sollen zusammen ins Bassaland gehen »und alles gemeinsam haben«, d.h. aus der gemeinsamen Kasse leben.

Im Brief vom 24. Februar 1830 reagiert er darauf. »Wie leid es mir thut, die Colony hier und meine gesegnete Schule mit 36-40 Kindern verlassen zu müssen, können Sie wohl mit mir fühlen[...]. Wir sollen ins Bassa-Land ziehen und immer noch alles miteinander gemein haben. O Väter, Väter, ich weiss bereits aus Erfahrung, mit solcher Instruction geht's nicht gut. Warum denn nicht dem Einzelnen den fünften Theil unbestimmt anvertraut, von dem was allen Fünfen im Allgemeinen anvertraut ist unbestimmt? Man möchte mich als einen selbstsüchtigen Menschen ansehen, weil ich so viel über diesen

---

[60] Einer Einladung vom Stamm der Vey leistet er nicht Folge, weil der dortige König für Untertanen mit Schulbildung beim Sklavenhändler mehr Gewinn herauszuschlagen hoffe.

[61] Wulffs Tagebuch (BV 62) enthält einen Gedenkspruch, von Kissling unterzeichnet. Im gleichen Brief setzt Kissling sich sehr für Handt ein, die Committee möge ihn nicht verlassen obgleich „er Sie und uns verlassen" habe. Seine Berufung nehme er sehr ernst, habe aber mit sich viel zu kämpfen.

Punkt bemerke, darum sei dies mein letztes: Wenn sie uns die Anordnung geben, alles gemein zu haben, so fordere ich auf gerechte Weise von Ihnen, dass Sie uns Brüder schicken, die ein Herz und eine Seele haben in jeder Beziehung und die von solchem Ihnen bereits Beweise gegeben haben.«

Nur, zum Streit zwischen ihm und Sessing gibt es weder in Briefen noch in Sessings Tagebüchern Hinweise. Kissling ist ein stiller, eher zurückgezogener Beobachter, ein Mensch, der sich entfaltet, wenn er auf sich gestellt ist, und der Situationen klar beurteilt. Er ist hilfreich gegenüber Hegele und Handt und liebevoll. Er gab im November 1829 Sessing ein selbstgebackenes Brot ins Bassaland mit.

2.12.3 Die Brüder Dietschy, Bührer und Graner

Zunächst ist eitel Freude. Natürlich machen die »Neuen« Tabitha Sessing und Bührer ihre obligaten Krankheiten durch. Am 28. Februar treffen dann die Brüder Dietschy und Graner ein, die sich erst im Januar in den USA eingeschifft hatten. Über ihre erste Begegnung schreibt Sessing in seinem Tagebuch: »Wir alle waren soweit gesund, dass wir auf sein konnten. Aber an unserm Aussehen erschraken unsere Brüder. Wir dankten dem Herrn gemeinschaftlich für die grosse Gnade, dass Er uns nun alle hier zusammengeführt hat, um sein Werk miteinander u. unter seinem Beistande zu treiben.«

Schon eine Woche später ändert sich das Bild. Tabitha Sessing und Bührer sind elend, bei Bührer ist es schlimm. Dr. Anderson, der mit Dietschy und Graner angekommen war, verordnet ihm Blasenpflaster. Sessing spricht von einer »sonderbaren Veränderung«, die sie nicht »enträtseln konnten«. Eine halbe Woche später zeigen sich auch bei Dietschy die ersten Symptome des Fiebers. Er fühlt sich sehr schwach, scheint das Fieber aber nur schwach zu haben. Doch am 20. März nimmt es »eine andere Gestalt an«. Außer Kissling und Sessing sind alle anderen mehr oder weniger krank. Vor seiner Rückkehr verabschiedet sich der Kapitän der Liberia von ihnen. Der Anblick Dietschys habe ihn so mitgenommen, dass er zu weinen anfing. Dietschy kann kaum mehr reden. Der herbeigerufene Dr. Anderson meint, er werde nicht mehr lange leben.

Am 21. März kann »Dr. Anderson nichts weiter thun, als ihm durch häufiges Branntweintrinken etc. das Leben einen Tag zu verlängern. Wir glaubten jeden Augenblick, Br. Dietschy werde heimgehen. Br. Kissling u. ich waren die ganze Nacht auf, beständig an seinem Bett, um ihn zu trösten, aber auch von ihm getröstet zu werden. Sein Mund stand die ganze Nacht nicht still von beten, loben, danken und Ermahnungen, die er uns u. den herumstehenden gab.«

In der gleichen Nacht stirbt Dietschy, »kaum nahm man seinen letzten Atemzug wahr, so sanft und selig schlief er ein«. Der Schlag ist hart. Dietschy war ausgesandt worden, um als Kaufmann die administrativen und »äusseren Lasten abzunehmen«, damit die anderen ihre Kraft auf die eigentliche Missionsaufgabe konzentrieren könnten. Jetzt wird ausgerechnet er ihnen zuerst genommen. Aber auch Bührer und Graner liegen schwerkrank danieder und, wie es scheint, nicht mit dem gewöhnlichen Tropenfieber. »Br. Bührer war nun so entkräftet u. von einer innern Entzündung so aufgelöst, dass wir fürchteten, seine Ausdünstung möchte Br. Graner schaden. Da wir ohnehin voraussehen konnten, dass sein Ende auch nicht mehr entfernt sein könne, so dachten wir darauf, den Br. Graner in ein anderes Zimmer zu bringen.«

Sie können ihn den Nachbarn zur Pflege übergeben. Die Woche ist noch nicht um, da geht es auch mit Bührer zu Ende. Am 26. März schläft er für immer ein und findet am folgenden Tag sein Grab neben Wulff und Dietschy. Auch Graner stirbt wie Bührer wahrscheinlich nicht am eigentlichen Tropenfieber. Sessing schreibt am 20. Mai nach Basel: »Er war seit dem 20. März, an welchem Tage ihn das Fieber ergriff, genöthigt, das Bett zu hüten, von dem er auch nie wieder aufstehen konnte, sondern immer von ein oder zwei Abwärtern gepflegt werden musste. Wir haben Ursache zu glauben, dass sein climatischer Krankheits-Anfall sich bald, wie es auch bei unserm vollendeten Br. Bührer der Fall war, in ein bösartiges Faulfieber verwandelte, in welchem er gerade in derselben Zeit, wie jener, nämlich am 54sten Tage nach dem ersten Fieber, seinen Lauf vollendete. Am Ende hatte das Fieber seine Natur zerrüttet, dass er sich, selbst mit Hülfe seiner Wärter, kaum mehr von einer Seite zur andern wenden konnte. So lag er da, dem Körper nach wund und zerfallen, seinem herannahenden Ende getrost entgegen blickend, während die Ameisen an seinen Füssen Löcher einfrassen und ihm auf solche Art seine baldige Verwesung im Grabe vor Augen malten.«

Dieser weitere Todesfall in Liberia, nachdem auch an der Goldküste schon drei Brüder gestorben waren, löst bei der Missionsleitung Entsetzen und Ratlosigkeit aus. Die Mitteilung im Evangelischen Heidenboten aus dem Jahr 1830 wird mit einem Kommentar eingeleitet, der darüber keine Zweifel offenlässt. Vergessen sind die zuversichtlichen Nachrichten von Kissling ein Jahr zuvor. Da wird geklagt. Amerikanische Journale hätten die lieblichsten Schilderungen vom hoffnungsreichsten Gedeihen der Negerkolonie gegeben, jetzt seien es meist nur betrübliche Nachrichten. »Indess die rohen Sklavenhändler das Äusserste versuchen, um die unglücklichen Bewohner dieser Ufer von der Heimath wegzurauben und in harte Fesseln zu legen, rafft, nach einem unerforschlichen Rathschlusse unseres Gottes, den wir in stiller Beugung ehren, der Tod einen unserer Theuren Mitarbeiter um den andern dahin, und das kleine Häuflein derselben, das wenige Wochen lang aus fünf Mitgliedern bestand, ist nun wieder auf zwei zusammengeschmolzen« (Heidenbote1830, 83).

Nun sind Sessing mit seiner Frau und Kissling wieder allein, faktisch in derselben Ausgangslage wie ein Jahr zuvor. Wie einst Elisas Diener fragt Kissling im Schreiben nach Basel: »Ach weh mein Herr, was wollen wir nun thun?« Und Sessing: »Nun war auch unsere Hoffnung hier zu bleiben gänzlich verschwunden u. ich sah gleich die Entscheidung von Graners Leben u. Tod als das letzte Zeichen an.«

2.12.4 Eine erschütternde Begegnung

Auf ihrer Brüderkonferenz im März hatten die Missionare vorgesehen, dass Kissling zusammen mit Bührer möglichst bald ins Bassaland fahren und Vorbereitungen für die Errichtung einer Missionsstation in König Joves Bezirk treffen sollte. Wegen der Todesfälle wurde dies verschoben. Schließlich reist Kissling am 30. März allein hin, »um dort die Missionsniederlassung zu sichern«. Er kann mit Kapitän Thomson und einer Gruppe von Kolonisten fahren. Der Platz, den Sessing ausgewählt hatte, gefällt ihm gut. Der König freut sich, dass die Missionare bald zu kommen gedenken.

Auf dem Rückweg nach Monrovia macht Thomson in Klein Bassa Halt. Er geht mit Kissling an Land und besucht dort den berüchtigten spanischen Sklavenhändler Don Magill. Er wohnt in einem schönen Wohnhaus, hält sich Pferd und Kutsche, fällt im Urwald Bäume und Büsche, entweiht die heiligen Orte der Einheimischen und versetzt alle in Furcht und Schrecken. Als abschreckende Maßnahme soll er Sklaven gefesselt, in eine Hütte gesperrt und diese angezündet, ein anderes Mal einen mit seiner Kanone in die Luft geschossen haben. Kein menschlich fühlendes Herz mache sich, schreibt Kissling, einen Begriff von der satanischen Art, wie europäische Sklavenhändler, die sich dazu Christen nennen, auf den zertretenen Ufern des unglücklichen Afrikas zu handeln pflegen. Kissling geht mit Thomson zu Magill, findet freundliche Aufnahme, wird aber abgewiesen, als er die Sklaven sehen möchte. Ein anderer führt ihn trotzdem hin.

»Aber o Gott, wie sah es hier aus. In einer von Gebüsch aufgeführten Hütte zählte ich etwa 104 Sklaven. Sechs derselben lagen zum Schrecken für Andere am Eingang in einem Blutstrom; drei arme Sclaven hatten tiefe Wunden auf dem Rücken, einem andern war der Kopf gespalten, einem andern der Rücken entzweigehauen. Er lag in den letzten Zügen und seufzte mit erhobenen Händen. Andere drangen sich zu mir herbei und flehten, ihre tiefen Wunden anzusehen und ihren Schmerz zu lindern. Die armen Geschöpfe hatten versucht, dem grausamen Tyrannen zu entrinnen, und mussten jetzt zur Warnung für die andern einen langsamen qualvollen Martertod sterben. Ich konnte den Jammer nicht länger ertragen und eilte zum Schiff zurück«.

Dort enthüllt ihm der Kapitän, er sei mit den Leuten hierhergekommen, um diesem Don Magill ein Ende zu bereiten. Kissling bleibt auf dem Boot, während die Truppe dem Händler den Krieg erklärt und dessen Haus belagert. Und bevor der Händler einen Schluss abgeben kann, ist er von einem Kolonisten getroffen und tot. Die Einheimischen kommen, schleifen das Haus und plündern alles. Kissling beendet seinen Bericht: »welch eine Jammerstätte der Verwüstung und des namenlosen Elends [...]. Wenn die Knechte des Lasters im Angesicht des Todes alles daran wagen, um im Blut der armen Neger ihre Habsucht zu befriedigen, was sollen die Freunde Christi thun, um mit der allmächtigen Hülfe ihres Gottes und Erlösers diesem Gräuel der Verwüstung durch das Evangelium des Friedens ein Ende zu machen. Dies ist die hochwichtige Frage, die mit jedem Tage ernster und schreiender vor unsere Seele tritt«.

Die Frage beschäftigt sie noch weiter, denn die Aktion der Kolonisten hat ein Nachspiel. Noch während Thomson mit seinen Leuten und Kissling sich auf der Rückfahrt befindet, erwartet sie an der Mündung des Flusses ein Sklavenschiff, das vom Angriff auf Don Magills Faktorei Kenntnis bekommen hatte und die Übeltäter bestrafen will. Nur dank seiner seemännischen Tüchtigkeit habe Thomson seinen Verfolgern entkommen können.[62] Monrovia wird darauf von spanischen Schiffen belagert.

Thomson hatte seine Aktion im Einvernehmen mit Gouverneur Mechlin geplant. Ganz unerwartet reist der, statt nach Accra an die Goldküste, in die USA zurück. Später verlautet, dass die Gesellschaft ihn dafür zur Rechenschaft ziehen würde. Auch Mr. Merchant, der mit den Sessings nach Liberia ausgereist war, verschwindet plötzlich von der Bildfläche, vermutlich nicht ohne Grund. Mr. Barker, der jetzt Kapitän des Schoners Harvey ist, berichtet Sessing im April: »Er hielt ihn (Merchant, d. Autor) für den schlechtesten Mann, den grössten Sklavenhändler u. sagte ganz deutlich, dass er nichts anderes glaube, als dass Merchant den Captain Doughty und Mr Jonahey vergiftet habe, indem die schnelle Art ihres Todes ihn so zu denken bewege; auch sagte er, dass, wenn Dr. Mechlin unterwegs sterbe, er nichts anderes glauben könne, als dass auch ihm solches widerfahren sei.«

2.12.5 »Was sollen wir tun?«

Acht Brüder und eine Frau waren ausgesendet worden. Innerhalb von 18 Monaten sind vier gestorben und zwei krankheitshalber ausgeschieden. Zwei Brüder sind übrig, Kissling und Sessing, und Sessings Frau, letztere noch voll in der Phase der Akklimatisation. Und der Weg nach Bassaland scheint nun verschlossen.[63] Was sollen sie tun? Sie melden die Todesfälle nach Basel, am 30. März, am 19. April und im Mai wieder, und fragen um Rat, obwohl das eigentlich unsinnig ist, sind doch während zweier Jahre überhaupt keine Briefe von Basel angekommen:[64] »Was sollen wir tun? Sollen wir die Station aufgeben?« Am Missionsfest 1830 in Basel hat man Kenntnis vom Tod der Brüder Dietschy und Bührer, noch nicht aber von Graner, und reagiert entsprechend.

Im Februar hatte Kissling beteuert, wie schön es sei, Kollegen zu haben, auch wenn dies manchmal Mühe bereite. Er hatte erkannt, dass er allein recht gut zurechtkam, die sachliche Feststellung eines Menschen, der Situationen

---

62 Eintrag vom 7. April 1830 in Sessings Tagebuch I, 552f.

63 So auch Komiteeprotokoll vom 23. Juni 1830, bei der Mitteilung vom Tod der Brüder.

64 Am 20. Mai 1830 schreibt Blumhardt an die Brüder, dass Briefe geschrieben worden seien. Im Kopierbuch Blumhardts findet sich jedoch kein einziger Brief nach Liberia, dagegen erwähnt ARCJ 5 (1829) drei Briefe nach Washington. Kissling hatte wohl recht mit seiner Klage.

analysiert und offen und ehrlich beschreibt. Am 30. März, nach Dietschys und Bührers Tod, schreibt er: »Die Last der Sorgen und des Schmerzes, die Angelegenheiten unserer ganzen Mission in Liberia nur auf uns beiden, Sessing und mir, ruhend, äusserte hingegen üblen Einfluss auf unsere Gesundheit; Finsternis und Unglaube, Noth und Trübsal, Angst und Mühe drückt uns tief darnieder [...]. Der Schmerz bei der Seite der leidenden Brüder, und die Mühe, jeden Augenblick ihren Bedürfnissen abzuhelfen, hält uns nicht nur von unserm eigentlichen Beruf ab, sondern bringt uns ebenfalls in den krankhaften Zustand wie der der Kranken selbst. Darum sage ich mit Bruder Sessing: Es ist für uns ein Ding der Unmöglichkeit in Zukunft neue Brüder aufzunehmen und zu verpflegen. Lasst jeden Missionsbruder seine eigene oder gemietete Wohnung haben und jemand zu sich nehmen, der sein pflegt, damit die übrigen in ihrem Beruf fortfahren und ihre Gesundheit bewahren können. Auch mit Betten etc sollten sie besser versehen sein, damit wenn eines derselben unbrauchbar wird, der Kranke nicht auf dem Boden liegen muss.«

Am 19. April schreiben sie beide, weil sie dringend Rat suchen. Im Anschluss an seinen Bericht über die Expedition gegen den Sklavenhändler bittet Kissling nochmals dringendst, endlich zu bestimmen, wie sie weiterfahren sollen. Wenn das Komitee dazu nicht im Stande sei, »so lassen Sie doch jedes Glied unserer Mission hier ein unbestimmtes [Gehalt] beziehen, nur machen Sie dieser jetzigen Einrichtung alles gemein zu haben ein Ende«. Er betont, dass es sich dabei um das Ergebnis einer Stationskonferenz handle, und zählt dann die Punkte auf, über die das Komitee beraten müsse:

1. Soll die Mission in Bassaland und Liberia fortgesetzt werden?
2. Wird Basel diese Mission selber fortsetzen oder sich einer amerikanischen Gesellschaft anschließen?
3. Ist das Komitee bereit, jedem Mitglied der Mission sein Gehalt anzuvertrauen, zur freien Verfügung oder nach vorgegebener Bestimmung?
4. Was beschließt das Komitee, wenn alle hier, auch Dietschy, überzeugt sind, dass unsere Mission nach dem bisherigen System nicht gedeihen kann?
5. Welchen Rat gibt das Komitee, wenn einer in der Kolonie nicht allein sein, und ein Bruder allein in Bassaland keinen Anfang machen kann?
6. Wer soll in der Kolonie Monrovia bleiben und wer nach Bassaland gehen?

In seinem Brief gleichen Datums betont auch Sessing, wenn das Komitee diese Mission weiterzuführen gedenke, »so geben Sie einem jeden sein Eigenes, wodurch [er] in Stand gesetzt wird, seine eigene Wohnung zu beziehen. Sie können mich vielleicht missverstehen, das thut aber nichts. Die Erfahrung hat gelehrt, dass wir besser thun, alles zu entfernen suchen, was stört und uns an einem friedlichen, ruhigen [...] Leben hindert.« Er nennt konkrete Gehälter, in Sierra Leone seien es 300 £, in Liberia sei alles teurer. Der Gouverneur beziehe hier 1200 $, ein Arzt 600 $, bei freier Kost. Es ist wichtig zu sehen, dass die beiden Brüder, die unterschiedliche Visionen von der Mission hatten, sich in diesem Punkt einig waren, ja das Ergebnis einer Stationskonferenz (noch mit Dietshy) weitergeben. Sie haben sich im Einvernehmen auseinandergesetzt, kritisieren die Missionsleitung, unterwerfen sich aber gleichzeitig ihrem Rat und Beschluss.[65]

Am 20. Mai melden sie den Tod Graners. Diesmal schreibt Sessing und gibt als eigentliche Todesursache das Faulfieber (vermutlich Fäulnisbrand) an, dem auch schon Bührer erlegen sei. Kein Arzt noch sonst jemand habe sie darauf gebracht, sie hätten es aus eigenen Beobachtungen und medizinischen Büchern so entdeckt. Unsicher sei, ob eine (falsche) Behandlung durch den Arzt dazu führe. Aufgefallen sei aber, dass auch Dr. Anderson mit ähnlichen Symptomen, allerdings schon am 9. Tag des Fieber gestorben sei. In dieser Situation verliert Sessing den Mut: »Verstehen Sie mich ja recht! Wir trachten nicht nach Geld und Wohlleben; wir leben kaum halb so gut als ein Theil der Colonisten hier, die doch nicht viel haben, und doch muss ich es Ihnen nun sagen, dass im Verlauf diese Mission Ihnen mehr verursachen wird als vielleicht jene in Asien. Denn so wie es sich Ashmun dachte und wie wir es uns dachten, kann diese Mission unmöglich getrieben werden.«[66]

Besonders schwer ist für beide, dass von Basel schon so lange Zeit kein Zeichen, kein Trost, kein Rat kommt, sie also auch in der Beziehung allein gelassen sind. Einen Monat später, am 19. Juni, bekennt Kissling, es sei ihm sehr dunkel, ob er in diesem Beruf bleiben könne, und ob Gott ihn überhaupt hier haben wolle. Und fügt dann an: »Der Afrikaner predigt am gesegnetsten dem Afrikaner«.[67] Seine Vision: Ein Institut zur Ausbildung von Afrikanern für den Evangeliumsdienst. Einen Monat später bedauert Kissling wieder das Ausbleiben von Nachrichten aus Basel. Sie hatten zwar vier Kisten mit französischem Wein erhalten, aber keine Briefe. Für jedes Schiff eilen sie zum Hafen und fragen nach Briefen, aber da ist nichts aus Basel. Am 25. August erfahren sie, dass Mr. Cresson in Philadelphia am 19. Juli die Nachricht vom Tode Graners noch nicht erhalten hatte. Wie mag das erst mit Basel sein?

Am 18. Juli erklärt Sessing die Gründe, die sie an der Arbeit hindern und nennt dabei den Widerstand der Kolonisten gegen die Missionare. Afrikaner, die aus der Sklaverei und aus Amerika kommen, seien ganz anders als die friedlichen Einheimischen. Außerdem müsse man alles unter dem Gesichtspunkt einer Prüfung betrachten.[68] In einem Brief an Dr. Ely, den sie in den

---

[65] Interessant ist übrigens ein Unterschied in der Art der Berichterstattung. Während Sessing die Schwierigkeit der Lage hervorhebt und beklagt, berichtet Kissling sehr sachlich, kritisiert deutlich, macht aber zugleich konkrete Vorschläge.

[66] Der Brief wurde erst einen Monat später mit neuen Briefen zusammen befördert. Das Komitee wusste also erst durch die Briefe vom Juni vom Tod Graners.

[67] Ein Gedanke, der sich im ARCJ immer wieder findet.

[68] Das schließt die Frage ein, will Gott uns wirklich an diesem Ort haben?

USA kennen und schätzen gelernt hatten, geschrieben vermutlich im September 1830,[69] drückt Sessing sich recht klar aus. Vor ziemlich genau einem Jahr seien sie von Basel abgereist und hätten seither nichts von dort gehört. Und schreibt dann: »Our mission here has altered its appearance to a high degree; and as shure as I was then, when present in your circles, of its prosperous success, I am at presend foreboding its final abandonnement.«

Dann beklagt er, dass ihnen sowohl im Blick auf die Arbeit unter den Bassa wie unter den Kolonisten die Hände gebunden seien. »To the natives the door is not yet opened and many obstacle [...]which must first be removed.« Und für die Arbeit unter den Kolonisten hätten sie weder einen Ruf noch Authorität, »and without both you can do very little!« Da wird deutlich, wie die enge Bindung an die Weisungen ihres Komitees der geplanten Arbeit im Weg stand. Mittlerweile versteht Sessing diese Zeit in Liberia als eine gottgewollte Vorbereitung »to be made useful for missionary labour«.

2.12.6 Und das Basler Komitee?

Das Komitee setzt sich mit den Briefen der Brüder auseinander. Im Februar 1830 beunruhigt sie die Feststellung Kisslings (vom Oktober 1829), dass Sessing als Oberleiter der Afrikamission kaum geeignet sei. Später beschäftigt sie Kisslings Brief vom Februar 1830, in dem er auf die neuen Anweisungen aus Basel reagiert. Anfang Juli liegt der Brief vom 30. März mit der Todesnachricht Graners noch nicht vor, dafür die beiden vom 19. April, wo beide, Kissling und Sessing bitten, je eigene Wege gehen zu dürfen. Die Herren Vorsteher können so etwas nicht als sachliche Rückmeldung und schon gar nicht als Beitrag zur Änderung ihrer Vorgehensweise verstehen. Für sie ist es ein Zeichen von Uneinigkeit und Streit. Man weiß, Dietschy und Bührer sind tot, Graner ist krank. Entschieden wird noch nichts. Nur die folgende, im Original widergegebene vorläufige Antwortskizze wird besprochen:

1. Die Mission soll bis deutlichere Winke erfolgen, nicht aufgegeben werden.
2. Wir werden die Missionare selbst behalten und nicht an die Colonisations-Gesellschaft abtreten.
3. Kissling soll in Monrovia bleiben, die Schule führen und den Verkehr mit den Brüdern im Bassa-Land soweit nöthig besorgen.
4. Sessing und Graner gehen nach dem Bassa-Land.
5. Alles soll unkostspielig eingerichtet werden.
6. Kissling mag heiraten, soll aber bedenken, ob nicht eine etwa aus Sierra Leone zu erhaltende Mulattin am zweckmässigsten wäre, wo nicht, warte er, bis wir die Person u. die Reisegelegenheit für sie gefunden haben.

---

[69] ARCJ 6 (1830), 313–15, im Ordner FA nicht enthalten.

7. Jeder soll - auf eine Jahresprobe - vierteljährlich sein Ratum an Geld und Waren für seinen Bedarf aus der Kasse nehmen.
8. Wir hoffen, [...] Br. Heinze und noch einen Bruder nachzusenden.[70]

Dieser von Blumhardt eingebrachte Vorschlag nimmt die Anliegen der Brüder weitgehend auf. Die geplante Sendung Heinzes (BV 85) deutet an, man will durch die Entsendung eines Arztes die gesundheitlichen Probleme ernst nehmen und Abhilfe schaffen. Aber die Vorsteher bitten um Zirkulation der Briefe, d.h. man will Zeit gewinnen. Das größte Problem sehen sie in der vermeintlichen »Disharmonie der Brüder. Es scheine, es seien dort nicht die rechten Leute für eine solche Unternehmung«. Erste Priorität sei, dass sie sich aussöhnten. Der Vorschlag, den Brüdern tröstend zu schreiben, wird aufgehoben durch Ermahnungen wie die, man habe Sessings Heirat unter der Bedingung bewilligt, dass Frau Sessing den gesamten Haushalt der Afrikamission führe, wobei alles nicht viel kosten dürfe.[71]

Beschlossen wird nichts. Die Beratung über Afrika wird von Sitzung zu Sitzung hinausgeschoben. Die erwarteten Briefe sind längst da. Erst als Coates von der CMS um weitere Arbeiter für Sierra Leone bittet, gibt es kein Ausweichen mehr. Am 20. Oktober endlich wird die Beratung aufgenommen.[72] Blumhardt schreibt in der Zwischenzeit drei Briefe, am 31. Mai, 4. Juli und am 27. September 1830. In den ersten wähnt er Graner noch am Leben, im dritten weiß er um dessen Tod, und dass Kissling und Sessing mit seiner Frau nun allein stehen. Den ersten schickt er doppelt ab, zuerst über Washington, 14 Tage später auch noch über Großbritannien/Freetown. Obwohl er in den beiden ersten Briefen betont, wie sehr die Missionsleitung mit den »betrübten Brüdern« mitfühle, kommt kein Trostbrief zustande. Im Gegenteil, was als Ermunterung für die entmutigten Missionsbrüder gemeint war, verkommt zur versteckten Anspielung auf deren Uneinigkeit, die die Ursache ihrer Mutlosigkeit sei. Und dort, wo man das versprochene Trostwort erwarten möchte, folgt eine Mahnung, dass für einen wahren Christen am Sieg Christi auch in Liberia kein Zweifel bestehen könne. Beide Briefe betonen, dass das Komitee ihrer Uneinigkeit wegen nicht in der Lage sei, ihnen ratend beizustehen. Was sollen die Brüder damit anfangen? Sie sind sich keines Streites bewusst, und ihr Zweifel betrifft nicht den endlichen Sieg Christi auch in Afrika, sondern die Frage, ob jetzt der Moment dafür schon gekommen sei, ob Christus sie, die deutschen Missionare, jetzt an diesem Ort haben wolle. Die Todesfälle und all die Widerwärtigkeiten im Umfeld schienen doch anzudeuten, dass er dies noch nicht will.

Am 4. Dezember erhält Sessing beide Briefe. Noch nie war er über frische Post so wenig erfreut. Wer mag dem Inspektor nur von Uneinigkeit geschrie-

---

[70] Heinze hatte einen Abschluss von der Universität Basel.

[71] Die Heiratskritiker melden sich zurück.

[72] Komiteeprotokolle Bd. 12, 38, 40 u. 41.

ben haben? Er antwortet nur, die Briefe hätten wenig Licht gebracht. Kissling wird deutlicher. Bei der Rückkehr von seinem Besuch an der Goldküste im Februar 1831 bekommt er die Briefe zu lesen und reagiert gereizt. Die Briefe hätten ihren Kummer nur noch grösser gemacht. »Ihre Vermahnung zur brüderlichen Liebe und bes. die Worte in ihrem Schreiben: ›Wir können nicht bergen, dass uns die Stimmung gegeneinander noch viel schrecklicher in die Seele schneidet‹, konnte ich mir weder deuten noch klarmachen.« Er selber erinnert sich keines »Gegeneinanderseins«, fragt zurück: ob das aus Briefen geschlossen werde oder wo eine solche Nachricht herkomme. Er fordert vom Komitee, bei künftiger Zurechtweisung offen die Quelle der Information anzugeben. Im Mai 1831 erreichen die Briefe Basel. Sie zirkulieren unter den Komiteemitgliedern. Am 15. Juni nimmt das Komitee sie zur Kenntnis. Ein Gespräch über Inhalt und Kritik wird nicht protokolliert. Von Interesse ist offenbar nur, was mit den Brüdern und mit dem Haus, das so viel gekostet hat, zu geschehen habe, wenn man die Station auflöst.[73]

2.13 Abbruch der Übung

Wie gesagt kehrt Kissling im Februar 1831 von seiner Reise an die Goldküste zurück. Noch immer warten die Geschwister in Monrovia auf Weisungen aus Basel. Schiffe legen im Hafen an, aber Briefe bringen sie keine. Sessing drängt es, seine Frau Tabitha für die Geburt ihres ersten Kindes nach Sierra Leone zu seiner Schwester, nun Gerbers Frau, zu bringen. Schließlich sendet Gerber in eigener Verantwortung einen kleinen Schoner, um sie zu holen.

2.13.1 Nur ein Besuch?

Am 17. April meldet sich Sessing sich von Sierra Leone aus. Er hat mit seiner Abreise ohne Weisung des Komitees geltende Regeln missachtet und rechtfertigt sich nun. Der Besuch bei Gerbers dient dafür, dort die Geburt ihres Kindes abzuwarten. Er erwähnt auch, was sie zur Aufgabe der Station zwinge. Sie könnten ihrem Beruf nicht nachgehen wegen der Ablehnung seitens der eingewanderten Bevölkerung und der Einstellung des Gouverneurs, und sie könnten aus personellen und finanziellen Gründen im Bassaland keine Missionsstation errichten. Dem Komitee reicht diese Erklärung, wie sich später zeigt, nicht, sei doch schon Handt ohne Bewilligung zurückgekommen, und sei auch Hegeles Heimkehr nicht so dringend gewesen, wie behauptet. Vor allem aber, Sessing habe ohne Weisung des Komitees die Station aufgegeben. Der sieht dies allerdings anders. »Die lb Brüder in S-L u. auch Br Kissling

---

73 In seinem Brief vom 22. Oktober bezieht sich Kissling auf einen Brief Blumhardts vom 25. Juni 1831. Er bezeichnet ihn als einen »zärtlichen und liebenden Brief« und entschuldigt sich für seine harten Worte. Das gefällt dem Komitee. Dass er trotzdem sehr klar seine Meinung äußert, scheinen sie nicht zu hören.

selbst sahen wohl ein, dass wir unsre Mission ohne Ihre Instruction nicht ganz verlassen durften. Br. Kissling entschloss sich also, noch eine prüfungsvolle Zeit in Monrovia durchzumachen, und dort jene Briefe abzuwarten, die ihm sagten, was er ferner zu thun hätte.«

Sessing beteuert, beim Besuch in Sierra Leone handle es sich um ein Intermezzo,[74] doch ist für ihn die Aufgabe der Station beschlossene Sache. Er und Kissling teilen alles Geld und zu verkaufende Ware und vereinbaren, wie es weitergehen soll. Kissling wird in Monrovia die Briefe aus Basel mit neuen Weisungen abwarten. Damit ist in diesem Punkt der Instruktion Genüge getan. Dann wird auch er nach Sierra Leone gehen. Sie nehmen voneinander Abschied in der Hoffnung, sich im »Weinberg des Herrn« bald wieder zu sehen, so Kissling. Das heißt, sie trennen sich in gutem Einvernehmen.

2.13.2 Schwierige Kommunikation

Nun hütet Kissling die Station in Monrovia, trauert den anderen nach, fühlt sich einsam, führt seine »Armenschule« weiter und leidet zunehmend unter seiner angeschlagenen Gesundheit und noch mehr darunter, dass keine Briefe aus Basel kommen. Die Kommunikation zwischen Basel und Liberia ist tatsächlich äußerst schwierig. Briefe laufen in der Regel über Washington, überqueren also gleich zweimal den atlantischen Ozean, bevor sie die Adressaten erreichen. Kein Wunder, dass es 8–11 Monate dauert, so klagt Kissling, bis die Brüder am Cape Mesurado eine Antwort auf ihre Fragen in den Händen haben. Im Jahr 1829 scheint kein Brief von Basel nach Liberia weggegangen zu sein. Sessing war ja mit Hegele in Basel und wurde mit neuen Weisungen ausgesandt. Für die Jahre 1830 und 1831 lässt sich die Korrespondenz einigermaßen verfolgen. Obwohl auch Basel beklagt, keine Briefe der Brüder in Liberia erhalten zu haben, finden sich alle Originale, meist mit entsprechenden Daten, im Archiv.

Auf drei Briefe vom Januar 1830 scheinen weder Blumhardt noch das Komitee reagiert zu haben, Kisslings Brief vom 24. Februar 1830 wird von Blumhardt am 20. Mai beantwortet. Im Dezember kann Sessing dies bestätigen. Die Reaktion des Komitees (2. Juli 1830) auf die Todesnachrichten Dietschys und Bührers (März 1830) kann Kissling im Februar 1831 lesen. Die Nachricht vom Tod Graners hat Blumhardt im September in den Händen, das Komitee reagiert erst am 20. Oktober. Ein Schreiben an die Brüder in Liberia dazu findet sich in den vorhandenen Kopierbüchern nicht. Dafür eines an Coates von der CMS, worin Blumhardt meldet, sie dächten daran, diesen Posten aufzugeben, und um Rat für die beiden dortigen Brüder bittet. Zu den Briefen Sessings und Kisslings vom Juli und September 1830 gibt es keine Reaktion, weder von Blumhardt noch vom Komitee. Die Briefe aller drei Geschwister vom Januar und Februar 1831 liegen dem Komitee im Juni 1831 vor, eine

[74] Das betont auch Kissling in seinem Sclussbericht vom Februar 1832 (FA-1,1832).

Antwort (vom 25 Juni?) erhalten sie Mitte Oktober, vermutlich von Br. Hänsel mitgebracht, der am 18. und 19. Juli dem Komitee in Basel Bericht erstattete. Sessing meldet am 14. Oktober, über Gerber einen Brief des Inspektors erhalten zu haben. Nach Hänsel (17. Okt.) sollte ein weiterer Brief von Basel unterwegs sein. Der Mangel in der Kommunikation ist einer der Gründe für Kisslings Kritik an der Vorgehensweise der Mission gegenüber den Afrikabrüdern.

2.13.3 Die »Uneinigkeit der Brüder«

In allen Briefen des Komitees seit 1830 heißt es, das Folgende habe das Komitee geschmerzt: »Eure Gemüthsstimmung und dass es schien, es dürfe dem Fürsten der Finsternis durch allerlei äusserliche Dinge gelingen, den Frieden eurer Herzen zu zerstören und euch muthlos zu machen. Obwohl wir euch aufs herzlichste bemitleiden, war uns dies das allerschwerste, weil uns dadurch die Hände zum Handeln gebunden waren.«

Kissling und Sessing sind sich ihrer Verschiedenheit bewusst. Aber sie finden Wege, mit ihrer Verschiedenheit umzugehen. Statt Trost und Rat bekommen sie vorwurfsvolle Mahnungen. Woher nur kam so etwas zum Komitee, fragt Kissling. Sessing reklamiert zynisch im Tagebuch, in Briefen drückt er sich vorsichtiger aus. Vielleicht gab Kissling selber Anlass zum Unbehagen im Komitee, als er im Herbst 1829 ans Komitee schrieb, seiner Meinung nach wäre Sessing als »Superintendent« der Afrikamission nicht geeignet. Andererseits findet sich in Handts Bericht über seinen Wegzug zum Volk der Vey vom 20. Dezember 1828 und 24. Januar 1829 kein Anzeichen eines Zerwürfnisses anlässlich ihrer Trennung. Er begründet seinen Weggang mit einer Unzufriedenheit gegenüber der ihnen vom Komitee diktierten Instruktion. Er wäre gerne ins Bassaland gefahren, aber, so schreibt er, »Der Herr liess es nicht zu«.[75]

Auch Kisslings Bemerkung vom 10. Februar 1830, die Ankunft der Geschwister mache Freude, aber auch Mühe, könnte ein Grund sein, dass das Komitee Uneinigkeit auf Seiten der Brüder vermutete. Wahrscheinlicher ist aber, dass Hegele nach seiner Rückkehr nach Europa über Wulffs Streitigkeiten mit den anderen Brüdern und der Absonderung Handts berichtete, und das Komitee darin eine Fortsetzung der Wirren während der Vorbereitung in Deddington sah.[76] Auch dass die Brüder mehr Selbständigkeit wünschten, um unabhängig voneinander arbeiten zu können, könnte den Verdacht des Komitees hervorgerufen haben. Ein Komiteemitglied sieht darin zwar eine vernünftige Idee, für die anderen zeugt sie von aber von Mangel an Demut und Gehor-

---

75 Das ist hier deshalb wichtig, weil Wulff an dieser Stelle Sessing schwere Vorwürfe macht, und weil Handt zwei Jahre später ganz anders geurteilt zu haben scheint.

76 Handt meldet im Spätherbst 1829 seine teilweise Genesung und seinen Wunsch, weiterhin im Missionsdienst arbeiten zu dürfen. Das Komiteeprotokoll erwähnt ihn erst 1830.

sam, von Misstrauen gegeneinander und einer Infragestellung der Grundlagen der Hierarchie in der Gesellschaft.

In Liberia warten sie derweil vergeblich auf weitere Weisung aus Basel. Kissling reist darum zu Besuch an die Goldküste und Sessing fragt, mit wem er uneinig sein soll, wo er doch seine Frau herzlich liebe und sie ihn auch.

2.13.4 Das Komitee 1830

Trotz der Todesnachrichten beschließt die Jahresversammlung der Mission im Sommer 1830 einstimmig die Fortsetzung der Arbeit in Liberia. Den Brüdern wird das, verbunden mit der Mahnung zur Einigkeit, so gemeldet, und ihnen folgende Fragen vor gelegt:

1. Glaubt ihr zwey Brüder und muthige Schwester dazu, den Versuch einer Ansiedlung in Bassaland im Namen des Herrn wagen zu dürfen?
2. Findet ihr es für gut, dass 2–3 liebe Brüder womöglich bis künftigen März als Gehülfen zu Euch stossen?
3. Welche andern Vorschläge habt ihr zu machen?
4. Dazu möchte ich wünschen, dass Ihr (euch), lb Brüder, über ein Jahresgehalt und wie es damit gehalten werden soll, einfältig und deutlich in einem billigen, missionsmässigen Vorschlag aussprechet, auch der lb Br Kisslings uns schreiben soll, ob ihm bei dieser Gelegenheit eine Gattin geschickt werden soll.[77]

Schon im Oktober 1830 jedoch erwägt das Komitee, den Posten aufzugeben und erbittet dafür bei der CMS Rat. Als Gründe werden die von Sessing und Kissling in ihren Briefen vom Mai/Juni 1830 aufgeführten genannt.[78] Anlass dazu gibt die Anfrage der CMS um weitere vier bis sechs Missionare für Sierra Leone. Außerdem wird durch einen Brief aus Philadelphia bekannt, »das Clima sei dort (in Liberia, d. Autor) für die weissen Nordamerikaner tödlich. Daher werde angeraten, die Missionare andernorts zu verwenden“. Auch der Bericht eines Kapitäns lässt aufhorchen. »Der Capt. Scherrmann, der unsere letzten Brüder aus Amerika nach Liberia gebracht hat, schreibt über diese Colonie unterm 30. September: Er habe die Missionsfamilie in nicht beneidenswerthen Umständen zurückgelassen [...]. Er glaube, die Zeit für glückliche Missionsarbeit in diesem Theil Afrikas sei noch nicht gekommen, ungeachtet des Eifers der Brüder zeige sich dort nicht eine Spur der Wohltätigkeit ihrer Arbeit, die Brüder würden vergebens geopfert, da gegenwärtig die Thür ihnen verschlossen zu seyn scheine. ›Lassen Sie‹, sagt er am Schluss, ›die welche dort sind, so lange bleiben als sie willig sind, aber schicken sie keine Leute mehr hin; 35

[77] Sessing beantwortet diesen Brief im Februar und noch einmal am 29. August 1831.

[78] Dennoch wird ein Jahr später Sessing die Schuld am Scheitern der Liberia Mission zugeschoben; Eintrag vom 14. Okt. 1831 nach Erhalt der Briefe durch Hänsel im Tagebuch Bd. 2, 694.

Jahre habe ich alle ungesunden Seehäfen an der afrikanischen Küste besucht. u. würde sie alle wieder besuchen, nur Liberia nicht. u. Grand Bassa ist nicht besser als Liberia.‹«[79]

Unter Berücksichtigung dieser Meldung und der früheren Briefe der Brüder in Liberia wird daraufhin beschlossen, keine weiteren Brüder mehr nach Liberia zu schicken und bei der Londoner Gesellschaft anzufragen, ob sie die Brüder Sessing und Kissling als Prediger für Sierra Leone gebrauchen könnten. Entsprechend wendet sich Blumhardt an Coates, um bei ihm Rat für das weitere Vorgehen zu erbitten. »Our Liberia Mission is in circumstances which bring us to the most painful resolution to leave the place for an indefinite time. We were informed by Captains of ships and other gentlemen that Liberia is the most unhealthy spot of the whole coast. Moreover the state of the Colony and the behaviour of the American Negros is such that we must fear a perpetual impediment in our work among the Bassa Negros from their side. Under such trying circumstances we are labouring [...] the most solemn question what is to be done with our dear two Liberia Brethren. Br. Sessing and Kissling are prepared to be fitted for the African work.«[80] In seiner Antwort rät Coates, Kissling und Sessing sollten ihre Arbeit in Liberia fortsetzen, allenfalls unter Bullons und Susus. Sie in den Dienst der CMS zu nehmen, sei nicht ratsam. Eine Begründung dafür wird nicht gegeben. Den Missionaren in Liberia wird darüber nicht geschrieben.[81]

2.13.5 Die Kolonisten

Noch wartet das Ehepaar Sessing in Monrovia auf Weisung aus Basel, auf die Geburt ihres Kindes und auf Kisslings Rückkehr von Accra. Gerüchte behaupten, er sei nach einer Zahnbehandlung fast verblutet und gestorben. Sessing schreibt seinen Bericht am 14. Dezember 1830, diesmal über die Schwierigkeiten mit den Kolonisten. Da sei zum einen ihr Hass »gegen die Weissen, den sie in ihrem Gemüthe herumtragen«. Sie könnten keinen Unterschied zwischen Sklavenhaltern und anderen Weißen machen. Zum anderen gebe es ein theologisches Missverständnis. Jesu Wort »Trachtet zuerst nach dem Reiche Gottes so wird euch alles andere zufallen« verleite sie, nicht zu arbeiten, aber auch keine Mahnung anzunehmen. Kleidung sei ihnen zudem wichtiger als die Kirche. Vor allem aber gebe es »eine unrechte Ansicht von Freiheit«. Weil sie früher ausgepeitscht worden seien, gelte es jetzt als Verbrechen, jemanden zu bestrafen.

Daraus ergibt sich für ihn: »Wir Deutsche, und ich möchte sagen: Weisse, ob Europäer od. Americaner, taugen nicht als Lehrer unter diesem Volk. Lasst die Americaner, deren grösste Pflicht es ist, aufzurichten, was sie zerstört ha-

---

79 Komiteeprotokolle Bd. 12, 40. Beide Meldungen stehen in schroffem Gegensatz zu Aussagen der jeweiligen Agenten, Dr. Randall und Dr. Mechlin.

80 Q-3-1,3, 73, unter Nr. 5.

81 Komiteeprotokoll, 48, § 8.

ben, colored men in America unterrichten und sie als qualifizierte Lehrer in die Colonie nachschicken.« Und gleichsam im Gespräch mit der Missionsleitung fährt er fort: »Wenn Sie fragen: Sind nicht die Heiden unser Augenmerk? - Ja, und eben, das dauert mich, dass wir müssen hier sitzen ohne Arbeit und die armen Bassas schmachten lassen. Aber wenn wir ins Heidentum gehen und nachfragen, so wird uns auch dieses Hindernis klar. Der Herr will nicht, dass wir hier eine Mission anfangen sollen.«

Seit dem Tod der Brüder bewegt sie Folgendes: »Der Zeitpunkt für die Arbeit an diesem Ort ist noch nicht da, sonst würden uns nicht so viele Hindernisse begegnen.« Sie befürchten, dass die amerikanische Gesellschaft ihren Agenten zurückzieht, dann stünden die Missionare ohne Schutz und Hilfe da. Wenn die Kolonisten sich noch bis nach Grand Bassa ausbreiteten, sei zu befürchten, dass sie die Einheimischen mit ihren Lastern besudelten. Außerdem stellt er Fragen um die Heimkehr Handts richtig. Weder er selber noch Kissling hätten etwas mit Handts Heimkehr zu tun gehbat. Sie hätten ihn aufgrund des ärztlichen Zeugnisses gehen lassen und ihm 8 $ mitgegeben. Was die Eintracht unter ihnen betreffe, so sei die Antwort klar. Er sei allein und verstehe sich gut mit seiner Frau.

Ende Januar 1831 meldet er die Rückkehr Kisslings und ihre Sorge angesichts der immer noch fehlenden neuen Weisungen. Die Briefe mit Mahnungen zur Eintracht hätten wenig Licht gegeben. Er kündet die Reise nach Sierra Leone zu Gerber und Sessings Schwester für die Geburt ihres Kindes an und betont noch einmal: »Wir hatten uns fest vorgenommen, unsern Grund und Boden nicht zu verlassen, bis wir von Ihnen Instruction und Erlaubnis dazu bekommen haben.« Für die Geburt ihres Kindes gebe es aber keinen »schicklicheren Ort« als bei seiner Schwester in Sierra Leone. Und fast verzweifelt fügt er hinzu: »Ach, ich weiss nicht, die Aussicht für unsere Mission haben wir längst aufgegeben u. warten nur auf Briefe, die uns sagen, was wir tun sollen.«

2.13.6 Was sagt Tabitha Sessing?

Von Missionarsfrauen sind wenig Briefe und eigene Beobachtungen erhalten. Tabitha Sessing ist eine von denen, die auch schreiben. Zwei Briefe von ihr sind im BMA erhalten. Ende Januar 1831 antwortet sie auf einen Gruß von Julia Blumhardt:

»Monrovia, den 28. Januar 1831

Liebe Theure Frau Inspektor

Gleichwie es einem müden Wanderer ist, wenn er am schwülen Mittag eine reine Quelle findet, wo er seinen brennenden Durst löschen und eine Stärkung für die weitere bevorstehende Reise schöpfen kann, so ist es mir, wenn ich mein bekümmertes Herz in den Schoos einer theilnehmenden Freundin schütten kann; weiss wohl, dass solche Briefe nicht am willkommensten sind, aber wer selbst schon den Tiegel des Kreuzes durchloffen ist, der ist auch geschickt, der andern Nöthe zu empfinden.

Mein lb Mann liegt schon zwei Tage danieder und ist diesen Morgen so schwach, dass er nicht ausser Bette sein kann, und was anderes macht ihn so krank, als der Kummer, der an seinem Herzen nagt. Stellen Sie Sich einmal in seine Lage: Da harrt er nun schon ein ganzes Jahr in dieser Colonie, ohne allen Beruf, ohne ein bestimmtes Geschäfte; da muss er das einemal den Koch, das anderemal den Krankenwärter machen und sass oft mit einem thränenvollen Auge, von jedermann verlassen, vor meinem Bette, stets in der Angst, ob er nicht vielleicht zum letzten Mal die Krankenpflege an mir verrichte - das Herz hätte mir schon einige Mal zerspringen mögen, wenn ich ihn weinend vor meinem Bette sah, und er mich ergeben in Gottes heiligen Willen seinem himmlischen Vater aufopferte.

Kommt ein Schiff in unsern Hafen, da eilt er gleichsam mit beflügelten Schritten in die Colonie, hoffend, es werde Briefe von Basel für uns haben, aber immer wieder kommt er mit leeren Händen und einem betrübteren Herzen zurück. Mit Thränen gehen wir zu Bett, mit Thränen stehen wir auf, und trügen wir nicht das Siegel in unserm Herzen, dass, wenn des Herrn Stunde schlägt, die Hilfe mit Macht hereinbrechen muss, wir müssten vergehen in unserm Elend, ja wir hätten schon längst unser Bündelein zusammen gemacht und wären davon. Aber nur, weil wir dem Herrn nicht aus der Schule laufen wollen, weil er weiss, wie gern wir ihm dienen möchten, deswegen harren wir aus, denn wahrlich es ist keine geringe Demüthigung für einen Streiter Christi, mitten in der Heidenwelt zu seyn, durchzumachen, was wir durchmachen, und nichts für die Sache thun zu können.

Es sind nun beinahe 5 Monate her, seit Br. Kiessling uns verlassen hat und noch haben wir keine Nachricht von ihm erhalten und nichts gehört, als dass er sich unterwegs einen Zahn habe ziehen lassen, wovon er so geblutet, dass der Arzt bange für sein Leben wurde, auch sey das Schiff, worauf er gieng, im November noch nicht in Accra gewesen, mithin drey Monate unterwegs. Solche Nachrichten erfordern neuen Glauben und wir müssen warten, was da kommt [...].

Mit meinen l. Mann lebe ich recht in Frieden. Ich habe in ihm einen stillen Glaubensmenschen erhalten, der mehr mit seinem himmlischen Vater als mit Menschen spricht, der es aber redlich meint und nicht mehr sagt, als wahr ist, welches von einem Streiter Christi löblicher ist als wenn er Thaten beschreibt, die ganz anders aussehen, wenn man sie aus der Nähe betrachtet.

Und nun zuletzt noch 1000 Dank für Ihr liebes Briefchen. Es zeugte mir aufs Neue von Ihrer Liebe. Die Nachricht von meinem Bruder beugte mich tief, ich konnte nur weinen und ihn dem himmlischen Vater übergeben...

Ihre im Herrn verbundene Tochter Tabitha Sessing«.

2.13.7 Der Schritt ist getan

Im Februar 1831 kommt endlich ein Brief von Blumhardt vom 27. September 1830. Neue Weisungen gibt es keine, nur Fragen. Sessing antwortet am 16.

Februar. Auch Kissling äußert sich gleich nach seiner Rückkehr dazu. Wenig später, Ende März, schickt Gerber von Sierra Leone auf eigene Verantwortung den kleinen Schoner nach Monrovia, um die Sessings herüberzuholen. Am 4. April kommen sie dort an, wohnen zunächst bei Gerbers, später in Regent. Der 2. Juli wird zum Tag der Freude, ihre Tochter Marie Caroline kommt zur Welt. Abends zwischen 9-10 Uhr, »geschwind und leicht« ging es. Eine afrikanische Amme sorgt für die nötige Nahrung, weil Tabitha wie die meisten Europäerinnen in Afrika nicht genug Milch habe.

Kissling ist in Monrovia, noch immer ohne neue Weisungen, aber fest entschlossen, seiner Gesundheit wegen möglichst bald nach Sierra Leone zu kommen. Nach viel Unsicherheit, Beten und Seufzen tut er den Schritt, »um seiner Gesundheit zu pflegen und angesichts der entmutigenden Umstände der Colonie mit den Spaniern sein Leben zu retten«, und kommt am 27. Juli in Freetown an, »gleichsam wie ein Brand aus dem Feuer gerettet, der Gefahr zu Liberia entronnen«, wie Sessing schreibt.

Noch einmal beantworten sie Ende August die ihnen im Februar zugekommenen Fragen des Inspektors. Dass das Basler Komitee daran denkt, die Station Liberia aufzugeben, wissen sie noch nicht. Ein Brief vom 18. April 1831 zeigt zwar an, dass Basel einverstanden ist, dass sie den Ort verlassen, wenn auch in anderer Reihenfolge als geschehen. Aber auf ihre eigenen Fragen gibt es immer noch keine Antwort. In sieben Punkten legt Sessing die Gründe dar, die zur Aufgabe der Station zwingen: Im Bassaland wären sie schutzlos. Die Errichtung einer Station dort koste 5-6000 $. Solche Mittel stünden ihnen nicht zur Verfügung. Dazu kämen die Vorurteile der Siedler gegen alle Weißen, die Entfernung von Basel, die unter den geltenden Reglementen eine fruchtbare Arbeit unmöglich mache, der erbitterte Kampf der Sklavenhändler, der auch die Mission treffe, die kriegsähnlichen Zustände in Grand Bassa und die Abneigung des Gouverneurs gegen die Anwesenheit von Missionaren.

Am 31. August übt Kissling seinerseits in unerwarteter Schärfe Kritik: »Aber erlauben Sie mir zu bemerken, dass ich nie geglaubt habe und nie glauben werde, dass jene Einrichtung, unter uns fünf verschiedenartigen Brüdern alles gemein zu haben, nach Gottes wohlgefälligem Willen ward angeordnet. Was den Frieden stört, was die Liebe hindert in einer Mission, das soll von ihr verbannt sein. Dass jene Verordnung, unter uns alles gemein zu haben, uns allen und unserer Mission mit zum Schaden gereichte, das ist mir so klar wie der helle Mittag.«

Dazu wiederholt auch Sessing, was er schon im Februar geschrieben hatte: »Sollte diese unsere Mission hier fortgeführt werden, so ist es durchaus nöthig, dass die Gesellschaft einen Agenten hier anstellt, der die Vollmacht hat in ihrem Namen zu handeln, besonders da Sie sich unmöglich alles so vorstellen können, wie es hier ist; und ferner müssten Sie Sich eingestehen, dass die Entfernung zwischen Ihnen und uns zu gross ist, als dass Sie uns, ohne uns Hände und Füsse zu binden, solche Regulations verschreiben können, wie z.b. mit dem Nachhausegehen kranker Brüder. Es könnte hier einer sterben und verderben, ehe eine Antwort von Ihnen zu uns gelangt.«

Wie Kissling stellt er klar, dass er in der Mission ohne ein festes, frei verfügbares Gehalt nicht mehr arbeiten werde. Das Komitee müsse ihren Mitarbeitern unbedingt mehr Eigenverantwortung zutrauen. Am Beispiel der Heimkehr Hegeles, derentwegen ihm in Basel Vorwürfe gemacht wurden, zeigt Sessing, wie unmöglich solche Regeln sind. »Danken sie Gott mit mir, dass er mich mit ihm nach Hause geleitet hat, wäre er vielleicht nur einen Tag länger in Monrovia geblieben, so wäre er schon vermodert.« Und noch schärfer, im Blick auf Handts Rückkehr. »Lassen Sie ihn das selber verantworten: Nur beschuldigen Sie uns nicht mit den eigenen Wegen und Fehlern anderer. Unsere Last ist zu gross, wir können nicht noch solche Beschuldigungen ertragen.«

Ungewohnt harsche Töne, nicht weil die Liebe zu ihrem Inspektor erkaltet wäre, sondern »nur, weil ich kaum glauben kann, dass mein lb. Herr Insp. so mit mir reden und mir solche Dinge zutrauen kann, ohne mich erst zu fragen, ob solches wahr ist, und mich verurtheilen kann, ohne mir zu sagen, wo ich gefehlt od. Unrecht gehandelt habe.«

2.13.8 Bruder Hänsel in Basel

Im Sommer 1831, d.h. noch bevor das Komitee diese Antworten kennt, ist Br. Hänsel (BV 124b), im Dienst der CMS in Sierra Leone, auf Urlaub in Europa. Er besucht London, wo er über Sierra Leone und die Probleme in Liberia berichtet, darauf Deutschland und schließlich Basel, wo man von ihm Näheres über die Rückkehr Handts, die übrigen Liberia Brüder, ihre Probleme und die Aufgabe der Station zu vernehmen hofft. Am 22. Juni 1831 war ja beschlossen worden: »Die Missionsstation Liberia soll aufgehoben werden. Sessing soll eine Anstellung auf Sierra Leone suchen, bleibt aber bis zu einer solchen in unserm Dienste. Kissling soll das gleiche thun oder auf das Cap Coast (= Cape Coast) gehen. Wegen des Hauses soll über Sierra Leone u. Washington nach Liberia geschrieben und die amerikanische Gesellschaft angefragt werden, ob sie einen Käufer dafür wisse.«[82]

Am 18. und 19. Juli ist Hänsel zu Gast im Basler Komitee. Auch er ist der Meinung, neue Brüder solle man zurzeit nicht nach Liberia aussenden. Die allgemeine Situation beurteilt er jedoch anders als Kissling und Sessing. »Ihm schiene nicht, dass auf Liberia nichts zu machen sey, aber durch die dort anwesenden Brüder sey die Sache nun so verschroben, dass durch sie nicht viel zu machen sey, u. neue Brüder hinzuschicken sey bedenklich. Die Goldküste halte er für die deutsche Missionsgesellschaft besonders geeignet. Europäer könnten in der Regel in Afrika das Land nicht bebauen oder schwere Arbeit verrichten. Die englische Gesellschaft würde wohl Kissling unter ihre Arbeiter aufnehmen, gegen Sessing scheinen sie aber ein Vorurtheil zu haben.«[83]

---

[82] Komiteeprotokolle Bd. 12, 69.
[83] Ebd., 72.

Den Liberia Brüdern gegenüber nimmt er eine merkwürdige Haltung ein. Sie hätten sich anmaßend benommen, Ermahnungen und Ratschläge nicht annehmen wollen, und seien »ungeneigt sich unterzuordnen«. Hänsel meint, Basler Brüder sollten als Katechisten eingesetzt werden. Nach Bewährung könnten sie die Ordination erhalten und Mitglieder des provisorischen Komitees werden. Katechisten hätten den gleichen Wirkungskreis wie die Prediger, nur dürften sie die Sakramente nicht verwalten und nicht von der Kanzel predigen. Das lässt Fragen offen, denn Sessing hatte gleich nach seiner Ankunft die Stellvertretung eines Kollegen übernommen, Katechumenen nicht nur unterrichtet, sondern auch getauft. In seiner Kritik an Sessing und Kissling folgt Hänsel wohl den Beschuldigungen Handts gegen die Brüder, die in Sierra Leone feststellten, dass Handt sie im Treffen der Missionare verleumdet hatte.[84] Hänsel hatte wohl auch in London so berichtet.

2.13.9 Oktober 1831

Br. Hänsel brachte bei seiner Rückkehr nach Sierra Leone auch Briefe aus Basel, einer an Sessing, ein anderer an Kissling. Sie reagieren ganz unterschiedlich. Beide hatten ja im Februar ihrer Enttäuschung über die weiteren Ermahnungen zur Einigkeit Ausdruck verliehen, Kissling eigentlich in härteren Worten als Sessing. Aber jetzt dankt Kissling dem Inspektor für den liebevollen »zärtlichen« Brief, und entschuldigt sich für die damaligen harten Worte, was ihn nicht hindert, in der Folge seine Meinung sehr deutlich kund zu tun.[85] Sessing dankt für die Nachrichten aus Basel und berichtet, dass es ihnen in Sierra Leone gut gehe, um dann vor allem seiner tiefen Bestürzung über den Inhalt des Briefes des Inspektors Ausdruck zu verleihen. Leider sind diese Briefe Blumhardts nicht erhalten. Das entsprechende Kopierbuch Blumhardts fehlt im Archiv. Wir wissen nicht, was er wem geschrieben hat.

Im Tagebuch (14. Okt. 1831) klagt Sessing: »Abends kam Br. Gerber u. brachte uns noch einen Brief von Herrn Inspektor, der uns gänzlich niederschlug. Der wichtigste Theil für uns ist folgender: ‚Wir haben deinethalben schon vor einem Jahr bei der theuren CMS angefragt, ob sie dich nicht in Sierra Leone in ihren Dienst anstellen wollen, und sie haben uns darauf verneinend geantwortet.‹ [...] In demselben Brief drückt sich die Committee sehr unzufrieden darüber aus, dass ich mit meinem u. der Gesellschaft Eigenthum nach Sierra Leone gezogen sei. Und ich soll die Ursache sein, dass die Committee jene Mission nun hat aufgeben müssen.«

---

[84] Sessing am 29. Aug. 1831: »[...] sodass wir, als wir hierherkamen, mit Erstaunen und Bedauern seine Lügen und Verdrehungen in dem Minute book der Meeting lasen.« Hänsel spielt hier eine zwielichtige Rolle. Auch über Gerber hatte er merkwürdige, kaum fassbare Dinge berichtet.

[85] Das gefällt dem Komitee in Basel (25. Jan. 1832). Kissling mache »ein demüthiges Selbstbekenntnis«, weil er fragte, ob er wieder nach Liberia zurückkehren solle. Dass er dafür Bedingungen stellt, scheint das Komitee in keiner Weise zu interessieren.

Sessing ist verletzt. Zweimal hatte er nach Basel geschrieben, wie er mit Kissling »Eigentum der Gesellschaft« und Missionsgeld geteilt habe, um überhaupt überleben zu können. Kein Echo dazu, nur Vorwürfe. Dann erfährt er auch noch, dass das »Meeting« in Freetown vermutlich gegen Sessings Wunsch entscheiden werde, weil die Gesellschaft in London »nicht geneigt sei uns aufzunehmen«, sie deshalb entlassen seien, die Besoldung eingestellt und Gerber nach Regent versetzt werde. Mit diesem zusammen entwickelt Sessing nun einen Plan, jungen Burschen das Schreinerhandwerk beizubringen und sich so zu ernähren. Das Haus in Regent ist groß genug für beide Familien. Aber das Gefühl, verlassen zu sein, bleibt.

Am 17. Oktober sucht Sessing Hänsel in Freetown auf für eine Unterredung mit ihm, »aber ohne tröstlichen Erfolg für mich«. Er vernimmt, dass er in London keine Gönner habe. »Die Meinung eines Mitglieds der englischen Commity ist die, dass ich kein Missionar sei.«[86] Der Eindruck wächst, die Basler wollten ihn loswerden, in die USA schicken, und nicht etwa für die Goldküste verwenden. Und noch unverständlicher ist für ihn, aufgrund eines Schreibens von Gerber nehme man in Basel an, dass Sessing sich von der Gesellschaft gelöst und sich in Sierra Leone habe anstellen lassen.

2.13.10 Das bedrückte Herz Tabitha Sessings braucht Erleichterung

In dieser kritischen Situation greift Tabitha Sessing wieder zur Feder, diesmal für einen Brief an den Präsidenten, Pfr. N. Von Brunn.

»Sierra Leone, Regent, den 22ten Octb 1831

Lieber Herr Pfarrer Von Brunn

Mit Freude würde ich zur Feder greifen und mich niedersetzen, um ein Brieflein der Liebe an sie zu schreiben, gäbe nicht unsere wirkliche Lage meinem Brief eine ganz andere Stimmung. Ich würde mich glücklich schätzen, Ihnen recht viel erbauliches zu erzählen. Nun aber bin ich genöthigt, Klagetöne zu erheben, mein gedrücktes Herz braucht Erleichterung, darum möchte ich mich ein Stündchen mit Ihnen unterhalten. Aus vielen Jammerbriefen, welche wir zusammen in Liberia schrieben, sollte man freylich glauben, Sie seyen mit unserer Lage daselbst völlig bekannt, und doch müssen wir in den letzten Briefen von Herrn Inspektor den Vorwurf hören, als hätten unsere Briefe nie deutlich genug unsere Lage ausgedrückt.«

Um diesem Mangel abzuhelfen, beschreibt sie in aller Kürze, wie die Brüder und sie die vergangenen zwei Jahre in Liberia erlebt hatten.

»Es ist Ihnen sicher längst bekannt, dass jeder Europäer, der sich in diesem Theil Africas aufhält, das afrikanische Fieber bekommt und welche Veränderung dasselbe in der Natur hervorbringt. Auch uns wurde dieses Loos zutheil und noch

---

[86] So seinerzeit Handt und Rev. Greaves, bei dem sie 1826 ihren Englandaufenthalt verbrachten.

sind die Narben nicht geheilt, die uns das afrikanische Fieber geschlagen hat. Was unsere eigenen Leiden betraf, so haben wir Ursache, dem Herrn für die wunderbare Durchhilfe zu danken. Werfe ich aber meinen Blick auf die Leiden unserer Brüder, dann bemächtigt sich meiner Seele wieder jenes düstere Gefühle, welches ich in Liberia hatte. Hier lag ein Bührer, ganz abgezehrt, und völlig vom Verstande, jammerte über seine Sünden, die dem grossen Herzenskündiger am besten bekannt sind; dort mussten wir, selbst krank und elend, vor dem Sterbebette eines lb Bruders Dietschy stehen, dessen Tod unserer Mission den ersten Stoss gab, während es Br. Graner schon nicht mehr möglich war, Theil an unserm Leiden zu nehmen. Doch auch hier verliess uns die Hoffnung noch nicht, denn wir dachten, wenn auch nur Br. Graner am Leben bleibe, so wäre es uns doch möglich, ins Bassaland zu gehen, und wir nahmen gleichsam als Wink vom Herrn an, den Willen Gottes, ob diese Mission soll fortgesetzt werden, im Leben oder Sterben dieses Bruders zu erkennen.

Freylich können Sie Sich schlechterdings nie eine Vorstellung machen, wie die Krankheit unserer Brüder beschaffen war, selbst die Colonisten nicht, und wir fühlten einen geheuren Druck, und da die Krankheit zuletzt sehr ekelhaft wurde und wir stets genöthigt waren, etwas in den Munde zu stopfen, ehe wir das Krankenzimmer betraten, so scheute ein jeder unser Haus. Wir konnten ja bey dem Begräbnis von Br. Graner nur mit Mühe Leute bekommen, die ihn auf den Gottesacker trugen. Durch den Tod von Br. Graner bekamen wir etwas mehr Luft, aber mit ihm fiel auch die Hoffnung für unsere Mission.«

Erst jetzt seien sie gewahr geworden, wie ermattet und geschwächt sie selber waren. Zu eben dieser Zeit wurde die Kolonie durch die Sklavenhändler in Unruhe versetzt. Kolonisten flohen aus Bassaland.

»Somit war uns also der Weg von allen Seiten versperrt, und wir wussten uns weder zu rathen noch zu helfen. Eine Freyschule zu gründen – dazu wollten wir nicht schreiten, bis wir Nachricht von ihnen hätten, ob die Committee Missionsfortsetzung will oder nicht; zweitens war unser Cassabestand so klein, dass uns unser eigenes Durchkommen Sorge machte. Und auf Unterstützung der Colonie oder der Eingeborenen durften wir nie rechnen und viertens standen wir durchaus nicht unter dem Schutz des Governors der Colonie. [...] Arbeit ist für einen Missionar da, aber leider sind diese Leute so blind und ihr Groll gegen die Weissen ist so gross, dass sie finden, es sey ein Schaden, etwas von ihnen zu lernen; jeder will Lehrer aber kein Schüler seyn. [...]

Als mein lb Mann in Basel war, hat er grossen Muth und Freudigkeit gezeigt und auch andern gemacht. Aber er richtete seinen Blick aufs Bassaland, welches er zu einer Zeit verliess, wo sich ihm die erfreulichsten Aussichten darboten, zudem stand ein Ashmun an der Spitze der Colonie, welcher den Missionaren Schutz und Beystand versprach. Während seiner Abwesenheit hat sich das Blatt gewandt, der dortige Governor ist nicht einmal im Stand, sich selbst vor seinen eigenen Leuten zu schüzen, was konnten dann wir machen? Unter solchen Umständen wussten wir eben nichts Besseres zu thun, als im Namen Gottes auf weitere Instruction von Ihnen warten.«

Weil sie ihren Missionarsberuf nicht ausüben könnten, fühlten sie sich »berufslos«, eine schwierige Probe für sie alle.

»Wohl hundertmal fragten wir einander, ist es denn möglich, dass wir nichts thun können. Aber wir mussten uns begnügen, der Herr hat die Thüren nicht aufgemacht, denn seine Stunde war noch nicht gekommen, das war das einzige, was wir einander zurufen konnten [...]. Unsere Liebe und Gesinnung des Herzens sind allein dem allwissenden und alleingerechten Gott bekannt, der dennoch Israels Trost ist, wenn er sich auch zuweilen vor einem verbirgt. Somit können Sie Sich nun etwa ein wenig vorstellen, wie wir unsere Zeit auf Liberia verbrachten.«

Sie beschreibt dann, wie Schwager Gerber ihnen einen Schoner geschickt habe, damit sie die Zeit bis zur Geburt ihres Kindes bei ihm verbringen könnten, und wie ihr Mann Arbeit und Anstellung erhalten habe, »bis wir weitere Instruction von Ihnen hätten«. Damit kommt sie auch zum eigentlichen Anliegen ihres Briefes: Der plötzlichen Entlassung aus dem Dienst der Gemeinden in Sierra Leone.

»Mein lb. Mann hatte die Freude, das Wort vom Kreuz nicht ohne Segen der hiesigen Gemeinde zu verkündigen und wir fanden oft Ursache, die Gnade des Herrn zu preisen. Aber auf einmal hat es die unerforschliche Liebe Gottes für gut befunden, den Kelch der Freude zu entziehen und uns den Leidenskelch, den ja noch alle Kinder Gottes trinken mussten, darzureichen, des Herrn Wille geschehe. Aber es ist eine Glaubensprobe, die nur im Aufblicke auf den Herrn durchgemacht werden kann, aber helfen auch Sie uns, theurer Hr Pfarrer, mit unserer lb Committee, und denken Sie, dass wir nun mit unserm kleinen Säugling dasitzen, ohne Hilfe und Unterstützung und wissen nicht, was zu thun. Ich darf es mit Wahrheit vor dem allwissenden Gott bezeugen, mein l. Mann meint es redlich, [...] und dass ihn Handt vor der Committee in England wie auch bey den hiesigen Brüdern verleumdet hat - das wird, wenn auch nicht mehr in dieser Welt, drüben vor dem Angesicht Gottes gerichtet werden. Hätte ich nicht selbst mit Br. Handt gesprochen u. er mir bekannt, dass er meinem l. Mann Unrecht that, wahrlich ich würde selbst im Zweifel stehen, aber mein l. Mann wollte treulich mit ihm seyn. Da Br. Dietschy noch nicht da war, so wollte ihm mein Mann von unserm eigenen Gelde seine Reise bezahlen, aber [er] schlug es aus, ich versorgte ihn noch auf die Reise, und hier mussten wir Briefe lesen, worin er sagte, dass wir ihn völlig entblösst entliessen. Der Herr sey Richter zwischen ihm und uns. [...] und beten Sie fleissig für uns und gedenken in Liebe Ihrer im Herrn verbundenen

Tabitha Sessing«.

2.13.11 Warum wir Liberia verlassen

Februar 1832. Bruder Kissling befindet sich auf der Heimreise nach Europa, im gleichen Schiff, das fünf Jahre zuvor Sessing nach Afrika gebracht hatte. Die Liberia Mission ist abgeschlossen. Auf dem Schiff schreibt er einen Schlussbericht mit den wichtigsten Ereignissen sowie den Beweggründen, die sie zur Aufgabe der Station veranlassten, klar strukturiert, in 7 Kapiteln mit 32 Paragraphen.

2.13.11.1 Allgemeiner Blick in unsere Mission in Liberia

Zunächst hält Kissling betrübt fest, dass Gottes Hand von Anfang bis zuletzt »schwer auf uns und auf unserem Thun daselbst lag.« Oft schien es, als ob Gott sich von ihnen abgewendet hätte. In manchen Prüfungen mussten sie lernen, Gottes Willen zu erfahren, wie auf der beschwerlichen Reise nach Liberia, im Kranksein der Brüder, in der Entbehrung der notwendigen Nahrung, in Zeiten des Unfriedens oder in Handts eigensinnigem Handeln. So steht er, Kissling plötzlich allein da (§ 3): »An Leib und Geist ausserordentlich geschwächt, von Schwermuth und Unglauben gequält, hatte er nun ein volles Jahr allein mit den Feinden, dem Klima und einem verkehrten Volke zu kämpfen.« Die Ankunft der Brüder im Januar 1830 bringt zwar neues Leben und Freude die eigentliche Missionsarbeit aufzunehmen, aber die neuen Brüder werden ihnen bald genommen. Die zwei übrigen fragen sich: was will Gott damit sagen? Sie suchen Arbeit, aber »Hindernisse von jeder Seite stellen sich in den Weg. Was sagte uns Gott anderes, als dass seine Wege von den unsern himmelweit verschieden seien.«

2.13.11.2 Meine Arbeit als Bote Christi unter den Colonisten

Kissling richtet eine Schule für arme und Waisenkinder ein (§ 5), wird darin aber vom damaligen Agenten behindert. Darauf versucht er es mit Predigen und Unterricht (§ 6). Die Baptisten schließen sie aus und der Unterricht mit den Predigern verliert bald das anfängliche Interesse. Der angebotenen Bibelstunden werden sie überdrüssig und erklären alles für Lug und Trug (§ 8). Über die Einladung zu einer Lesegesellschaft lachen sie ihn aus. Ein weiterer Versuch mit Waisenkindern schlägt fehl (§10). Er reist nach Accra. Unbegreiflich bleibt, dass ihnen die Kolonisten in Notzeiten nicht helfen wollten, nicht einmal beim Tod und Begräbnis der Brüder (§ 11). So verlor er die Freude, den Liberianern zu ihrem Heil zu dienen.

2.13.11.3 Vorschlag einer Schule für Eingeborene

Der Hindernisse, die diesem Unternehmen im Weg standen, sind viele, zuerst ganz einfach der mangelnde Platz im Missionshaus, zumal ihnen vom Komitee der Anbau eines Lehr- und Schlafzimmers ausdrücklich untersagt war. Zudem gab es keine Instruktion, ob die Kinder mit Kleidung und Nahrung zu versehen seien. Wegen des schlechten Rufes der Kolonie wollen die »natives« ihre Kinder nicht hinschicken. Nur drei Jungen wurden ihnen übergeben. Die Kolonie Liberia ist für eine solche Schule nicht geeignet. Die Christen dort sind schlechte Vorbilder (§ 13). Ein wichtiger Grund waren die Finanzen (§ 14). Schon im Juni 1830 war ihr Kredit in den USA aufgebraucht. Von der versprochenen Nachzahlung haben sie nie etwas erfahren. »Wir waren nicht im Stande für die Eingeborenen Lehranstalten zu treffen, indem uns die erforderlichen Mittel nicht zu Gebote standen.«

2.13.11.4 Das Bassaland

Gleich nach Ankunft der Brüder 1830 beschlossen sie, dass Kissling mit Bührer ins Bassaland gehen solle. Der Tod der Brüder macht es unmöglich. So hindert Gott sie daran, »sonst wäre ich unbedacht unter die Wilden jenes Landes hineingezogen« (§ 16). Erst bei seiner Rekognoszierung im April 1830 wurden ihm die Gräuel des Sklavenhandels und die damit verbundenen Gefahren richtig bewusst. Der Agent von Liberia aus den USA versagt denen, die sich im Bassaland niederlassen, jeden Schutz. Dessen Brief vom 19. Juni 1830 legt Kissling bei. Daraus geht hervor, dass die amerikanische Gesellschaft eine Ausdehnung um vier weitere Ansiedlungen plant (§§ 18 u. 19). Auch die Ansiedlung einiger Kolonisten in Bassaland gibt den Missionaren noch keinen Schutz (§ 20). Vom derzeitigen Agenten heißt es, »er hoffe, dass durch die Todesfälle die Basler Gesellschaft überzeugt werden möge, nie wieder Missionare nach Afrika zu senden«.[87] Außerdem scheint er Briefe an die Missionare zurückgehalten zu haben.

Dem fügt Kissling zwei das Komitee scharf kritisierende Punkte an:
Die Kolonie Liberia sei zu weit entfernt von Basel, um die Kommunikation in der jetzigen Weise aufrecht zu halten. Im Bassaland werde dies noch schwieriger, die Mission müsste ein eigenes Boot haben und die Mitarbeiter mehr Kompetenzen erhalten. Die Kosten seien wesentlich höher, als die Missionsleitung ihnen bisher zubilligte. Zum Überleben brauche es eine gewisse Bequemlichkeit. Sparen sei da schädlich. Hausbau, Handwerker aus der Kolonie und Lebensmittel erforderten für die ersten zwei Jahre 5-6000 Taler, nachher ca. 2000 für den Unterhalt (§ 21f) plus Gehälter für die Brüder. Zum Schluss folgen einige Bemerkungen zu Ashmuns Angaben (§ 25). Seine Berichte seien wohlgemeint, aber unwahr. Er beschreibe die Kolonie so wie er sie sich wünschte. Immerhin habe er der Mission geholfen.

2.13.11.5 Mein Wegzug von Liberia

Als Ende März die Sessings nach Sierra Leone wegfuhren hielt Kissling sein Pflichtbewusstsein davon ab, sie zu begleiten (§ 26). Er bleibt zurück, trauert den anderen nach und ist einsam. Seine Kräfte schwinden, Blutgeschwüre plagen. Da ermuntern ihn Briefe aus Sierra Leone, Liberia zu verlassen: Br. Metzger schreibt, »das Leben eines Missionars sollte nicht um des Geldes willen aufgeopfert werden«.

Mit gelegentlichen Predigten bei den Methodisten sucht er sich zu erfrischen. Er kann aber ihre »Gemüthsäusserungen, ja sogar Convulsionen« nicht ertragen (§ 27). Von spanischen Sklavenhändlern wird der Schoner der Regierung versenkt. Kapitän Thomson und seine Crew werden gefangen genommen

[87] Hatte er deshalb Handt ein Tropenuntauglichkeitszeugnis ausgestellt?

und die Kolonie mit weiteren Angriffen bedroht (§28). Dem Rat des Arztes in Monrovia und der Brüder in Sierra Leone folgend reist Kissling im September nach Freetown. Nach anfänglicher Besserung kommen die Geschwüre zurück. Daher reist er auf Weisung des Arztes in Freetown nach Europa (§ 30).

2.13.11.6 Briefe aus Liberia

Um den gegenwärtigen Zustand der Kolonie Liberia zu veranschaulichen, fügt Kissling Briefe von dort bei, einen von Dr. Todson über chaotische Zustande in der Kolonie und die wachsende Unzufriedenheit, und einen von Major Barker, der die allgemeine Unzufriedenheit beklagt, und einen von Mr. Lewis, der die Kolonie verlassen und gerne in Kisslings Dienste treten möchte (§ 31).

2.13.11.7 Schlussbemerkung

Angesichts aller dieser Punkte urteilt Kissling, »dass der Zeitpunkt für uns Teutsche wenigstens noch nicht gekommen ist, den Liberianern und der Bassa Nation den unaussprechlichen Reichtum der Gnade und Liebe Gottes anzupreisen« Er schließt mit einem Wort von Paulus: »Ich rede die Wahrheit, ich lüge nicht.«

2.13.12 Ausklang

Nun ist also die Station Liberia verlassen, Sessing ohne weitere Anstellung in Sierra Leone und Kissling auf dem Weg nach Europa. Was geschieht weiter mit ihnen?

a) Die Sessings

Jakob Sessing, sein Frau Tabitha und das Töchterchen Caroline machen schwere Zeiten durch. Solange sie bei Gerbers wohnen können, geht es einigermaßen. Als aber auch Gerbers aus gesundheitlichen Gründen Afrika verlassen müssen wird alles düster. Sessing findet eine Anstellung als Regierungsbeamter in Wellington, dann in Banana und schließlich in York,[88] wo er zeitweise auch die zurückgekehrten und wieder erkrankten Kisslings aufnehmen kann. Nach einer Auseinandersetzung mit dem (neuen) Gouverneur muss er 1834 den Posten verlassen und nimmt Abschied von Afrika. Er kehrt zurück nach Calw. Von dort aus versucht er noch einmal, in den Dienst der CMS für Sierra Leone zu treten. Kurzfristig geht es nicht, wenn schon, wäre es eher Jamaika. Im Januar 1835 besucht er klopfenden Herzens Basel, wird jedoch vom Inspektor herzlichst empfangen. Versöhnung mit dem Komitee gibt es allerdings nur, nachdem er eine Schuld am Misserfolg in Liberia auf sich nimmt (a.a.O.). 1836 kann er im Dienst der CMS nach Jamaika ausreisen, wo er bis 1855 in Birnam Woods als Katechet und Arzt unter Schwarzen wirkt.[89] Im September 1856 stirbt er nach einem Schlaganfall.

---

88 Alles drei Niederlassungen in Sierra Leone.

89 Komiteeprotokol 1845, S. 151.

b) Kissling

Kisslings Schiff erleidet unterwegs Schiffbruch. Er bleibt lange verschollen. Besatzung und Passagiere werden jedoch von einem französischen Schiff an Bord genommen. Im April erreicht er England und berichtet vor der CMS so eindrücklich über die Zustände in Liberia, dass die Gesellschaft die durch Handt geweckten Bedenken fallen lässt und umgehend in Basel um diesen Mitarbeiter bittet. Am Missionsfest 1832 berichtet er über die nun abgeschlossene Arbeit in Liberia. Während fast zehn Jahren arbeitet Kissling darauf in Sierra Leone, wo er auch die seinerzeit mitgebrachten vier jungen Männer aus Liberia unterrichtet. In Bathurst und später in Fourah Bay geht sein alter Wunsch, afrikanische junge Männer zu Katechisten und Predigern auszubilden, in Erfüllung. Mit Basel bleibt er in stetem Kontakt. 1837 besucht auch er Blumhardt noch einmal.

Vom Komitee in Basel hatte er den Auftrag erhalten, Verhandlungen zum Verkauf des Hauses in Monrovia zu führen. Das Haus, heißt es, sei in sehr schlechtem Zustand. Kurz vor seiner definitiven Abreise von Sierra Leone kann Kissling den Verkauf für 500 amerikanische Taler an einen Methodistenprediger melden.[90] Seinen Lauf beendet er in Neuseeland im Dienst der CMS. Auch er berichtet weiterhin nach Basel. J. Du Plessis würdigt ihn als »one of the earliest missionary statesmen«, weil er lange vor anderen fest davon überzeugt war, Afrika »must be evangelised by Africans, and that the chief aim of missionary effort should be to train native converts as teachers and pastors« und weil er schon früh die Idee einer sich selbsttragenden Missionsarbeit, wie Basel sie übernommen hatte, als letztlich nicht praktikabel abgelehnt hatte.

3. ANALYSE

3.1 PROBLEM NACHRICHTENVERKEHR

3.1.1 In Kontakt bleiben

Missionsbrüder und -bräute verabschieden sich vor ihrer Ausreise jeweils so, als ob es für immer wäre. Man weiß ja nicht, ob man sich wiedersehen wird. Aber fürbittend hinter den Ausgesandten zu stehen, ist nur möglich, wenn weiter Kontakt besteht. Dafür gibt es seit 1822 die »Correspondenz-Blätter der Committee der evang. Missionsgesellschaft in Basel«, zuerst handgeschrieben und kopiert, später im Steindruckverfahren vervielfältigt, und ab 1828 erscheint der »Evangelische Heidenbote«. So erhalten Angehörige und Missionsfreunde Nachrichten, wenn auch mit Verspätung, und können das Werk mit ihren Gaben und die Missionare mit ihren Gebeten unterstützen.

---

[90] Komiteeprotokoll Bd. 13, 4 u. 122 u. Bd. 15, 34.

In seinem ersten Heft vom April 1828 berichtet der Heidenbote die Ankunft Handts und Sessings in Sierra Leone. Ende April erfahren die Freunde mehr über Sessings Ankunft in Liberia und die Irrfahrten der anderen Brüder. Wenig später wird auch deren Ankunft in Freetown berichtet. Erfreuliche Nachrichten aus Liberia bietet der Jahresbericht Ende Juli in Heft 9 mit der glücklichen Vereinigung aller fünf Brüder. Heft 11 berichtet von überstandener Krankheit (zum Zeitpunkt, als Sessing und Kissling so krank sind, dass die Kollegen sie schon fast aufgeben). Anfang 1829 können die Missionsfreunde zum ersten Mal Auszüge aus einem Brief Sessings (vom Jan. 1828) lesen und erfahren auch vom ersten Rückschlag, nämlich von Abreise und Tod des Agenten Mr. Ashmun. Am Missionsfest berichtet Sessing mündlich über ihre Arbeit. Er tut es voller Mut und Zuversicht.

Neue Nachrichten gibt es erst wieder 1830. Die Hefte 2, 4 und 5 lassen die Leser mit »erfreulichen Nachrichten« an Kisslings einsamem Ausharren (1829) teilnehmen, zur Zeit, als Sessing mit seiner Frau und drei Brüdern wieder ein Liberia eintraf. Dies wird Ende April in Heft 8 mit Freuden gemeldet, als Dietschy und Bührer allerdings bereits gestorben waren. Am Missionsfest erfahren die Gäste ausführliches über Kisslings »Armenschule«, jedoch noch nichts vom Tod der drei neuen Brüder. Im zweiten Halbjahr beginnen die Schwierigkeiten. Zwar wird es in Heft 16 Ende August noch einmal spannend mit Kisslings Bericht über den Feldzug der Kolonisten gegen den spanischen Sklavenhändler, gleichzeitig gilt es aber jetzt, nach den Rückschlägen auf der Goldküste (Heft 15), auch die Todesfälle in Liberia zu verarbeiten (Heft 20). Damit hört der Nachrichtenfluss beinahe auf. Die Leitung befasst sich schon mit der Aufgabe der Station in Liberia, lässt aber die Missionsfreunde Ende Jahr (Heft 24) noch einmal erfreuliches aus Briefen Kisslings und Sessings lesen. 1831 erfahren die Leser nur, dass die Brüder sich beklagten, keine Briefe erhalten zu haben, obwohl von Basel aus fleißig geschrieben worden sei.[91] Im Jahresbericht 1831 (Hefte 13f) findet sich nichts mehr zu Liberia.

3.1.2 Welche Nachrichten für wen?

Zu Anfang und während der ersten Halbjahrs 1830 folgen die Briefauszüge im Heidenboten ziemlich getreulich den Briefen der Missionare, natürlich in gekürzter Form. Beschreibungen gewisser Alltagsprobleme, die Notwendigkeit, eine Haushälterin zu haben, oder dass die Missionare neben dem Wohnhaus auch eine Küche, eine Toilette, ein Hühnerhaus und einen Ziegenstall brauchen, werden dem breiteren Publikum jedoch nicht zugemutet. Das ist soweit verständlich. Es soll ja um den Aufbau des Reiches Gottes gehen und dazu scheinen Toilette und Hühnerhaus nicht so viel beizutragen. Aber auch Kisslings Vorschläge, wie eine solche Mission besser zu gestalten sei, finden nicht

---

[91] Aufgrund der vorhandenen Unterlagen wissen wir, dass dies so nicht ganz stimmt; s. oben 2.13.2.

einmal in den Komiteeprotokollen einen Niederschlag, obwohl sie dort wesentliche Anregungen hätten bieten können.

Wieweit aber können Rückschläge an die Freunde weitergegeben werden? Sicher wären gerade sie geeignet, zur Fürbitte aufzurufen. Die Todesfälle bieten Gelegenheit, vom seligen Sterben und »Eingehen zum Herrn« zu berichten, was denn auch geschieht. Was aber soll mit der Not der Zurückgebliebenen und ihrer Ratlosigkeit geschehen? Und was mit den vom Komitee vermuteten Differenzen unter den Brüdern? Da findet sich der Redaktor des Heidenboten in einem Dilemma.

3.1.3 Die Not mit der Not der Brüder

Wenn wir die Mitteilungen über die Liberia Mission im zweiten Halbjahr 1830 verfolgen, fallen uns merkwürdige Unstimmigkeiten auf. Im Dezember 1830 berichtet der Heidenbote »aus einem Briefe des Missionar Sessing aus Monrovia, den 18. Juni 1830« über den Fortgang der Arbeit in Liberia geschrieben habe. Was folgt, ist ein Zusammenschnitt verschiedener Meldungen aus vier Briefen Kisslings und Sessings vom 16./18./19. Juni und 18. Juli 1830, eingeführt durch den Anfang eines Briefes vom 18. Juli (Sessing), nachdem die Missionare zweimal den Tod auch Br. Graners gemeldet hatten:

»So lange Christus bleibt der Herr, wird's alle Tage herrlicher! das ist und bleibt ewig wahr, mag es auch unsern Augen scheinen, als ob die Welt unterginge; Er der Allmächtige ist noch immer derselbe, jetzt und in alle Ewigkeit. Mögen auch die Trübsalswogen über unserm Haupte zusammenschlagen und uns zu zernichten scheinen, lasst uns nur fest Aug und Herz auf Ihn und seine Hülfe heften, und so wird er den schwachen Glauben nicht zu Schanden werden lassen. [...] Nach dem Tode unseres am 12. Mai entschlafenen Bruders Graner, gefiel es dem Herrn, uns nach schweren Stürmen, wieder von Aussen und Innen ein Stündlein der Ruhe kommen zu lassen, obgleich die angebrochene Regenzeit eben nicht dazu geeignet ist, die geschwächte Gesundheit wieder schnell zu stärken.«

Wie andere Briefe Sessings beginnt auch der vom 18. Juli mit einem Lobpreis Gottes, ein Mittel, sich selber Mut einzuflößen in schwieriger Zeit. Wenn schon aus Basel keine Briefe kommen, auf ihn, den Herrn, ist immer Verlass. Aber schon dieser Anfang deutet sich das Empfinden an, alles gehe unter, Wogen der Trübsal, die über ihnen zusammenschlagen, Glaube, der zu Schanden zu werden droht, die Gesundheit, die geschwächt und nicht so schnell wieder hergestellt ist. Eben davon handelt dieser Brief.

Der Heidenbote jedoch fährt anders weiter. Auf der Suche nach dem »seligen Missionsberufe« hätten sie die Predigten bei den Methodisten wiederaufgenommen, vier Negerknaben würden unterrichtet. Es ist von gefestigter Gesundheit die Rede und davon, dass »ER auch in unserer Schwachheit seinen Zweck vollendet«, ja, sogar davon, dass die Sklavenhändler »unsere Küste verlassen haben«. Die letzte Bemerkung wird von den Brüdern als unbestätigte Aussage eines Dritten vermeldet, alles Übrige entspricht überhaupt nicht dem

Ton der genannten Briefe. Sessings, wie auch Kisslings Briefe vom Juni und Juli, sind »Jammerbriefe«, wie Tabitha Sessing sie später nennt. Neben den wenigen Hoffnungssätzen beschreiben sie die Not, in der die Geschwister in Liberia sich befinden. Richtig ist, dass König Jove, so Kissling im Juni, wieder nach den Missionaren gefragt hatte. Aber dass Kissling im selben Brief statt der Mission durch weiße Missionare die Errichtung eines Instituts für schwarze Prediger vorschlägt, weil die Missionierung der Afrikaner durch Afrikaner und nicht durch Europäer geschehen müsse, davon hören die Leser des Heidenboten nichts.

Die Frage ist unumgänglich, werden hier Informationen manipuliert, um die Leser bei der Stange zu halten, oder können Komitee und Blumhardt die Schwere der Not in Liberia, die die Geschwister fast zur Verzweiflung bringt, nicht erkennen, weil sie den Grund für den schwindenden Mut in der Uneinigkeit der Brüder suchen? Zeichnet sich da ein Mangel an Hinhören-Wollen gegenüber den »Brüder« genannten Zöglingen ab?

3.2 Aus der Sicht der anderen

Die »anderen«, das sind hier die Kolonisationsgesellschaft (ACS) aus den USA und ihre Agenten, die Kolonisten, die Ärzte und die Schiffskapitäne. Im African Repository and Colonial Journal (ARCJ) berichtet die ACS seit 1825 über Bewegungen innerhalb der Staaten und gibt Briefe und Berichte von Liberia und Auszüge aus anderen Veröffentlichen wieder. Auch J. Saillant lässt in »Mission in Liberia and Race Relations in the United States 1822-1860« zahlreiche Kolonisten, aber auch Missionare verschiedener Denominationen aus den USA, die in dieser Zeit in Liberia tätig sind, zu Wort kommen.[92]

3.2.1 Die Kolonie

3.2.1.1 Die Gründung

Die Idee einer solchen Kolonie für ehemalige Sklaven geht ins Jahr 1802 zurück, als der Gouverneur von Virginia, T. Jefferson, dies dem späteren Präsidenten der USA, J. Monroe, in einem Brief vorschlug (ARCJ 6, [1830] 197f). Dass die Gründung der Gesellschaft (1817) und der Kolonie nicht nur durch philanthropische Motive geprägt war, sondern erst durch politisches Kalkül ermöglicht wurde, wie das im Lebensbild über G. A. Kissling vermutet wird, tritt uns auch in den Heften des ARCJ entgegen.

Die Abolitionisten sahen darin eine Erfindung der Südstaaten »to revert the chains of servitude upon the slaves«. Plantagenbesitzer im Süden dagegen

---

[92] J. Saillant, in Daniel H. Bays u. Grant Wacker (Hgg.), The Foreign Missionary Enterprise at Home, Tuscaloosa 2003, 12-28.

befürchteten die Gründung der Kolonie Liberia ziele letztlich auf die Abschaffung der Sklaverei. Es handle sich um »an attack on the domestic tranquility« (ARCJ 6 [1830], 198). Die Südstaatenführer selber sahen das anders. In einer Rede anlässlich einer Pflanzervereinigung in Georgia von 1830 finden wir den in Kisslings Lebensbild zitierten Satz fast wörtlich wieder. »By removing the source of discontent from among our slaves we should render them more industrious and attentive to our command.« (ARCJ 6 [1830], 205). Die Gesellschaft in Washington stellt zwar jeweils ihre philanthropischen Ziele, oft mit christlicher Begründung, voran, Hilfsvereine der verschiedenen Staaten aber nennen als »object of this society« immer in vorderster Linie »the removal of the free persons of colour from our population«. Einmal heißt es gar, ihr »object is to drain the country of free blacks« (ARCJ 6 [1830], 365), denn diese galten als Unruhestifter und den staatlichen Institutionen gegenüber feindlich eingestellt.

Im Bericht einer staatlichen Kommission von Massachusetts werden zuerst die hohen philanthropischen Ziele des Kolonisationsprojekts genannt. »Actueted by the purest principles of religion, the most exalted patriotism and an enlarged philantropy, a succesfull attempt has been made, to ameliorate the condition of the degraded and long suffering African, and in some degree to atone for the great wrongs which have been afflicted upon them even in this land of liberty« Gleich darauf wird dann aber vorgerechnet, dass mit jährlich 120'000 $ die 200'000 »Freineger« der USA bald nach Afrika ausgeschafft werdend könnten. Der doppelte Betrag »would insure the removal of the whole of this population in about 28 years« (ARCJ 6 [1830], 144).

In der Generalversammlung der ACS 1830/31 wird betont, alle Emigranten seien Missionare, weil von ihnen der Glanz des Christentums und der Zivilisation ausstrahle. Sie seien die besten Boten, »weil sie unsere Institutionen kennen«, und »wir sind verpflichtet, Afrika zu dienen, for we have surpassed others in wroning her«. Im gleichen Zug wird festgehalten, es sei für die USA von vitalem Interesse »to retrieve ourselves from this most dangerous element in our population« (ARCJ 6 [1830], 359ff). Neben amerikanischer Philanthropie geht da auch ein gutes Stück rassistischen Denkens einher.

3.2.1.2 Die Verhältnisse in der Kolonie

Als J. Ashmun, bevollmächtigter Agent der ACS, in Monrovia eintraf, fand er die Kolonie in desolatem Zustand. Im November 1827 schreibt er, jeden Monat werde etwas verbessert, die Kolonie habe sich gefestigt, auch die Gesundheit der Kolonisten. Zudem hätten sie Kühe, es gebe jetzt Milch und Fleisch, und Pferde für die Arbeit, aber Pflüge würden noch nicht eingesetzt (ARCJ 4 [1828], 4f). Später weiß Mr. Devany, ein Händler der Kolonie, dass die Pferde mangels richtiger Pflege gestorben seien und nur L. Carry seinerzeit zur Arbeit abgerichtete Ochsen gehabt habe.

Die meisten offiziellen Berichte melden nur Gutes über die Kolonie. Ashmuns Nachfolger, R. Randall, ist überaus »pleased with the climate« und hält

Monrovia für »a most delightful city«, obwohl ihm bekannt war, dass Caldwell um die 3–4° C kühler und die Wohnbedingungen dort besser waren als in Monrovia. Auch Kapitän Sherman, der Basel von der Aussendung weißer Missionare abgeraten und die Lage am Kap Mesurado als äußerst ungesund beschrieb (s.o. S. 61), ist hier des Lobes voll (ARCJ 7 [1831], 111). Monrovia habe 90 Häuser, zwei Gottesdiensthäuser und zähle 700 Einwohner. Caldwell zähle 560 Einwohner und Bushrod-Island 30 Familien. Außerdem seien in der Nachbarschaft, am linken Ufer des Stockton-River, noch um die 400 »recaptured Africans«, lauter gute Bauern, angesiedelt. Das Klima sei gut für Schwarze aus den Südstaaten, aber ungesund für Europäer. Randalls Nachfolger, Dr. Mechlin, zeitweise gesundheitlich sehr geschwächt, weiß nur Gutes, außer, dass er 1830 längst nicht alles habe ausführen können, weil kein Geld mehr da sei. Und selbst 1831, zu einem Zeitpunkt, da Kissling klagt, der Gouverneur (Mechlin) könne nicht einmal mehr sich selber schützen, und dies mit diversen Schreiben belegt, schreibt dieser, die Kolonie erfreue sich bester Prosperität. Er erwähnt zwar eine »heavy affliction«, lässt sich darüber jedoch nicht aus.[93]

Vereinzelt gibt es auch andere Stimmen. Caldwell sei kühler und darum gesünder als Monrovia, heißt es.[94] L. Carry vermerkt in einem Bericht an Ashmun vom Juli 1828 »faltering prospects« also trübe Aussichten für die Kolonie. Außerdem gebe es nicht genug Reis. Im März 1830 schreibt ein Mr. Russwurm. »It is not my desire that you should think that we have no timber or lumber to build our houses, nor rice enough to eat«. Dies war wohl gegen entsprechende Klagen z.B. der Missionare gerichtet. Kapitän Kennedy, auf der Rückreise vom Mittelmeer zu Besuch in Liberia, rühmt, was er gesehen hat, hängt aber eine ganze Liste von Mängeln an, die ihm aus militärischer Sicht aufgefallen waren. Vor allem brauche die Kolonie ein 100-Tonnen Schiff, mit guten Kanonen bestückt, zur Bekämpfung der Sklavenhändler. Dazu schlägt er vor »Orang Utans« zu zähmen und sie wie Ochs und Rind für die Arbeit zu nutzen. An weiteren Mängeln werden die ungenügende medizinische Versorgung und das Fehlen von Schulen und »enlightened ministers« erwähnt.

3.2.1.3 Vergrößern?

Während Ashmun darauf bedacht war, die bestehenden drei Siedlungen zu festigen und zu verbessern, gehen seine Nachfolger bald auf Erkundungsreise, um Orte für die Erweiterungen der Kolonie zu erforschen. Schon Randall macht sich im Februar 1829 auf die Reise nach Caldwell und Millsburg und von dort dann den St. Paul's River hinauf. Er möchte einen für Sägemühlen geeigneten Platz finden. James plant mit Kapitän Dongey eine Expedition 200

---

93 Etwa eine Anspielung auf den Angriff des spanischen Sklavenhändlers auf Monrovia oder die Gefangennahme Thompson durch denselben?

94 Schon Ashmun ging deshalb gerne zur Erholung nach Caldwell.

Meilen den Junk River hinauf in das Gebiet des Königs Boatswain. Beziehungen zu diesem mächtigen Häuptling aufzunehmen rät auch Mr. Hottinger. Ihm geht es um Handelsbeziehungen, denn über Boatswain öffne sich der Weg zum Gold im Innern Westafrikas. Mechlin begibt sich 1831 auf Erkundigung im Gebiet des Mesurado River und von dort zum Junk River. Dort gebe es viel gutes Land und manche lokale Könige würden die Ansiedlung weiterer Kolonisten begrüßen, um so Schutz vor König Boatswain und den Sklavenhändler zu erlangen.

3.2.2 Die Kolonisten

In einem Schreiben an die ACS in Washington vom 28. Nov. 1827 hatte Ashmun die Kolonisten in vier Klassen eingeteilt (siehe oben 2.1). Im Hinblick auf die vierte Klasse, die er als faul beschreibt und die nur wollten, was sie für jeden Tag brauchen, sah sich Ashmun vor seiner Heimreise 1828 veranlasst zu bemerken, unter den Emigranten gebe es solche, die aus den USA vor der Polizei geflohen seien, und meint, es müsse eine »much more discriminating selection of settlers« vorgenommen werden, sonst werde die »prosperity of the Colony rapidly decline«.

3.2.2.1 Anders als Afrikaner

Kissling und Sessing betonen richtig, afro-amerikanische Schwarze seien ganz anders als die Einheimischen in Liberia. Sie erklären den Unterschied mit deren Vergangenheit. Als Sklaven haben sie die Weißen fürchten und hassen gelernt, sich aber zum Teil durch harte Arbeit freikaufen können, und wollten deshalb von Weißen keine Belehrung annehmen. So einfach aber ist die Sache nicht.

In seinem oben erwähnten Artikel beschreibt Saillant Empfindungen von Kolonisten. Ein für die Siedler damals wichtiges Element ist der Begriff »manhood«, das Mann- oder Menschsein. Durch die Errichtung von Liberia »the manhood of our race has been won« bekennt einer.95 Ihre abweisende Haltung war nicht einfach Stolz und Hass gegenüber den Weißen, sondern hatte ihren Grund in dem Gefühl, nachdem man in den Staaten »niemand« war, jetzt in Liberia »jemand« zu sein. Viele kamen in Liberia nicht zu mehr Bildung als in den Staaten, wo ihnen der Zugang zu Bildung verschlossen war. Hier aber konnten sie ein Wort mitreden. Sion Harris schreibt 1851, zu einem Zeitpunkt, da die Umstände in Liberia schon anders waren als 1825-31. »I was eighteen, when I came here. I have grown to be a man; in America I never could have been a man - never would get large enough [...]. I have grown so large that I have had the honor of being a member of the Legislature for five years. Did you ever hear of such a thing in America?«[96]

---

[95] In Sailant, a.a.O.

[96] In Sailant, a.a.O.

Voller Dankbarkeit schreibt eine Mrs. Roberts, sie freue sich über das Land, in dem sie nun leben könne und danke den weißen Leuten, die ihr das ermöglicht hatten. Ähnlich äußert sich ein Methodistenprediger, der in Liberia auf Besuch war.[97] Ein weiterer schreibt: »I am satisfied that Africa is the place for me und mine and all others of Colour who will go there, with common industry and perseverance. Nothing would induce me to remain in Amerika«.[98] Mr. Erskine in Caldwell sagt, er sei in einem Land »where we at least will be on the same level with every other fellow citizen, where the complexion will be no barrier to our fitting the most exalted station. I can never be thankful enough to God for directing my view to this country«.[99]

Einige sind unzufrieden und wieder in die Staaten zurückgekehrt, das meldet Mr. Devany in Washington. Der Arzt Todson stellt fest, in neuerer Zeit (1832) sei die Meinung zu Arbeit besser als früher. Aber während es 1828 hieß, die Schulen fänden gute Beachtung, erlässt die ACS im darauffolgenden Jahr klare Weisungen, weil die Schulen vernachlässigt worden seien und zahlreiche Kinder gar nicht zur Schule gingen.

Schließlich gibt es noch die Gruppe der »recaptured slaves«, d.h. solche, die von gekaperten Sklavenschiffen in die Kolonie gebracht und dort auf der dem Fluss vorgelagerten Insel Bushrod angesiedelt wurden. Viele von ihnen, schreibt Mechlin 1831, unterschieden sich in ihren Sitten kaum von den Einheimischen. Nun seien sie aber fromme Diener Christi und ein gutes Instrument der Verbindung zu den »wild natives« und »spreading the light of Christianity and civilisation«.[100]

3.2.2.2 Liberianische Amerikaner

Obgleich in den Staaten oft von jeglicher Bildung ausgeschlossen, fühlen sich die Kolonisten als Amerikaner, »Liberian Americans«. Viele unter ihnen sind Christen. Sie bringen das amerikanische Selbstbewusstsein, Vertreter einer christlichen und zivilisierten Welt zu sein, mit. So wird von ihnen gesagt: »Free blacks, once expatriated, were believed to be fine representatives of democracy, Christianity and civilisation«; oder: »Every migrant to Africa is a missionary carrying with him credentials in the holy cause of civilisation, religion and free institutions«.[101] Insofern war hier »Mission« ein wesentlicher Bestandteil der Kolonisationsbemühungen, und so konnte Liberia gar »a missionary republic« genannt werden (ebd.). Zu den hervorragenden Personen der ersten Zeit wird Lot Carey, Ashmuns Assistent und Stellvertreter gezählt. Saillant bezweifelt, dass er je missionarisch im engeren Sinn tätig war. Aus

---

97 ARCJ 5 (1829), 154.
98 In Sailant, a.a.O.
99 ARCJ 6 (1830), 142.
100 ARCJ 7 (1831), 47.
101 Saillant, a.a.O., 16.

Berichten der Missionare und dem ARCJ wissen wir jedoch, dass er die kleine Station im Volk der Vey, wo Handt sich eine Zeit lang aufhielt, finanziell unterstützt hatte.

Das Amerikanertum der Kolonisten äußert sich u.a. in der Feier des 4. Juli, wo die Männer unter die Waffen gerufen und Kanonen abgefeuert wurden, wie auch die Missionare berichten. Gerade dieses Selbstbewusstsein wird aber Ursache, sich den afrikanischen Schwarzen, den »Natives« gegenüber überlegen zu fühlen. In den USA glaubte man, dass die befreiten Sklaven, einmal in Afrika, sich zur Bewältigung aller Aufgaben einer unabhängigen Gemeinschaft entwickeln würden. Sie aber fühlten sich nun als Herren gegenüber den Einheimischen der afrikanischen Küste. Dass ihnen Dinge hier in Afrika nicht so gut gelängen wie einst in Amerika, wie sie den Missionaren weismachten, war wohl nur die halbe Wahrheit. Viele wollten nicht selber »farmer« sein, wo es dafür genug Einheimische gebe, sie wollten lieber »governors« sein und zweifelten gar, dass die Einheimischen je »zivilisiert« werden könnten.

In den USA werden bei der Werbung für Liberia und das Kolonisationsprojekt immer wieder drei Punkte genannt, »Christianity, Civilisation« und die »Berufung der Amerikaner«, durch solch ein Werk die Welt zu erneuern. Es kommt eigentlich ein vierter dazu, »Patriotismus«, amerikanische Philanthropie und Patriotismus.[102]

3.2.2.3 Gottesdienste

Der religiöse Zustand der Kolonie sei gut, wird im Herbst 1829 berichtet. Mr. Devany legt bei seinem Besuch in Washington ein Jahr später nach. Es gebe drei Kirchen, Baptisten, Methodisten und Presbyterianer. Der Gottesdienstbesuch sei gut. Nur wer keine Kleider habe, komme nicht. Und, höchst erstaunlich, wenn wir die Berichte der Missionare bedenken, »No dancing is practised, the religious part of the Colony prevailed in discouraging it«. Er denkt wohl nur an »weltliches« Tanzen, nicht an die Gottesdienste der Methodisten und zeitweise der Baptisten. Kapitän Sherman erwähnt fünf Prediger bei den Methodisten und drei bei den Baptisten, alle selbstversorgend und unbezahlt. J. Shiperd beklagt dagegen, sie hätten als Presbyterianer keinen Versammlungsort.

Die Basler Missionare hatten nur mit Methodisten und Baptisten Kontakt.[103] Die letzteren schlossen sie vom Abendmahl aus, weil sie nicht richtig

---

[102] Saillant bemerkt dazu: »Between 1822 and 1865 only about thirteen thousand African Americans emigratated to Liberia, but the role the settlement played in U.S. culture was in great disproportion to this number, which represented only a small fraction of the North American blacks.« 13'000 Personen entsprach nur knapp einem halben Prozent der gesamten schwarzen Bevölkerung der USA.

[103] Der presbyterianische Prediger Erskine, ein, wie alle urteilen, feiner Mensch, war mit Dietschy, Bührer und Graner auf dem gleichen Schiff nach Liberia gekommen. Er

getauft und deshalb keine rechten Christen seien. Die Methodisten, so heißt es einmal, seien so fromm gewesen, dass es den schwäbischen Pietisten zu viel war. Dem ersteren liegt eine dogmatische Differenz zu Grunde, mit der weder Ashmun noch die Basler Missionsleitung, die ihr Werk überkonfessionell führte, gerechnet hatten.

Anders liegt der Fall bei den Methodisten. Die Missionare hatten damit Mühe, dass bei den Schwarzen »alles über das Gefühl« gehe und der Verstand, d.h. die rechte Lehre, nicht genügend zur Geltung komme. Ihre Gottesdienste waren mit charismatischen Elementen durchsetzt. Für die nüchternen europäischen Missionare waren Gefühlsausbrüche, Tanzen und Hüpfen im Gottesdienst undenkbar. Sie waren nicht darauf vorbereitet, dass andere Kulturen andere Gottesdienstformen erfordern. Aus der Sicht eines Kolonisten hört sich dies ganz anders an. »Trying to live a Christian life in this dark and benighted land is difficult, but a miraculous scene took place in my heart on the Sabbat day, 29 of January, 1831: Oh the wonders of redeeming grace! On this subject I could pen nothing but what you are acquainted with. Remember, I beseech thee, that I wish to become one of the blowers of the gospel trumpet.«[104]

Von den hochgeschraubten Erwartungen der Gesellschaft in Washington, dass jeder schwarze Emigrant per se ein Missionar sei, »to regenerate Africa«, ist in den Äußerungen der Kolonisten nichts zu spüren. Dazu sind sie wohl viel zu sehr mit sich und ihrer zum Teil misslichen Lage beschäftigt. Auch von der Hoffnung, dass die ACS »will yet send fourth hundreds of Missionaries and teachers to bring the wretched Africans from their vices and idolatries to the knoweldge and belief of the christian truth«, ist in Liberia wenig zu sehen. Wohl sendet das Baptist Board of Mission in Mr. Skinner und seiner Familie einen Missionar in die Kolonie (ACRJ 6 [1830], 249), aber der verlässt das Land nach dem Tod seiner Frau und Tochter wieder. Es ist, wie Ashmun sagte: Die Einstellung der Kolonie zur Mission hing stark von der Einstellung des jeweiligen Agenten ab. Seine Nachfolger sind in der Beziehung (außer dem früh verstorbenen Dr. Anderson) nicht so enthusiastisch wie Ashmun. Ob allerdings Dr. Mechlin der Mission gegenüber so feindlich eingestellt war, wie die Basler Missionare glaubten, ist nicht eindeutig. Sicher verstand er Mission in Afrika anders als sie, eben in amerikanischer Weise, überzeugt, dass eine amerikanische Kolonie wie Liberia eo ipso zum Besten des Kontinents diene. Zudem galt, »Sollten Weisse nicht das Instrument und Umgestalter Afrikas sein, so sicher die coloured men, and the Church must qualify them with no delay« (ACRJ 6 [1830], 118).

---

wäre ihnen wohl theologisch und menschlich am nächsten gewesen. Aber Erskine lebte mit seinen Leuten in Caldwell.

104 John Minor, in Letters from Liberia 1833–1869, zitiert nach SAILLANT, a.a.O., 18f.

3.2.2.4 *Konflikte*

a) Kolonisten und Einheimische

Die Kolonisten fürchteten dauernd Angriffe der Einheimischen auf die Kolonie und griffen beim leisesten Anzeichen, manchmal auch fälschlicherweise, zu den Waffen, berichten die Missionare. Mr. Devany hält bei seinem Besuch in Washington im Frühjahr 1830 fest, es habe seit Jahren keine Angriffe mehr gegeben. Aber auch er weiß um die Gefährdung, vor allem ihrer Schiffe, die der »Piraten« wegen im Moment nicht auszufahren wagten. Ashmun berichtete im November 1827, die Beziehungen zu Klein Bassa seien getrübt, weil es »Piraten« beherberge (ARCJ 4 [1828], 27), was Vize-Agent Waring im folgenden Jahr bestätigt. Dagegen gab es 1838 unter Gouverneur Buchanan Krieg zwischen der Kolonie und dem Volk der Gora. Seine Pläne gingen jedoch wesentlich weiter als die philanthropisch-missionarischen Anliegen eines Ashmun.[105]

Auseinandersetzungen, die auch die Kolonie betrafen, hat es auch früher gegeben, etwa in Klein Bassa (Ashmun im Nov. 1828) oder zwischen verschiedenen Ethnien (Mechlin im Mai 1829). Oft hatte der mächtige König Boatswain seine Hand im Spiel. Er gilt als größter »slave dealer« der Region (ARCJ 6 [1830], 214) und führt Kriege, um Gefangene zu machen, die er verkaufen kann. Feindseligkeiten der Einheimischen gegen die Kolonie scheinen auch von Sklavenhändlern angezettelt worden zu sein, die um ihr einträgliches Geschäft fürchteten und den einheimischen Häuptlingen weismachten, dass die Kolonie ihnen ihr Einkommen schmälern wolle. Das entspricht den letzten Meldungen Kisslings aus Liberia und lässt verstehen, weshalb die Missionare ihrerseits fürchteten, im Hinterland nicht genügend geschützt zu sein.

b) Missionare und Kolonisten

Einer der von den Missionaren aufgeführten Gründe für die Aufgabe der Station ist der Mangel an Unterstützung vonseiten der Kolonisten in Fragen des alltäglichen Lebens, besonders im Blick auf eine Missionstätigkeit unter den Einheimischen im Innern des Landes. Für diese Einstellung gibt es zahlreiche andere Belege, von denen Saillant in seinem Artikel einige aufführt.

Er zitiert die Missionarin E. F. Hening von der Protestant Episcopal Church, die nicht nur über Konflikte zwischen Einheimischen und Kolonisten berichtet, sondern dass »Evangelical work among the natives was hindered by their dislike for the settlers«, weil sie dachten, Missionare wollten wie die Siedler über sie herrschen. Mrs. A. Scott berichtet, die Siedler hätten im spirituellen Bereich wenig für die Einheimischen getan. Missionar G. S. Brown klagt, die Leute von Monrovia hätten ihn ausgelacht wegen des Ansinnens »of civilising and much more, christianizing the natives.« Auch der oben erwähnte Mr. Erskine äußert in einem Brief an die Gesellschaft in Washington diese

---

[105] J. DU PLESSIS, The Evangelisation of Pagan Africa, Cape Town 1929, 94, vermutet, die Einheimischen hätten sich gewehrt, weil sie sich dadurch überfordert fühlten.

Sorge. Er befürchte, dass sich die Kolonisten bald dem Aberglauben der Einheimischen anpassen könnten: »Permit me to say, there must be a great revolution in the colony, bevore it can have a salvatory influence on the surrounding natives.«[106]

Die Missionsgesellschaften aus den USA, die in den 1830er Jahren die Arbeit in Liberia aufnahmen, gingen anfangs ebenfalls davon aus, dass Kolonisten und Missionare in der Zivilisations- und Missionsarbeit zusammenarbeiten würden. Bald aber gab es erhebliche Differenzen über die Art, wie man Einheimische behandeln sollte. Weiße Missionare zeigten wesentlich mehr Verständnis für die Einheimischen als die Kolonisten, was in späteren Jahren zu politischen Disputen über die richtige Regierungsform führte. Die Missionare warfen den Siedlern gar vor, die einheimischen Glebos so zu behandeln, wie die Südstaaten der USA die Cherokee einst behandelt hatten.[107]

Die Probleme, derentwegen die Basler Missionare meinten, ihre Station aufgeben zu müssen, lagen also nicht an ihnen, wie Hänsel im Basler Komitee ausgesagt hatte, sondern hatten viel tiefere Gründe, die auch Jahre darnach weiterbestanden.

3.2.3 Krankheiten und medizinische Versorgung

In ihrer Beurteilung des Klimas und der daraus folgenden Krankheitsrisiken klaffen die offiziellen Berichte der Agenten und der Missionare weit auseinander. Sessing schreibt aus seiner ersten Zeit (1828) von täglichen Todesfällen, Ashmun, Cary und Mechlin jeweils von »einzelnen«. Und wenn schon, so heißt es bei letzteren, der Tod sei oft Folge von Unachtsamkeit gewesen, die Betroffenen hätten beim ersten Fieber nicht genügend Sorge getragen. Während die Siedler Ende 1828 über eine »sickly season« klagen, findet Ashmuns Nachfolge Randall das Klima angenehm und das afrikanische Fieber nicht schlimmer als das von Georgia und Alabama. Außerdem sei die Todesrate gering. Ausgerechnet er gilt jedoch als Beispiel für die erwähnte Unvorsichtigkeit: »Er war Rekonvaleszent, noch schwach, und ging trotzdem auf ein sinkendes Schiff, wurde von Wasser überflutet, und in die sengende Sonne, bekommt einen neuen Anfall, wird aber gerettet. Wieder Rekonvaleszent stürzt sich erneut in die harte Arbeit: Die Folge, eine neue und letzte Attacke und Tod. Anders dagegen verhalte sich Dr. Mechlin, sein Assistent. Er hatte Fieber, und zwar heftiger als Randall, trug aber Sorge und lebt!«[108]

Dem hier lobend erwähnten Dr. Mechlin geht es nicht viel besser. Er stirbt zwar nicht, liegt aber im Sommer schwer krank danieder und muss nach einem Jahr zur Genesung in die USA heimkehren. Er kommt im Herbst 1830

[106] Saillant, a.a.O., 22 und ARCJ 5 (1830), 121.
[107] Saillant, a.a.O., 24.
[108] ARCJ 5 (1829), 154.

zurück in der Meinung, nun gegen die Tücken des Tropenfiebers gefeit zu sein. Seine Gesundheit bleibt aber »delikat«.

Es heißt, das Klima sei für Weiße ungesund, für Schwarze aus den Südstaaten nicht. Schwarze aus den mittleren und nördlichen Staaten bekämen Fieber, aber ohne Todesfolge. Vereinzelt dringen jedoch andere Meldungen durch. Dr. Anderson, den die Missionare besonders schätzten, schreibt im März 1830 von Krankheitsfällen und von Emigranten, die aus Enttäuschung wieder zurückkehren wollten. Zwei im Sommer 1830 nach den Staaten zurückkehrende Schiffe melden gar zahlreiche Todesfälle, »owing to the want of medical care«.[109]

John Saillant, der sich dabei auf andere Quellen stützt, urteilt in dieser Beziehung sehr kritisch über die ACS: »Even traces of genocide appear in colonizationist proposals. In the 1820s, for instance, it became apparent that the mortality of the Americo-Liberian settlers was extraordinarily high, yet that caused little erosion of white support for the colonization. Some proposals (such as shipping infants to Africa, while their mothers remained on U.S. plantations) seem to be genocidal, made in full knowledge of the fact, that ›African fever‹ (malaria) was especially pernicious for those born in the temperate zone as well as for children. The idea of providing a ›natural‹ site for blacks was often the excuse for executing a death sentence.«[110]

Wenn von diesen Vorwürfen nur einiges zutrifft, könnte dies die Diskrepanz zwischen den Zahlen der angemeldeten und der in Liberia angekommenen Emigranten und die Tatsache, dass bis ca. 1860 nur etwa 13'000 Schwarze angesiedelt waren, erklären. Unterwegs sind offensichtlich mehr gestorben, als die offiziellen Berichte angeben.

3.2.4 Sklavenhandel

3.2.4.1 Allgemein

Es sei weit verbreitete Meinung, dass der Sklavenhandel beinahe ausgelöscht sei, schreibt Mr. Russwurm im März 1830, aber nach seinen Informationen sei das Gegenteil der Fall, »as the trade never carried more vessels nor with greater vigor than it has been for the last years« Mr. Devany schränkt das Gerücht bei seinem Besuch in Washington ein. Im Umkreis von 40-50 Meilen von der Kolonie gäbe es keinen Sklavenhandel. Aber auch das trifft so nicht zu. Sowohl Ashmun als auch Cary berichten 1828 von Belästigungen durch spanische »Piraten«, d.h. Sklavenhändler, und Randall berichtet gar von einer Farmbesitzerin ganz in der Nähe, die trotz eines Vertrags mit der Kolonie in den letzten Jahren gut 100 ihrer Arbeiter als Sklaven verkauft habe.[111]

---

109 ARCJ 6 (1830), 273.

110 Saillant, a.a.O., 16.

111 ARCJ 6 (1830), 61, 4 (1828), 84 u, 5 (1829), 148.

So stellt der Präsident der ACS beim Treffen 1831/32 zu Recht fest, trotz vieler Erfolge sei die Hoffnung, durch die Gründung der Kolonie den Sklavenhandel zu unterbinden, nicht erfüllt worden. Dazu gibt es eindrückliche Daten: 1826-27 sind allein nach Rio 77'000 afrikanische Sklaven aus Westafrika gekommen. Das Schiff »Cadiz« hat 1828 3'000 kranke Sklaven nach Havanna gebracht, und unterwegs deren 600 verloren, dazu 60 Leute der eigenen Crew. Jedes Jahr werden noch immer 100'000 Sklaven in die USA gebracht und spanische Händler operieren oft mit Schiffen aus den USA (ebd. 206).

3.2.4.2 Menschenjagd und Menschenhandel

Sklavenhandel ist nicht möglich ohne Beteiligung einheimischer Häuptlinge. Das gilt von mächtigen Königen wie von den kleinen Fürsten in der Region. Die einen verkaufen eigene Leute (sogar Kinder), um so zu Geld zu kommen. Andere sind »wretchedly poor«, seit sie damit aufgehört haben, wie Mechlin 1831feststellt. Wieder andere führen Kriege, um Gefangene als Sklaven verkaufen zu können, wie König Boatswain, vor dem Führer der kleineren Ethnien sich um Schutz an die Kolonie wenden.[112]

Im Norden, am Gallena River, hat sich ein spanischer Händler niedergelassen, eine Art »Hauptagent«, der die Sklaven weiterleitet, und dem andere ihrerseits zuliefern, wie etwa der Don Miguel in Klein Bassa. Dem »Unterhändler« wird die »Ware« von den lokalen Königen gebracht. Er sammelt die Menschen in seiner Faktorei und verschifft sie später nach Norden zum Hauptagenten. Kapitän Parker hat in Gallenas gesehen, wie 900 Sklaven eingeschifft wurden (ebd. 175). Der Zwischenfall mit den Einheimischen vom 25. Juni 1828, wie auch die Zerstörung einer Faktorei der Kolonie, von denen die Missionare berichten, gehen auf die Initiative von Sklavenhändlern zurück. Der Überfall vom 8. November 1828, bei dem L. Cary ums Leben kam, sah wie ein Krieg der Einheimischen aus, war aber vom Sklavenhändler angezettelt. Die Maßnahmen der Franzosen und Briten gegen den Sklavenhandel erweisen sich als völlig ungenügend, nicht zuletzt, weil Kruleute die »Slavers« informierten.[113]

3.2.4.3 Don Miguel von Klein Bassa

Anfang April 1830 unternahm Kapitän Thompson mit seinen Leuten den Feldzug gegen den Sklavenhändler Don Miguel in Klein Bassa. Dabei wurde Don Miguel nach kurzem Feuerwechsel getötet. In der Kolonie hieß es, Thompson habe dies im Einvernehmen mit dem Agenten Dr. Mechlin getan, der sich deshalb vor dem Board in Washington verantworten müsse. Soweit, was die Missionare gehört haben. Nichts davon ist in den Berichten des ARCJ zu finden. Weder Mr. Devany bei seinem Besuch in Washington noch Mechlin, der

---

112 ARCJ 6 (1830), 302.

113 ARCJ 4 (1828), 211, 5 (1829), 148 u. 6 (1830), 205.

hier, anders als nach den Aussagen der Missionare, »krankheitshalber« ankommt, erwähnen die Angelegenheit in irgendeiner Weise. Vize-Agent Williams Bericht dazu, den er gleich zweimal wegschickte, wird zwar genannt, aber nicht wiedergegeben. Es werden nur »schlimme und falsche Gerüchte« erwähnt.

In einem späteren Brief heißt es, Kapitän Thompson sei mit dem Schoner der Regierung auf eine Sandbank aufgefahren und habe seine Ladung Reis ausschütten müssen. Im Dezember 1830 schreibt Mechlin, wieder zurück in Liberia, die Angelegenheit mit dem spanischen Händler in Klein Bassa, über den das Board so schlimme Berichte bekommen habe, habe sich zum Wohl der Kolonie ausgewirkt. Es gebe keinen Sklavenhandel mehr im Umkreis der Siedlung. Auch von der Belagerung der Kolonie durch den spanischen Händler von Gallenas im Frühjahr 1831 verlautet nichts. Kapitän Thompson sei in eine kriegerische Auseinandersetzung mit Einheimischen verwickelt gewesen, der Schoner sei unbrauchbar und Thompson in Gefangenschaft und werde hoffentlich durch eine englische Brig wieder befreit. Aber auch Ende August gibt es noch kein Lebenszeichen von ihm.[114] In dieser Berichterstattung ist offensichtlich einiges unterschlagen oder schöngefärbt worden.

3.3 Ausser Spesen ....

.... nichts gewesen, mögen einige Mitglieder im Basler Komitee gedacht haben, die moniert hatten, wie teuer das Haus gewesen sei, und, wenn man weitermache, müsse es möglichst billig geschehen. In den Folgejahren ist von Liberia nur die Rede, wenn der Verkauf des Hauses zur Debatte steht. Eine traurige Bilanz. Von den einst jubelnd ausgezogenen acht jungen Männern, dazu die »muthige Frau«, sind vier in Afrika begraben. Von den überlebenden kehrt nur einer in den Dienst der Basler zurück.

Die Geschichtsschreiber des 19. Jahrhunderts sehen das freilich etwas anders. Sie nehmen den Abbruch der Mission in Liberia mit Bedauern zur Kenntnis, trösten aber sich und die Leserschaft mit der Bemerkung, vergeblich sei das alles nicht gewesen. Erstens sei damit der Missionseifer unter den amerikanischen Christen geweckt worden, sodass sie ihrerseits Verantwortung übernahmen, ähnlich wie es Kissling einst gefordert hatte. Außerdem sei durch diesen erfolglosen Vorstoß der Boden vorbereitet worden, auf dem später fruchtbar gearbeitet werden konnte.[115] Und schließlich seien die Jungen, die die Namen von Blumhardt und von Von Brunn trugen, nicht verschwun-

---

114 ARCJ 6 (1830), 274 u. 7 (1831), 262 u. 268.

115 Entsprechend dem Wunsch Blumhardts im Juli 1825, dass sie wenigstens für die nachfolgenden Baumeister Kalk und Stein zurichten könnten. Auch Kissling vergleicht am Missionsfest 1832 ihre Arbeit mit den »Vorbereitungen, die der Täufer Johannes am Jordan und in der Wüste machte« (Der Evangelische Heidenbote 4 [1832], 64).

den. Der frühere »Jake« aus Bassaland wird in Sierra Leone zum Prediger ausgebildet. Der junge George (Thompson), den Sessing 1829 nach Basel brachte, reist 10 Jahre später im Gefolge von Andreas Riis über Jamaika auf die Goldküste aus. Dennoch ist es angebracht, aus der Distanz einige kritische Beobachtungen zu notieren.

3.3.1 Die Eigenwilligen

Wenn wir von Hegele absehen, der als für die Tropen in Afrika nicht mehr tauglich heimfahren musste, später jedoch in den Dienst der Basler Mission nach Russland ausreisen konnte, haben mit den Brüdern Handt, Kissling und Sessing die drei überlebt, die vom Komitee immer wieder getadelt wurden, und die sich diesem gegenüber zunehmend kritisch äußerten. Dabei unterscheidet sich Handt von den beiden anderen. Ein in seiner Frömmigkeit eher eng denkender junger Mann, der aber von Anfang an, wie Kugler und Müller, Mission in eigener Regie treiben will und dann erkennen muss, dass er das nicht kann. Kissling und Sessing wollen durchaus innerhalb der Institution der Basler Mission Dienst tun, wehren sich aber gegen das sie bevormundende hierarchische System der Gesellschaft, das sie durch die von ihnen verlangte »demüthigliche Willenslosigkeit« entmündige. Auch sie sind eigenwillige Typen. Vor allem aber sind sie durch die Erfahrung in Afrika mündig geworden. Das stellt Sessing 1830 anlässlich seines 28. Geburtstags fest. So beginnen sie Entscheide des Komitees kritisch zu hinterfragen. Sie wissen wirklich besser, was gut wäre. Indem sie mehr Eigenverantwortung verlangen, lehnen sie sich gegen die Hierarchie innerhalb der Institution auf. Hieß es früher noch, »Im Komitee wirst du erfahren, was Gottes Wille ist«, und Entscheide des Komitees mit Gottes Willen gleichgesetzt wurden, hören wir jetzt von Kissling, »Ich habe nie geglaubt dass dies Gottes Wille sein könnte«.

Da haben sich einst scheue und unterwürfige junge Männer emanzipiert und sind durch viel Leid hindurch zu erwachsenen geworden. Ein spannender und spannungsreicher Vorgang. Obwohl kritisch geworden, scheint es keine theologischen Differenzen gegeben zu haben. Diese eigenwilligen und widerständigen Menschen aber konnten auch den tödlichen Kräften der Tropenkrankheiten widerstehen.

3.3.2 Den Mut verloren

Als Gründe, die zur Aufgabe der Station führen mussten, nennen die Missionare äußere Einflüsse. Im Basler Komitee herrscht die Meinung vor, dass Sessing schuld sei am Scheitern der Liberia Mission. 1835 empfängt ihn Blumhardt spontan und herzlich. Das Komitee jedoch verlangt ein Schuldbekenntnis, obwohl Sessing beteuert, er habe nicht anders handeln können. Vielleicht war aber doch etwas Wahres dran?

Der kritische Moment war Graners Tod. Nach dem Tod der beiden anderen Brüder hatten sie in ihrer Unsicherheit, was sie tun sollten, Basel um Weisungen gebeten, zugleich aber am Ergehen Graners ein Zeichen dafür festmachen wollen, ob Gott hinter dieser Mission stehe oder nicht.[116] Im Lebensbild von Kissling heißt es, nach dem Tode Graners habe Sessing als erster den Mut verloren. Warum ausgerechnet er? Zwei Jahre zuvor drängte es ihn trotz Krankheit und Schwachheit, bei nächster sich bietender Gelegenheit nach Groß Bassa zu reisen. Jetzt ist alles anders. Wie sehr schon die Todesfälle der beiden Brüder Dietschy und Bührer, neben den Todesnachrichten von der Goldküste, ihnen zusetzten, beschreibt Sessing am 28. März 1830: »Es ist uns wie einem Träumenden, der eben von einem ängstlichen Traume erwacht ist. Anfangs glaubt er wirklich, was er geträumt habe sei wahr, bis er nach u. nach durch seine erwachenden Sinne des Gegentheils überzeugt wird. Bey uns aber kommt dazu, dass wir nicht nur glauben geträumt zu haben, sondern je mehr unsere Sinne erwachen, auf eine schauererregende Weise überzeugt werden, dass alles, was wir wähnten geträumt zu haben, unveränderliche Wahrheit ist. So ist es, so war es der Wille unseres Herrn. Ich kann nicht beschreiben, welche unbekannten, noch nie gefühlten Gefühle und Empfindungen durch die Erfahrung in mir rege wurden.«

Als Graner, nachdem sein Zustand sich Ende April gebessert hatte, erneut schwer erkrankt und sie entdecken, dass es sich nicht um das »Landesfieber« sondern um das »Faulfieber« handelte, da wird dieser Schrecken noch größer. Bührer war an derselben Krankheit gestorben. Sie fürchten angesteckt zu werden (10. Mai 1830). In Sessings Gedanken zu seinem Geburtstag kommt erstmals zum Ausdruck, dass sie angesichts des ungebrochen betriebenen Sklavenhandels auf Zeichen warten müssten, ob Gott sie nicht in ein anderes Land schicken wolle. Am Sonntag, 6. Juni 1830, schreibt er: »Dieses war eine sehr harte u. schwere Woche für mich. Ich hatte in meinen Gefühlen ein Vorgeschmack, was es heisst, ein liebes Weib zu verlieren, oder sie nur in grossen Schmerzen zu sehen, ohne ihr helfen zu können.« Das heißt, Sessing ist in Sorge um seine Frau, wie diese es in ihrem Brief vom 31. Jan. 1831 beschrieben hatte. Darum hat er den Mut verloren.

3.3.3 Die falschen Informationen

»Jener Posten [Liberia] hat verschiedene Vortheile vor andern: erstens ist es ein ganz freies Land, ganz unabhängig; zweitens wird die englische Sprache, wenigstens den Lauten nach, gesprochen; drittens kann man nirgend so wohlfeil und bequem anbauen wie dort.«[117] In solchen Tönen und Farben war Liberia in den Schreiben Ashmuns angepriesen worden. Die Ansiedlung liege an schöner, gesunder Lage, die Gegend sei reich an Fischen, die Früchte gediehen ohne Arbeit, die Kolonisten zeigten einen hohen sittlichen Charakter, ihre Häuser zeugten von Wohlstand und die Lebensbedürfnisse könnten »wohlfeil«

116 So Tabitha Sessing im Brief an Pfr. Von Brunn vom 22. Okt. 1831: »und wir nahmen gleichsam als Wink vom Herrn an, den Willen Gottes, ob diese Mission soll fortgesetzt werden, im Leben oder Sterben dieses Bruders zu erkennen.«

117 Blumhardt an Sessing im Januar 1827.

befriedigt werden.[118] Die Erfahrungen der Missionsbrüder waren ganz andere. Ungesunde Lage, bauen ist teuer, Familien sind arm, Fisch und Fleisch ist schwer zu erhalten, Früchte und Gemüse nicht leicht zu haben, vom »sittlichen Charakter« der Kolonisten nicht zu reden. Kissling urteilt am Schluss, das sei gut gemeint gewesen, Ashmun habe die Kolonie so beschrieben, wie er sie sich wünschte.

Ashmuns Angaben schienen von erstaunlichen Kenntnissen zu zeugen, etwa, was er über Ethnien und Sprachen meldete. Ob die Beurteilung richtig war, ist eine andere Frage. Das Komitee in Basel übernahm alles, trotz Mr. Coates (CMS) Warnung, das Klima in ganz Westafrika sei für jeden Europäer gefährlich, auch für die schwarzen Amerikaner. Man hätte auch von den eigenen Leuten im Dienste der CMS Erkenntnisse sammeln können, was Lebens- und Gesundheitsprobleme betraf. Unter den in Sierra Leone begrabenen Missionaren lagen immerhin auch verschiedene Basler Brüder und Frauen.

Das Basler Komitee scheint sich recht blauäugig in dieses Abenteuer eingelassen zu haben. Wie kommt das nur? Waren die Herren doch sonst im Blick auf Afrika besonders reich an Bedenken. War es der Enthusiasmus eines Blumhardt, der unbedingt eine Afrikamission wollte? War es die Aussicht, dass dort alles »wohlfeil« zu haben wäre? Ganz gewiss lockte der von Blumhardt hervorgehobene Gedanke, unter ehemaligen Sklaven sei etwas wieder gutzumachen, was Europäer sich hatten zu Schulden kommen lassen. Ein ungutes Gefühl bleibt jedoch hängen.

3.3.4 Die Finanzen

Im Blick auf die Finanzen spielt der unerwartete Tod Ashmuns eine verhängnisvolle Rolle. Er war Willens, die Missionsarbeit nach Kräften zu unterstützen. Zwei Jahre lang sollten die Missionare mit Hilfe der Kolonisationsgesellschaft durchkommen. Seine Abreise im Frühjahr 1828 ließ das Projekt unfertig zurück. Mit den nachfolgenden Agenten gibt es Unklarheiten, wer finanziell für was zuständig sei.

Vor der Ausreise der Brüder hatte das Komitee für ihre Ausrüstung 600 £ St. gesprochen, dazu »euch für Nothfälle einen Creditbrief von 3000 £ Sterling ausgestellt, den ihr so wie ihr es braucht bey Hrn. Ashmun beziehen könnt«.[119] Das war, wie sich herausstellt, viel zu wenig. Als Dietschy 1829 die Administration übernahm, sei schon fast alles aufgebraucht gewesen. Für eine neue Station im Bassaland rechnen die Brüder 5-6000 $ in den ersten zwei Jahren, nachher für Betrieb und Unterhalt jährlich 1-2000 $ plus das, was die Brüder für den täglichen Bedarf benötigen. So viel aber stand ihnen nie zur Verfügung. Das Haus durfte nicht zu groß gebaut werden. Ihre Erfahrung dagegen: Bei den täglichen Bedürfnissen zu sparen ist falsch; ein gesundes Haus

[118] Missions-Magazin 12 (1827), 78.
[119] Komiteeprotokoll vom 22.8.1827 und Blumhardt am 27.9.1827.

braucht ein die Sonne abhaltendes Vordach, Betten sollten in genügender Anzahl vorhanden sein und auch einen gewissen Komfort bieten, das sei in Krankheitsfällen unabdingbar. Entgegen allen Versprechen und trotz Ermunterung, im Bassaland eine Station zu errichten, trifft finanzieller Nachschub nicht ein. Es reich kaum für ihren Lebensunterhalt

Tut sich da nicht Halbherzigkeit auf? Man wollte ein Afrikaunternehmen, aber es sollte möglichst »wohlfeil« sein.

3.3.5 Die Uneinigkeit der Brüder

Vonseiten des Komitees war die »Uneinigkeit der Brüder« der Grund, weshalb man zögerte, neue Anweisungen nach Liberia zu senden. Dass es in Deddington Streit gab, ist bekannt. Unfrieden gab es in Liberia auch, solange Wulff lebte und die Kollegen fanden, Handt sondere sich von den Brüdern ab.[120] In keinem der vorhandenen Briefe an das Komitee jedoch wird Streit erwähnt. Handt schreibt 1829 in Tagebuchnotizen, die er nach Basel schickt, Kissling und Hegele, mit denen er zusammenwohnt, seien zur Genesung in Caldwell und er genieße die Einsamkeit, sie erlaube ihm, nachzudenken und neue geistliche Kräfte zu fassen. Aber von Streit hören wir nichts. In Basel spricht man von einer durch die vielen Erkrankungen ausgelösten »Reizbarkeit«. Das trifft sicher ein Grundproblem, kann aber mit Mahnungen zur Einigkeit nicht geheilt werden.

Das, was das Komitee in Basel zur schmerzlichen Erkenntnis brachte, dass die Brüder unter sich uneins seien, muss Blumhardt oder sonst ein Komiteemitglied im Herbst 1829, nämlich nach Sessings und der anderen Brüder Abreise, gehört haben. Wäre es vorher geschehen, fänden wir in Sessings Tagebuch einen Niederschlag. Die erste Bemerkung darüber findet sich im Protokoll vom Febr. 1830, im Anschluss an den Brief Kisslings vom Oktober 1829. Im September 1829 hatte sich auch Hegele wieder gemeldet. In Basel scheint er damals nicht mehr gewesen sein. Sein Brief ist nicht erhalten. Dennoch müssen wir annehmen, dass er die Informationsquelle war, nach der Kissling ein Jahr später fragt.

Im Februar 1830 wurde der Sache kein großes Gewicht beigemessen. Vielleicht sagte man sich, in der neuen Konstellation könne sich alles ändern. Genau dies geschieht dann auch. Nur, das Komitee will es nicht erkennen, im Gegenteil. Dass Kissling und Sessing sich als erwachsene Männer benehmen und finden, der Sache würde es besser dienen, wenn jeder in eigener Verantwortung und nicht in gegenseitiger Überwachung und Abhängigkeit arbeite, das verstehen die Komitee-Herren sofort als Zeichen der Uneinigkeit und des Unfriedens. Vielleicht können sie gar nicht anders, wird doch mit den Vorschlägen der beiden Missionare das, was für sie notwendiges Zeichen christlichen Zusammenlebens war, in Frage gestellt. Doch die beiden Brüder werden

[120] Das bestätigt Kissling ja auch für eben diese erste Zeit.

nicht deswegen, auch nicht wegen Mangel an Subordination und Demut gerügt, sondern wegen vermeintlicher Uneinigkeit. Dass Auseinandersetzungen nötig sind, wusste man.

Gegenüber ihren Zöglingen vertritt die Missionsleitung eine merkwürdige Haltung Diese waren inzwischen sechs oder mehr Jahre älter als bei ihrer Meldung in die .Mission, und wie man bei vielen feststellen kann, in dieser Zeit auch reifer geworden. Dies sollte auch der »verehrten Committee« nicht verborgen geblieben sein. Den Liberia Brüdern hätte man doch sagen können, ›wir sind besorgt über euer gegenseitiges Verhältnis. Wenn etwas dran ist, bringt das in Ordnung, und dann tut das und das.‹ Damit wären die durch den Tod von Dietschy und Bührer hervorgetretenen Fragen beantwortet gewesen. Aber statt Antwort erfolgt die Mahnung, ›wenn ihr euch wieder gefunden habt, dann erst können wir euch weiterhelfen.‹ Das heißt, angesichts der Not, in der die Brüder sich befinden, nimmt die Leitung in Kauf, diese über ein Jahr warten zu lassen, bis sie Rat erhalten.

3.3.6 Not und Trost

Anlässlich der Komitee-Sitzung vom 2. Juli 1830 wird eine Antwort auf die Fragen der Liberia Brüder nach dem Tod von Dietschy und Bührer beraten. Beschlossen wird noch nichts. In der Diskussion wird gefordert, die Briefe zirkulieren zu lassen, und festgestellt, der größte Schaden sei die Disharmonie der Brüder. Das Urteil verrät alte Animositäten gegenüber Sessing. Der Tod der Brüder wird mit Bedauern zur Kenntnis genommen, grösser aber ist der Schmerz über die vermeintliche »Uneinigkeit« der Brüder. Eine irritierende Gewichtung, angesichts der Not, aus der heraus die Brüder schreiben. Ihre (Unterstellte!) Uneinigkeit wird schwerer gewichtet als das Leben der Verstorbenen. Für den Dienst im Reich Gottes unter den Heiden gilt es offenbar als selbstverständlich, dass die Mitstreiter, wie Soldaten im Krieg, geopfert werden.

Dieses Opfer nehmen zwar die Brüder und die Missionsbräute in Kauf. Trotzdem trifft sie der Schlag so, dass sie mit Zweifeln zu kämpfen haben und tröstenden Rat suchen. Nur ein Komiteemitglied erkennt das am 2. Juli 1830, mahnend, den Brüdern müsste tröstend geschrieben werden. Aber ein Trostbrief kommt nicht zustande. Das verursacht unter den Liberia Geschwistern noch größeres Leid, wie Kissling deutlich macht. Hier tritt auf Seiten des Komitees in Basel ein Mangel an seelsorgerlichem Umgang mit seinen ehemaligen Zöglingen zu Tage, obwohl die Hälfte der Mitglieder Seelsorger sind.

Wenn wir dies alles betrachten, dann muss man den Brüdern, die nach dem vierten Todesfall den Mut verloren hatten, beipflichten. Die Zeit war wohl wirklich noch nicht reif für ein Missionsunternehmen der Basler in Liberia. Lehren scheint die Missionsleitung aus der Liberia Erfahrung nicht gezogen zu haben. Sogar der sonst durch Kritik sich nicht sonderlich auszeichnende W.Schlatter bemerkt am Schluss seines Kapitels über die Liberia Mission mit Bezug auf Kisslings bitteres Urteil: »So redete die Stimme der mit Herzblut erkauften Erfahrung. Sie konnte das Komitee in Basel nicht genügend warnen vor dem Enthusiasmus, wie der Versuch in Ostbengalen und besonders der Anfang in China beweisen.«[121]

[121] WILHELM SCHLATTER, Geschichte der Basler Mission, Bd. 3, Basel 1916, 16.

Mission als Heilende Wiedergutmachung

Die Instruktion der Evangelischen Missionsgesellschaft zu Basel für ihre in Liberia arbeitenden Missionsbrüder

1. Kommentierte Darstellung

1.1 Bekanntschaft und Material

Die Instruktion oder Wegleitung an die Missionsbrüder der Basler Mission in Liberia von 1827 ist in einzelnen Stücken wesentlich bekannter als die ihr zu Grunde liegende »General-Instruction« von 1825 für die Brüder in Russland. Einzelne Abschnitte sind als Zitate seit Jahren immer wieder in Umlauf gekommen. Aussagen über die Haltung der Missionare den Afrikanern gegenüber, die Bedeutung des Sprachstudiums und die Forderung, sich in das Denken der Afrikaner einfühlen zu lernen, haben in den letzten Jahren oft die Aufmerksamkeit auf sich gezogen.

Die Instruktion von 1827 ist im Basler Missionsarchiv (BMA) in zwei handschriftlichen Texten und in einer gedruckten Version im Missions-Magazin enthalten. Die erste und wohl ursprüngliche, in eine Heft gebundene handschriftliche Fassung (FA-10-1.1,1) ist etwas länger als die anderen. Die zweite (FA-1,1827,1), ins Dossier »Liberia« eingebundene, enthält Korrekturen gegenüber der ersten und einige Streichungen, die in der Regel von der gedruckten (und kürzeren) Version im Missions-Magazin (Bd. 15 [1830]) übernommen sind. Sie trägt das Datum vom 17. Oktober 1827 und ist von Inspektor Blumhardt und dem Präsidenten Von Brunn sowie den beiden Missionsbrüdern Wulff und Kissling unterzeichnet.[1] Es sieht so aus, als hätte diese zweite handschriftliche Version als Vorlage für die Druckversion gedient. Den ersten Brüdern, Sessing, Handt und Hegele, war im Mai 1826 eine andere, wesentlich kürzere Instruktion mitgegeben worden, die vor allem ihren Aufenthalt in London regeln sollte.

---

[1] Mit dem Datum 17. Okt. 1827 kann sie erst diesen beiden »nachkommenden« Brüdern und nicht schon Sessing, Handt und Hegele mitgegeben worden sein.

1.2 WARUM INSTRUKTIONEN?

Instruktionen wurden in späteren Jahren »Wegleitung« genannt, um ihnen den fordernden Ton etwas zu nehmen. Die Basler Mission hat den Brauch, solche Anweisungen auf den Weg in die Missionsarbeit mitzugeben, von den britischen Missionen übernommen. Wir finden in den ersten Jahresberichten fast für jede Aussendung solche den Brüdern mitgegebenen Instruktionen. Sie sollten, so schreibt Blumhardt 1819, etwas von der Wirkung des lebendigen Geistes Gottes im Heidenlande sichtbar machen. Und nötig seien solche Anweisungen allemal, denn die heutigen Sendboten könnten auf die unmittelbare Leitung des Heiligen Geistes, wie sie die früheren Apostel genossen, nicht zählen. Diese werde durch die Anweisung der Missionsleitung vermittelt. Eine solche Aussage macht deutlich, wie die Missionsleitung, »die ehrwürdige Commitee«, sich im Verhältnis zu ihren Missionaren sieht und wie wenig sie ihnen im Grunde genommen zutraute. Bei den Brüdern in Russland hatte dies zu Differenzen mit der Leitung geführt, weil ihnen der »Herr [ein anderes Vorgehen] geoffenbart« habe. Blumhardt musste im Komitee melden, »Sie lassen sich von uns in der Sache nichts mehr sagen«.

1.3 ZUR GLIEDERUNG DER INSTRUKTION

Der Originaltext enthält 21 Paragraphen und weist eine gewisse thematische Gliederung auf. Nach einer allgemeinen Einleitung machen die §§ 2–6 auf Vorbereitungsaufgaben zur »Anbahnung« des Missionsgeschäfts aufmerksam, die nicht zu vernachlässigen seien. Die §§ 7–10 reden vom Verhalten der Missionare gegenüber den Afrikanern, und in den §§ 11–20 folgen Anweisungen für die interne Organisation unter den Brüdern und ihre Beziehung zur Missionsleitung.[2]

1.4 LIBERIA

Als das Basler Missionsinstitut in eine sendende Gesellschaft umgewandelt wurde, rieten die britischen Freunde, Südrussland als Ziel zu wählen, einmal, weil der russische Zar dazu einlud, und weil dort neben den armenischen Kirchen sich auch deutsche Gemeinden als Basis für eine Missionsarbeit unter den Tataren und türkischen und persischen Muslimen anboten. Blumhardt wäre von Anfang an am liebsten in Afrika tätig geworden. »Wollte Gott, wir wären in Afrika, aber unsere Mission ist in Russland«, seufzt er mehr als ein-

---

2 Für die Missionsleitung war dies wichtig, weil es, wie erwähnt, 1823 zwischen ihr und den Russland-Brüdern darüber zu schweren Auseinandersetzungen gekommen war.

mal in Briefen. Nach vielen Rückschlägen öffnen sich 1825 gleich zwei Arbeitsgebiete, Liberia mit der von den USA gegründeten Kolonie für freigelassene afrikanische Sklaven am Kap Mesurado (Monrovia) und die dänische Niederlassung an der Sklavenküste (Accra). So heißt es dann im einleitenden Paragraphen:

»Längst schon waren durch mannigfaltige Berichte, welche wir von dem beklagenswerten Zustand der armen Neger auf der Westküste von Africa u. von ihrem Verlangen nach besserer Erkenntniss gelesen haben, unsere Herzen mitleidsvoll zu denselben hingezogen worden. Wir freuten uns als wir aus den Missionsschriften inne wurden, wie eifrig unsere verehrten Brüder in England und Nord-Amerika sich angelegen seyn lassen, [...] mit glücklichem Erfolg unter verschiedenen Völkerstämmen denselben das Evangelium von Jesu Christo zu verkündigen und auch sie zum Antheil an dem grossen Heile einzuladen, das der Sünderwelt in dem Mensch gewordenen Sohn aufgegangen ist. Nicht ohne einige Liebes-Wehmut konnten wir auf die Karte des afrikanischen Continentes hinblicken [...] ohne die Sehnsucht in unsern Herzen wahrzunehmen, dass es dem Herrn [...] wohlgefallen möge, unserer Missionsgesellschaft auf dieser ungesunden Küste irgendwo ein Pförtchen aufzuschliessen, durch welches eine kleine Schar unserer Brüder als Boten des Heiles u. des Friedens heilend u. segnend unter die zerrissenen Negerstämme hineintretten u. in brüderlicher Gemeinschaft mit unsern englischen und nordamerikanischen Freunden an der Rettung u. Wohlfahrt des tief misshandelten Negervolkes arbeiten möchten.«

Hier drückt sich etwas von dem für die Gründung der Mission wichtigen Schuldbewusstsein gegenüber dem schwer misshandelten afrikanischen Kontinent aus. Man möchte diesen Menschen die Gelegenheit verschaffen, an den Wohltaten des Reiches Gottes, jetzt und nicht im Jenseits, teilnehmen zu können. Wenn nun Liberia ins Blickfeld rückte, dann nicht, um den Bewohnern der neuen Kolonie den Weg des Heils aufzuzeigen. Ziel sind vielmehr die im Hinterland lebenden Bassa-Völker. In der Kolonie der Afroamerikaner aber lebte eine afrikanische christliche Gemeinde vor Ort, die für die Arbeit unter den Bassa als Basis dienen könnte, denn schon vor Beginn der Arbeit durch die Missionare sprach man im Komitee der Mission davon, dass Afrika eigentlich durch Afrikaner missioniert werden sollte.

1.4.1 Das Land

Dass sie über das Land, die Umgebung jenes Kap Mesurado wenig wissen, bekennen die Väter der Mission in Basel an verschiedenen Stellen ihrer Wegleitung. Sie sind völlig abhängig von dem, was ihnen der Leiter der Kolonie, J. Ashmun, geschrieben hatte. Die Kolonie war 1822 ins Leben gerufen worden, um ehemalige Sklaven wieder in Afrika anzusiedeln. Sehr groß war ihre Zahl noch nicht, als Ashmun 1825 die Anfrage um Prediger für seine Kolonie versandte, und in Aussicht stellte, von da aus könne man längerfristig auch ins Innere Afrikas vorstoßen. Anders als bei dem fast gleichzeitig bearbeiteten

Plan mit der Sklaven- bzw. Gold-Küste, gab es hier keine unabhängigen Forschungsberichte. Die Missionsleitung in Basel hatte Ashmun Fragen gestellt, die er zu ihrer Zufriedenheit beantwortete, sodass das Komitee erstaunlich schnell (1826) seine Zustimmung gab. Es sollte ein »Missionsversuch«, das wird für die ausgesandten Brüder betont, eingeleitet und vorbereitet werden.

1.4.2 Voraussetzungen

»Es liegt in der Natur der Sache«, heißt es zu Beginn des § 2, »dass wir aus Mangel an Erkenntniss u. Erfahrung euch geliebte Brüder noch keine bestimmten u. speziellen Geschäftsanweisungen für die Ausführung des wichtigen Auftrags unter dem Neger-Volke zu geben im Stande sind, den ihr im Namen des Herrn von unserer Committee empfangen habt. In dem fernen Africa ist euch noch alles fremd u. unbekannt, u. wir haben mit euch erst in eine Schule der Erfahrung hineinzutretten, davon einfache u. reiflich geprüfte Ergebnisse wir nach u. nach weislich sammeln wollen, um nach einer Reihe von Jahren [...] zur vollen Klarheit über die beste Art u. Weise zu gelangen, wie den armen Negern die Rettungs- u. Erleuchtungs-Mittel des Evangeliums nahegebracht werden können.«

Soweit sieht sich auch das Komitee in Basel nun in einen Lernprozess mit den ausgesandten Brüdern hineingestellt und weiß sich für weitere Entscheidungen abhängig von den Erkenntnissen der ausgesandten Brüder. Ob das in der Praxis auch seine Geltung hatte, ist, wie oben dargestellt, eine andere Frage.

1.5 Grundlegende Vorbereitungsaufgaben

In den §§ 2–6 wird den jungen Missionaren eingeschärft, dass sie zuerst die Grundlagen schaffen müssen, bevor die eigentliche Missionsarbeit begonnen werden kann. Was sie zunächst tun, ist »Anbahnung« einer Mission, und doch ist diese Anbahnung integraler Teil der Missionsarbeit und darf unter gar keinen Umständen vernachlässigt werden: »Ihr habt in dieser Hinsicht einen ähnlichen Auftrag, wie ihn einst der Täufer Johannes empfing, der zuerst, u. vor Aussendung der Apostel, dem Herrn unter seinem Volk den Weg bereiten sollte. Eben darum hat auch der euch ertheilte Auftrag eine zehnfache Wichtigkeit in unsren Augen. Ihr seid dazu berufen, an der Thüre Africas anzuklopfen u. aus der Entwicklung der Umstände vor dem Herrn eine Antwort auf die Frage erhalten: ob eine deutsche Mission auf dieser Neger-Küste begonnen u. ob Scharen von Evangelisten aus unserm Heimatlande zu ihr hinüber gesendet werden sollen.«

Dafür müssen sie das Land auskundschaften. Neben dem Bild vom Wegbereiter Johannes schimmert hier auch dasjenige der von Moses ausgesandten Kundschafter ins verheißene Land durch. Zum Vorbereitungsdienst gehört eine Vision, die Hoffnung, dereinst von dort aus in Scharen, also in einem

Großunternehmen, ins Innere Afrikas mit der Botschaft vom Heil der Welt zu gelangen. Endziel sind weitere »Missionsniederlassungen in den verschiedenen Distrikten der Negerwelt«. Jetzt geht es vorerst ums vorsichtige Anklopfen. Aber gerade diesen »Hauptgesichtspunkt« sollen sie, bei allen kleinen und Vorbereitungsabschritten nie aus den Augen verlieren.

1.5.1 In Afrika ankommen

»Der erste Eintritt unserer lieben Missionare auf den westafrikanischen Ufern erfordert die grösste Sorgfalt und ist häufig für das Leben oder Sterben derselben im ersten Jahr entscheidungsvoll." (§ 3). Ashmun hat geraten, die Brüder seien anzuweisen, »das ganze erste halbe Jahr ihres Eintritts in Africa, u. wenn es die Nothdurft erfordert, eine noch längere Zeit, hauptsächlich [...] auf der Colonie Monrovia zu bleiben, sich dort an das afrikanische Klima anzugewöhnen, alle diejenigen Mittel, welche die bisherige Erfahrung als erprobt bewies, zur Erhaltung ihrer Gesundheit sorgfältig anzuwenden.«

Zwei Klippen gibt es dabei zu beachten. Die erste ist die Sorglosigkeit, das Leben so zu ordnen, wie man es in Europa gewohnt war, ohne den Übergang in ein ungewohntes Klima zu beachten. Der nüchterne Bote Christi, fährt die Instruktion fort, erkenne in der »Stimme der Erfahrung dankbar die Stimme Gottes« und werde sich solche Unvorsichtigkeit nicht zu Schulden kommen lassen. Die zweite Klippe wäre das Gegenteil, überall gleich Krankheit und Todesgefahr zu wittern. Das gezieme sich für den Boten Christi nicht, weil er ja bereit ist, sein Leben um Christi willen zu opfern. Solche Angst wäre ein Zeichen, dass man »den Grund noch nicht gefunden habe, der seinen Anker hält«.

Die Missionsbrüder sollten deshalb, so Ashmuns Angebot, im ersten halben Jahr alles, was sie brauchen, auch ärztliche Hilfe und Beratung, durch die Kolonie erhalten, und diesen Freundesdienst dankbar annehmen (§ 3 Ende). So wie der Bauer seine Samen nicht in ein unvorbereitetes Feld säen kann, so geht Missionsarbeit nicht ohne die richtige Vorbereitung, und das gelte gleicherweise auch vom Missionar selbst. Ein Blick auf die Praxis zeigt, dass Sessing, der als erster ans Kap Mesurado kam, dank der Gegenwart von Ashmun von dieser Möglichkeit am ehesten Gebrauch machen konnte, wenn auch manchmal mit Mühe, weil ihm alles zu langsam voranzugehen schien. Bei den ein halbes Jahr später eintreffenden Brüdern war dies schon schwieriger, weil Ashmun die Kolonie krankheitshalber verlassen musste.[3]

[3] Die wenig später auf die Sklaven- bzw. Gold-Küste ausgesandten Brüder haben diese beiden Klippen sträflich missachtet. Das zeigt sich in den Tagebüchern des Bruders Schmid, der schon beim ersten Betreten afrikanischen Bodens mit Predigen beginnen wollte. Auch der Heidenbote von 1873 macht darauf aufmerksam, dass etliche Krankheits- und Todesfälle unter den Missionaren auf Unvorsichtigkeit zurückgehen (46 [1873], 4).

1.5.2 Auswahl des Ortes

»Das erste und natürlichste Erfordernis, das nach eurer ersten Angewöhnung an das afrikanische Klima eurer vorbereitenden Sorge obliegt, ist die zweckmässige Auswahl der Stelle, auf welcher ihr den ersten Versuch eurer Niederlassung unter dem dortigen Neger-Volke beginnen sollt. Ihr könnt euch leicht selbst denken, geliebte Brüder, wie viel nicht nur für die Erhaltung eurer Gesundheit und eures Lebens, sondern besonders auch für euren evangelischen Missions-Auftrag daran gelegen ist, die rechte Stelle zu finden u. auszuwählen, auf welcher ihr nach dem Wohlgefallen des Herrn die Seile eurer Wohnung ausspannt.«[4]

Auch sind, so §1 4, Erkundungsreisen nötig, die die Brüder in die Dörfer der Bassa führen werden. Hier kann die Leitung keine »Handreichung geben«, da sind die Brüder ganz auf den Rat der dortigen Freunde und ihr kindliches Vertrauen in die Führung Gottes angewiesen. Ein paar Ratschläge folgen dennoch. Sie sollten auf einen gesunden Landstrich mit viel Luft achten und die gute Verbindung mit der Kolonie zu Land oder zu Wasser nicht aus den Augen verlieren, weil diese ihr Hauptstützpunkt bleiben müsse. Auch bei tieferem Eindringen ins Hinterland gelte es diese Verbindung stets aufrecht zu erhalten.

1.5.3 Vier Vorbereitungszweige

In § 5 folgen Anweisungen, die zum Teil auf Ashmuns Schreiben und Vorschläge zurückgehen, zum Teil aber auch besonderes Anliegen der Basel Gesellschaft sind. Wenn die Brüder einmal den passenden Ort gefunden haben, gelte es als erstes, Hütten zu bauen. In Ashmuns Brief heißt es: »Diese Hütten, in bestem afrikanischem Style aufgerichtet, werden jegliche nicht weiter als 25 Dollars (sämtliche Gebäulichkeiten also 150 Dollars) kosten; auch werden sie 3 Jahre lang keiner Reparatur bedürfen, müssten aber nach 4–5 Jahren mit neuen Wohnungen ersetzt werden.«

Solche Hütten, sechs sollten es sein, nach afrikanischer Weise gebaut, haben den Vorteil, billig zu sein und betonen damit auch den vorläufig provisorischen Charakter der Aktion. Die Missionsleitung budgetiert dafür 200 Dollar. Für Planung und Ausführung wird Bruder Sessing zuständig sein.

Ein zweites Vorbereitungsgeschäft besteht in der Einrichtung einer »Ökonomie«, d.h. dem, was mit Lebensunterhalt und Führung eines gesunden Haushalts zusammenhängt. Für diese Aufgabe wird Bruder Handt zuständig sein. Er wird ernstlich ermahnt, »mit redlicher Treue u. Liebe diese Besorgung als etwas zu betrachten, das von grosser Wichtigkeit ist u. viel Weisheit von Oben bedarf, um dasselbe auf die rechte Weise auszuführen.« Darin drückt

---

[4] Anspielung auf Jesaja 54,2–3: »Mach weit den Raum deines Zeltes [...]. Denn du wirst ausbrechen zur Rechten und zur Linken und dein Samen wird die Heiden erben [...].«

sich die Sorge aus, dass Handt solche Dienste gegenüber der Verkündigung als unwichtig ansehen könnte.

Dritter wichtiger Punkt ist die Anlegung des erforderlichen Acker- und Gartenlandes. Dies sei einer »der fruchtbarsten und einflussreichsten Hebel evangelischer Missionstätigkeit«. Die Missionsfamilie solle ihr eigenes Brot essen und damit auch für nachrückende Brüder die Lebensgrundlage schaffen. Außerdem sollen ja die »armen Neger nicht blos lesen und schreiben, sondern auch den Boden bearbeiten lernen, um der Aufnahme in das Reich Gottes durch die Verkündigung des Evangeliums würdig und empfänglich zu werden.« Der Hinweis auf 1.Thess 4,10-12 und 2.Thess 3,10-11 begründet dies auch biblisch.[5] Diese Aufgabe wird Bruder Hegele ans Herz gelegt.

Der vierte Vorbereitungszweig ist die Bearbeitung einer oder mehrerer Sprachen der afrikanischen Bevölkerung, zunächst der Bassa-Sprache, wie Ashmun vorschlägt, weil diese am ehesten würdig sei, als Schriftsprache verwendet zu werden. In einem, nicht in allen Versionen der Instruktion enthaltenen Abschnitt, wird diese Aufgabe speziell den nachrückenden Brüdern Wulff und Kissling in die Hände gelegt, während das Sprachenlernen Aufgabe eines jeden einzelnen ist.[6] Die beiden wurden vermutlich dafür ausgewählt, weil sie im Seminar als besonders gute Schüler aufgefallen waren.

1.5.4 Die Sprachen

Dem Sprachstudium werden in § 6 gleich mehrere Seiten gewidmet. Da geht es um mehr als nur Vorbereitung. Es geht um einen generellen Grundsatz. »Dabei versteht sich von selbst, dass die Erlernung eines oder mehrerer Dialekte das gemeinsame Geschäft aller übrigen Brüder ist, welche nach Afrika gesendet werden. Wir können und mögen uns zu keiner Zeit einen Missionar im Dienste unserer Missions-Gesellschaft denken, der entweder gar nicht, oder blos in fremder Sprache, oder nur mit Hülfe eines Dolmetschers unter den Erwachsenen und Kindern des Volkes zu arbeiten vermag, unter welchem er als Verkündiger des Evangeliums auch eingetretten ist. Jeder unserer Brüder hat so lange, als er nicht ausdrücklich davon entlastet worden ist, die bestimmte Pflicht auf sich, wenigstens eine Volkssprache sich also bekannt u. geläufig zu machen, dass er ohne Hinderniss u. mit wachsender Gewandtheit dieselbe zu sprechen u. zu schreiben verstehe, um dem Volksstamm, unter

[5] »Wir ermahnen euch aber, [...] dass ihr eure Ehre darein setzt, ein stilles Leben zu führen und eure eigenen Angelegenheiten zu besorgen, [...] damit ihr wohlanständig wandelt gegenüber denen, die draußen sind, und nichts bedürft.« »[...] denn als wir bei euch waren, geboten wir euch dies: wenn jemand nicht arbeiten will, soll er auch nicht essen.« In FA-1,1827 sind die Bibelstellen am Rand angefügt (in Originalschrift) und mit Bleistift korrigiert »vgl« und auch die Verse.

[6] Der Abschnitt fehlt in der Version im Missions-Magazin, ist aber in der Version FA-1,1827.1 enthalten, wenn auch eingeklammert.

welchem er als christlicher Lehrer arbeitet, in der eigenen Muttersprache desselben u. durch dieselbe zu dienen.«

Zunächst sollen »alle unsere Missionsbrüder sich in die Bassa-Sprache hineinüben, um vor allem diesem zahlreichen Volks-Stamm unsere menschenfreundliche Aufmerksamkeit zuzuwenden.« Die beiden speziell Beauftragten sollen dies mit Hilfe eines Bassa-Vertreters tun und später ihren Kollegen dabei behilflich sein. Für den Anfang sollen sie sich auf diese eine Sprache konzentrieren und ihre Kräfte nicht im Lernen verschiedener Sprachen zersplittern. Das Thema der Sprache zieht sich, obwohl andere Themenbereiche behandelt werden, auch durch die folgenden Paragraphen weiter durch.

1.6 Auf dem Weg zur Verkündigung

Erst nach und nach kann sich die Arbeit zu ihrem Endzweck entwickeln, nämlich die afrikanische Bevölkerung »mit dem Heile in Christo Jesu näher bekannt zu machen.«

1.6.1 Missionsarbeit und Schule

Damit das überhaupt möglich werde, müssen die Bewohner des Landes erst lesen und schreiben lernen. Das Evangelium lesen zu können, ist die Voraussetzung für weitere Erkenntnis. Eine der ersten Aufgaben wird es sein, mit Schulen für die einheimischen Schwarzen zu beginnen. Ziel ist es, weitherum Schulen zu errichten, und schließlich aus den besten Schülern solche auszuwählen, die sich weiterbilden lassen und Gehilfen der Missionare werden können.

Zu den Schulen heißt es in § 7: »Diese Negerschulen gedenken wir uns von gedoppelter Art: nemlich 1. Eine freie u. allgemeine Unterrichts-Schule für alle Neger, Erwachsene u. Junge, welche der Wohlthat theilhaftig werden wollen, unentgeltlich die ersten Elemente des europäischen Volks-Schul-Unterrichts kennen zu lernen, und dabei gleich eine Gelegenheit zu finden, mit dem Evangelio Christi u. dem Wege zu ewigen Leben bekannt zu werden.« Die Aufgabe des Missionars ist dabei nur, Lehrer zu sein und zufrieden zu sein, wenn die angemeldeten Schüler, ob jung oder alt, regelmäßig zum Unterricht erscheinen. Weil als Unterrichtsfibel wie früher ja auch in Europa die Bibel dient, kommen die Schüler so in Kontakt mit der biblischen Botschaft.

Aus den Tagebüchern Sessings wissen wir, dass das mit den Schulen gar nicht so einfach war. Da gab es einige Hindernisse zu überwinden, unter anderem einen Mythos, der die Afrikaner von Lesen und Schreiben ausschließt und der uns auch in den Reisebeschreibungen von E. Bowditch über die Goldküste begegnet: »Im Anfang schuf Gott weisse und schwarze Menschen je drei Männer und Frauen. Um ihnen die Wahl für ihre Zukunft selber zu überlassen, legte er eine grosse Kalebasse vor sie und ein auf einer Seite versiegeltes Papier. Er liess die Schwarzen zuerst wählen, die nahmen den Behälter in der

Hoffnung, darin sei alles enthalten. Beim Öffnen finden sie darin ein Stück Gold und andere Metalle, deren Bedeutung sie nicht kannten. Die Weissen nahmen das Papier, öffneten es und es verriet ihnen alles [...].«[7] Das sei der Grund, verriet King Jove dem Missionar, weshalb »das Buch« (und das Wissen) den Weißen bestimmt sei. Deshalb könnten die Schwarzen auch in Zukunft weder Lesen noch Schreiben lernen. Schon nur die Errichtung von Schulen bedeutet Überwindung von religiösen Vorurteilen. Und genau an diesem Punkt hatte Sessing auch mit der Botschaft vom Heil für alle Menschen anzusetzen versucht. Gott wolle nicht, dass Lesen und Schreiben den Weißen, sondern dass das Wissen allen offen stehe.[8]

Die Instruktion fährt mit § 7 fort: »Eine 2te nicht minder wichtige Schulanlage ist eine Erziehungsanstalt, in welcher die aufgenommenen Jünglinge u. Kinder nicht blos in den Elementen christlicher Civilisation unterrichtet, sondern auf eine christliche Weise zugleich erzogen werden. Bei einer Anstalt dieser Art, die wir für äusserst wichtig und folgenreich halten, müssen die Jünglinge u. Kinder in einem eigenen dazu errichteten Hause wohnen, die stete Aufsicht und Pflege der Missionare geniessen, die erforderliche Kost u. nöthigenfalls auch die Kleidung von denselben empfangen u. für den besonderen Endzweck, auf irgendeine Weise Gehülfen der Mission zu werden, hin erzogen u. gebildet werden.«

Während die Elementarschule allen offen steht, braucht es für die höheren Bildungsanstalt die Bereitschaft, sich mit den Grundlagen des christlichen Glaubens näher zu befassen. Das Ziel ist, Gehilfen der Missionare heranzubilden, weil Afrika letztlich nur durch Afrikaner christianisiert werden könne. Schüler, die am »Götzendienst« festhalten wollen, könnten darum in diese Anstalt nicht aufgenommen werden. Eine Ausnahme bildeten allenfalls Söhne von Königen. Über die Durchführung dieser Arbeit will das Komitee vorläufig keine Anweisung geben. Das müssten die Brüder aus ihrer Erfahrung mit den lokalen Verhältnissen selber erkennen. Dagegen erwartet das Komitee darüber laufend Bericht, damit sie in der Leitung weitere Entscheide treffen können.

1.6.2 »Nützliche Arbeit«

Nach gut schwäbisch-pietistischer Auffassung bringen Lesen und Schreiben keine Frucht, wenn daneben nicht Arbeit in Feld, Garten oder Handwerk ein-

---

7 Edward Bowditch, Mission from Cape Coast Castle to Ashanti, London 1819, 261. Nach der vom Dänen Monrad (1805–1809 auf der Goldküste) erzählten Version ist die »falsche« Wahl durch die Schwarzen der Grund dafür, dass das Buch, Lesen und Schreiben für die Schwarzen »nichts tauge«. Blumhardt meint, in dieser »Fabel die dunkle Idee eines Sündenfalls« erkennen zu können, was die Sache sicher nicht trifft. Diese ist auch in Westafrika weitverbreitet, aber so, dass die Folgen die Menschen überhaupt treffen, nicht nur die Schwarzen.

8 Vgl. dazu oben, Mission Impossible?, S. 28

hergeht. Das erklärt § 8: »Die lieben Negerkinder u. Jünglinge sollen nicht blos in den ersten Elementen christlicher Bildung, sondern auch in nützlicher Arbeit geübt werden. Das Letztere ist von der wesentlichsten Wichtigkeit, wenn das Erstere gedeihen u. Früchte tragen soll. Nach Verhältnis der Tages-Zeiten u. den Forderungen des Climas soll demnach ein Theil der einen Tageshälfte dem Lernen in der Schule u. ein anderer Theil der andern Tageshälfte dem Erlernen u. Üben möglicher Arbeiten gewidmet seyn.«

Auch dafür sollen die Missionare Handreichung und liebevolle Beratung geben. Wichtig ist die Feld- und Gartenarbeit, einmal, weil Schule und Anstalt für den täglichen Bedarf auf den Ertrag aus Feld und Garten angewiesen sind, und weil die Schüler so lernen, dass sie ihren eigenen Lebensunterhalt selber erarbeiten müssen. Wieder wird den Missionsbrüdern ans Herz gelegt, dass solche Arbeiten und die damit verbundene Ordnung wesentliche Grundlagen in der Missionsarbeit seien. Und schließlich »Sollten einzelne bekehrte Neger auf der Colonie sich befinden, welche in verschiedenen nützlichen Handarbeiten wol geübt sind u. darin auch andere zu unterrichten verstehen, so dürfte es zweckmässig seyn, diese unter billigen[9] Bedingungen der Missionsfamilie beyzufügen u. für die Missions-Sache zu gewinnen.«

Zwei wichtige Grundprinzipien werden hier deutlich, dass die Mission von einer bestehenden lokalen Christengemeinde mitgetragen werde und dass letztlich Afrikaner selber Träger der Botschaft sein müssen, wenn diese den Durchbruch schaffen soll.

1.7 Predigt des Evangeliums

Damit kommt die Instruktion in § 9 zum »Haupt-Zweck eurer Sendung nach Afrika«. Die Brüder werden mit der Predigt sicher nicht warten, bis alle bisher aufgeführten Vorbereitungsarbeiten erledigt und sämtliche Hindernisse beseitigt sind.

1.7.1 Wann ist der rechte Zeitpunkt?

Der Missionsleitung ist klar, dass für eine rechte Predigt sprachliche wie auch persönliche Voraussetzungen erfüllt sein müssen, sonst erreicht sie die Zuhörer nicht. Dennoch sollen (und werden) die Brüder so bald wie möglich auf Englisch den Versuch machen, »nach Maasgabe der Umstände und Gelegenheiten mit dem seligen Versuche beginnen, dieses arme Volck zur Theilnahme an dem Reiche Jesu Christi einzuladen. Dazu werden euch die einzelnen Verbindungen bekehrter Neger, welche bereits auf dieser Küste sich befinden, die erste u. willkommenste Veranlassung darbieten. Aber auch in der Folgezeit, wenn ihr euch an irgendeiner Stelle unter dem Bassa-Volcke niedergelassen

9 D.h. anständigen.

habt, dürfte es euch an Mitteln u. Wegen nicht gebrechen, wenn auch in gebrochener Sprache u. nur halbverständlich jedem, der es hören mag, die unerforschlichen Reichthümer Jesu Christi zu verkündigen."

Wie die Schulen offen sind für die, die diese »Wohltat in Anspruch nehmen wollen«, so gilt auch für die Predigt, sie ist nicht Bußpredigt, sondern in erster Linie Einladung, an den »Reichtümern Christi teilzunehmen«.

1.7.2 Die rechte Tauglichkeit

Freilich ist es mit großem Risiko verbunden, »in gebrochener Sprache und nur halbverständlich« das Evangelium weiterzugeben. Wer sich je hat übersetzen lassen müssen, weiß, wie leicht sich Fehlinterpretationen einschleichen. Diesen Punkt nimmt die Instruktion im Folgenden auf. Das hier Gesagte dürfte, auch für unser Verständnis der Geschichte, zum Wichtigsten gehören, was dieses Dokument enthält. Die Brüder werden darauf hingewiesen, dass sie in Afrika nicht so predigen können, wie sie es in Deutschland und der Schweiz gewohnt waren und im Seminar gelernt hatten.

»Um zu rechter Tauglichkeit für diesen wichtigen Beruf zu gelangen, könnt ihr nicht einfach, kindlich u. deutlich genug beim Unterrichten der Neger anfangen; u. es wird eine der ersten u. zugleich schwierigsten Übungen für euch Alle werden, nach der Negerweise zu denken u. nach ihrem Bedürfniss die gedachte Wahrheit in den klarsten u. einfältigsten Ausdruck einkleiden zu lernen. Mit allgemeinen Begriffen, wie ihr [...] die Religions-Wahrheiten euch zu denken gewohnt seyd, u. mit Predigen im gewöhnlichen Sinn des Wortes kommt ihr bey den einfältigen Neger nicht fort.«

Man mag sich daran stoßen, dass diese Überlegungen das Bild vom »kindlich-primitiven Neger« widerspiegeln. Darin ist auch ein Blumhardt Kind seiner Zeit. Aber nun sollen diese afrikanischen Menschen nicht mit europäischem Denken überflutet werden. Missionar sein heißt, »sich-hineingeben-in-die-andere-Kultur«, nach »Negerweise Denken« lernen, die eigene Dogmatik verlassen und die Wahrheit anders ausdrücken. Das zu verstehen oder gar zu lernen, haben viele auch heute noch Mühe. »Ihr müsst vor allem die Denk- und Ausdrucksweise derselben sorgfältig studieren, ihr müsst ihren Vorrath an Vorstellungen und Begriffen kennen lernen und das, was sie unter ihren Worten zu denken gewohnt sind, genau erforschen.«[10] Dafür sollen die Missionare immer an Bekanntes anknüpfen, also aus ihrer Umgebung Anknüpfungspunkte suchen, und in Bildern die Begriffe umschreiben, die ihre Schüler nicht kennen. Erst mit wachsender Erfahrung würden die Brüder dann die Wege erkennen, »auf denen ihr mit der Predigt des Evangeliums in der Ne-

---

[10] Mir selber ist in meinem Unterricht am Trinity College Ghana in den 1960er Jahren immer wieder aufgefallen, dass gewisse hebräische Begriffe in den verschiedenen Bibelübersetzung nach europäischer Weise übersetzt, nicht aber mit den damit verbundenen Vorstellungen weder des alten Israel noch der nun lebenden Menschen in Ghana in Beziehung gesetzt worden waren.

gerwelt einhergehen müsst, wenn ihr in derselben verstanden werden und Nutzen schaffen wollt«.

1.7.3 Die beste Predigt

sei und bleibe aber immer noch das Leben des Missionars selbst (§ 10). Gerade einfache Menschen vermögen nur im Leben und Handeln des Missionars die Gründe der Wahrheit zu finden. Die Stellung des Missionars unter Afrikanern sei auch eine ganz andere, als unter den »spitzfindigen Brahmanen« und »zanksüchtigen Mullahs«.

»Der Neger bedarf vor allem eine freundlich entgegenkommende Liebe, wenn er für den Ausländer Zutrauen gewinnen, und dem Wort, das er verkündigt, seine Aufmerksamkeit schenken soll. Alles stolze, hochfahrende, vornehmthuende Wesen, das immer nur gebieterisch auftritt u. sich geltend machen will, treibt ihn in sein Innerstes zurück; er wird sklavisch gehorchen, wenn er muss; aber nie wird sein Herz Theil nehmen an dem, was ihm abgenöthigt worden ist. Eine freundlich entgegen trettende, demüthige, alles tragende u. vergebende Liebe ist das erste und unentbehrlichste Herzenserfordernis, das der Bote Christi mit sich in die Heidenwelt hineinbringen muss, wenn er mit glücklichem Erfolg und in derselben wirken will.« In seiner Haltung und seinem Tun muss der Missionar den Menschen zeigen, »dass sie seinem Herzen theuer sind«. Nur dieser demütige, liebende und vergebende Sinn, so wie er in Christus war, »wird die arme Welt Afrikas besiegen«.

1.7.4 Wiedergutmachung

Daran schließt sich ein weiterer, für Blumhardts Verständnis einer Mission in Afrika entscheidender Abschnitt an. »Wir fühlen uns ebendarum angeregt, euch im Namen unseres Herrn Jesu Christi dringend zu bitten u. aufzufordern, auf jedem eurer Schritte in der Negerwelt, es keinen Augenblick zu vergessen, wie übermüthig und schändlich seit Jahrhunderten die armen Neger fast durchgängig von Menschen, die sich Christen nannten, behandelt worden sind u. noch behandelt werden, u. wie unendlich viel schreiende Ungerechtigkeit durch euer uneigennützig liebendes, tragendes u. vergebendes Benehmen, unter ihnen gut zu machen ist, um die bittern Empfindungen [...] aus ihrem Herzen zu vertilgen, welches jedes europäische Gesicht in denselben erregen muss.«

Die Missionare sind »diesen misshandelten Geschöpfen« ein Übermaß an wohltuender Liebe schuldig, wenn »die tausend blutenden Wunden, welche ihrem Volke seit Jahrhunderten die schmutzige Habsucht und die grausamste Arglist der Europäer geschlagen hat«, auch nur einigermaßen geheilt werden sollen. Da präsentiert sich die Mission als eine starke Bewegung des Protests gegen europäische Handelspraktiken und Machtpolitik. Eben dieser innere Protest gegen solches Unrecht war es auch, der Blumhardt von Anfang bewegte, an eine Missionsarbeit in Afrika zu denken.

1.7.5 Ein indirekter Protest: Handel ohne Gewinn

Etwas weiter unten (§ 15) findet sich ein weiteres Zeichen dieses Protests gegen das Gebaren europäischer Handelsunternehmen. Mr Ashmun hatte berichtet, aller Handel finde auf der Basis des Warentauschs statt. Darum wäre es gut, hatte er geraten, den Missionsbrüdern eine beschränkte Menge »gangbarer Waaren-Artikel mitzugeben, um auf diesem Weg ihren Verkehr mit den dortigen Einwohnern zu erleichtern«. Dazu wird in § 15 ausgeführt: »Da euch u. uns diese Weise des Verkehrs mit Andern noch ganz fremde ist, so gehört von unserer Seite eine grosse Vorsicht dazu, um einerseits die Missions-Sache nicht in Schaden zu bringen u. andererseits auch den Negern gegenüber vor dem Verdacht sicher zu stellen, als ob es bei eurer Missions-Niederlassung nicht auf Verbreitung christlicher Erkenntnis u. christlicher Erziehung, als nur vielmehr um gewinnsuchende Handels-Vorbereitung zu thun sey.«

Wie wichtig diese Abgrenzung ist, zeigt sich bei jeder Vorstellungsrunde, wenn einer der Missionare in ein Bassa-Dorf kommt. Jedes Mal wird ausführlich betont, er treibe keinen Handel, er sei gekommen, ihnen Gutes zu bringen, offensichtlich eine deutliche Abgrenzung gegenüber den Sklavenhändlern. Klar sind auch die Bestimmungen, wie dieser Tauschhandel vonstattengehen soll:

»3.) Es kann u. darf zu keiner Zeit von eigentlichem Waaren-Verkauf gegen Geld dabei die Rede sein, den Fall ausgenommen, dass die Faktorei der Colonie den Verkauf u. die ganze Besorgung auf sich nimmt.

4.) Es muss von Seiten der Brüder mit aller Sorgfalt darüber gewacht werden, dass bei den Negern der Verdacht irgend eines Handlungs-Verkehres entfernt werde u. man ihnen deutlich mache, dass blos ein erleichterter Verkehr von ihrer Seite dabei beabsichtigt wird, welcher ihnen die gleichen Vortheile gewährt.

5.) Es darf durchaus kein Wucher statt finden u. unter keinerlei Vorwand ein Wucherpreis genommen werden, wie lockend auch die Gelegenheit dazu sein möchte; auf dieser Seite liegt der Fluch u. nicht der Segen Gottes.«

Der letzte Grundsatz hatte später auch für die Missionshandelsgesellschaft noch Geltung.

1.7.6 Missionsreisen

So wird § 17 überschrieben, ein weiterer Abschnitt, der den Protest und die Sehnsucht nach einer auch äußerlichen Befreiung Afrikas andeutet. Es sei ganz natürlich, heißt es da, dass der Christ sich mit dem kleinen Fleck, auf dem er arbeite, nicht zufrieden gebe, sondern »sein liebendes Augenmerk daraufhin lenke, dass die Missionstätigkeit mit jedem Jahr umfassender werde«.

»Der ungeheure Continent von Africa ist ein dem christlichen Menschenfreund beinahe unbekannter Boden, u. was auch immer europäischer Handels-Verkehr, und noch mehr der europäische Sklavenhandel, jener unvertilgbare Schandfleck der europäischen Völker, von Ländern und Völker-Entdeckungen in diesem Welttheile seit Jahrhunderten eingesammelt haben, so ist uns doch bis jetzt kaum der vorderste Saum dieses völkerreichen Continentes sparsam bekannt geworden, u. die neuesten Reisen in das Innere von Africa haben es kund gethan, wie unendlich viel auf dem afrikanischen Boden für Länder- u. Völkerkunde zu entdecken übrig geblieben ist.[11] Der Bote Christi, der das selige Geschäft der Menschenrettung durch das Evangelium nach seinem hohen Werthe kennen gelernt hat, kann die grosse, noch auf den meisten Stellen unbeschriebene Karte der afrikanischen Welt nicht ohne das Gefühl warmer Sehnsucht betrachten, dass über diesen Finsternissen der Völker u. Länder bald die helle Sonne der Gerechtigkeit aufgehen möge. Wie sehr es auch Pflicht und Klugheit gebieten, dass ihr euch durch den Blick in die unendliche Weite hinaus in eurer heilsamen Arbeit auf einem kleinen Fleck Africas nicht stören lasset, so muss es doch auf der andern Seite unsere Committee wünschenswerth finden, dass wenigstens einige von euch sich bei Zeiten mit dem Gedanken befreunden werden, so wie der Herr Gelegenheit und Wege öffnet, der dargebotenen Einladungen wahrzunehmen, um die verschiedenen Negervölker im Innern dieses Welttheils besser kennen zu lernen. Wir können euch hier vorerst den Wunsch unserer Herzen nur leise deuten, dass einigen von euch auch der Herr gelingen lassen möge, bei wachsender Bekanntschaft mit eurer nächsten Umgebung, sowie mit der Art u. Weise, wie in Africa gereist wird, kleine Versuche zu wagen, um in verschiedenen Richtungen die Kreise eurer Bekanntschaft mit den Negern weiter auszudehnen u. durch temporäre Ausflüge dieser Art, allmählich den Weg für neue Missionsstellen anzubahnen.«[12]

Das langfristige Ziel geht also wesentlich weiter als nur nach Liberia in Westafrika. Dafür müssten auch Strategien entwickelt werden, die aber viel Erfahrung im Umgang mit den Menschen, dem Klima, den Reisemöglichkeiten usw. erfordern. Die Brüder sollen dieses weite und ferne Ziel nie aus den Augen verlieren, auch wenn sie erst am äußersten Saum des großen Gebietes in einem kleinen Projekt arbeiten. Darüber sollen sie sich an ihren wöchentlichen Konferenzen auch Gedanken machen.

1.8 Interne Organisation

Die §§ 11-14, 16 u. 18-20 sind der internen Organisation und dem dafür notwendigen Verhalten innerhalb des Bruderkreises gewidmet. Dabei wird, jedenfalls in der vom Präsidenten und Inspektor wie den nachrückenden Brü-

---

11 Im Fall der Sklaven- bzw. Goldküste dürfte dies etwas weniger spektakulär gewesen sein, da dort sowohl der ausführliche Reisebericht von Bowditch über Aschanti und die nördlichen Regionen, wie auch die Beschreibung des letzten dänischen Predigers der Kolonie zugänglich waren.

12 Kissling hat dies 1829 versucht, allerdings mehr aus Verzweiflung als er nach Accra reiste, um dort den Kollegen Henke, der inzwischen auch allein war, zu besuchen.

dern Wulff und Kissling unterschriebenen Version FA-1,1827.1, ausdrücklich auf die General-Instruction von 1825 verwiesen, die speziell für die Brüder in Russland, und gemeinsam mit ihnen anlässlich des Besuchs von Br. A. Dittrich ausgearbeitet worden ist. Nicht klar ist, ob dieselbe den Brüdern Wulff und Kissling schon mitgegeben worden war oder dies erst später erfolgte.[13]

1.8.1 Wochenkonferenz

Von Anfang an sollen sie jede Woche eine gemeinsame Konferenz abhalten (§ 11). Stimmberechtigt sind die europäischen Mitglieder. Allfällige »nationale Gehilfen« nehmen mit beratender Stimme teil. Es wird ein Protokoll geführt. Jeder einzelne Bruder referiert über das, was für ihn »in seinem Missions-Berufe Bedeutsames vorgekommen ist«. Können sie sich bei einer Beratung nicht einigen, so gehen sie in der folgenden Woche wieder daran, oder suchen Rat bei Ashmun. Schließlich wird, wenn nötig mit Stimmenmehrheit, beschlossen. Kommt gar keine Einigung zu Stande, soll die Sache ans Komitee gehen. Die Protokolle sollen diesem ohnehin in Auszügen zugestellt werden, wie sie auch die Grundlage für die regelmäßigen Berichte darstellen.

1.8.2 Tagebücher

Jeder Bruder soll ein eigenes Tagebuch führen (§ 12). Darin soll er an jedem Tag kurz das Wichtigste eintragen. Daraus wird jeden Monat abwechslungsweise von einem Bruder das Lehrreichste zusammengefasst, von den übrigen an der Wochenkonferenz durchgesehen und dann an die Missionsleitung geschickt. Diese Auszüge sind die Grundlage für Erkenntnis und Beratung im Basler Komitee und zugleich für die Mitteilungen an die Missionsfreunde. Dabei gilt, »Es liegt in der Natur der Sache, dass der denkende Arbeiter, der in der Liebe Christi sein Herz für das Wohl der ganzen Neger-Welt aufgeschlossen hat, die Materialien seiner Beobachtung für sein Tagebuch nicht blos aus dem engen Raum der kleinen Station zusammensammle, auf welche ihn der Herr zur Arbeit gestellt hat, sondern dass er die Blicke des Geistes je mehr u. mehr erweitere u. jede Gelegenheit weislich benütze, um einen grossen Reichtum fruchtbarer Beobachtungen über weiter gelegene Länder u. Völker aus sicheren Quellen zusammen zu lesen u. dadurch die Wege u. Mittel anzubahnen, auf denen die nachkommenden Boten Christi in der Kraft des Herrn immer tiefer in die unbekannten Länder des inneren Afrikas eindringen mögen.«[14]

---

13 Sessing brachte bei seiner zweiten Ausreise eine weitere Instruktion mit, deren Inhalt wir nicht kennen, die aber von Kissling, nach seinen eigenen Angaben, als sicher nicht Gottes Willen entsprechend abgelehnt wurde.

14 Im Tagebuch von A. Dittrich (Russland) gibt es solche missionsstrategischen Ausblicke. Bei J. F. Sessing (Liberia) überwiegt das Persönliche, immerhin auch mit Berichten darüber, was außerhalb geschieht. Bei H. Wulff (Liberia) und G. Schmid (Goldküste) fehlen diese Aspekte ganz.

Neben den Tagebüchern werden die Missionsbrüder angehalten, auch persönliche Briefe zu schreiben, so wie die Missionsleitung verspricht, ihnen jedes Vierteljahr »ein Zeugnis des liebenden Andenkens und zutraulicher Mitteilung an euch nach Afrika zu senden«, ein Versprechen, das aus Sicht der Missionare nie eingehalten wurde.[15] Während die Forderung nach Berichten und persönlichen Briefen als eine Form der Überwachung verstanden werden kann, geht es dabei für die Missionsleitung um zwei Anliegen. Sie ist ihrerseits den Freunden und Spendern gegenüber Rechenschaft schuldig und auf Berichte angewiesen, um weiterhin die nötigen Finanzen generieren zu können. Andererseits hat Blumhardt den Wunsch, der durchaus auch von Seiten der Missionsbrüder geteilt wird, seine ehemaligen Zöglinge seelsorgerlich weiterhin zu begleiten.

Die Missionsleitung ist, laut dieser Instruktion, sogar bereit, von den Missionsbrüdern nicht nur Neues zu lernen, sondern auch Zurechtweisung anzunehmen. »[...] die Briefe [sind] das einzige vom Herrn gebotene Mittel, um unsere im fernen Heidenlande arbeitenden Brüder mit uns u. uns mit ihnen in fortgesetzter Verbindung zu erhalten u. uns wechselseitig die Ermunterungen, Hülfeleistungen u. Zurechtweisungen zu sichern, deren sie u. wir mit ihnen so sehr bedürfen [...].« Die Praxis sah allerdingsanders aus!

1.8.3 Was interessiert das Komitee?

1.8.3.1 26 Themen

In § 13 werden sechsundzwanzig Punkte für die Wochenkonferenzen der Brüder aufgeführt, über die die Missionsleitung jeweils gerne Auskunft erhalten möchte. Das tönt nach für uns kaum verständlicher Bevormundung, so als ob die Brüder nicht selber aus ihrer Erfahrung heraus wüssten, was zu berichten bedeutsam ist. Andererseits ist es für uns wichtig zu erfahren, wofür sich das Komitee wirklich interessiert. Es sind ja nicht alle Missionsbrüder so weitsichtig wie ein August Dittrich in Südrussland, der in seinen Tagebüchern ganze Visionen für die kommende Arbeit und die dafür notwendigen Strategien entworfen hatte.[16]

Das Komitee schlägt folgende Themenbereiche vor:

1. Euer brüderlicher Kreis
2. Eure Niederlassung
3. Geschäftsvertheilung
4. Eure Sprachstudien

---

[15] Da werden die Schwierigkeiten mit der Postzustellung nicht bedacht. Beim Arbeitsgebiet in Südrussland konnte man immerhin innerhalb von drei Monaten mit einer Antwort rechnen, im Falle von Liberia wie nachher in Ghana dauerte das oft bis zu einem Jahr.

[16] Woran die KomiteeMitglieder nicht unbedingt Freude hatten!

5. Schularbeiten
6. Erziehungsanstalt
7. Land und Gartenbau
8. Unterricht u Bildung des weiblichen Geschlechts
9. Religionsunterricht u Predigt des Evangeliums unter den Erwachsenen
10. National-Gehülfen
11. Heidenthum der Neger
12. Die Negerwelt im Allgemeinen
13. Sclavenhandel
14. Drucker-Presse
15. Übersetzung der heiligen Schriften
16. Rechnungswesen
17. Tausch-Verkehr
18. Vorschläge
19. Vermehrung der Brüderzahl
20. Neger-Schule
21. Guinea-Schiff
22. Verhältnisse der Missionsniederlassung zur Colonie
23. Sterblichkeit
24. Gegenseitige Handreichung im Bruderbund?
25. Ist ein Segen schon sichtbar?
26. Eindruck des Werks unter den Negern auf euch?
    Was ist zu hoffen? Was ist zu fürchten? Was ist zu thun?

1.8.3.2 Kommentar

Da sonst der Missionsleitung enorm wichtig ist, dass die Brüder unter sich Einigkeit beweisen, könnte man hinter Punkt 1 zunächst eine Nachfrage in dieser Richtung vermuten, wie es dann in Punkt 24 wirklich auch geschieht. Das würde auch nicht verwundern, denn sowohl die für Liberia, wie auch die für die Goldküste bestimmten Brüder hatten in London, resp. in Kopenhagen erhebliche Differenzen untereinander, sodass beide Mal das ganze Unternehmen in Frage gestellt schien. Es handelt sich bei dieser Rückfrage aber nicht um die andernorts festgestellte gegenseitige Überwachung unter den Brüdern. Es geht hier um sehr viel einfachere Fragen. Das Komitee möchte Auskunft über die Auswirkung des Klimas auf Wohlbefinden und Arbeit der Missionsbrüder. Im Blick auf weitere Sendboten möchte die Leitung konkrete Angaben erhalten. Noch spezieller nennt Abschnitt 23 Fragen zum Einfluss des tropischen Klimas auf die Einheimischen und auf europäische Neuankömmlinge.

In Punkt 3 geht es darum zu sehen, ob die vorgeschlagene Ordnung sich bewährt und wie die Brüder die verschiedenen Aufgaben unter sich verteilen. Punkt 4 fragt nach Stand und Methode der Sprachstudien, aber auch nach Hindernissen, die sie erschweren. Die Punkte 5 und 6 fragen nach der Anzahl der Schüler und auch wieder nach Hindernissen für den Schulbetrieb, außerdem, ob mit der Einrichtung einer Anstalt schon begonnen worden sei oder weshalb noch nicht. Es geht aber auch darum, wie der Unterricht der Jungen bei den Alten aufgenommen werde, und schließlich, was für die Leitung besonders wichtig ist, wird gefragt, ob Aussicht bestehe, spätere Gehilfen zu gewinnen, was dann in Punkt 10 noch weiter thematisiert wird. Auch Punkt 7 ist für die Missionsleitung wichtig. Hier entscheidet sich, ob eine Missionsstation sich früher oder später selbst tragen kann und somit Mittel für weitere Stationen frei werden. Aber das Komitee möchte auch erfahren, wie sich die Einheimischen in diese Arbeit integrieren lassen.

Ein Punkt, den besonders hervorzuheben mir wichtig scheint, ist der nach Unterricht und Bildung des weiblichen Geschlechts: »Ist dafür etwas geschehen u. wie viel? Oder nicht? Warum nicht? Kann mit der Folge etwas gethan werden? Wie soll es geschehen? Was muss von Seiten unserer Committee dafür geleistet werden? Ist nicht blos Schul-Unterricht, sondern auch eine Anleitung in weiblichen Arbeiten einführbar? Welche Arbeiten sind am zweckmässigsten? Welche Hindernisse? Welche besonderen Beweggründe, dass in dieser Hinsicht etwas geleistet werden möge?« Das heißt doch nichts anderes, als dass die Missionsleitung zu einer Zeit, da die Bildung von Mädchen und Frauen in Europa noch nicht sehr hoch angesehen war, für ihre Missionsgebiete dies als wichtig empfand. Damit verbindet sich, sobald irgendeine Gemeinde entstanden ist, der Wunsch nach Arbeit mit den Frauen und damit auch das Bedürfnis nach Frauen in den Stationen. Dies dient denn auch den Brüdern als Argument bei der Bitte um Heiratserlaubnis.

In Punkt 9 geht es wieder um die Sprache. Ist Englisch eine Möglichkeit für den Religionsunterricht und die Predigt? Was braucht es für die Sprache der Einheimischen, wie weit seid ihr damit? Gibt es Vorurteile, wie etwa bei den Muslimen in Persien? Und dann interessiert natürlich auch, wie viele Zuhörer das Wort hören wollen. Eng verbunden damit ist auch der Punkt 12 über die »Negerwelt«. »Welche Mittel ihrer Erkenntnis können füglich von euch angenommen werden?« Gemeint ist damit wohl, welche Anknüpfungspunkte für die Predigt sich als brauchbar verwenden lassen. Dazu werden die Brüder angeregt, sich zu überlegen, wie man Afrikaner sowohl äußerlich wie auch innerlich besser kennen und verstehen lernen könnte. In Punkt 11 schließlich wird gefragt, wie sich das Heidentum im Allgemeinen und die dortigen Priester im Speziellen zur Botschaft des Evangeliums stellen. Die Frage stellt sich allerdings nicht nur gegenüber den »heidnischen« Instanzen, sondern auch gegenüber der amerikanischen Kolonie, ihrer Behörde und ihrer Einwohner. »Wie kann das bestehende Band der Liebe und des Vertrauens aufrecht erhalten werden«? Genau an dieser Frage scheiterte vier Jahr später das ganze Unternehmen. Nach dem plötzlichen Tod des Gouverneurs Ashmun war dieses Band zeitweise gerissen. Die Brüder predigten zwar abwechselnd in den verschiedenen Gemeinden, waren aber von der pfingstlerischen Art ihrer Gottesdienste abgestoßen und fanden für das Missionsanliegen selbst wie auch für Schulen für die Einheimischen wenig Gehör.

1.8.3.3 Drei spezielle Fragen

Es wundert nicht, dass das Komitee in Basel sich in Punkt 13 besonders auch für Fragen um den afrikanischen Sklavenhandel interessiert. Dieser war ja Auslöser für den dringenden Wunsch nach einer Mission in Afrika, und Inspektor Blumhardt hoffte sehr, über die Evangeliumspredigt und ihre Folgen diesen Handel an seiner Wurzel überwinden zu können. So fragt er zum Sklavenhandel: »Ist er noch auf eurer Küste vorhanden? Wie weit? Durch wen wird er getrieben? Wie weit sind die Negerhäuptlinge in denselben verwickelt? Welche Hindernisse legt derselbe der Ausbreitung des Christenthums in den Weg? Was thut die Colonial-Regierung zu seiner Vertilgung? Wie ist euer Benehmen dabei?«

Zu dieser Frage geben die Tagebücher Sessings ausführlich Auskunft. Er beschreibt nicht nur, wie ein »Zwischenlager« der lokal eingekauften Sklaven aussieht, was dort geschieht und wer diesen Handel betreibt, er meldet jeweils auch das Auftauchen von Sklavenschiffen in der Nähe der Kolonie und was die einheimischen Häuptlinge und Könige überhaupt bewegt, ihre Mitbürger in die Sklaverei zu verkaufen.

In früheren Diskussionen um eine Afrikamission war unter den ablehnenden Voten auch die Anregung gemacht worden, man würde besser die englischen Gesellschaften fragen, ob sie nicht Afrikaner zu sich einladen und sie zu Missionaren ausbilden könnten, weil Afrika schließlich durch Afrikaner missioniert werden müsse. Nun taucht unter den Fragen für die Besprechungen der Brüder als Punkt 20 auch die nach einer »Neger-Schule« in Basel auf. »Liesse sich in Basel mit unserm Missions-Hause nicht zugleich eine kleine Neger-Anstalt verbinden? Welche Vortheile gingen aus einer solchen Anstalt hervor? Finden sich taugliche Neger-Jünglinge hierzu? Was liesse sich thun, um eine solche Anstalt auf dem einfachsten Wege im Missionshause einzuleiten?«

Zur Einrichtung einer solchen »Anstalt« ist es auch später nicht gekommen. Als 1829 Missionar Sessing seinen Bassa-Gehilfen, Georg, nach Basel mitbrachte, wurde der nach Beuggen in die Zellersche Anstalt zur ersten Ausbildung gegeben. Später trat er als Zögling ins Seminar in Basel ein. Sessing hatte die Anregung also aufgenommen. Ob er damit in Basel Freude erregte, geht aus den spärlichen Komitee-Notizen dazu nicht hervor.

Ein Gedanke schließlich, der ähnlich schon viel früher besprochen worden war, taucht in Punkt 21 auf, das »Guinea-Schiff. Was ist [...] von dem Gedanken zu halten, dass jedes Jahr von einem deutschen Hafen aus ein eigenes Schiff mit tauglichen Handels-Waaren die dortige Küste besuchte u. zugleich den Missions-Brüdern die erforderlichen Vorräthe zuführte? Welche Gelegenheit für einen solchen Küstenhandel ist in der Colonie vorhanden? Wie müsste er eingerichtet werden? Welche Vortheile liessen sich davon erwarten? Was müsste geschehen, dass unsere Missions-Brüder auf keinerlei Weise in irgendein Handels-Geschäft verwickelt werden?“

Angeregt durch Erfahrungen der Brüdergemeine war in Basel, bereits viel früher erwogen worden, ob die Mission nicht überhaupt ein eigenes Schiff brauche, um den Verkehr und Kontakt zu ihren Mitarbeitern zu gewährleisten. Damit sollten auch Besuche des Inspektors oder anderer Glieder der Leitung bei ihren Leuten eher ermöglicht werden. Davon ist jetzt nicht mehr die Rede. Wir wissen aber, dass Sessing in London sich mehrfach nach einem missionseigenen Schiff umgesehen hatte, allerdings konkret für den Verkehr innerhalb des Küstengebiets von Liberia. Ein Missionsschiff mit Ausfahrt aus einem deutschen Hafen hätte wohl gar nicht viel gebracht. Das wäre bei den Schwierigkeiten der Segelfahrt auf dem Atlantik mit zu viel Risiko verbunden gewesen. Wenn schon, dann wäre ein Schiff für den Küstenverkehr zwischen der Britischen Mission in Sierra Leone und der Basler Mission in Liberia nützlicher gewesen, damit diese in engerer Verbindung hätten stehen und arbeiten können. Sessings Bemühen in London blieb ohne Erfolg, weil ein Schiff in der notwendigen Größe viel zu teuer zu stehen kam.

1.8.3.4 Wozu diese Fragen?

Es ist der Missionsleitung klar, dass die Brüder viele dieser Fragen noch gar nicht beantworten können, z.B. Punkt 26. Sie will sie aber zur Sicherheit und für späterhin jetzt schon aufgelistet haben. Sie möchte damit erreichen, dass die Brüder sehen, wie weitreichend das »Missions-Geschäft« überhaupt ist, ihnen für ihre persönliche Beobachtung wie für ihre Besprechungen reichlich Stoff zum Nachdenken vorlegen und damit auch zeigen, was in ihren Berichten nützlich, »förderlich für sie selber, fruchtbar für den Missions-Beruf und lehrreich für die Missions-Freunde« sei.

Der reiche Fragenkatalog zeigt eine äußerst lernbegierige Missionsleitung. Sie hat sich in der Praxis oft anders verhalten, sich den Anregungen ihrer Leute widersetzt und missmutig reagiert, wenn die Brüder die Meinung des Komitees nicht als Gottes Willen anerkennen wollten, sondern ihre eigene Erfahrung und ihre eigenen Einsichten dagegen setzen.

1.8.4 Persönliches

1.8.4.1 Persönliche Briefe

Durchaus verständlich und im Blick auf die seelsorgerliche Begleitung nötig ist der Wunsch nach persönlichen Schreiben, die anders als die gemeinschaftlichen Briefe persönliche Beobachtungen und Erfahrungen enthalten sollen. »Schliesslich bemerken wir noch, dass wir wünschen, dass jeder einzelne Bruder wenigstens einmal im Jahr für sich selbst u. seine Person ein offenes u. zutrauliches Wort schreiben u. uns mit den Erfahrungen bekannt machen u. eben damit die Gelegenheit bereiten möge, dass auch wir ihm ein zutrauliches Wort der Liebe u. der Ermunterung darauf erwidern mögen.«

Aus den Erfahrungen der Russland-Brüder wissen wir, dass solche vertraulichen Briefe nicht immer einfach zu schreiben waren, einmal weil es am

Vertrauen der Brüder in die Komitee-Herren fehlte, und einigen auch der Inspektor für ihre Fragen nicht die geeignete Person zu sein schien. Auch in Sessings Tagebuch gibt es Notizen, die deutlich machen, dass ihm der Verkehr mit dem Präsidenten Von Brunn, zu dem er vermutlich einst in Liestal in den Konfirmationsunterricht gegangen war, leichter fiel als mit Blumhardt. Andererseits wissen wir auch wieder von den Russland-Brüdern, dass sie sich in ihren wirklich persönlichen Nöten nicht ernst genommen fühlten und diese Nöte durch das Komitee oft als Zeichen einer nicht völligen Hingabe an Gott und seinen Christus angesehen und entsprechend quittiert wurden.

1.8.4.2 Heiraten

Die persönlichen Nöte der Missionsbrüder kreisen häufig um die Frage der Verheiratungsmöglichkeit. Sessing ist einer von ihnen. Bei seinen Kollegen in Liberia sind mir entsprechende Briefe und Rückfragen nicht aufgefallen. Die Instruktion für die nach Liberia ausgesandten Brüder enthält klare Anweisungen dazu.

»Verheurathung. Unsere Mission in Afrika befindet sich in ihren allerersten Anfängen. Noch ist die Niederlassung unter dem Bassa-Volke nicht geschehen u. wir wissen nicht einmal wann sie geschehen kann und wird; noch ist die Sprache des Volkes nicht erlernt; noch ist kein Gemeindlein von Gläubigen gesammelt. Solange die Umstände also beschaffen sind, kann der Natur der Sache nach von einer Verheurathung unserer Missions-Brüder in Africa nicht die Rede sein, und wir bitten dieselben in dem Herrn, diesen Umstand reiflich zu erwägen, ehe sie nach Africa ziehen, u. sich von dem Herrn, durch den der Christ Alles vermag, den Muth u. die Glaubens-Kraft täglich zu erflehen, mit dem Apostel Paulus sagen zu lernen: »Ein jeglicher, der da kämpfet, enthält sich alles Dinges, jene zwar, dass sie eine vergängliche Krone empfangen, wir aber eine Unvergängliche. Ich laufe aber also, nicht als der in die Luft streichet. Sondern ich betäube meinen Leib u. zähme ihn, dass ich nicht Andern predige u. selbst verwerflich werde. 1. Cor. 9,25–27. Unsere Committee behält sich vor, wenn in der Folge die obgenannten Umstände sich geändert haben werden, mit väterlicher Berücksichtigung der Umstände den Wunsch der Einzelnen in dieser Beziehung zu berathen, so wie sie es als eine selbstverständliche Regel voraussetzt, dass ohne die Genehmigung unserer Committee kein einzelner Bruder, der in den Diensten unserer Gesellschaft steht, in eine eheliche Verbindung treten kann und wird.«

Dies entspricht weitgehend der in der »General-Instruction für die Brüder in Russland« festgelegten Regelung. Heirat ist erst möglich, wenn eine feste Missionsniederlassung gewählt und eingerichtet ist. Außerdem sollte womöglich schon eine kleine Gemeinde, die zu betreuen ist, vorhanden und der Lebensunterhalt gesichert sein. Dass dazu auch das Erlernen einer einheimischen Sprache gehört, war dort nicht erwähnt, ist aber später die Hauptvoraussetzung für die Heiratserlaubnis. Entgegen früherer Praxis wurden die Liberia-Brüder vor ihrer »Bestimmung« nach Afrika gefragt, ob sie sich ein

Leben ohne Heirat, mindestens für eine gewisse Zeit, vorstellen könnten. Speziell an dieser Heiratsordnung ist, dass sie für die Zukunft, das heißt, wenn die Missionare niedergelassen und eine richtige Missionsstation eingerichtet haben, ein Zurückkommen auf die jetzige Anweisung enthält. Auch das wäre eine Folge der Instruktion von 1825, die festhält, sobald ein Missionar einen festen Wohnsitz hat und nicht dauernd unterwegs ist, und sobald die Betreuung von einigen Christen die Anwesenheit einer Frau erfordert, sollte die Heirat möglich sein.

Interessant ist in diesem Zusammenhang allerdings, dass Sessing vor der Ausreise eine Zusage gemacht wurde, »in zwei Jahren magst du fragen«, so wie das auch frühere Brüder auf ihre Ausreise mitgenommen haben. Diese Zusage wird bei seiner ungewollten Rückkehr nach zwei Jahren allerdings als unbekannt hinterfragt. Auf die erhaltene Instruktion angesprochen, behaupten einige Komiteemitglieder, von ihr noch nie etwas gehört zu haben und. Stattdessen, was fast noch schlimmer ist, wollen sie Regeln angewendet wissen, die seinerzeit den Russland-Brüdern verordnet, von diesen aber vehement abgewiesen und später, im offenen Gespräch mit A. Dittrich auch zurückgenommen und durch andere ersetzt worden sind, die in etwa dem obigen entsprechen. Der Verweis auf das Pauluswort aus dem 1. Korintherbrief lässt vermuten, dass die Missionsleitung den Heiratswunsch der jungen Männer vor allem vom Gesichtspunkt der Befriedigung sexueller Bedürfnisse her verstanden hatte. Darum die Mahnung zur Disziplinierung der Triebe. Das erinnert stark an frühere Argumente, als das Komitee noch meinte, Missionare müssten ledig bleiben. In der Generalinstruktion von 1825 wird der Heiratswunsch als legitimes menschliches Bedürfnis und in mancher Beziehung auch als für das Werk gut, ja sogar nötig anerkannt. Es gibt aus dem Kreise der frühen Missionare genügend Zeugnisse dafür, dass auch andere Gründe für eine Verheiratung sprachen, etwa Einsamkeit, der Wunsch nach echter Partnerschaft oder, biblisch begründet, nach der von Gott vorgesehenen »Gehilfin«.

Sessing wurden, als er 1829 um die Erlaubnis, heiraten zu dürfen, bat, immer neue Hindernisse in den Weg gelegt und ihm auch vorgeworfen, er wolle einfach etwas durchsetzen, statt sich dem Willen des Komitees zu beugen. Aus Worten des Präsidenten zu Sessing erfährt man dann, dass in dieser Frage Theologen und Kaufleute sehr unterschiedlicher Meinung waren, was in einer Sitzung zu wüsten Streitereien geführt haben muss. Zu Sessings Gunsten sprach allerdings der Umstand, dass in der amerikanischen Kolonie Christengemeinden vorhanden waren, also mindestens diese Voraussetzung gegeben war. Er fand dann erstaunlich schnell eine Frau, die mit ihm glücklich war und er mit ihr.

1.8.5 Eintracht und Friede

Dass unter den ausgesandten Brüdern Eintracht und Friede herrsche, ist der Missionsleitung ein dauerndes und wichtiges Anliegen. Nicht einfach um des lieben Friedens willen, sondern weil nur dann Segen auf ihrer Arbeit liegen kann, wenn sie nicht zerstritten sind. Im Blick auf die nach Liberia ausreisenden Brüder tritt dies besonders in den Vordergrund, hatten sie doch in London erheblichen Streit erlebt. Dabei waren es nicht einmal theologische Differenzen, die sie trennten, so hatte Präsident Von Brunn in einem Brief an Handt und Hegele bemerkt, sondern ganz einfach ihre unterschiedliche Herkunft. Die einen kamen vom Land, während der andere, Sessing, in der Stadt aufgewachsen war, was ihre Charaktere unterschiedlich geprägt habe. Die Eintracht unter den Brüdern aufrechtzuerhalten, wenn sie einmal der schützenden Umgebung der Missionsanstalt und ihrer geistlichen Ordnungen entflogen sind, war aber gar nicht so einfach. Manch einer neigte dann, vielleicht aus Furcht, untreu zu werden, dazu, den anders empfindenden und urteilenden Bruder als nicht bekehrt, nicht in der Linie des Herrn stehend zu sehen. Was im Seminar selbstverständliche Regeln waren, konnte außerhalb leicht zur Gesetzlichkeit ausarten, besonders bei Leuten, die Jahre zuvor eine solche Prägung schon mitgebracht hatten. Das tritt sowohl bei den Liberia- wie auch den Goldküste-Brüdern zu Tage. Jeweils einer, der in seiner Art etwas anders, vielleicht auch etwas freier denkend ist, wird zum schwarzen Schaf, das die andern bekehren zu müssen glauben.

Hier drängt sich ein Vergleich mit den ersten Missionsbrüdern im Kaukasus in Südrussland auf. Die sind von ihrer Herkunft her nicht weniger verschieden gewesen als die für Afrika bestimmten jungen Männer. Es waren drei Schweizer, davon einer aus der Stadt Zürich und einer mit früheren Sympathien für die Französische Revolution, einer aus Dresden mit Hochschulabschluss und einer aus einer russischen Adelsfamilie. Der Russe war überzeugt, dass er als Missionar ledig bleiben werde, der Dresdener schon verlobt, zwei der Schweizer in Nöten mit ihrer Sexualität. Sie haben in ihrer ganzen Verschiedenheit Wege zueinander gefunden. Dittrich schreibt einmal, das sei ein Stück harter Arbeit gewesen, so gegenseitig aufeinander zu hören, den anderen besser kennen und dann auch verstehen zu lernen. Dabei haben sie, so schreibt Dittrich, den Reichtum dieser Vielfalt entdeckt und die Gaben auch des »schwächeren« Bruders erkannt. Sie hatten die Gabe der Auseinandersetzung in gegenseitiger Anerkennung und konnten deshalb Konflikte angehen und lösen. Das Lernprogramm des Missionsseminars aber gab dafür wenig Hilfe. Da sollten Konflikte vor allem durch das Gebet gelöst werden. Und wer diese Form der Konfliktlösung selber erfahren hat, weiß wie verletzend und demütigend sie sein kann.

Es ist anzunehmen, dass § 18 der Instruktion diese ganze Problematik im Visier hat und deshalb die »geliebten Brüder« dringend ermahnt werden, die §§ 29 und 30 der Generalinstruktion von 1825 zu beachten. Was darüber hinaus in der Instruktion an die Liberia-Brüder gesagt wird, ist wie ein Kommentar zu den Vorgaben von 1825 zu lesen. Dort wird in § 29 zuerst das Vorhandensein anderer Missionsgeschwister am selben Ort in den freudigsten Tönen gepriesen. Es sei »ein gar tröstliche Gedanke, inmitten der heidnischen Umwelt eine Anzahl von Missionsgeschwistern wohnend zu wissen!« Diese Geschwister bilden sozusagen ein Haus Gottes, ein »Gemeindlein Christi« mitten in der finsteren Welt, und das gelte es zu erhalten, denn nur wo Gottes Friede herrscht, kann es auch Gottes Segen geben. Und dann folgt die Mahnung, »Bey der grossen Schwachheit und Sündhaftigkeit unserer verkehrten Natur und der mächtigen Arglist des Teufels und der Welt ist es nun freilich keine geringe Sache und erfordert viel Weisheit und Demuth und Liebe, Geduld und Selbstverleugnung, wenn der Friede Gottes im Hause nicht bald da und bald dort einen Schaden erleiden soll.«

Natürlich kann das nicht heißen, dass zu allem JA gesagt werde, sondern das Böse muss erkannt und ausgemerzt werden. Der »friedfertige Liebes-Sinn des Christen-Herzens« tue dies aber, so führt die Liberia-Instruktion aus, in liebenswürdiger Gestalt, durch Sanftmut und Demut und werde so den »irrenden Sinn« zur Eintracht zurückbringen. »So werden auch verschiedene Temperaments-Arten [...] der süssen Eintracht ihrer Brüder nimmer zu schaden vermögen, sondern vielmehr dem innern Leben derselben eine heilsame Vielfältigkeit geben, durch welche die geistige Bildung jedes Einzelnen gefördert und der Umgang untereinander nur desto nützlicher gemacht werden kann.«

Die den Liberia-Brüdern empfohlene Generalinstruktion von 1825 gibt zur Erhaltung von Eintracht und Frieden ein paar »einfache Hausregeln« an:

1. Missionsgeschwister, die in einem Hause wohnen und eine Familie unter sich ausmachen, müssen sich klar und deutlich über die Hauptsache miteinander verständigen, um derer willen sie da zusammen sind und all ihr eigenes Leben dieser Hauptsache hingeben und aufopfern.
2. Es ist nötig eine einfache Hausordnung zu entwerfen und unter sich im Hause einzuführen, über die alle Glieder einverstanden sind und deren Beobachten sich ein Jeder angelegen seyn lassen muss.
3. Bei allem diesem schwebt das Haus täglich in Gefahr, von dem Argen [...] angetastet zu werden, wenn sie nicht Alle insgesamt täglich gemeinschaftlich in demüthigem Herzensgebet miteinander sich vereinigen, und Alles, was Schaden bringen mag, in gemeinschaftlicher Bitte vor dem Thron der Gnade niederlegen.
4. Dabei fordert der Heiland von einem Jeden, dass er in täglicher Busse sein Herz durch sein vergossenes Blut reinige, nicht mehr sich selbst, sondern Ihm zur Ehre und seinen Brüdern zur Freude und zum Segen in dieser Welt lebe, den Andern in Demuth höher achte als sich selbst, und eben darum nicht auf das Seine sehe, sondern auf das, was des andern ist.

Das Liebesband unter den am gleichen Ort wohnenden Geschwistern ist eben doch die beste und von allen leicht zu verstehende Predigt. Dennoch, so räumt die Generalinstruktion von 1825 in § 30 ein, kann es zu Missverständnissen kommen. Sie seien aber leicht zu überwinden, wenn »alle Seelen in der Demuth, Selbsterkenntnis und Verleugnung stehen«. Dafür wird dann auf Matthäus 18,15 verwiesen und gesagt: »So sollten die Brüder und Schwestern eines gemeinschaftlichen Hauses keinen Abend oder Morgen im gemeinschaftlichen Gebet vor dem Herrn erscheinen, ohne zuvor jeden Rost im Herzen hinweggethan zu haben und in Einem Sinn und Geist vor Gott zu treten.« Sollte ein Konflikt auch so nicht gelöst werden können, so soll der Teil, der sich beleidigt fühlt, sich an das Komitee in Basel wenden, den Kollegen darüber informieren und ihn bitten, dasselbe auch zu tun.[17]

Die Generalinstruktion von 1825 rechnet allerdings auch damit, dass es zwischen einzelnen Brüdern und der Missionsleitung zu Missverständnissen und Vertrauensverlust kommen kann, eine wichtiger Erfahrung aus der Korrespondenz mit den Russland-Brüdern von 1824. Das könne daher rühren, dass ein Schreiben des Komitees nicht deutlich genug war, oder dass sich bei den langen Postwegen Briefe gekreuzt und so nicht aufeinander abgestimmt waren, oder aber, weil ein oder mehrere Brüder »wirklich glauben, dass ihnen in einer Sache von der Committee [...] Unrecht geschehen sey«. Im ersten und zweiten Fall sollen sie dies in der Wochenkonferenz besprechen und in brüderlicher Offenheit klarstellen, ohne vorweg etwas zu unternehmen, und abwarten, bis wieder Antwort kommt.[18] Was den dritten Fall betrifft, so habe jeder Bruder, der sich beleidigt fühlt, das Recht, jedem Komiteemitglied, zu dem er besonderes Vertrauen hat, zu schreiben und seine Beschwerde darzulegen. Das Komitee werde sich dann an die Stationskonferenz wenden und in »Liebe und Billigkeit dazu beytragen, dass unter dem Beystand des Herrn das gegenseitige Vertrauen wiederhergestellt werde.«

Was hier ausgeführt ist, werden die Zöglinge im Missionsinstitut auch früher schon erfahren haben, weil es ja auf einer aus dem Evangelium (Mt 18,15) entnommenen Regel beruht. Sicher haben sowohl die Liberia-Brüder in London als auch die Goldküstenbrüder in Kopenhagen sich entsprechend verhalten, ohne Erfolg allerdings, offensichtlich weil jeweils eine Seite in gesetzlicher Enge meinte, das Evangelium zu verletzen, wenn sie von ihrer Sicht abrückten. Für Blumhardt hieß dies, ›Ihr habt die Liebe nicht! Ihr habt euch nicht unter, sondern über den Bruder gestellt.‹ Wenn so etwas unter den Russland-Brüdern funktionierte, dann deshalb, weil die dafür notwendige Offenheit vorhanden war. Das war ihre Stärke, und sie hatten den daraus fließenden Reichtum entdeckt. Es muss andere Brüder gegeben haben, für die solche Offenheit eine zu große Verleugnung, nicht ihrer selbst, sondern ihres Glaubens, und so ein unmögliches Opfer gewesen wäre.

---

[17] Eine Regel, die die Liberia-Brüder bei ihrem Streit in London auch anwandten. Während sich Blumhardt in seiner Antwort sehr schwer tat, wies Präsident Von Brunn mit ein paar treffenden Worten die zwei, die den dritten anklagten, zurecht und machte sie auf die sehr einfachen Hintergründe ihres Konflikts aufmerksam, die mit rechtem oder unechtem Glauben gar nichts zu tun hätten.

[18] Was immer ein halbes oder gar ein ganzes Jahr dauern kann.

1.8.6 Verhalten gegenüber den Behörden

Für die Missionsleitung ist es selbstverständlich, dass ihre Missionsbrüder in Liberia, wie an andern Orten auch, der bestehenden Obrigkeit der Kolonie gegenüber den gebührenden Respekt zollen und ihrer Verwaltung und ihren Gesetzen freudigen Gehorsam leisten, nicht um einer Strafe zu entgehen, sondern um des Gewissens willen (§ 19). Sie sollen auch darin Vorbilder und »Muster der Nachahmung« für andere sein, und »überhaupt in eurem ganzen Sinn u. Wandel zeigen, dass ihr gelernt habt, der Obrigkeit unterthan zu sein, des Landes Bestes aus allen Kräften zu suchen, und überhaupt nach dem Vorbilde eures göttlichen Meisters einherzugehen, welcher nicht gekommen ist, dass er sich dienen lassen, sondern dass er diene u. gebe sein Leben zur Erlösung für Viele.«

Das entspricht lutherischer Theologie. Die Missionsleitung bleibt jedoch nicht bei der Kolonie stehen, sondern geht in ihrer Überlegung noch einen Schritt weiter. »Da überhaupt eine jegliche Obrigkeit, die Gewalt hat, von Gott geordnet ist, u. im Briefe an die Römer Cap 13,1 dieser ehrwürdige Charakter selbst den heidnischen Regierungs-Behörden beigegeben wird, so werdet ihr im Verkehr mit den Königen u. Häuptlingen der Negerstämme diesen hochachtungsvollen Blick nie aus den Augen verlieren, auch in ihnen die bestehende Obrigkeit als Gottes Ordnung ehren, für ihre Erhaltung u. christliche Erleuchtung durch das Evangelium mit Freuden das Eurige beitragen, euren Negern diese Vorschrift Gottes bei jeder Gelegenheit einprägen u. gerne von eurer Seite alles dazu beitragen, dass die gesetzgebende u. regierende Gewalt anerkannt u. dieser alle Wege u. Mittel bereitet werden mögen, dass sie das Recht Jehovas erkennen u. nach seinen heiligen Gesetzen das Volk regieren lernen mögen.«

Es leuchtet ein, dass im Blick auf Römer 13 darauf aufmerksam gemacht wird, dass Paulus diese Aussage ja von einem heidnischen Regime macht, das mit Christen nicht zimperlich umgegangen ist. Bei Paulus ist auch das Motiv einleuchtend. Die Christen sollen sich nicht durch zivilen Ungehorsam etwas zu Schulden kommen lassen, was sie nachher in Gefahr bringt. Was an der Weisung von 1827 erstaunt, ist nicht, dass die Brüder den afrikanischen Obrigkeiten gegenüber Achtung und Gehorsam entgegenbringen sollen, sondern dass auch diese als »von Gott verordnet«, als durch Gott eingesetzt betrachtet werden. Das ist noch einmal eine Hochachtung gegenüber den Ethnien der afrikanischen Bevölkerung, die sowohl für Sklavenhändler wie wohl auch die meisten sonstigen Kaufleute und Kolonialbehörden weder verständlich noch akzeptabel und somit auch wieder ein inhärenter Protest ist. Da gewinnt auch die aus Jeremia 29 entnommene Weisung, des Landes Bestes zu suchen, politische Brisanz, da es sich ja auch gegen die Kolonialbehörde auswirken kann.

1.9 Schlussermahnung

Noch vieles sei übrig, das sie den geliebten Brüdern in herzlicher Liebe »für ihren Streitergang durch diese Welt ans Herz legen möchten«, heißt es in § 20 zum Schluss. Das viele wird dann zusammengefasst in einigen Zitaten aus dem Brief an die Galater, 5,13-15; 6,1-10 und 14-16. Der allerletzte Paragraph bestätigt, dass diese »Instruction von der Committee sorgfältig geprüft und von derselben einstimmig als Normativ der lieben Brüder für ihre ersten Anfänge auf der westafrikanischen Küste gutgeheissen worden« sei.

In der Fassung FA 1,1827.1 ist die Instruktion von Präsident N. von Brunn und Inspektor Blumhardt unterschrieben. Dem folgt die Bestätigung durch die beiden nachgesandten Brüder Hr. Wulff und Georg Kissling.19

»Die Unterzeichneten haben die obige Instruction mit Nachdenken gelesen, sorgfältig geprüft und versprechen in der Gegenwart des Herrn, dieselbe als allgemeines Normativ ihrer Missionsarbeit unter den armen Negern zu Grunde zu legen.

Basel d. 17. Oct. 1827 Heinrich Hier. Wulff
Georg Adam Kissling«

2. Analyse: Was für ein Missionsbild?

Eine solche Instruktion oder Wegleitung gibt Einblick ins Denken der Missionsleitung, sowohl im Blick auf ihre äußeren Ziele als auch hinsichtlich der dafür nötigen inneren Organisation. Sie ruft deshalb auch nach einer Auswertung, die Ziele, Strategie, Methoden und Aufbau dieser Mission durchleuchtet, dies umso mehr, als gewisse Aussagen bei den zentralen Anliegen keineswegs den Bildern entsprechen, die heute von der Mission im Allgemeinen und der Mission im 19. Jahrhundert im Besonderen bestehen.

Was das äußere Erscheinungsbild betrifft, so sehe ich drei Aspekte: Liberia als eine Versuchsmission, die Motive Protest und Wiedergutmachung und die langfristige Vision. Im Blick auf den inneren Aufbau und die Praxis des Werks dürfte es um Fragen wie Gehorsam und Opfer und um Berichte und Kontrolle gehen.

2.1 Liberia – zunächst ein Versuch

Immer wieder wird den Missionsbrüdern ans Herz gelegt, zu bedenken, dass sie für einen ersten Versuch ausgesendet worden sind. Zwar sollen bald mehr

[19] In FA-10.1.1, fehlen die Unterschriften und die Bestätigung durch die beiden Brüder.

Brüder folgen, der Versuch also ausgeweitet werden, weil schließlich ein größeres Ziel verfolgt wird, warum war man aber so vorsichtig?

Auch bei der Russland-Mission wurde zunächst auf den Missionsversuch, den zunächst experimentellen Charakter der Aufgabe hingewiesen, bis nach zwei Jahren der Ort für die Hauptstation festgelegt war. Dahinter steckt nicht zuletzt kaufmännisches Denken. Vorsichtig planen und investieren, wenn mehr Sicherheit da ist, dann zusetzen. Im Falle Afrikas geht es jedoch um noch mehr. Deutsche Staaten haben in diesem Moment, wie auch die Schweiz, keine Kolonien, keine eigenen Niederlassungen in Afrika. Wo deutschsprachige Missionare hinkommen, treffen sie auf Handelsniederlassungen von Niederländern, Dänen, Briten, Spaniern, Portugiesen oder in diesem Fall der USA. Wird da ein Werk von außerhalb überhaupt akzeptiert? Werden »deutsche« Missionare akzeptiert, fragt Blumhardt, obwohl die Basler Mission ja keine »deutsche«, sondern eine »evangelische« Gesellschaft ist und einige ihrer Afrika-Brüder auch Schweizer sind.[20] So oder so, die Ankommenden sind sowohl für die Afrikaner als auch für die allfälligen Kolonisten Fremde.

Im Blick auf Afrika kommen weitere Fragen dazu. »Für euch wie für uns ist in Afrika alles fremd« tönt es zweimal. Im Grunde genommen weiß die Missionsleitung fast gar nichts über das neue Arbeitsgebiet. Einige Angaben hat sie aus den Briefen Ashmuns erhalten und vertraut vor allem auf dessen good will. Sie rechnet damit, dass er noch lange die neu ankommenden Missionare begleiten wird, was dann zum Leidwesen aller nicht zutrifft, weil er krankheitshalber das Land verlassen muss und bald auch stirbt. Es gilt jetzt, Erfahrungen zu sammeln. ›Wie ist das Klima, wie ertragt ihr es? Wie wirkt es sich aus auf eure Arbeit, wie auf die Gesundheit der afroamerikanischen Kolonisten, und auf die Bewohner des Landes? Was gibt es für medizinische Möglichkeiten?‹

Auf Anraten Ashmuns sollen sie zunächst Hütten nach afrikanischer Art bauen. Damit wird noch einmal der provisorische Charakter unterstrichen. Es hat aber zwei wichtige andere Aspekte, die der Kolonie-Leiter möglicherweise bei seinem Rat mitbedacht hatte. Durch diese Bauweise stellen sie sich auf gleiche Ebene wie die Bewohner des Landes, was wiederum dem Angebot, das sie in der Predigt machen wollen, entgegenkommt. Und, wenn ich die Erfahrungen meines Vaters in Togo vor 100 Jahren mitbedenke, so waren die mit Gras bedeckten Hütten wesentlich gesünder, weil sie die Hitze besser abhielten als die mit Blechdächern.

---

20 Bei der Umwandlung des Missions-Instituts in eine aussendende Gesellschaft war der Name zuerst »Deutsche Gesellschaft«. Er wurde dann aber, zu Recht, sehr schnell in »Evangelische Gesellschaft« verändert. Unter den Liberia-Brüdern war Sessing ein Halbschweizer, in Basel und Liestal aufgewachsen, unter den Nachfolgenden 1–2, unter denen in Sierra Leone jedenfalls J. Gerber und unter den Goldküstenbrüdern G. Schmid Schweizer.

»In dem fernen Afrika ist euch noch alles fremd, und wir haben mit euch erst in eine Schule der Erfahrung einzutretten“ heißt es in § 2. Man ist sich des Risikos voll bewusst und will lernen. Nach dem Wortlaut der Instruktion müssten in diesem Fall die Missionsbrüder, die selber auch lernen, zu Lehrern der Herren Vorsteher werden, eine Konsequenz, die für die letzteren nachzuvollziehen kaum denkbar war. Das hätte dem hierarchischen Gefüge der Gesellschaft widersprochen. Und doch, nur auf Grund dieser Erfahrung der Brüder könnte das Komitee nach einer »Reihe von Jahren zur vollen Klarheit über die beste Art gelangen, wie den armen Negern die Rettungs- u. Erleuchtungs-Mittel des Evangeliums nahegebracht werden können«. Alles zielt also darauf ab, dass die Brüder jetzt solche Erfahrungen sammeln. Und wenn sie dann auch den Ort für eine künftige Missionsstation gefunden haben, dann ist genügend Material für weitere, so Gott will, weniger provisorische Entscheidungen und Finanzbeschlüsse vorhanden.

Denn schließlich geht es um ein größeres Ziel. Alles soll klein angefangen werden und sodann wachsen können, eine Elementarschule, eine Anstalt für die Fortbildung, die Suche nach Gehilfen, die Predigt, zuerst vielleicht nur halbverständlich. Und in allem wird darauf vertraut, dass, wenn Gott seinen Segen gibt, es wachsen werde, wie es im Gleichnis von der selbstwachsenden Saat verheißen ist. Dann können weitere Schritte erwogen werden. Dies entspricht einem Grundanliegen Blumhardts seit seiner Zeit als Sekretär der Christentumsgesellschaft: Eine Missionsgesellschaft, die bescheiden auftritt, obwohl sie ein großes Ziel vor Augen hat, dass im finsteren Kontinent Afrika ein Licht aufgehe.

2.2 Eine Mission der heilenden Wiedergutmachung

Wir wissen, dass Blumhardt lange, bevor seine Mission nach Afrika greifen konnte, immer großes Interesse für Afrika bekundet hatte, immer verbunden mit dem Wehmütigen Blick auf die Leiden des »armen Negervolcks«. Es ist ein besonderer Blickwinkel, diese Wehmut gegenüber den »armen Negern«. Auch in der Russland-Mission wird manchmal von den »armen« ungebildeten und darum verblendeten Armeniern oder Tataren gesprochen, aber nie in so allgemeiner Art und Weise wie bei Afrika. Die Vermutung liegt nahe, dass die Wurzel dieser Redewendung in all der Misshandlung, die Afrika, mehr als andere Kontinente, durch Sklavenhandel und Ausbeutung erlitten hat, begründet ist.

Dabei kommt wohl auch etwas von dem Schuldbewusstsein zum Ausdruck, dass die Gründung der britischen Missionswerke geprägt hat. Der Gedanke, dass man das durch die ostindische Handelsgesellschaft in Indien, begangene Unrecht der Ausbeutung wieder gutmachen müsse, kam ja bis ins Parlament. Von Blumhardt finden wir in einer 1830 geschriebenen längeren Darstellung des Sklavenhandels seit 1517 folgendes: »Dieser Sklaven-Handel, der mit unmenschlicher Grausamkeit getrieben wurde, trug eine gänzliche Verwilderung in die Neger-Welt hinein, indem er Krieg, Betrug und Raub unter ihnen vervielfältigte. Er hat die Afrikaner so tief in die Verwilderung reissender Thiere herabgewürdigt, dass die Sklaverei zum Staatssystem, zum einzigen Erwerbszweige, zum Gegenstand fortwährender Kriege [...] wurde.«[21]

Drei Jahre zuvor heißt es im Bericht über die Aussendung der Brüder nach Liberia: »Solange in jedem Falle die schnöde und barbarische Habsucht der Europäer jedes Jahr wenigstens 60'000 unglückliche Schlachtopfer armer Neger den Sklavenketten Westindiens überliefert, und mit tierischer Gefühllosigkeit ihre Beute unter jeder Lebensgefahr von diesen jammervollen Gestaden hinwegstiehlt, solange glauben wir, dass die Todesgefahr des Klimas in den Berechnungen der heilenden Menschenliebe keinen entscheidenden Ausschlag finden darf.«[22] Die »heilende Menschenliebe« kommt hier zur Sprache, wie in der Instruktion selber die »heilende Wiedergutmachung«. An anderer Stelle spricht Blumhardt von einer »Dankesschuld«, die wir abzutragen hätten für all das, was wir in Europa durch Christus erfahren haben, wozu auch der ganze Bildungsbereich gehört. Hier ist es eine andere Schuld, das »Unrecht, das Menschen die sich Christen nennen«, an diesem ganzen Kontinent begangen haben.

So steht diese Mission ganz im Zeichen eines Protestes gegen den Sklavenhandel und die Ausbeutung durch Handelsgesellschaften. Es geht also nicht einfach um »Bekehrung«, der Begriff taucht in der Instruktion, wie auch sonst bei Blumhardt, faktisch nicht auf, sondern um Befreiung von einem das Leben zerstörenden Übel. Das erklärt auch die in der Instruktion wie auch später in der Praxis der Missionare deutlich erkennbare Abgrenzung von allem, was Handel ist. Warenverkehr soll nur in der Form des Warentauschs stattfinden. Die Begrüßung an neuen Orten ist immer mit dem Vermerk verbunden, man treibe keinen Handel, sondern bringe etwas Gutes. Schließlich gibt es ein Verbot, unfaire Preise zu verlangen.

Das Gute, was der Missionar bringt und was ihn unterscheidet vom Händler, ist dies: Er lehrt die Afrikaner Lesen und Schreiben. Was die Händler für unmöglich hielten und eben damit ihren Gewinn durch Ausbeutung erzielten, dieses Schicksal und der Mythos, der die Demütigung des Afrikaner besiegelte, sollen durchbrochen und damit der Befreiung aus den Fesseln der Gier und der Unkenntnis Tür und Tor geöffnet werden. Darum sind die Schulen auch noch ohne direkte Predigt ein integraler Teil der Missionspredigt, der Einladung zur Teilnahme an einer wohltätigen Zivilisation und der Freiheit und Gerechtigkeit des Reiches Gottes.

Damit nähern wir uns dem zentralen Punkt, der Predigt. Die Predigt ist wie der Schulunterricht eng verbunden mit der Forderung, die Sprache der

---

21 Missions-Magazin 1822, 505.

22 Missions-Magazin 1827, 430.

Bewohner des Landes zu erlernen. »Ihr müsst in der Negerweise denken lernen«, so die Kurzform der Forderung. Dafür muss man die Sprache lernen. Wer mit der Predigt etwas ausrichten will, muss die Sprache der Einheimischen verwenden. Im Erlernen der Sprache zeigt sich die liebende Zuwendung, die Blumhardt von seinen Missionsbrüdern fordert. Diese Zuwendung soll auch nonverbal sichtbar werden, keine Behandlung von oben herab, sondern geduldige, liebende Hinwendung. Die Afrikaner sollen merken, »dass sie euch werth sind«. Diese Predigt ist wichtiger als jede Wortpredigt.

Da, wo es zur Predigt in Worten kommt, soll sie Einladung zur Teilnahme an den Wohltaten des Evangeliums, zur Teilnahme am Reich Gottes sein. Reich Gottes ist dabei nicht etwas Jenseitiges. Es hat sehr viel mit dem Hier und Jetzt in einem gerechten Umfeld zu tun. Dabei wird auch auf die Fesseln des Heidentums verwiesen, auf die Verirrungen in einem Glauben, der sie in die Finsternis führte, und dass der Einladung folgen auch eine Abkehr vom Bisherigen bedeutet. Aber es muss doch auffallen, dass die Instruktion nichts von einem Bekehrungseifer erkennen lässt, sondern davon ausgeht, dass mit der Einladung zu den Wohltaten Samenkörner ausgestreut werden, die »nach und nach«, ein Begriff der immer wieder auftaucht, wachsen und schließlich Frucht bringen werden.

Sowohl im Aufnehmen der Sprache als auch in der Einladung zum Warenverkehr, der den Afrikanern »gleiche Vortheile« gewährt, als auch in der Anerkennung der afrikanischen Obrigkeiten als von Gott eingesetzt versucht diese Mission, den »herab-gewürdigten« Afrikanern ihre Würde wiederzugeben. So ist sie nicht nur Protest gegenüber europäischer Gier, sondern eben auch heilende Wiedergutmachung.

2.3 Die Vision oder der Endzweck

Obwohl immer wieder betont wird, es sei klein anzufangen, ist ebenso deutlich, dass der kleine Anfang ein großes Ziel im Visier hat. Den Brüdern sind »die ersten Anbahnungen auf dem wilden Dornenacker der Negerwelt« zugewiesen worden. Letztlich geht es aber nicht um Küstenstriche, wie sie durch die Briten in Sierra Leone bearbeitet werden, sondern um die »Negerwelt« als Ganzes, also das Innere des großen Kontinents. Schon in § 4 wird im Rahmen der ersten Vorbereitungsaufgaben das »Hineintretten in das Innere von Afrika« angesprochen, hier noch in der näheren Umgebung der Kolonie gesehen.

Auch hinter den Paragraphen über die Predigt ist ein Denken in viel weiteren Dimensionen zu spüren. Es geht letzten Endes um die »arme Welt Afrika«. Darum soll »der denkende Arbeiter, der in der Liebe Christi sein Herz für das Wohl der ganzen Neger-Welt aufgeschlossen hat, die Materialien seiner Beobachtung für sein Tagebuch nicht blos aus dem engen Raum der kleinen Station zusammensammlen«, sondern Beobachtungen über weiter gelegene Länder und Völker notieren und so für die nachfolgenden Brüder Wege anbahnen, »immer tiefer in die unbekannten Länder des Innern Afrikas einzudringen«. Besonders deutlich kommt das in § 17 über die Missionsreise zum Ausdruck. Der Bote Christi hat die ganze »unbeschriebene Karte der afrikanischen Welt« vor und die Sehnsucht in sich, dass »über diesen Finsternissen der Völker u. Länder bald die helle Sonne der Gerechtigkeit aufgehen möge«. Die Brüder sind zwar im Moment auf eine kleine Stelle beschränkt. Im tiefen Herzen der Missionsleitung aber regt sich bereits der leise Wunsch, »die Kreise der Bekanntschaft mit den Negern weiter auszudehnen und durch Ausflüge dieser Art allmählich den Weg für neue Missionsstellen anzubahnen«. Ja, sogar größere Missionsreisen in diesem unbekannten Kontinent werden, wenn auch vorerst nur gedanklich, bereits anvisiert.

Vielleicht sind das nur die Wünsche und Visionen Blumhardts gewesen und nicht der ganzen Leitung. Manches mutet etwas blauäugig an. Einiges an diesen Wünschen ist am Klima und den vielen Krankheiten der Missionsbrüder gescheitert. Einiges am schwierigen Postverkehr, beeinträchtigt durch die Probleme in der Schifffahrt. Anderes scheiterte an den Problemen der Brüder untereinander, wenn einstige Freunde plötzlich einander spinnefeind werden oder wenn zwei die anderen in Basel verpetzen. Und das Komitee wartet mit dringenden Entscheiden, weil sie den Überlebenden in Afrika schlichtweg nicht trauen. Die großartige Vision von einer tief ins Innere von Afrika vordringenden Mission hätte wohl auch vom Komitee unter den damals gegebenen Umständen eine andere Haltung gegenüber seinen Missionsbrüdern in Afrika verlangt. Es hätte mehr Vertrauens in sie bedurft und damit verbunden auch das Zugestehen größerer Entscheidungsfreiheit und Kompetenz.

2.4 PATRIARCHALISCH-PATERNALISTISCHE ORDNUNG

Was im Blick auf die Anerkennung der gottgegebenen Macht auch der afrikanischen Obrigkeiten anerkannt wurde, gilt konsequenterweise auch innerhalb der Organisation. Jede Obrigkeit ist von Gott gegeben und mit entsprechender Macht bekleidet, so auch »die ehrwürdige Committee«. Da die Missionsleitung ihre Beratungen immer unter Gebet führt und ihre Entscheide »vor dem Herrn« fällt, gilt das, was herauskommt, als Gottes Wille. Das gab schon bei den Russland-Brüdern Probleme. Sie erkannten ja ebenfalls unter Gebet und Flehen manchmal andere Dinge als die Komitee-Herren, für sie jeweils »durch Gott offenbart«, und hielten daran fest auch gegen den Willen der Leitung. Wo war dann Gottes Wille? In Dittrichs Tagebüchern findet sich etwa die Bemerkung, dies oder jenes, was vom Komitee verordnet werde, könne nicht Gottes Wille sein. Kissling spricht dies einmal sehr deutlich aus. Aber auf dieser Vorstellung, »wir vertreten Gottes Willen«, baut sich die ganze hierarchische Ordnung der Basler Mission auf. Wenn die jungen Männer sich in die Mission melden, sind sie »Petenten«, im Seminar werden sie »Zöglinge«, sozusagen Kinder. Wenn sie dann eingesegnet sind und ausreisen, sind sie »Brüder« und werden von den Mitgliedern des Komitees als solche angesprochen, die jedoch selbst immer Herr Inspektor, Herr Präsident oder Herr Vorsteher bleiben. Dieselbe Einsicht in Gottes Willen wie dem Komitee wird den Missionsbrüdern nicht zugetraut. Deshalb wird ihnen alles vorgeschrieben und bis ins Detail hinein vorgekaut. Das ist für diejenigen, die selbständig zu denken gelernt haben, oft Anlass für Ärger oder Unverständnis, für andere eine Gefahr, gesetzlich und ohne Nachdenken das Vorgeschriebene buchstäblich befolgen zu müssen, was dann wiederum zu Schwierigkeiten unten den Brüdern führen kann.

Innerhalb dieses Systems muten die Forderungen nach täglichen Notizen über das, was im Beruf jeweils geschehen ist, die Einsendung der Wochenprotokolle, die Zusammenfassung der jeweiligen Berichte und ihre Überweisung ans Komitee, die Quartals- und Jahresberichte sowie schließlich auch jährlicher persönlich- vertraulicher Schreiben als reine Kontrollmaßnahmen an. Es mag nicht so gemeint sein, denn die Leitung braucht Informationen, um selber weiterplanen, entscheiden und die nötigen Mittel dafür aufbringen zu können. Aber wenn ich alle Berichte überdenke, die jeder schreiben sollte, und die Mühe, die mancher Bruder dabei empfindet, dann frage ich mich, wo noch Zeit für die eigentliche Arbeit bleibt. Ausserdem: Wenn den Brüdern nicht zugetraut wird, dass sie sinnvolle Entscheide selber treffen können, sie also erst die Reaktion der Leitung abwarten müssen, bis sie weiterplanen und -arbeiten können, dann vergeht vom Aufschreiben einer Anfrage bis zum Eintreffen der Antwort ein Jahr oder mehr und dann ist die Gelegenheit, das zu tun, was man vorhatte, vorbei. Darüber klagen die Liberia-Brüder Sessing und Kissling, weil sie, auf Antwort wartend, in ihrer Arbeit völlig blockiert sind. Abgesehen davon, dass sie, wie andere Missionsbrüder auch, oft den Eindruck haben, der Inspektor oder das Komitee reagiere überhaupt nicht, während man in Basel findet, die Brüder würden zu wenig schreiben. Auf solche erschwerenden Umstände hat die Wegleitung keine Rücksicht genommen.

Die Frage erhebt sich immer wieder, ob und in wieweit dieses Ordnungssystem auch eine gegenseitige Überwachung unter den Brüdern beinhaltete.[23] In der Instruktion ist davon nicht die Rede. Innerhalb des Seminars gab es in späteren Jahren eine in diese Richtung gehende Verpflichtung. Aus den 1820er Jahren gibt es dafür höchstens Anzeichen. Die Instruktion will bei Meinungsdifferenzen das Komitee erst dann eingeschaltet wissen, wenn die Brüder nach mehrmaliger Beratung, allenfalls auch unter Herbeiziehung Außenstehender, sich nicht haben einigen können. Im Fall der Brüder in Liberia scheint das Komitee in Basel aber besonders misstrauisch gewesen zu sein. Die Brr. Handt und Hegele hatten ihr Missfallen an Sessing nach Basel gemeldet und ihn diverser Vergehen bezichtigt, die er nur in ihren Augen, nicht aber realiter begangen hatte.

---

23 H.W. HUPPENBAUER, Hausordnungen in der alten Basler Mission, Zeitschr. für Interkurelle Theologie 2016, 271-83

Umso merkwürdiger mutet es an, dass die Basler Leitung, nachdem Handt zuerst Mission auf eigene Faust tun wollte, was ein Akt gegen die Basler Leitung war, und darauf als schwer krank nach Europa heimkehrte, was sich als Fehlentscheid erwies; und Hegele aus purer Unvorsichtigkeit einen Hitzeschlag erlitten und nach Basel hatte gebracht werden müssen, deren Anklagen gegen die Kollegen Sessing und Kissling ernster nahm als die Beteuerungen der beiden Angeklagten. In der Praxis scheint das Vertrauen in die selbstständig denkenden Brüder wesentlich kleiner gewesen zu sein als die Instruktion dies vorgibt. Dies hat sich gerade im Liberia-Unternehmen als großes Hindernis erwiesen. Im Blick auf das Scheitern der Basler Liberia-Mission muss man diese Schwächen des Systems mitbedenken, auch wenn Krankheit der Brüder, Nicht-Wollen der afro-amerikanischen Gemeinden der Kolonie und Intrigen der Sklavenhändler im Innern wesentliche Faktoren waren. Schmerzvoll daran ist aber, dass, wie W. Schlatter (s.o.S. 78) in seiner Geschichte der Basler Mission schreibt, das Komitee in Basel aus dieser Erfahrung nichts gelernt habe.

3. Der Text der Instruktion von 1827[24]

§ 1 Veranlassung zu dem Missionsversuche unter den Negern

Wir können euch, geliebte Brüder, unmöglich von unsern europäischen Ufern scheiden sehen, um im Auftrag unserer evangelischen Missionsgesellschaft an armen Negern auf der Westküste von Africa die seelige Botschaft von dem grossen Heile Gottes in Christo Jesu zu überbringen, ohne zugleich für den wichtigen Beruf, den ihr im Namen des Herrn aus unsern Händen empfangen habt, auf einige brüderliche Anweisungen u. Winke mitzutheilen, welche euch einerseits die Ansichten und Gefühle, welche wir über die Mission unter den Negern u. überhaupt im Herzen tragen, kund thun, u. andererseits die brüderlichen Erwartungen u. Hoffnungen, mit denen wir eure Sendung nach Africa betrachten, in einem kurzen Umriss vor die Augen stellen sollen.

Längst schon waren durch mannigfaltige Berichte, welche wir von dem beklagenswerten Zustand der armen Neger auf der Westküste von Africa u. von ihrem Verlangen nach besserer Erkenntnis gelesen haben, unsere Herzen mitleidsvoll zu denselben hingezogen worden. Wir freuten uns als wir von (S.2) Zeit zu Zeit aus den Missionsschriften inne wurden, wie eifrig sich unsere verehrten Brüder in England und Nord-Amerika angelegen seyn lassen, und

[24] BMA FA-10.1,1 und FA-1,1827.1, transkribiert von H. W. Huppenbauer, Frühjahr 2015, mit kleineren Korrekturen des Lektors. Eingeklammert finden sich die Originalseitenzahlen.

wie es ihnen der Herr der Gemeine gelingen liess, mit glücklichem Erfolg unter verschiedenen Völkerstämmen denselben das Evangelium von Jesu Christo zu verkündigen und auch sie zum Antheil an dem grossen Heile einzuladen, das der Sünderwelt in dem Mensch gewordenen Sohn aufgegangen ist. Nicht ohne einige Liebes-Wehmut konnten wir auf die Karte des afrikanischen Continentes hinblicken u. uns auf den weiten westlichen Ufern derselben auf mehr als 40 Grade hin das arme Negervolk in gänzlicher Zerrissenheit & tiefer Verwilderung denken, ohne die Sehnsucht in unsern Herzen wahrzunehmen, dass es dem Herrn, der auch sie mit seinem Blute theuer erkauft hat, wohlgefallen möge, unserer deutschen Missionsgesellschaft auf dieser ungesunden Küste irgendwo ein Pförtchen aufzuschliessen, durch welches eine kleine Schar unserer deutschen Brüder als Boten des Heiles u. des Friedens heilend u. segnend unter die zerrissenen Negerstämme hineintretten u. in brüderlicher Gemeinschaft mit unsern englischen und nordamerikanischen Freunden an der Rettung u. Wohlfahrt des tief misshandelten Negervolkes arbeiten möchten.

Nach langem vergeblichen Fragen u. Suchen scheint uns der Herr das Küstenland (S.3) Liberia für die seelige Arbeit der Liebe aufgeschlossen, - u. die nordamerikanische Niederlassung daselbst durch die Wege seiner Vorsehung als diejenige Stelle bezeichnet zu haben, von welcher aus einzelne fromme Sendboten unserer deutschen Missionsgesellschaft eine weite Heerstrasse in das Innere des armen Negerlandes durch die Macht der göttlichen Gnade geöffnet werden dürfte.

Ihr kennt bereits die Art u. Weise, wie uns der Herr der Gemeinde zur Förderung dieses heiligen Endzweckes mit der verehrten Colonisations-Gesellschaft zu Washington in Nord-America u. durch dieselbe mit ihrem frommen u. verdienstvollen Agenten auf Liberia, Herrn Ashmun, in Verbindung gebracht hat. Die Directoren dieser Gesellschaft haben uns nicht nur in einer freundlichen Zuschrift vom 19. Juni 1826 die freudige Gestattung mitgetheilt, auf ihrer westafrikanischen Neger-Colonie in Liberia durch eine Anzahl christlicher Missionare den ersten Versuch einer evangelischen Neger-Mission einzuleiten u. ihre herzlichsten Segenswünsche für das Gelingen u. ihre Bereitwilligkeit zu mittelbarer Förderung derselben ausgedrückt, sondern der verehrte Agent (S.4) dieser Gesellschaft, Her Ashmun, hat uns auf ihre Veranlassung zugleich in einem eigenen ausführlichen Schreiben vom 23. April 1826 die geeignetsten Mittel u. Wege vorgezeichnet, durch welche die ersten Anfänge eines solchen Missions-Versuches auf jener Küste am füglichsten eingeleitet werden möchten u. die, so weit wir es aus der Entfernung hier zu beurtheilen im Stande sind, die vollkommene Zustimmung unserer Missions-Committee gefunden haben.

Alle diese Umstände flössten uns den Muth u. die Freudigkeit ein, im kindlichen Vertrauen auf die Macht und Gnade des Herrn, euch geliebte Brüder, den brüderlichen Auftrag zu ertheilen, über England nach den jenseitigen Ufern des westlichen Afrikas im Namen eures Gottes u. Heilandes hinüber zu segeln u. auf der nordamerikanischen Colonie Liberia den ersten deutschen Missions-Versuch zu machen.

§ 2 Die Stellung unserer geliebten Brüder im Allgemeinen

Es liegt in der Natur der Sache, dass wir aus Mangel an Erkenntnis u. Erfahrung euch geliebte Brüder noch keine bestimmte u. spezielle Geschäftsanweisung für die Ausführung des wichtigen Auftrags (S.5) unter dem Neger-Volke zu geben im Stande sind, den ihr im Namen des Herrn von unserer Committee empfangen habt. In dem fernen Africa ist euch noch alles fremd u. unbekannt, u. wir haben mit euch erst in eine Schule der Erfahrung hineinzutretten, davon einfache u. reiflich geprüfte Ergebnisse wir nach u. nach weislich sammeln wollen, um nach einer Reihe von Jahren unter den Zurecht-Weisungen des Herrn zur vollen Klarheit über die beste Art u. Weise zu gelangen, wie den armen Negern die Rettungs- u. Erleuchtungs-Mittel des Evangeliums nahegebracht werden können. Vorerst ziehet ihr als anspruchslose Botschafter an Christus statt zu den armen Negern auf jener Küste hin, um in christlichem Sinne des Wortes das Land auszukundschaften u. euch durch die Leitungen unseres Gottes, so wie durch eine wachsende Erfahrung die Mittel u. Wege zeigen zu lassen, auf denen die finsteren Gebiete des schwer misshandelten Negervolkes für den Fürsten des Friedens und sein neues Reich gewonnen werden mögen.

(S.6) Ihr habt in dieser Hinsicht einen ähnlichen Auftrag, wie ihn einst der Täufer Johannes empfing, der zuerst, u. vor Aussendung der Apostel, dem Herrn unter seinem Volk den Weg bereiten sollte. Eben darum hat auch der euch ertheilte Auftrag eine zwiefache Wichtigkeit in unsren Augen. Ihr seid vom Herrn dazu berufen, an der Thüre Africas anzuklopfen u. aus der Entwicklung der Umstände vor dem Herrn eine Antwort auf die Frage zu erhalten: ob eine deutsche Mission auf dieser Neger-Küste begonnen u. ob Scharen von Evangelisten aus unserm Heimalande zu ihr hinüber gesendet werden sollen? Von den Erfahrungen, welche ihr mit eurem aufgetragenen Werke u. wir mit euch zu machen Veranlassung finden werden, wird es ebendarum grossentheils abhängen, ob unsere Missions-Committee den wachsenden Muth und die Freudigkeit im Herrn gewinnen kann, auf bleibende Missions-Niederlassungen in den verschiedenen Distrikten der Negerwelt ihr festes Augenmerk hinzulenken.

Wir wünschen und ermahnen euch um des Herrn willen, diesen Hauptgesichtspunkt unseres Auftrags bei jedem eurer Schritte niemals aus dem Auge zu verlieren, indem sich aus demselben alle die besonderen Anweisungen entwickeln, welche euch die Weisheit von oben (S.7) geben wird, um als fleissige und treue Diener Christi eurem empfangenen Berufe nahe zu kommen. In diesem Blicke müssen wir erst vom Herrn u. der Erfahrung erwarten, ob wir euch dereinst als eigentliche Missionare betrachten dürfen u. ob sein gnädiger Wohlgefallen über euch und eure Brüder also verordnet hat, dass ihr als Verkündiger des Evangeliums Christi dem armen Negervolke dienen sollt.

§ 3 Erster Eintritt unserer Brüder in Afrika

Der erste Eintritt unserer lieben Missionare auf den westafrikanischen Ufern erfordert die grösste Sorgfalt u. ist häufig für das Leben od. Sterben derselben im ersten Jahr entscheidungsvoll. Eine fortlaufende Erfahrung hat nemlich gezeigt, dass wenigstens bis jetzt noch, so lange die afrikanischen Gefilde nicht cultiviert sind, das Clima derselben für die Gesundheit der Europäer nachtheilig ist u. beinahe alle, welche diese Ufer betretten, schon in der ersten Zeit ihres Aufenthaltes einer fieberhaften Periode unterwirft, während welcher sich entscheidet, ob der Europäer auf diesen Gestaden sich häuslich niederlassen kann, oder ob er - um sein Leben zu retten, dieselben verlassen muss. Nach dem Rathe (S.8) unseres verehrten Freundes Herr Ashmun ist unsern geliebten Brüdern, das ganze erste halbe Jahr ihres Eintritts in Africa, u. wenn es die Nothdurft erfordert, eine noch längere Zeit, hauptsächlich dazu angewiesen, auf der Colonie Monrovia zu bleiben, sich dort an das afrikanische Clima anzugewöhnen, alle diejenigen Mittel, welche die bisherige Erfahrung als erprobt bewies, zur Erhaltung ihrer Gesundheit sorgfältig anzuwenden u. im Umgang u. in der freundlichen Berathung erfahrener Freunde, so wie in stiller vorbereitender Gebets-Versammlung, diese erste Übergangs-Periode auf dem afrikanischen Boden zu verleben. Ein heiterer Gott ergebener Muth des christlichen Missionars, der seine ganze Sache dem weisen Rath des Herrn anheim gestellt hat u. jetzt als Knecht u. Kind der weiteren Wege des himmlischen Vaters mit gläubigem Vertrauen wartet u. in seiner Liebe alles thut, was Erfahrung u. Pflicht u. Vorsicht thun heisst; - dies ist wol die seeligste Verfassung des Gemüths, die wie überall, so auch in Africa, auf den Körper wohlthätig zurückwirkt.

Wir müssen angelegentlich wünschen u. euch um Christi willen ernstlich bitten, euch vom Herrn die Gnade zu erflehen u. eure volle Aufmerksamkeit (S.9) darauf zu richten, wie ihr in dieser Lage hauptsächlich zwei Klippen vermeiden möget, von denen jede eurer ersten Angewöhnung in Africa vielfachen Schaden zu bringen droht.

Die erste ist: Unbesonnene Sorglosigkeit, die des einflussreichen Übergangs in ein ganz ungewohntes Clima nicht achten mag, die ganze Weise ihres Thuns und Lassens geradeso wie in Europa fortsetzt u. sich durch Unvorsichtigkeiten vielfach Krankheits-Anfälle oder wol gar den Tod schon in dieser ersten Periode bereitet. Ein nüchterner Bote Christi, der in der Stimme bewährter Erfahrungen dankbarlich die Stimme seines Gottes erkennt u. ehrt, wird diese sorglose Unvorsichtigkeit im Leben sich nicht zu Schulden kommen lassen, sondern um des Herrn Willen u. aus Liebe zu seinem Beruf gerne alle diejenigen Mittel und Wege erwählen, welche Vorsicht und Erfahrung darbieten, um das Leben auch unter einem nachtheilgen Himmelsstriche zu bewahren.

Die zweite Klippe, an welcher schon mancher Missionar auf West-Afrika mit seinem Glaubensschifflein Schiffbruch erlitt, ist: ängstliche Besorgheit u. Zaghaftigkeit, und (S.10) jener weichliche Sinn, der sein Leben nicht um Christi willen verlieren mag u. bei jedem Schritt, den er in seinem Berufe thut, Krankheit od. Todes-Gefahr von allen Seiten fürchtet. Auch diese Sinnesart geziemt dem Boten Christi nicht u. beweist, dass derjenige, der sich von ihr ängstlich umhertreiben lässt, eben den Grund noch nicht gefunden hat, der seinen Anker ewig hält. Ein solcher würde unstreitig besser thun, lieber alsobald aus seinem Missions-Berufe auszutreten u. zu seinem früheren Berufe zurückzukehren, ehe er durch solch weichliche Zaghaftigkeit u. ängstliches Sorgen für die Erhaltung seines Lebens, demselben eine Schmach unter dem Negervolke bereitet. Der nüchterne u. besonnene Knecht Christi erfleht sich die köstliche Gabe von Oben herab, zwischen beiden Klippen sicher durchzusteuern u. mit dem getrosten und freudigen Vertrauen auf seinen Gott, auf dessen Lebensbuch alle seine Tage eingeschrieben sind, zugleich die weise Mässigung und (S.11) Besonnenheit zu verbinden, die dargebotenen Mittel der Erfahrung sorgfältig benüzt, mit kluger Vorsicht einher wandelt, und es sich zum täglichen Wahlspruche macht, was in jenem alten Verse steht:

›Leib und Kraft will man bewahren wenn's nur Jesu dienen kann
Leib und Seele lässt man fahren für den theuren Seelenmann.‹

Herr Ashmun hatte die Güte, unseren geliebten Miss.-Brüdern auf der nordamerikanischen Neger-Colonie daselbst für ihre Angewöhnung im ersten halben Jahr die erforderliche Wohnung, ärztliche Beratung u. übrige Handreichung der Bruder-Liebe freundlich anzubieten. Ihr werdet von seiner Gestattung dankbar Gebrauch machen u. während dieser Zeit gerne, soweit es eure Umstände gestatten, jede angebotene Gelegenheit weislich benützen, um mit dem Land und Volke, unter welchem ihr künftig arbeiten sollt, euch genau bekannt zu machen, die zweckmässigste Art u. Weise unseres Verhaltens kennen zu lernen, die erforderlichen Vorbereitungsmittel eurer Niederlassung einzuleiten, nützliche Bekanntschaften anzuknüpfen u. euch an der Stelle, wo ihr wohnt, (S.12) zugleich der Erwachsenen u. der Jugend unter den Negern, soweit es euch gestattet ist, liebreich anzunehmen.

§ 4 Vorbereitungsarbeit unserer Brüder im Allgemeinen

Wer einen Jahrhunderte lang mit Dornen und Disteln wild überwachsenen Brach-Acker erbauen u. in fruchtbares Garten- u. Acker-Land verwandeln will, der hat vorerst gar vieles vorzubereiten, ehe er das gute Weitzenkorn in den gepflügten Boden ausstreuen kann. Diese ersten Anbahnungen auf dem wilden Dornen-Acker der Negerwelt sind euch geliebten Brüder vom Herrn angewiesen, und wir möchten darum euch brüderlich bitten, diese vorbereitenden Arbeiten nicht gering zu achten u. von der Hand zu weisen u. aus übertriebener Eiligkeit dem irrigen Wahn euch hinzugeben, als ob ihr eurem Berufe ein Genüge geleistet hättet, wenn ihr nur, so bald wie möglich, durch Dolmetscher den wild herumziehenden Negerscharen das Evangelium Christi verkündigt, für dessen Aufnahme u. Verständnis sie noch auf keinerlei Weise vorbereitet worden sind. Bei einem solchen Versuche würdet ihr dieselbe Thorheit begehen, (S.13) deren sich ein Ackersmann zu Schuld kommen lässt, welcher auf den harten unumgebrochenen Felsen-Boden, ohne alles vorherige Pflügen u. Aufräumen, seinen Samen in die Dornengebüsche streut.

Das erste und natürlichste Erfordernis, das nach eurer ersten Angewöhnung an das afrikanische Klima eurer vorbereitenden Sorge obliegt, ist die zweckmässige Auswahl der Stelle, auf welcher ihr den ersten Versuch eurer Niederlassung unter dem dortigen Neger-Volke beginnen sollt. Ihr könnt euch leicht selbst denken, geliebte Brüder, wie viel nicht nur für die Erhaltung eurer Gesundheit und eures Lebens, sondern besonders auch für euren evangelischen Missions-Auftrag daran gelegen ist, die rechte Stelle zu finden u. auszuwählen, auf welcher ihr nach dem Wohlgefallen des Herrn die Seile eurer Wohnung ausspannt[25]. Gerade in diesem entscheidungsvollen Falle vermögen wir euch aus weiter Ferne her u. beim gänzlichen Mangel an Kenntniss der Localitäten jener Ufer am wenigstens mit brüderlichen Rathe zur Hand zu gehen, u. es bleibt uns dabei nichts übrig, als euch im kindlichen Vertrauen und anhaltendem Gebet der weisen u. huldreichen Leitung eures u. unseres himmlischen Vaters so wie der brüderlichen (S.14) Berathung der dortigen christlichen Freunde zu übergeben.

Ihr werdet weise handeln, wenn ihr

1.) in dem wichtigen Geschäfte der Auswahl der Niederlassungsstelle nicht allzu rasch zu Werke geht.
2.) Wenn ihr im ganzen Geschäft vorerst nur versuchsweise zu Werke gehet, ohne gleich Anfangs auf etwas Bleibendes den Blick zu richten.
3.) Wenn ihr bei der Wahl der Stelle auf eine möglichst gesunde, für frische Lust allenthalben zugängliche u. mit gutem, gesundem Wasser versehenen, sowie für den Acker- u. Garten-Bau vorzüglich gelegenen Stelle euer Hauptargument hinrichtet.
4.) Wenn ihr dabei die leichte Verbindung zu Wasser u. zu Lande nicht aus dem Auge verliert, in welcher eine solche Stellung mit dem Haupt-Orte der Colonie sich befindet, welches doch vor erst u. wol noch lange Zeit der äusserliche Hauptstützpunkt eurer persönlichen Sicherheit bleiben muss.
5.) Wenn ihr endlich dabei den Blick bewahret, dass das tiefere Hineintretten in das Innere von Afrika nur langsam und stufenweise ge-

[25] In FA 1-1827.1 »auszuspannen gedenkt« mit Bleistift korrigiert.

schehen kann u. durch Zwischen-Stationen nach u. nach vermittelt werden muss u. dass dennoch diejenige Stelle, welche dem Gebiet der Colonie näher liegt, wenn anders die übrigen Erfordernisse gleich sind, einer entfernter liegenden vorzuziehen ist. (S.15)

Möge euch bei diesem wichtigen Geschäfte der kräftige Rath des Herrn unaufhörlich unterstützen, jeden eurer Schritte leiten, euch vor schädlichen Missgriffen bewahren u. uns aus Gnade die Freude bereiten, welche eine künftige Erfahrung bestätigen möge, dass euch das rechte Plätzchen in Africa angewiesen worden ist, von wo aus die Botschaft des Friedens nach allen Richtungen hin verbreitet werden möge.

§ 5 Weitere Vorbereitungs-Arbeiten unserer Brüder

Seyd ihr einmal mit der Auswahl einer passenden Missionsstelle wenigstens versuchsweise ins Klare gekommen, so tretten euch alsobald vier weitere Vorbereitungszweige entgegen, welche für die zweckmässige Anbahnung einer Missionsthätigkeit unentbehrlich sind.

Das erste Vorbereitungsgeschäft besteht in der Aufrichtung der erforderlichen Hütten für euch und eure Missions-Arbeit, so wie das Bedürfnis derselben nach u. nach aus eurer Ansiedelung an einem bestimmten Platze hervorgehen wird. Herr Ashmun bemerkt uns über diesen Gegenstand in seinem Briefe (S.16) vom 23. April 1826 folgendes:

›Gesetzt, die Missions-Familie besteht anfänglich aus 5 Personen, welche sich jetzt an einer auserwählten Stelle niederzulassen gedenken, so bedürfen sie ausser einem gutgebauten Boote, das sie für ihre Verbindung mit den Hauptstellen unserer Colonie aus Europa mitbringen müssten, sechs Wohnungen für ihren eigenen Aufenthalt, für Gottesdienst u. Schule, für ihre Vorräthe, sowie für Unterkunft der Eingeborenen, welche bei ihnen wohnen um täglichen Unterricht zu empfangen. Diese Hütten (Buildings), in bestem afrikanischem Style aufgerichtet, werden jegliche nicht weiter als 25 Dollars (sämtliche Gebäulichkeiten also 150 Dollars) kosten; auch werden sie 3 Jahre lang keiner Reparatur bedürfen, müssten aber nach 4-5 Jahren mit neuen Wohnungen ersetzt werden.‹

Unsere Committee ist von Herzen bereitwillig, nach obiger Belehrung des Herrn Ashmun, dieses Vorbereitungs-Geschäft eurer Mission in eure Hände niederzulegen, sowie sie auch die benannte Summe der Ausgaben in die Credit-Summe, die euch angewiesen ist, bereits aufgenommen hat; auch ertheilen wir (S.17) euch die Befugnis, auch ein Drittheil der genannten Summe, also im Ganzen 200 Dollars, für den Anfang auf diese Wohnungen verwenden zu dürfen. Wir setzen dabei bestimmt voraus, dass von jedem grösseren Kostenaufwand, der für den ersten Anfang auf diese Wohnungen verwendet werden soll, von euch unserer Committee zuvor ein genauerer Kosten-Überschlag zugesendet u. unsere Einwilligung eingeholt werde, ehe ihr die besagte Summe von 200 Dollars für diesen Zweck eures Bedürfnisses überschreitet.

Während sämtliche Brüder billig über die Art u. Weise der Einrichtung dieser Wohnungen brüderlich zu Rathe gezogen werden, glauben wir die Ausführung des Geschäfts selbst dem l. Br. Sessing übertragen zu müssen, dem der Herr besondere Gaben hierfür gegeben hat u. den wir ersuchen, alle diejenigen Local-Kenntnisse einzusammeln, welche erforderlich sind, um auf eine verständige, zweckmässige u. Kosten ersparende, zugleich (S.18) aber auch möglichst dauerhafte Weise, das Werk auszuführen. Dabei können wir die Bemerkung nicht übergehen, dass diese erforderlichen Gebäulichkeiten, wie es schon der Kostenüberschlag mit sich bringt, soweit es nur immer die Gesundheit u. das Leben unserer Brüder gestattet, möglichst auf afrikanische Weise aufgeführt u. eingerichtet werden mögen, indem hierdurch nicht nur bedeutende Kosten erspart, sondern auch noch viele andere Vortheile bezweckt werden können, deren Einrichtung auf anderem Weg unmöglich ist.

Ein zweites Vorbereitungs-Geschäft besteht in der Führung der Oekonomie mit allen äusserlichen Zweigen, welche sich an dieselbe anknüpfen. Auch in diesem Falle sollte nach u. nach u. in langsamer Stufenfolge, so wie es die Gesundheit der Brüder u. die Angewöhnung gestattet, alles auf afrikanischem Fuss, das heisst: nicht gerade so, wie es jetzt die rohen Neger machen, sondern wie es auf dem afrikanischen Boden (S.19) am zweckmässigsten gemacht werden muss, eingerichtet werden.

So wenig sich von den abscheulichen Sklavenhändlern lernen lässt, so lässt sich doch wenigstens das von ihnen lernen, wie sie es zu machen pflegen, um ihr Leben u. ihre Gesundheit auf dieser Küste zu fristen. Wir glauben dieses Geschäft vorzugsweise unserm l. Br. Handt, jedoch mit freundlicher Berathung seiner Mitbrüder, übertragen zu müssen u. ersuchen ihn daher, mit redlicher Treue u. Liebe diese Besorgung als etwas zu betrachten, das von grosser Wichtigkeit ist u. viel Weisheit von Oben bedarf, um dasselbe auf die rechte Weise auszuführen.

Ein drittes Vorbereitungs-Geschäft ist in der Anlegung des erforderlichen Acker- und Gartenlandes u. in der Pflege derselben zu finden, um die erforderlichen[26] Lebensbedürfnisse der Missions-Familie in gehörigem Vorrathe auf eigenem Boden zu gewinnen. In diesem Zweige der Beschäftigung erblickt unsere Committee mit Recht einen der fruchtbarsten u. einflussreichsten (S.20) Hebel der evangelischen Missions-Thätigkeit. Während die Missions-Familie, sobald es nur immer thunlich ist, unter dem Segen des Herrn ihr eigenes Brot essen soll, um den nachrückenden Brüdern einen neuen Weg zu bereiten, ist zugleich für die Anpflanzung der Sache Christi auf dem wilden Neger-Gebiete alles daran gelegen, dass die armen Neger nicht blos lesen und schreiben, sondern auch möglichst ihren Boden bearbeiten lernen, um der Aufnahme in

---

26 In FA-1-1827.1 mit Bleistift korrigiert »nöthigen«.

das Reich Gottes durch die Verkündigung des Evangeliums empfänglich u. werth zu werden.

Wir versehen uns dabei unsern lieben Brüdern, dass sie diese praktische Grundlegung ihres Missions-Geschäfts zu keiner Zeit gering achten, sondern ihr den Einfluss u. die Wichtigkeit zugestehen, welche die nützliche Beschäftigung der Neubekehrten in allen Zeitaltern der Erweiterung u. Begründung der Kirche Christi unter einem Heiden-Volke eingebracht hat. 1.Thes 4,10-12; 2.Thes 3,10-11.[27] Unsere Committee glaubt diesen besondern Zweig des vorbereitenden Missions-Geschäfts vorzugsweise dem l. Br. Hegele übertragen zu müssen, (S.21) und rechnet darauf, dass ihn seine übrigen Brüder, soweit es ihre Umstände u. Geschäfte gestatten, bei demselben zu jeder Zeit bereitwillige Handreichung thun werden.

Ein vierter Zweig des Vorbereitungs-Geschäftes besteht in der gramatikalischen u. lexikalischen[28] Bearbeitung eines od. mehrerer der hauptsächlichsten Neger-Dialecte, welche von den angrenzenden Völkerstämmen gesprochen werden. Die lehrreichen Bemerkungen des Herrn Ashmun haben in dieser Beziehung das Augenmerk unserer Committee zunächst auf das Bassa-Volk u. die Bassa-Sprache jener Küste hingelenkt u. soweit wir die Umstände zu überschauen vermögen, so scheint uns wirklich dieser besonders volksreiche Negerstamm mit seiner Sprache den nächsten u. einladendsten Anspruch auf den ersten Missions-Versuch unter dem selbigen zu haben. Aber hierzu wird vor Allem erfordert, dass die bis jetzt völlig ungebrochene Bahn zur Kenntniss u. Bearbeitung ihrer Sprache von einem tauglichen Bruder nach festen linguistischen Grundsätzen durchbrochen u. durch seine Anbahnungen (S.22) in dieser Sache seinen Mitbrüdern die einfachen u. erleichternden Hülfsmittel dargeboten werden, um sich insgesamt in den feinen Besitz u. Gebrauch dieser Sprache versetzen zu können.

Unsere Committee hat nach reiflicher wiederholter Berathung vor dem Herrn in dem Beschluss sich vereinigt, dass die erste Bearbeitung dieses wichtigen Vorbereitungszweiges vorerst unseren beiden geliebten Brüdern L. H. Wulff u. G. A. Kissling in die Hände niedergelegt werden soll, u. wir haben ihnen deswegen im Namen des Herrn den von ihnen mit Freuden aufgenommenen Auftrag mitgetheilt, euch drei geliebten Brüdern Handt, Sessing u. Hegele, so bald es die Umstände gestatten, als Boten des Evangeliums auf dem Wege nach West-Africa nachzuziehen, sich an euren brüderlichen Kreis lie-

---

27 »Wir ermahnen euch aber, [...] dass ihr eure Ehre darein setzt, ein stilles Leben zu führen und eure eigenen Angelegenheiten zu besorgen, [...] damit ihr wohlanständig wandelt gegenüber denen, die draussen sind, und nichts bedürft.« »[...] denn als wir bei euch waren, geboten wir euch dies: wenn jemand nicht arbeiten will, soll er auch nicht essen.« In FA 1-1827 sind die Bibelstellen am Rand angefügt (in Originalschrift) und mit Bleistift korrigiert »vgl« und auch die Verse.

28 In der Fassung FA 1-1827.1 korrigiert in »lexikographischen« (entsprechend im Missions-Magazin).

bend anzuschliessen u. in brüderlicher Eintracht gemeinschaftlich mit euch in der Kraft Christi das grosse Werk zu beginnen, zu welchem euch der Herr der Gemeinde aus Gnaden berufen hat. (S.23)[29]

§ 6 Sprachstudien - Wie es damit zu halten sey

Dabei versteht sich von selbst, dass die Erlernung eines oder mehrerer Dialekte das gemeinsame Geschäft aller übrigen Brüder ist, welche nach Afrika gesendet werden. Wir können und mögen uns zu keiner Zeit einen Missionar im Dienste unserer Missions-Gesellschaft denken, der entweder gar nicht oder blos in fremder Sprache oder nur mit Hülfe eines Dometschers unter den Erwachsenen und Kindern des Volkes zu arbeiten vermag, unter welchem er als Verkündiger des Evangeliums auch eingetretten ist. Jeder unserer Brüder hat so lange, als er nicht ausdrücklich davon entlastet worden ist, die bestimmte Pflicht auf sich, wenigstens eine Volkssprache sich also bekannt u. geläufig zu machen, dass er ohne Hinderniss u. mit wachsender Gewandtheit dieselbe zu sprechen u. zu schreiben verstehe, um dem Volksstamm, unter welchem er als christlicher (S.24) Lehrer arbeitet, in der eigenen Muttersprache desselben u. durch dieselbe zu dienen.

Für den ersten Anfang unserer Mission halten wir es, falls auch Herr Ashmun denselben Gedanken billigen sollte, fürs zweckmässigste, wenn alle unsere Missionsbrüder sich in die Bassa-Sprache hineinüben, um vor allem diesem zahlreichen Volks-Stamm unsere menschenfreundliche Aufmerksamkeit zuzuwenden. Es wird dieses Sprach-Geschäft ungemein erleichtern, wenn:

1.) Dazu Sorge getragen wird, dass vor Allem ein tüchtiger bekehrter Bassa-Neger in der Colonie selbst oder auf Sierra Leone aufgesucht u. in den Dienst unserer Gesellschaft aufgenommen wird, der neben dem englischen seine Bassa-Sprache geläufig spricht u. schreibt u. als National-Gehülfe sich bereits einige Fertigkeit der Mittheilung u. des Unterrichtes erworben hat. Wenn sodann
2.) diejenigen Brüder, welchen vorerst die Bearbeitung dieser Sprache in gramatischer u. lexicographischer Hinsicht hauptsächlich aufgetragen ist, mit Hülfe eines solchen Bassa-Negers, mit Aufwand aller Kraft, die ersten Anfänge dieser Sprache (S.25) sich gründlich bekannt machen u. dann, nach gewonnenem Fortschritte, zugleich mit ihrem Bassa-Gehülfen ihre übrigen Brüder in dieser Sprache unterrichten.

Auf diesem einfachen Wege dürfte das an sich für den Einzelnen ungemein schwierige Geschäft mannigfaltig erleichtert u. mit grosser Zeit-Ersparnis der wichtige Zweck erreicht werden, dass sämtliche Brüder unter des Herrn Bei-

---

[29] Dieser folgende Absatz fehlt im EMM, ist aber in der Version FA-1,1827.1 enthalten, aber mit Bleistift eingeklammert.

stand zum freien Besitz und Gebrauch dieses Neger-Dialectes gelangen möchten.

Nichts ist in diesem Anfang schädlicher, als Zersplitterung der wenigen Kräfte durch allzugrosse Mannigfaltigkeit der Gegenstände, welche zu gleicher Zeit in die Hand genommen werden. Zuerst eines rasch u. gründlich, u. dann kann erst ein zweckmässiger Übergang zum 2ten u. 3ten gemacht werden. Unsere Committee wird es eben darum auch mit Freuden vernehmen, wenn unsere geliebten Brüder mit der Erlernung der Bassa-Sprache soweit gefördert sind, dass der eine u. der andere unter ihnen s. Zeit auch einem anderen Volks-Dialecte seine (S.26) Aufmerksamkeit widmen kann.

§ 7 Die Missionsarbeit unserer Brüder im Allgemeinen u. namentlich zunächst der Schulunterricht derselbigen

Aus diesen Vorbereitungs-Arbeiten entwickelt sich nach u. nach unter des Herrn Beystand der eigentliche Zweck zu dem ihr geliebten Brüder nach Africa gesendet worden seyd u. welcher darin besteht, die armen Neger, Grosse u. Kleine, mit dem Heile in Christo näher bekannt zu machen. Bey gänzlicher Ermangelung derselben an allen geistigen Grundlagen u. Vorkenntnissen bleibt unsern geliebten Brüdern wol kein anderer Weg, als dass sie sobald als möglich Bedacht darauf nehmen, mit dem Unterricht der Jugend in Schulen den ersten Anfang zu machen. Zu dieser Arbeit haben alle unsere Brüder, welche nach Africa gesendet werden, neben ihrem speziellen Auftrag, den allgemeinen Beruf, dem sich keiner ohne besondere Genehmigung unserer Committee entziehen wird. Wie natürlich soll auch hier die (S.27) Sache von einem kleinen Anfange ausgehen u. nur stufenweise sich erweitern u. vergrössern. Findet sich bereits auf der Colonie eine Neger-Schule vor, in welcher die ersten Versuche gemacht werden können, so ist es desto besser, indem in ihr willkommene National-Gehülfen für den Schul-Unterricht herangebildet werden können. Diese Negerschulen gedenken wir uns von gedoppelter Art: nemlich

1.) Eine freie u. allgemeine Unterrichts-Schule für alle Neger, Erwachsene u. Junge, welche der Wohlthat theilhaftig werden wollen, unentgeltlich die ersten Elemente des europäischen Volks-Schul-Unterrichts kennen zu lernen, und dabei gleich eine Gelegenheit zu finden, mit dem Evangelio Christi u. dem Wege zum ewigen Leben bekannt zu werden. In dieser Allgemeinen Volksschule ist der Missionar blos Lehrer, der für nichts als für den zweckmässigen Unterricht sowie für die erforderlichen Unterrichts-Mittel seiner Schule zu sorgen hat u. welcher zufrieden ist, wenn Junge (S.28) und Alte mit fester Regelmässigkeit an dem Unterricht theilnehmen u. denselben von ihren eigenen Wohnungen aus besuchen.

Eine 2te nicht minder wichtige Schulanlage ist eine Erziehungsanstalt, in welcher die aufgenommenen Jünglinge u. Kinder nicht blos in den Elementen christlicher Civilisation unterrichtet, sondern auf eine christliche Weise zugleich erzogen werden. Bei einer Anstalt dieser Art, die wir für äusserst wichtig und folgenreich halten, müssen die Jünglinge u. Kinder in einem eigenen dazu errichteten Hause wohnen, die stete Aufsicht und Pflege der Missionare geniessen, die erforderliche Kost u. nöthigenfalls auch die Kleidung von denselben empfangen u. für den besonderen Endzweck, auf irgendeine Weise Gehülfen der Mission zu werden, hin erzogen u. gebildet werden. Bei der ersten Anlage einer solchen Anstalt, versteht sich wol von selbst,

1.) dass sie anfänglich nur ganz im Kleinen, nach Maasgabe der ersten Kräfte begonnen werden kann u. in denselben Verhältnissen sich erweitern wird, als der Grund u. Boden (S.29) der Missionsstelle ihren Unterhalt zu sichern vermag.
2.) dass aus der allgemeinen Volksschule immer die tüchtigsten und hoffnungsvollsten Jünglinge, nach gemachter Probezeit in derselbigen, in die Erziehungsanstalt aufgenommen werden können.
3.) dass keinem Neger-Jünglinge der Zutritt zu derselben geöffnet werden dürfte, welcher entweder hartnäckig bei seinem Götzendienste verharrt oder durch einen schlechten Lebenswandel der Anstalt u. dem Namen Christi Schande bereitet. u.
4.) dass mit etwaiger Ausnahme der Kinder des Königs u. der Häuptlinge, welche der Mission in dieser Anstalt zur Erziehung anvertraut werden sollten, alle übrigen Neger-Jünglinge in derselbigen die ausdrückliche Bestimmung erhalten, auf irgend einem zweckmässigen Wege als Gehülfen in leiblicher od. geistlicher Arbeit einst der Missionssache zu dienen.

Von der Einrichtung u. Führung (S.30) dieser beiden Klassen von Schulen kann in dieser Instruction vorerst keine besondere Anweisung gemacht werden, da es sich hier zuvörderst nur um die Haupt- u. Grundzüge handelt, in welcher die ersten Anfänge unserer evangelischen Missions-Arbeit unter den Negern in Africa uns entgegentretten. Die nähere Entwicklung des Geschäftes selbst wird euch geliebten Brüdern der Herr durch eine genauere Bekanntschaft mit den Local-Verhältnissen, den Volks-Bedürfnissen, sowie den besonderen Förderungen u. Hindernissen, welche eure Stellung unter den Negern darbietet, nach dem Masse ihrer Ausführbarkeit u. Zweckmässigkeit vor die Seele führen, u. unsere Committee wünscht u. erwartet von euch, dass ihr uns in euren künftigen Berichten alle diejenigen Mittheilungen über diesen wichtigen Gegenstand machen werdet, welche dazu geeignet sind, denselben im Lichte einer erprobten Erfahrung bestimmter ins Auge fassen zu können.

§ 8 Schul- und Zeitabtheilung[30]

Die lieben Negerkinder u. Jünglinge sollen nicht blos in den ersten Elementen christlicher Bildung, sondern auch in nützlicher Arbeit geübt werden. Das Letztere ist von der wesentlichsten Wichtigkeit, wenn das Erstere gedeihen u. Früchte tragen soll. Nach Verhältnis der Tages-Zeiten u. den Forderungen des Climas soll demnach ein Theil der einen Tageshälfte dem Lernen in der Schule u. ein anderer Theil der andern Tageshälfte dem Erlernen u. Üben möglicher Arbeiten gewidmet seyn. Auch bei diesen Arbeitsübungen ihrer Schüler sind u. bleiben unsere geliebten Missions-Brüder die Lehrer, Führer u. Vorbilder, u. wir erwarten von einem Jeden derselben, dass er diesen Theil seines Berufes nicht gering achte, sich demselben unter keinem Vorwand entziehe, sondern eben so freudig u. emsig seinen Schülern zu irgendeiner (S.32) zweckmässigen Arbeits-Tauglichkeit, wie zum Erlernen der Unterrichtselemente hilfreich die Hand biete. Da ist nun vor allem Feld- u. Garten-Arbeit, in welcher sie fleissig geübt werden müssen, um ihren Lebens-Unterhalt mit eigener Hand unter dem Segen Gottes auf dem [eigenen[31]] Boden einzuerndten. Da sind verschiedene Handwerke, wie z.B. Schneider, Schuhmacher, Weber, Schreiner, Schlosser etc., zu deren Erlernung die Negerjünglinge sorgfältig u. nachdrücklich angehalten werden sollen.

Da sind viele andere Bedürfnisse des täglichen Lebens, deren Kenntniss u. taugliche Besorgung eine grosse Wichtigkeit für sie und andere hat u. haben muss. Wir bitten eben darum unsere geliebten Brüder, dieses Arbeits-Bedürfniss niemals aus den Augen zu verlieren, sich brüderlich in die Vertheilung dieses Unterrichts zu theilen [Missions-Magazin: finden] u. schon in den ersten Anfängen der Mission es als einen wesentlichen Punkt darauf anzulegen, dass ihre Schulen in diese Ordnung hineingeleitet u. mit fester Hand in derselben erhalten (S.33) werden. Sollten einzelne bekehrte Neger auf der Colonie sich befinden, welche in verschiedenen nützlichen Handarbeiten wol geübt sind u. darin auch andere zu unterrichten verstehen, so dürfte es zweckmässig seyn, diese unter billigen Bedingungen der Missionsfamilie beyzufügen u. für die Missions-Sache zu gewinnen.

§ 9 Die Predigt des Evangeliums

Es liegt in der Natur eures Berufes, dass ihr mit dem Haupt-Zweck eurer Sendung nach Africa u. seiner Ausübung nicht so lange zuwartet, bis alle diese Vorbereitungen veranstaltet, alle diese mitlaufenden Zwecke in Gang gebracht und alle Hindernisse gehoben sind, welche der Predigt des Evangeliums unter

[30] In F-1-1827.1 fehlt dieser §; im Missions-Magazin steht »Geschäfts-« statt Zeitabtheilung.

[31] Im Missions-Magazin eingefügt.

den armen Negern im Wege stehen. Vielmehr könnt ihr (u. das werdet ihr auch um des Herrn u. eures Berufes willen tun) mit der englischen Sprache von dem ersten Tage an, an welchem ihr auf dem afrikanischen Boden eingetretten seyd, nach Maasgabe der Umstände (S.34) und Gelegenheiten mit dem seeligen Versuche beginnen, dieses arme Volck zur Theilnahme an dem Reiche Jesu Christi einzuladen. Dazu werden euch die einzelnen Verbindungen bekehrter Neger, welche bereits auf dieser Küste sich befinden, die erste u. willkommenste Veranlassung darbieten. Aber auch in der Folgezeit, wenn ihr euch an irgendeiner Stelle unter dem Bassa-Volcke niedergelassen habt, dürfte es euch an Mitteln u. Wegen nicht gebrechen, wenn auch in gebrochener Sprache u. nur halbverständlich jedem, der es hören mag, die unerforschlichen Reichthümer Jesu Christi zu verkündigen.

Um zu rechter Tauglichkeit für diesen wichtigen Beruf zu gelangen, könnt ihr nicht einfach, kindlich u. deutlich genug beim Unterrichten der Neger anfangen; u. es wird eine der ersten u. zugleich schwierigsten Übungen für euch Alle werden, nach der Negerweise zu denken u. nach ihrem Bedürfniss die gedachte Wahrheit in den klarsten u. einfältigsten (S.35) Ausdruck einkleiden zu lernen. Mit allgemeinen Begriffen, wie ihr selbst, und zwar ohne euch oft selbst verständlich [Missions-Magazin: bewusst] zu seyn, die Religions-Wahrheiten euch zu denken gewohnt seyd, u. mit Predigen im gewöhnlichen Sinn des Wortes kommt ihr bey den einfältigen Negern überall nicht fort. Ihr müsst vor Allem die Denk- u. Ausdrucksweise derselben sorgfältig studieren, ihr müsst den kleinen Vorrath ihrer Vorstellungen u. Begriffe kennen lernen; ihr müsst das, was sie sich unter ihren Worten zu denken gewohnt sind, genau erforschen; ihr müsst nur an Bekanntes das Unbekannte anknüpfen, durch Ähnliches das Ähnliche erläutern, in ihren Umgebungen die ersten Anknüpfungs-Punkte eures Unterrichts aufsuchen u. in bildlicher Sprache ihrem Gemüthe das zuführen, was sie in eigentlichen Ausdrücken noch nicht zu verstehen vermögen.

Erst eine reifere Erfahrung wird euch, geliebten Brüdern, die rechten Wege (S.36) zeigen, auf denen ihr mit der Predigt des Evangeliums in der Negerwelt einhergehen müsst, wenn ihr in derselben verstanden werden u. Nutzen schaffen wollt. Dabei bleibt es für euch und uns eine wichtige Beruhigung, dass der Vater der Barmherzigkeit die demüthige Treue von eurer Seite also zu segnen verheissen hat, dass er selbst durch seinen Geist in den Herzen der Menschen das Beste thun, ihren Verstand durch sein Wort der Wahrheit erleuchten, ihre harten Herzen erweichen u. den ausgestreuten Samen durch seine alles vermögende Kraft also fruchtbar machen will, dass er 30, 60 und hundertfältig Früchte trägt.[32]

---

32 Im Missions-Magazin lautet dieser Satz: »Es dient uns für euch und für uns zur Beruhigung und zum Trost, dass der Vater der Barmherzigkeit [...]«. Im Text FA-1.1827,1 ist diese Veränderung mit Bleistift über den ursprünglichen Text eingetragen.

§ 10 Das Leben des Missionars, die beste Predigt

Dabey bleibt jeder Zeit u. an jedem Orte das Leben des Boten Christi die eindringlichste u. kräftigste Predigt, welche in der Regel in der Heidenwelt lauter spricht u. tiefer wirkt, als die glänzendste Beredtsamkeit. Dies ist besonders in der Negerwelt der Fall, welche bei ihrer kinderartigen Einfalt und Unwissenheit nur im Leben u. Handeln des Missionars die (S.37) Gründe der Wahrheit für das zu finden vermag, was er ihnen im Namen eines noch unbekannten Gottes verkündigt.

Die Stellung eines Bothen Christi unter den Negern ist in der Regel eine ganz andere, als sie unter den spitzfindigen Braminen der Hindus u. den zanksüchtigen Mullahs der Muselmanen beschaffen ist. Der Neger bedarf vor allem eine freundlich entgegenkommende Liebe, wenn er für den Ausländer Zutrauen gewinnen und dem Wort, das verkündigt, seine Aufmerksamkeit schenken soll. Alles stolze, hoch herfahrende, vornehm thuende Wesen, das immer nur gebieterisch auftritt u. sich geltend machen will, treibt ihn in sein Innerstes zurück; er wird sklavisch gehorchen, wenn er muss; aber nie wird sein Herz Theil nehmen an dem, was ihm abgenöthigt worden ist. Eine freundlich entgegen trettende, demüthige, alles tragende u. vergebende Liebe ist das erste und unentbehrlichste Herzenserfordernis, das der Bote Christi mit sich in die Heidenwelt hineinbringen muss, (S.38), wenn er mit glücklichem Erfolg und in derselben wirken will.

Die Neger gleichen beinahe durchgängig unmündigen Kindern, die bei einem hohen Grad natürlicher Gutmütigkeit gedankenlos und leichtsinnig umherirren, so lange sie keinen Führer zur Seite haben, dem sie ihr freundliches Vertrauen schenken können. Nur ein liebender, väterlicher, wohlmeinender Sinn, der in allem, was er redet u. thut, es mit der That beweist, dass er ihr wahres Bestes sucht, der ihnen als unmündigen Kindern gerne vergiebt, mit ihren Schwachheiten Geduld trägt, sie durch die Dienstfertigkeit seiner Liebe anlockt u. bei jeder Gelegenheit es ihnen fühlbar werden lässt, dass sie seinem Herzen theuer sind; nur dieser Sinn, so wie er in Christo war, der mit freudiger Hingebung u. mit bereitwilliger Auslieferung seiner selbst, sucht, was verloren ist, und alles für Schaden hält, um etliche für das Reich Christi zu gewinnen. Nur dieser Sinn wird die arme Welt Africa besiegen.

Es thut unsern Herzen wohl, (S.39) von verschiedenen Seiten vernehmen zu dürfen, dass sich da u. dort die Neger liebevoll für unsere deutschen Brüder ausgesprochen haben u. mit einem guten Vorurtheil des offenen Vertrauens denselben entgegentretten.

Wir fühlen uns ebendarum angeregt, euch im Namen unseres Herrn Jesu Christi dringend zu bitten u. aufzufordern, auf jedem eurer Schritte in der Negerwelt, es keinen Augenblick zu vergessen, wie übermüthig und schändlich seit Jahrhunderten die armen Neger fast durchgängig von Menschen, die sich Christen nannten, behandelt worden sind u. noch behandelt werden u. wie unendlich viel schreiende Ungerechtigkeit durch euer uneigennützig liebendes, tragendes u. vergebendes Benehmen unter ihnen gut zu machen ist, um die bittern Empfindungen nach u. nach aus ihrem Herzen zu vertilgen, welches jedes europäische Gesicht in denselben erregen muss.

Ihr seid diesen misshandelten Geschöpfen (S.40) eine unerschöpfliche Geduld u. ein Übermass von wohlthuender Liebe schuldig, wenn auch nur einigermassen die tausend blutenden Wunden geheilt werden sollen, welche ihrem Volke seit Jahrhunderten die schmutzigste Habsucht u. die grausamste Arglist der Europäer geschlagen hat. Wer daher nicht eine reiche Fülle von Erbarmungen und ein überfliessendes Mass liebender Zuneigung zu diesem armen Volke in seinem Herzen fühlt, der lasse sich unter Gebet u. Flehen vor Allem von Oben herab diese himmlische Gabe in sein Herz schenken um durch sie tüchtig gemacht zu werden, nach dem Vorbilde seines göttlichen Erlösers unter denselben herumzuziehen u. wohlzuthun.

§ 11 Wochen-Conferenz[33]

Heilsam u. wohlthätig, ja wol unentbehrlich für den Frieden eures Bundes, für die Gleichförmigkeit u. Zusammenstimmung eurer Arbeit, für euren gemeinsamen Segen wird es seyn, wenn ihr nach dem Inhalt des (S.41) § 22 der General-Instruction gleich von Anfang eine Wochen-Conferenz unter euch errichtet, von welcher in derselben die Rede ist, u. es darauf antraget, dass sie in der Gegenwart sämtlicher Glieder regelmässig jede Woche gehalten wird. Alle arbeitenden europäischen Brüder einer Station sind berathende u. stimmgebende Glieder derselben. Sind auf einem Posten National-Gehilfen gegenwärtig, so werden diese mit Recht entweder regelmässig zur Conferenz oder von Zeit zu Zeit als mitrathende Brüder beigezogen. Bei derselben wird regelmässig von einem der Missionare ein Conferenz-Protokoll gehalten, in welches jeder Gegenstand der Berathung kurz u. bezeichnend mit den verschiedenen Bemerkungen, welche über demselben gemacht wurden, so wie mit dem darauf gegründeten Beschluss eingetragen wird. Alles, was nicht Privat-Sache des einzelnen Bruders ist u. nicht unmittelbar aus seinem eigenthümlichen Missions-Berufe hervorgeht und (S.42) mit ihm selbst verstanden zusammenhängt, ist Gegenstand der gemeinsamen brüderlichen Berathung der Wochen-Conferenz. Bei derselben referiert jeder einzelne Bruder, was im Laufe der Woche in seinem Missions-Berufe Bedeutsames vorgekommen ist. Jede darauf sich gründende Veränderung wird sodann Gegenstand der ge-

---

[33] Diesem § ist in der Fassung FA-1,1827.1 ein längerer Abschnitt vorangestellt mit Vermerk »bleibt weg« und nachher durchgestrichen (1 Seite) bis zum Abschnitt, der dem Anfang hier entspricht. Es ist anzunehmen, dass es sich dabei um die »General-Instruction« handelt, die 1825 im Blick auf die Brüder in Russland und mit diesen zusammen verfasst worden ist.

meinsamen Berathung gemacht u. der Beschluss ins Protokoll-Buch eingetragen.

Sollten die anwesenden Missions-Brüder sich über einen Punkt nicht gemeinschaftlich berathen können, so wird derselbe entweder für die nächste Wochen-Conferenz aufgespart u. das gemeinsame Verständnis vor dem Herrn aufs Neue versucht od. H. Ashmun od. die National Gehülfen zu Rathe gezogen u. nach überwiegender Stimmenmehrheit die Sache abgethan. Dabei kommt nun alles darauf an, ob wahre Herzens-Demuth, ob der Friede Gottes, der höher ist denn alle Vernunft, ob selbstlose, aufrichtige Bruderliebe bei euren Berathungen das Steuerruder (S.43) führen oder nicht, weil nur in diesem Elemente der Wille Gottes wahrhaftig erkannt werden kann, was dabei fleischlicher Eigenwille, was Stolz u. Rechthaberei, was das Schalks-Auge, das in jedem armen Menschenherzen, selbst bei gläubigen Kindern Gottes gerne sich geltend zu machen sucht, fehlerhaftes und eigenes einmischt, das kann nur durch ein anhaltendes, inbrünstiges u. gemeinsames Gebet u. durch aufrichtiges Verständnis in die Wege des Herrn weggehoben u. ins rechte Geleis hinein geleitet werden. Der Inhalt dieser Conferenz-Protokolle liefert sodann das geeignete Material für eure Briefe, die ihr von Zeit zu Zeit in Angelegenheit eures Missions-Berufs unserer Committee zu schreiben habt. Es werden uns nemlich aus denselben regelmässig getreue Auszüge mitgetheilt, welche sodann Gegenstand der Berathung unserer Committee werden, die sich in allen wichtigen Fällen, so wie in allen (S.44) denjenigen, in welchen euer Bruderkreis keine Zusammenstimmung finden kann, die Entscheidung vorbehält.

§ 12 Tagebücher u. Correspondenz

Es ist unser ausdrücklicher Wunsch und Wille, dass ein jeder Bruder, der an der Mission arbeitet, ein eigenes Diarium führe, das nicht ihm, sondern dem Archiv der Missions-Station angehört. In dieses Tagebuch trägt ein jeder Bruder jeden Tag kürzlich ein, was ihm in seinem Berufe den Tag über Frohes und Trauriges begegnet ist, was er für die Mission Wichtiges erfahren hat u. welche Eindrücke überhaupt [über] sein stilles Missions-Geschäft vom Geist des Herrn ihm in die Seele gelegt worden sind. Aus diesen Tagebüchern der Brüder wird abwechselnd der Reihe nach von einem Bruder jeden Monat das Wichtigste u. Lehrreichste in eines zusammengefasst, in der Wochen-Conferenz von den Anwesenden Gliedern revidiert u. so diese Auszüge aus den Tagebüchern sämtlicher Brüder gesendet.

Diese Auszüge sind die wesentlichste Grundlage unserer eigenen Erkenntnis von eurem Missions-Geschäfte, u. da sie zugleich in unsern monatlichen Missions-Blättern unsern sämtlichen Missions-Freunden mitgetheilt werden, so ist es billig u. keineswegs ohne bleibende Frucht, wenn unsere Brüder es sich angelegen sein lassen, auf ihre Diarien alle Sorgfalt zu verwenden u. darauf Bedacht zu nehmen, dass der Inhalt derselben bei der ungeschmückten Darstellung der Wahrheit zugleich möglichst belehrend u. fruchtbar werden möge. Es liegt in der Natur der Sache, dass der denkende Arbeiter, der in der Liebe Christi sein Herz für das Wohl der ganzen Neger-Welt aufgeschlossen hat, die Materialien seiner Beobachtung für sein Tagebuch nicht blos aus dem engen Raum der kleinen Station zusammensammle, auf welchen ihn der Herr zur Arbeit gestellt hat, sondern dass er die Blicke des Geistes je mehr u. mehr erweitere u. jede Gelegenheit (S.46) weislich benütze, um einen grossen Reichtum fruchtbarer Beobachtungen über weiter gelegene Länder u. Völker aus sicheren Quellen zusammen zu lesen u. dadurch die Wege u. Mittel anzubahnen, auf denen die nachkommenden Boten Christi in der Kraft des Herrn immer tiefer in die unbekannten Länder des inneren Afrikas eindringen mögen. Nicht weniger wichtig ist im Missions-Werk eine richtige Correspondenz-Führung, in dem die Briefe das einzige vom Herrn gebotene Mittel sind, um unsere im fernen Heidenlande arbeitenden Brüder mit uns u. uns mit ihnen in fortgesetzter Verbindung zu erhalten u. uns wechselseitig die Ermunterungen, Hülfleistungen u. Zurechtweisungen zu sichern, deren sie u. wir mit ihnen so sehr bedürfen, wenn das Werk des Herrn nicht Schaden leiden soll. Indem wir es euch l. Brüder mit des Herrn Hülfe freudig versprechen, regelmässig jedes Vierteljahr einmal ein schriftliches Zeugnis des liebenden Andenkens (S.47) u. zutraulicher Mittheilung an euch nach Afrika [zu] senden, so erwarten wir von euch u. legen es euch als Berufs-Geschäft auf, dass abwechselnd der Reihe nach von einem Bruder aus eurer Mitte regelmässig ein Quartal-Schreiben uns von eurem Missions-Posten zu gesendet werde, das von allen übrigen Brüdern unterzeichnet ist, das den Inhalt der zugleich mitzusendenden Tagebücher des Vierteljahres noch weiter erläutert u. zugleich als zutraulicher Ausdruck eures gemeinschaftlichen brüderlichen Sinnes am Werk des Herrn von uns betrachtet werden kann u. darf. Da gerade in diesem Stück einzelne unserer früher ausgesendeten Zöglinge so manche Saumseligkeit sich zu Schulden kommen liessen u. dadurch sich selbst u. ihrem Berufe einen wesentlichen Schaden zufügten, so möchten wir euch angelegentlich erinnern, mit diesem Theil eurer Berufs-Pflicht es möglichst gewissenhaft zu halten u. die Wichtigkeit nicht zu übersehen, welche in dieser Regelmässigkeit eurer schriftlichen Mittheilungen an uns zu finden ist. Da die halbjährige Regenzeit (S.48) die Schiffs-Gelegenheit wesentlich beschränkt, durch welche ihr eure Mittheilungen an uns senden könnt, so rechnen wir darauf, dass ihr um so mehr die anderen Gelegenheiten des halben Jahres benützen werdet, um diese grosse Lücke auszufüllen u. auch während der Regenzeit die Vorkehrung treffen werdet, um keine Gelegenheit der Versendung, die sich euch darbietet, aus eigener Schuld zu versäumen.

Schliesslich bemerken wir noch, dass wir wünschen, dass jeder einzelne Bruder wenigstens einmal im Jahr für sich selbst u. seine Person ein offenes u. zutrauliches Wort schreiben u. uns mit den Erfahrungen bekannt machen u. eben damit die Gelegenheit bereiten möge, dass auch wir ihm ein zutrauliches Wort der Liebe u. der Ermunterung darauf erwidern mögen.

§ 13 Fragen-Plan

Damit ihr geliebten Brüder für die Berathungen eurer Wochen-Conferenz sowohl, als für eure Berichte und Mittheilungen an uns, eine Übersicht der vielfachen wichtigen Gegenstände gewinnen möget, über welche wir gern von euch in eine fortlaufende Kenntniss gesetzt werden möchten, so fügen wir euch eine Reihe kurzer Fragen bei, welche die hauptsächlichsten dieser Gegenstände nennen, auf welche wir Antworten von euch erwarten u. für welche die künftige Erfahrung ein mannigfaltiges Material darbieten wird.[34]

I. Euer brüderlicher Kreis
II. Eure Niederlassung Geschäftsvertheilung
III. Eure Sprachstudien
IV. Schularbeiten
V. Erziehungsanstalt
VI. Land und Gartenbau
VII. Unterricht u. Bildung des weiblichen Geschlechts
VIII. Ist dafür etwas geschehen u. wie viel? Oder nicht? Warum nicht? Kann mit der Folge etwas gethan werden? Wie soll es geschehen? Was muss von Seiten unserer Committee dafür geleistet werden? Ist nicht blos Schul-Unterricht, sondern auch eine Anleitung in weiblichen Arbeiten einführbar? Welche Arbeiten sind am zweckmässigsten? Welche Hindernisse? Welche besonderen Beweggründe, dass in dieser Hinsicht etwas geleistet werden möge?
IX. Religionsunterricht u. Predigt des Evangeliums unter den Erwachsenen
X. National-Gehülfen
XI. Heidenthum der Neger
XII. Die Negerwelt im Allgemeinen
XIII. Sclavenhandel
Ist er noch auf eurer Küste vorhanden? Wie weit? Durch wen wird er getrieben? Wie weit sind die Negerhäuptlinge in denselben verwickelt? Welche Hindernisse legt derselbe der Ausbreitung des Christenthums in den Weg? Was thut die Colonial-Regierung zu seiner Vertilgung? Wie ist euer Benehmen dabei?
XIV. Drucker-Presse
XV. Übersetzung der heiligen Schriften
XVI. Rechnungswesen
XVII. Tausch-Verkehr
XVIII. Vorschläge
XIX. Vermehrung der Brüderzahl
XX. Neger-Schule

---

34 Außer bei VII, XII und XXV habe ich die Detailfragen weggelassen.

XXI. Guinea-Schiff
XXII. Verhältnisse der Missionsniederlassung zur Colonie
XXIII. Sterblichkeit
XXIV. Gegenseitige Handreichung im Bruderbund?
XXV. Ist ein Segen schon sichtbar?Eindruck des Werks unter den Negern auf euch?

Was ist zu hoffen? Was ist zu fürchten? Was ist zu thun? Es versteht sich wol von selbst, dass ihr geliebten Brüder manche dieser Fragen für den ersten Anfang noch gar oder nur theilweise zu beantworten im Stande seyd. Wir haben sie hier in eine Übersicht zusammengestellt u. leicht könnte dieselbe noch mit manch andern wichtigen Fragen vermehrt werden, u. unsere Absicht dabei geht dahin: (S.60)

1. Eure Blicke auf die grosse Mannigfaltigkeit der Standpunkte zu fixieren, von welchen aus euer Missionsgeschäft betrachtet werden kann.
2. Euch für eure persönliche Beobachtung sowie namentlich für die Berathungen eurer Wochen-Conferenzen einen reichen Stoff der fruchtbaren Nachdenkens vorzulegen, und
3. Euch in diesen Fragen kurz und deutlich anzudeuten, was wir in euren laufenden Berichten zunächst u. hauptsächlich erwarten u. worauf eure brüderlichen Mittheilungen an uns hingerichtet sein müssen, wenn sie fördernd für euch, fruchtbar für den Missions-Beruf u. lehrreich für uns u. unsere Freunde werden sollen. Wir wünschen dabei u. ersuchen euch brüderlich, wenigstens jedes halbe Jahr über einzelne dieser Hauptfragen uns kürzer od. umständlicher eure Ansichten u. Erfahrungen brüderlich mitzutheilen.

§ 14 Rechnungswesen

Für das Rechnungs-Wesen des neuen Missions-Postens in Liberia hat unsere Committee noch keine zureichende Erfahrung u. eben darum auch noch keine feste Regel gefunden. (S.64).[35]

§ 15 Waaren-Tausch

Es ist unserer Committee gemeldet worden, dass jetzt noch der gewöhnliche Arbeits- u. Lebens-Verkehr auf der Küste nur durch Waarentausch geführt werde, u. Herr Ashmun bemerkt, dass es vortheilhaft für die Mission sein würde, wenn für den Zweck des laufenden Bedürfnisses unsern Brüdern eine Parthie gangbarer Waaren-Artikel mitgegeben würde, um auf diesem Wege ihren Verkehr mit den dortigen Einwohnern zu erleichtern u. sicher zu stellen.

---

35 Details nicht transkribiert.

Unsere Committee hat eben darum einen Theil des Geldes, welchen wir eurem (S.65) Lebens-Unterhalt u. den ersten Anfängen einer Missionsniederlassung bestimmt haben, in solche Waaren verwandelt, wie uns dieselben als zum Tauschwerk eher tauglich bezeichnet worden sind. Da euch u. uns diese Weise des Verkehrs mit Andern noch ganz fremde ist, so gehört von unserer Seite eine grosse Vorsicht dazu, um einerseits die Missions-Sache nicht in Schaden zu bringen u. andererseits auch den Negern gegenüber vor dem Verdacht sicher zu stellen, als ob es bei eurer Missions-Niederlassung nicht sowohl auf Vorbereitung christlicher Erkenntnis u. christlicher Erziehung, als nur vielmehr um gewinnsuchende Handels-Vorbereitung zu thun sey. Bis eine festere Erfahrung euch in diesem Geschäft sicher leitet, bemerken wir euch im Allgemeinen hierüber nur folgendes:

1.) Dieser ganze Verkehr wird am sichersten nur einem Bruder aus eurer Mitte, u. zwar vorerst dem Bruder [...] aufgetragen, der hierin mehr Übung als die Übrigen hat, u. alle übrigen Brüder lassen sich in diese Sache nicht ein, als so weit die brüderliche Beaufsichtigung aller es erfordert.36
2.) Herr A. wird den besten Rath geben, wie die Sache auf eine zweckmässige Weise einzuleiten u. zu betreiben ist.
3.) Es kann u. darf zu keiner Zeit von eigentlichem Waaren-Verkauf gegen Geld dabei die Rede sein, den Fall ausgenommen, dass die Faktorei der Colonie den Verkauf u. die ganze Besorgung auf sich nimmt.
4.) Es muss von Seiten der Brüder mit aller Sorgfalt darüber gewacht werden, dass bei den Negern der Verdacht irgend eines Handlungs-Verkehres entfernt werde, u. man ihnen deutlich mache, dass blos ein erleichterter Verkehr von ihrer Seite dabei beabsichtigt wird, welcher ihnen die gleichen Vortheile gewährt.
5.) Es darf durchaus kein Wucher statt finden u. unter keinerlei Vorwand ein Wucherpreis genommen werden, wie lockend auch die Gelegenheit dazu sein möchte; auf dieser Seite liegt der Fluch u. nicht der Segen Gottes.
6.) Es ist nöthig u. zuträglich, dass [sich] dieser Waaren-Tausch nur auf wenige Artikel beschränke, u. ihr nennt uns in einem eurer künftigen Briefe die gangbarsten u. brauchbarsten, welche für Africa am nothwendigsten sind. Nützliches soll u. muss jedem schimmernden (S.67) Luxus-Artikeln vorgezogen werden, so lange nicht die kindische Convenienz der Neger anderes nothwendig macht.
7.) Überhaupt erwarten wir, dass ihr uns mit der Zeit über diesen Gegenstand passende Vorschläge macht, welche auf eine sichere Erfahrung gegründet sind.

---

36 Bedeutet wohl »nur soweit als es die brüderliche Beaufsichtigung aller erfordert«.

8.) Was die Art u. Weise der Verrechnung der ausgetauschten Waaren betrifft, so traget ihr in eure vierteljährliche Abrechnung den Waaren-Anschlag nach dem Verhältnis ein, in welchem die Preise jedes einzeln Artikels euch von uns angegeben worden sind; nebenbei macht ihr in einer eigenen Rubrik einen zweiten Anschlag, worin ihr bemerkt, was die Sache, welche ihr mit einer Waare berichtigt habt, in Afrika gekostet haben würde, wenn sie statt mit Waaren, mit laufendem Geld bezahlt worden wäre.

§ 16 Verheurathung

Unsere Mission in Afrika befindet sich in ihren allerersten Anfängen. Noch ist die Niederlassung unter dem Bassa-Volke nicht geschehen u. wir wissen nicht einmal wann sie geschehen kann und wird; noch ist die Sprache des Volkes nicht erlernt; (S.68) noch ist kein Gemeindlein von Gläubigen gesammelt. Solange die Umstände also beschaffen sind, kann der Natur der Sache nach von einer Verheurathung unserer Missions-Brüder in Afrika nicht die Rede sein, und wir bitten dieselben in dem Herrn, diesen Umstand reiflich zu erwägen, ehe sie nach Afrika ziehen u. sich von dem Herrn, durch den der Christ Alles vermag, den Muth u. die Glaubens-Kraft täglich zu erflehen, mit dem Apostel Paulus sagen zu lernen: ›Ein jeglicher, der da kämpfet, enthält sich alles Dinges, jene zwar, dass sie eine vergängliche Krone empfangen, wir aber eine Unvergängliche. Ich laufe aber also, nicht als der in die Luft streichet. Sondern ich betäube meinen Leib u. zähme ihn, dass ich nicht Andern predige u. selbst verwerflich werde.‹ 1. Cor. 9,25–27.

Unsere Committee behält sich vor, wenn in der Folge die obgenannten Umstände sich geändert haben werden, mit väterlicher Berücksichtigung der Umstände den Wunsch der Einzelnen in dieser Beziehung zu berathen, so wie sie es als eine (S.69) selbstverständliche Regel voraussetzt, dass ohne die Genehmigung unserer Committee kein einzelner Bruder, der in den Diensten unserer Gesellschaft steht, in eine eheliche Verbindung treten kann und wird.

§ 17 Missions-Reisen

Es liegt in der Natur der Sache, dass der Bote Christi, welcher den Negern das Heil Gottes zu verkündigen den Auftrag empfangen hat, es wünschenswerth finden muss, sich nicht blos an eine kleine Stelle des Raumes auf dem afrikanischen Boden, unter einer kleinen Schaar von Heiden bleibend anzusiedeln, sondern gemeinschaftlich mit seinen Brüdern sein liebendes Augenmerk zugleich daraufhin zu lenken, dass die Kreise ihrer Missionsthätigkeit mit jedem Jahr weiter u. umfassender werden möge.

Der ungeheure Continent von Africa ist ein dem christlichen Menschenfreund beinahe unbekannter Boden, u. was auch immer europäischer (S.70)

Handels-Verkehr, und noch mehr der europäische Sklavenhandel, jener unvertilgbare Schandfleck der europäischen Völker, von Ländern und Völker-Entdeckungen in diesem Welttheile seit Jahrhunderten eingesammelt haben, so ist uns doch bis jetzt kaum der vorderste Saum dieses völkerreichen Continentes sparsam bekannt geworden, u. die neuesten Reisen in das Innere von Africa haben es kund gethan, wie unendlich viel auf dem afrikanischen Boden für Länder u. Völkerkunde zu entdecken übrig geblieben ist.

Der Bote Christi, der das seelige Geschäft der Menschenrettung durch das Evangelium nach seinem hohen Werthe kennen gelernt hat, kann die grosse, noch auf den meisten Stellen unbeschriebene Karte der afrikanischen Welt nicht ohne das Gefühl (S.71) warmer Sehnsucht betrachten, dass über diesen Finsternissen der Völker u. Länder bald die helle Sonne der Gerechtigkeit aufgehen möge. Wie sehr es auch Pflicht und Klugheit gebieten, dass ihr durch den Blick in die unendliche Weite hinaus euch in eurer heilsamen Arbeit auf einem kleinen Fleck Afrikas nicht stören lasset, so muss es doch auf der andern Seite unsere Committee wünschenswerth finden, dass wenigstens einige von euch sich bei Zeiten mit dem Gedanken befreunden werden, so wie der Herr Gelegenheit und Wege öffnet, die dargebotenen Einladungen wahrzunehmen, um die verschiedenen Negervölker im Innern dieses Welttheil nach und nach besser kennen zu lernen. Wir können euch hier vorerst den Wunsch unserer Herzen nur leise deuten, dass einigen von euch der Herr gelingen lassen möge, bei wachsender Bekanntschaft mit eurer nächsten Umgebung, sowie mit der Art u. Weise, wie in Afrika gereist wird, kleine Versuche zu wagen, um in verschiedenen Richtungen die Kreise eurer (S.72) Bekanntschaft mit den Negern weiter auszudehnen u. durch temporäre Ausflüge dieser Art, allmählich den Weg für neue Missionsstellen anzubahnen. Soll dies mit der erforderlichen Sicherheit u. mit heilsamem Erfolge geschehen, so gehört freilich eine Reise der Erkenntniss u. der Übung dazu, welche sich nur nach u. nach in der Schule der Erfahrung aus dem afrikanischen Boden selbst gewinnen lässt, u. die daher erst erlangt werden muss, ehe auf grössere Missions-Reisen in diesem unbekannten Lande Bedarf genommen werden kann. Ihr geliebten Brüder werdet namentlich in euren Wochen-Conferenzen diesen wichtigen Gegenstand von Zeit zu Zeit in gemeinschaftliche Berathung ziehen u. bei jeder Gelegenheit, die sich euch darbietet, die Erkenntnismittel sammeln, um euren Berathungen hierüber durch eine Summe wichtiger Thatsachen die erforderliche Gründlichkeit u. die rechte Richtung zu verschaffen.

§ 18 Eintracht und Friede, das einzige Band der Missions-Familie

(S.73) Soll es euch freilich gelingen, nach dem Wohlgefallen des Herrn u. zum Seegen der armen Neger in Afrika zu leben, so ist der Friede Gottes, der höher ist, denn alle Vernunft, sowie die Einigkeit des Geistes durch das Band eurer ungeheuchelten Bruderliebe der einzig vom Evangelium vorgezeichnete Weg, der zu diesem schönen Ziele führt. Wenn der Heiland als wichtigstes Merkmal die wahre Verbindung mit ihm das als Grund-Charakter nennt: ›Daran wird Jedermann erkennen, dass ihr meine Jünger seid, so ihr Liebe unter einander habt‹, so hat dieser Ausspruch des Herrn für seine Boten in der Heidenwelt eine um so tiefere Bedeutung, da den Heiden, unter welchen sie wohnen, beim Mangel einer richtigen evangelischen Erkenntniss überall kein anderes Mittel gegeben ist, woran sie den wahren Jünger Jesu von dem falschen Betrüger unterscheiden mögen, als wenn sie zu jederzeit wahrnehmen dürfen, dass sie Liebe untereinander haben; diese Eintracht u. Liebe, die das schönste Kleinod (S.74) eurer Familien-Verbindung ist, sollte billig von euch für euer gemeinsames, unverlezbares Gut also festgehalten werden, dass jeder einzelne von Herzen bereitwillig ist, sein Privat-Recht u. seinen Privat-Vortheil mit Freuden aufzuopfern, sobald mit diesem Opfer die Einigkeit des Geistes durch das Band des Friedens in eurem Kreise bewahrt werden kann.

Keiner von euch, geliebte Brüder, wird die Sache also deuten, als ob es um des lieben Friedens Willen Noth thue, den Leuten beizustimmen, die das Böse gut u. das Gute bös heissen u. die aus sauer süsse u. aus süsse sauer machen, da ein solcher Sinn der Wahrheit, die in Christo ist, zuwiderläuft. Wo der brüderliche Bund der Jünger Christi allenthalben u. besonders der Bothen Christi in der Heiden-Welt nicht auf dieses heilige Recht des Königreiches Jesus Christi u. die unabänderliche Wahrheit seiner Gebote gegründet ist, da ist das Salz dumm geworden u. womit soll man salzen? Es ist besser, sagt der Heiland, dass man es hinauswerfe u. lasse es die Leute zertreten. Aber dabei (S.75) behält immer der friedfertige Liebes-Sinn des Christen-Herzens das Steuer-Ruder in der Hand u. weiss der unverlezbaren Wahrheit vor Gott eine solche Gestalt der Liebenswürdigkeit im Kreise seiner Brüder mitzutheilen, sie durch Sanftmuth u. Demuth ihrem Herzen also nahe zu bringen u. durch tragende u. schonende Liebe auch den irrenden Sinn nach u. nach als für dieselbe zu gewinnen, dass die seelige Eintracht der Gemüther solange nicht aus ihrem Bunde weichen darf, als der Geist des Herrn seine Wohnung unter ihnen aufgerichtet hat.

Ist dabei der Sinn christlicher Brüder, die ein gemeinsames Werk der Liebe Christi zu treiben haben, wahrhaft redlich durch Erfahrung geläutert u. auf das Eine, das Noth thut, hingerichtet, so werden auch verschiedene Temperaments-Arten, wenn diese nur der Zucht der göttlichen Gnade unterthan sind, der süssen Eintracht ihrer Brüder nimmer mehr zu schaden vermögen, sondern vielmehr dem inneren Leben (S.76) desselben eine heilsame Vielseitigkeit geben, durch welche die geistige Bildung jedes Einzelnen befördert u. der Umgang untereinander nur desto nützlicher gemacht werden kann. Wir verweisen euch, geliebte Brüder, in dieser Hinsicht auf das, was in § 29 u. 30 unserer General-Instruction über diesen wichtigen Gegenstand ausgedrückt ist, u. ermahnen euch in dem Herrn, dass ihr die dort gegebene Regel in euerem Brüderlichen Zusammenleben festhalten u. vor allen andern Gaben nach der besten aller Gaben ringen möget, zu welcher Paulus im 1. Brief an die Korinther Cap. 13 noch einen köstlichen Weg gezeigt hat.

§ 19 Verhalten uns. Brüder gegen d. Regierungs-Behörde d. Colonie

Wir dürfen mit freudiger Zuversicht von einem Jeden unter euch erwarten, dass er nicht blos um der Strafe, sondern vielmehr um des Gewissens willen der bestehenden Regierung & Verwaltung der Colonie und aller ihrer (S.77) gesetzlichen Verordnungen die ehrfurchtvolle Hochachtung u. den freudigen Gehorsam leisten, der Jüngern Christi geziemet, welche auch in ihren bürgerlichen Verhältnissen Muster der Auszeichnung zu sein berufen sind.

Soweit euch, geliebte Brüder, und euren Beruf die gesetzlichen Vorschriften der nordamerikanischen Colonie betreffen u. die Beachtung derselben die Bedingung eures Bleibens auf ihrem Boden u. ihres Schutzes ist, so werdet ihr zu jeder Zeit u. unter allen Umständen durch pünktliche Beobachtung derselben euch nicht nur der Achtung und Werthschätzung der bestehenden Behörden werth zu machen suchen, sondern gerade auch in diesem Stück den armen Negern euch gerne als Muster der Nachahmung darzustellen u. überhaupt in eurem ganzen Sinn u. Wandel zeigen, dass ihr gelernt habt, der Obrigkeit unterthan zu sein, des Landes Bestes aus allen Kräften zu suchen und überhaupt nach dem Vorbilde eures göttlichen Meisters einherzugehen, welcher nicht gekommen ist, dass er sich dienen lassen, sondern dass er diene u. gebe sein Leben zur Erlösung für Viele.

Da überhaupt eine jegliche Obrigkeit, (S.78) die Gewalt hat, von Gott geordnet ist, u. im Briefe an die Römer Cap. 13,1 dieser ehrwürdige Charakter selbst den heidnischen Regierungs-Behörden beigegeben wird, so werdet ihr im Verkehr mit den Königen u. Häuptlingen der Negerstämme diesen hochachtungsvollen Blick nie aus den Augen verlieren, auch in ihnen die bestehende Obrigkeit als Gottes Ordnung ehren, für ihre Erhaltung u. christliche Erleuchtung durch das Evangelium mit Freuden das Eurige beitragen, euren Negern diese Vorschrift Gottes bei jeder Gelegenheit einprägen u. gerne von eurer Seite alles dazu beitragen, dass die gesetzgebende u. regierende Gewalt anerkannt u. dieser alle Wege u. Mittel bereitet werden mögen, dass sie das Recht Jehovas erkennen u. nach seinen heiligen Gesetzen das Volk regieren lernen mögen.

§ 20 Schluss

Wir eilen zum Schlusse. Wie vieles ist noch übrig geblieben, geliebte Brüder, das wir euch für euren Streitergang durch die Welt noch weiter in (S.79) zarter Liebe ans Herz legen möchten. Wohin euer Auge blickt, stellt sich euch der heilige Beruf, den der Heiland in eure Hände niedergelegt hat, von immer neuen folgereichen Seiten dar, welche euch die Breite u. Länge, die Höhe u. Tiefe seiner Wichtigkeit fühlbar machen müssen. Ihr seid mit eurem Auftrag ›zur Freiheit berufen, liebe Brüder, allein sehet zu, dass ihr durch die Freiheit dem Fleische nicht Raum gebet, sondern durch die Liebe diene einer dem Andern, denn das ganze Gesetz wird in einem Worte erfüllet, in dem liebe deinen Nächsten als dich selbst‹ (Gal. 5,13-15). ›Welche nun Christus angehören, kreuzigen ihr Fleisch samt den Lüsten u. Begierden; so wir nun im Geiste leben, so lasset uns nicht eitler Ehre geitzig seyn, einander zu entrüsten u. zu hassen‹ (Gal. 5,25-26).

Liebe Brüder, ›so ein Mensch etwa von einem Fehl übereilet würde, so helfet ihm wieder zu Recht, mit sanftmütigem Geiste, ihr - die ihr geistlich seyd, u, siehe auf dich selbst, dass du nicht auch versucht werdest. Einer trage des andern Last, so werdet ihr (S.80) das Gesetz Christi erfüllen. Denn so sich jemand lasset dünken, er sey etwas, so er doch nichts ist, der betrüget sich selbst. Ein Jeglicher aber prüfe sein Selbst-Werk u. alsbald wird er nur an ihm selbst Ruhm haben u. nicht an einem andern. Denn ein jeglicher wird seine Last tragen. Der aber unterrichtet wird mit dem Wort, der theile mit allerlei Gutes dem, der ihn unterrichtet. Irret euch nicht, Gott lässt sich nicht spotten. Denn was der Mensch säet, das wird er erndten. Wer auf sein Fleisch säet, der wird von dem Fleisch Verderben erndten. Wer aber auf den Geist säet, der wird von dem Geist ewiges Leben erndten. Lasset uns aber Gutes thun an Jedermann, allermeist aber an des Glaubens Genossen‹ (Gal. 6,1-10).

›Es sey aber ferne von mir, mich zu rühmen, denn allein des Kreuzes unseres Herrn Jesus Christus, durch welchen mir die Welt gekreuzigt ist u. ich der Welt. Denn in Jesus Christus gilt weder Beschneidung noch Vorhaut etwas, sondern eine neue Creatur. Und wie viele nach (S.81) dieser Regel einhergehen, über die sei Friede u. Barmherzigkeit u. über dem Israel Gottes‹ (Gal. 6, 14-16). ›Die Gnade unseres Herrn Jesu Christi sei mit eurem Geiste, meine lieben Brüder! Amen!‹ (Gal. 6, 18).

§ 21

Vorstehende Instruction ist von unserer Missions-Commitee sorgfältig geprüft u. von derselben einstimmig als Normativ unserer geliebten Brüder für die ersten Anfänge unserer evangelischen Mission auf der Westafrikanischen Küste der Colonie Liberia gutgeheissen worden.

Wir versehen uns zu unsern geliebten Brüdern daselbst, dass sie um des Herrn u. ihres Gewissens willen die in demselben genannten Punkte reiflich erwägen, als Ausdruk unserer Willens-Meinung vor dem Herrn annehmen u. in allen Stücken als Diener Christi es darauf antragen werden, dem Inhalte dieser Instruction getreulich nachzukommen. Dabei sind wir weit davon entfernt, die hier festgestellten Normen als geschlossen anzusehen, vielmehr werden wir zu jeder Zeit die Erfahrungen unserer Brüder im Arbeitsfelde mit redlicher Treue dazu benützen, um in der Folgezeit dieser Instruction aus den einzelnen Punkten derselben die Berichtigung, Abänderung oder Erweiterung zu geben, wo sie nach reifer Erfahrung derselben nur immer bedürfen sollte.

Solches bezeugen im Namen unserer evangelischen Missions-Committee

Schwärmerei – nie und nimmer!

Aus dem Leben des Philipp Henke, Missionar auf der Guineaküste 1798–1831

Philipp Henke

war einer der ersten vier Missionare, die von Basel nach der damals dänischen Kolonie an der Guineaküste auszog. Und der einzige von den vieren, der das erste Jahr auch überlebte. Ein zäher Bursche, würde man sagen. Eine schillernde Persönlichkeit. Immer wieder verdächtigt und angeklagt. Und doch felsenfest überzeugt, dass Gott ihn in den Beruf des Missionars geführt und in die »Heidenwelt« Afrikas ausgesandt hatte. Eine eindrückliche Gestalt. So sehr, dass ich der Versuchung nicht widerstehen konnte, den verschiedenen Spuren seines Lebens im Archiv des Missionshauses nachzugehen, die Konflikte, in die er verwickelt wurde, auszugraben und seine Argumente gegen alle ihm entgegengebrachten Widerwärtigkeiten anzuhören.

Schwärmerei

ist eine Frömmigkeitsform, die dem ersten Inspektor der Basler Mission, C. G. Blumhardt, zutiefst zuwider war, und einen Bruder der Schwärmerei zu bezichtigen, galt als grobes Vergehen gegenüber Gott. Dennoch scheint es im Missionshaus nach 1824 Tendenzen in diese Richtung gegeben zu haben, die zu Spannungen im Komitee und unter den Brüdern führten. Wo aber liegt die Grenze zwischen gefühlsbetontem Glauben, wie er den Pietisten wichtig war, und dem Schwärmertum?

1. Ohne Vater und Mutter

Trauriges kennzeichnet Philipp Henkes Jugend. Sein Vater verlässt die Mutter noch vor seiner Geburt auf Nimmerwiedersehen. Die Mutter, Tochter des Amtsdieners Steinmetz zu Kirburg, hatte Arbeit in Frankfurt, lernte dort den

Henke, möglicherweise einen sogenannten Chirurgen, kennen. »Derselbe, als er ihre Ehre geraubt, sie ihrem Schicksal überliess und davon ging.«[1] Zum Vater kann sie in dieser Lage nicht gehen. Bei Verwandten in Winsbach findet sie Unterschlupf. Dort kommt Philipp am 30. Dez. 1798 zur Welt. Zehn Wochen alt wird er zu den Großeltern gebracht. Dort wird zwar gut für ihn gesorgt, seine Mutter aber geht zur Arbeit nach Frankfurt zurück. Mit fünf Jahren sieht er sie zum ersten und zum letzten Mal wieder, denn sie bekommt in Bremen eine Stelle als Haushälterin, heiratet bald darauf und »verleugnet dabei ihr Kind«, wie er später bitter schreibt, und lässt außer einmal, im Jahr 1810, nie mehr etwas von sich hören. Ob sie überhaupt noch lebt, weiß er bei seiner Meldung ins Missionshaus nicht.

Nach dem Tod des Großvaters (1805) nimmt sich eine Tante, die sich selber nur kümmerlich durchbringt, seiner an. Sie hält ihm dies oftmals vor. Bittere Kränkungen muss er von ihr hinnehmen. Allerdings, so schreibt er in seinem Lebenslauf, habe er dadurch auch den kennen und lieben gelernt, der sein Heil ist.

Mit sechs Jahren kommt er in die Schule. Dürftig sei der Unterricht gewesen, nur etwas Lesen und Rechnen, unvergesslich aber der Religionsunterricht. Sie lernen die sechs Hauptstücke des Kleinen Katechismus von M. Luther. Auswendiglernen fällt ihm leichter als Schreiben und Rechnen. Durch das Lesen im Neuen Testament habe der Heilige Geist damals »unaussprechlich« in seinem Herzen gewirkt. Die Leiden Jesu bringt ihm sein Lehrer so nahe, dass er sich oftmals in die Einsamkeit zurückzieht, um dort ungestört Tränen des Mitleids zu vergießen. Bis er eines Tages erkennt, er beweine nicht nur die Leiden Christi, sondern eigenen Leiden. Er hatte ja niemanden, dem er klagen konnte. Hier kann er mit Christus ausrufen: »Mein Gott, warum hast du mich so verlassen, dass ich keine Eltern haben kann, in deren Arme ich liebend sinken kann?« Selige Stunden verbringt er in der Einsamkeit, sieht sich mit Petrus auf dem Berg der Verklärung, fühlt sich hingezogen zu Joseph, von den Brüdern verraten unschuldig leidend, und empört sich über dessen Brüder.

Die Konfirmation: ein unvergesslicher Tag für ihn, voller Erwartungen, aber auch Zweifel und Fragen: Ob er dem Versprechen nachkommen könne, das er ablegt? Ob er Christus durch seine Sünden nicht auch kreuzigen würde? Die anfängliche Furcht vergeht, er fühlt sich gestärkt und will »dem Heiland in allen Versuchungen des Lebens folgen«.

Nun soll er ins Berufsleben eintreten. Wer aber wird sich da seiner annehmen? Die Tante war zu arm, um etwas zu unternehmen. Er hätte gerne Theologie studiert, aber ohne jegliche Mittel geht das nicht. So sagt er es auch

---

[1] Dieses und die nachfolgenden Zitate entstammen einem ausführlichen Lebenslauf von Henke, zu finden im Brief an Inspektor Blumhardt vom Nov. 1822; Basler Missionsarchiv, Pers. Fasc. BV 55.

niemandem. Zunächst muss er sich sein Brot mit Feldarbeit verdienen, bis ihn ein Kaufmann aus Kirburg in seine Tabakfabrik aufnimmt. Bald darauf, ca. 1815, geht er weiter, nach Frankfurt a./M., wo er nun als »Bedienter« arbeitet. Da warten allerdings Versuchungen auf ihn, vor allem durch einen Mitarbeiter. Der gibt sich kirchlich, drängt ihn aber zu Schlechtem. Philipp ist dafür nicht zu gewinnen. Darum kränkt ihn ein anderer, schwärzt ihn an, aber nie so, dass Henke die Stelle verliert. Statt Demut zu lernen, sei er stolz geworden. Er sieht mit Verachtung auf andere hinab, gibt Versuchungen nach, Unfriede überkommt ihn, und Angst, den »Heiland gekränkt« zu haben. Ein Jahr geht das so.

In der Tiefe lernt er Demut und Nachsicht. In einer »Betstunde des geliebten Pfarrer Stein« findet er, was er braucht. Beim Abendmahl bittet er um Vergebung und das Besiegen seiner Leidenschaft. In der Kirche von Sachsenhausen findet er einen Freund, wie er ihn sich seit langem gewünscht hatte, und durch ihn andere, die »sich nicht der Weltlust, sondern deren Bekämpfung hingeben«. Nach einem weiteren Jahr kann er eine andere Stelle antreten, in einem jüdischen Geschäft, aber mit guter Behandlung. Er kann zur Kirche gehen, an Reisen in die Schweiz bis nach Genf und nach Berlin teilnehmen.

Über die neuen Freunde hört er vom Missionsinstitut in Basel, »das den Zweck hätte, Jünglinge, ohne weitere Vorkenntnisse, aber durchdrungen von warmer Jesusliebe, zu Heidenboten zu bilden.« Da fühlt er das Verlangen, sich diesem Beruf widmen zu können. Wie der Pfarrer Stein gar noch über die Heidenwelt predigt, wird er so ergriffen, dass er den Ruf spürt und sich sogleich, im Jahr 1819, meldet. In Basel empfiehlt man ihm, seinen Wunsch weiterhin zu prüfen. Wieder wechselt er die Stelle, diesmal zu einer wirklich »christlichen Herrschaft«. Nach dreijähriger Prüfungszeit meldet er sich 1822 erneut bei Inspektor Blumhardt, und beschreibt in einem sechsseitigen Lebenslauf seinen Werdegang. Er wolle »nicht länger der ängstlichen Stimme des Zweifels und Misstrauens gegenüber der Gnade und Hilfe des Herrn folgen«, schreibt er zum Schluss. Vielmehr vertraue er darauf, dass Gottes Kraft sich in den Schwachen mächtig erweisen kann. So wird er denn auch ins Seminar aufgenommen.

2. Das Missionsinstitut

2.1 Das Missionshaus

Aus dem 1815 gegründeten Missions-Institut, das damals junge Männer für den Missionsdienst nur ausbildete, um sie dann an sendende Gesellschaften in den Niederlanden oder Großbritannien weiterzugeben, war 1821 eine Missions-Gesellschaft mit eigenem Arbeitsgebiet im südlichen Russland geworden. Von 1823 an suchte Inspektor Blumhardt immer wieder nach Möglichkeiten, eine Missionsarbeit im »wirklichen Heidenlande«, d.h. in Afrika aufzunehmen. Erst nach 1825 zeichneten sich dafür gleich zwei Möglichkeiten, Liberia und die dänische Guineaküste (Goldküste), ab.

In der Zwischenzeit hatte sich das Institut so entwickelt, dass das alte Domizil im »Haus zum Pantier« an der Rittergasse zu klein wurde. Schon 1820 konnte ein viel größerer Bau an der Leonhardstrasse erstanden werden, wie das Bild zeigt, eigentlich drei oder vier Gebäude nebeneinander mit entsprechendem Garten. Hier waren das Seminar und seine Zöglinge während vierzig Jahren untergebracht.

Auf der Rückseite eins Bildes des Missionshauses finden sich genaue Angaben über die Nutzung der Bauten. Der Trakt links gehörte den Seminaristen. Im fast fensterlosen Anbau links sind die Abtritte, im nächstfolgenden Teil zuunterst Waschraum und Rauchsalon, Speisesaal und Küche, darüber ein größerer und kleiner Lehrsaal sowie der Andachtsraum (Betsaal) und im zweiten Stock dann die Schlafsäle, vermutlich links der jüngeren und rechts der älteren Zöglinge. Im mittleren, leicht zurückversetzten Bau liegt der Haupteingang mit dem Portier. Darüber wohnt der Inspektor mit seiner Familie und im 2. Stock die Hausmutter. Im Langbau rechts der Mitte ist unten Raum für verschiedene Büros, im 1. Stock das Komiteezimmer, daneben sind Gäste- und Lehrerzimmer und oben Zimmer für Mägde und weitere Gäste. Ganz rechts schließlich befindet sich ein »Holzstall« (Remises).

2.2 LEHRPLÄNE

Während im Lehrplan für das Winterhalbjahr 1816/17 ein Hauptgewicht bei den allgemeinen Fächern Sprache, Schreiben und Arithmetik, mit täglich einer Stunde Englisch, einer Bibellektion und Deutsch, dreimal Singlehre und zweimal Zeichnen lag, zeigen spätere Jahre ein viel reicheres Lehrangebot. Es waren dann drei Klassen zu unterrichten. Zum andern hatte die Zusammenarbeit mit den Engländern eine stärker wissenschaftliche Ausrichtung im Basler Bildungsprogramm erfordert. So gab es für die Neueintretenden gleich schon schwere Brocken, täglich um 7 Uhr morgens eine Stunde Dogmatik beim Inspektor,[2] dann biblische Analyse und Weltgeschichte, aber auch Griechisch, sowie in den Nachmittagsstunden Latein, Geometrie, Singen und Zeichnen.

Im zweiten Jahr gibt es einen Schwerpunkt Neues Testament, mehr Griechisch neben der täglichen Bibellehre, daneben auch Weltgeschichte, Hebräisch und Predigtübungen. Im dritten Jahr folgt ein Schwerpunkt Altes Testament mit hebräischer Exegese, aber auch Kirchen- und biblischer Geschichte.

---

2 Blumhardts Dogmatik nennt sich eigentlich »Christliche Bibellehre« und entspricht in manchem kaum dem, was wir heute unter einer Dogmatik verstehen.

Jetzt wird auch energisch Englisch unterrichtet, denn diese Sprache wird später von entscheidender Bedeutung sein.

Der Lehrplan von 1816/17 wies 42 Lektionen pro Woche auf. Täglich war zweimal eine Stunde der Repetition gewidmet. Später gab es morgens wie nachmittags eine Stunde Freiraum für persönliches Lernen oder andere Bedürfnisse, jedoch pro Woche immer noch 34 Lektionen. Als Philipp Henke 1822 ins Seminar eintrat, war der Lehrplan noch nicht ganz so ausgebildet, aber Latein, Griechisch und etwas Hebräisch waren Erfordernisse, die zu bewältigen schon die frisch eintretenden Zöglinge bereit sein mussten.

2.3 Die Hausordnung

Ordnung ist für den Inspektor ein wichtiges Merkmal christlichen Lebens, nicht nur im Privaten, sondern auch im gemeinschaftlichen Leben. Gesetzliches Denken ist ihm zwar fremd, aber die christliche Freiheit bedürfe gewisser Leitlinien. »Unsere Missionsschule, als Pflanzschule des seligen Geistes, soll nicht der Herrschaft des eisernen gesetzlichen Zwangs, sondern dem heiteren Reich der göttlichen Freiheit angehören. In Ihr soll nicht Moses, sondern Christus, nicht das Gesetz, sondern das Evangelium regieren [...].«

So steht es im 3. Paragraphen der »Hausordnung für die Missionsschule zu Basel« von 1818.[3] Diese freiheitliche Regelung nennt sich »Gesetz der Freiheit«, das ein jeder, der eintritt, im Herzen tragen muss, sodass er eigentlich weiterer äußerer Gesetze nicht mehr bedürfe, weil man »mit diesem Sinn der Ordnungsliebe als auf eine feststehende Regel« rechnen könne. Die dazugehörenden Regeln werden im Paragraphen 6 durch 10 Bibelstellen dargelegt. Freuen sollen sie sich allezeit, lieben, was gerecht und keusch ist, sich in der Gottseligkeit üben, die Zeit auskaufen, alles prüfen und das Gute behalten, die ehren, die ihnen vorstehen. Als Schluss folgt ein Segenswunsch aus 1 Thess 5,23f.

Nur, die Vorsteher haben sich dennoch gewisse Leitlinien als »Grenzpfähle und Umzäunungen missbrauchter Geistesfreiheit« zuhanden der Zöglinge vorbehalten (§ 5) und als »Fingerzeige für die Anwendung unserer Hausordnung in unserer evangelischen Missions-Schule« aufgeschrieben (1821),[4] die von den Zöglingen nach einer feierlichen Ansprache des Präsidenten Von Brunn und einer »liebevollen Erklärung« durch den Inspektor mit Freuden und Dank entgegen-, angenommen und unterschrieben, aber wenig später Gegenstand von Reklamationen derselben Zöglinge wurden.

Zu diesen Fingerzeigen für Regelung der Freiheit des Glauben gehört frühes Aufstehen (5 Uhr), Besuch der Morgen- und Abendandacht oder irgendei-

---

[3] BMA unter Q 9,31, Schachtel Nr. 3.

[4] »Kurzgefasste Fingerzeige für die Anwendung unserer Haus-Ordnung in unserer evangelischen Missionsschule« von 1821, BMA Q 9,31 Nr. 4b.

ner Lektion, vermeiden »unnötiger Geschäfte«, viel Gebet, Demut des Herzens, vor allem »pünktliche Ordnung« im Lehrsaal, Pult, Schlafzimmer und Kasten, Bettruhe abends um 10 Uhr. Es gibt sowohl für die jüngere wie die ältere Klasse einen Famulus und einen Senior, die die Einhaltung der Ordnung überwachen und jede Woche einen kurzen Bericht über die Lektionen, Besuche, besondere Ereignisse und den Gesundheitszustand der Zöglinge abliefern. Zur Ordnung gehört aber auch, dass »keiner [der Zöglinge] während seines Aufenthalts in unserer Schule in irgendeiner verpflichtenden Verbindung mit dem weiblichen Geschlechte oder vertraulichen Umgang mit demselben haben« und auch nach dem Nachtessen ohne spezielle Erlaubnis sich nicht aus dem Haus entfernen darf.[5]

Erstaunlich, bei all diesen z.T. recht strengen und engen Regeln gilt doch der Grundsatz, alles beruht auf »der lautersten Freiwilligkeit um des Herrn willen«, weil die Brüder ja freiwillig Knechte Jesu Christi geworden seien.

2.4 IM MISSIONSSEMINAR

Im Seminar angekommen, ergeht es Philipp Henke nicht so gut, wie er sich das erhofft haben mochte. Er ist häufig krank mit Husten. Weil er gelegentlich auch Blut spuckt, befürchtet man schlimmeres. Außerdem hat er Mühe beim Lernern. Im April 1825 wird Henke zusammen mit Br. Salbach wegen Unfähigkeit aus dem Englischunterricht ausgeschlossen. Im folgenden Jahr wird vermerkt, seine Geistesschwäche äußere sich stark darin, dass er nicht schlussrichtig einen Ideengang fassen oder etwas in Ordnung ausdrücken kann.[6]

Um den Zöglingen früh Erfahrung in Verantwortung und Aufsicht über andere zu ermöglichen, werden unter ihnen je ein Senior und ein Famulus sowohl für die jüngere wie die ältere Klasse bestellt, und zwar so, »dass diese Ämter unter den Zöglingen wöchentlich abwechseln«. Der erstere ist mehr für den Studienbetrieb, der andere für Nahrung und Reinigung zuständig. »Beide sollen alle Samstage abends einen von ihnen unterschriebenen Wochenzettel

[5] Ursprünglich gehörte auch ein strenger Rauchverzicht dazu, weil man um des Herrn willen jedem »bloss erkünstelten Bedürfnis bei Zeiten entsagen müsse«. Das veranlasste den Seminaristen J. J. Lang aus Schaffhausen zur Frage, ob die Herren Vorsteher dieser Forderung wohl auch ihre gebührende Aufmerksamkeit schenken würden. Vielleicht wurde daraufhin das Rauchzimmer gleich neben dem Speisesaal eingerichtet. Hier wird eine kulturelle Verschiedenheit zwischen deutschen und Schweizer Pietisten sichtbar. Für die Württemberger war Wein zu trinken selbstverständlich, für die frommen Tabakbauern aus dem schweizerischen Aargau dagegen das Rauchen.

[6] Ein Urteil, das erstaunt angesichts des sehr ausführlichen und doch recht klaren Lebensberichts vom Nov. 1822.

beim Missionslehrer eingeben [...]. Der Senior schreibt den Wochenzettel in ein Buch, das bei ihm bleibt, der Famulus schreibt ihn ab und bringt ihn dem Oberlehrer.« Daraus erfahren wir zwar, wie viel jede Woche für was aus der Brüderkasse ausgegeben wurde, ob die Lehrstunden ordentlich stattgefunden und wer allenfalls gefehlt habe, krank geworden oder sonst verhindert gewesen oder neu hinzugekommen ist. Über Lehrinhalte wird nicht berichtet, dafür über Ausfälle oder Absenzen auch des Lehrpersonals.

Auch Philipp Henke erscheint wie andere in den Jahren 1825-26 regelmäßig als Famulus oder als Senior, einmal sogar mit seinem späteren Kollegen Holzwarth zusammen. Einmal wird erwähnt, er leide seit längerer Zeit an einem hartnäckigen Husten mit Fieber. Von Streit unter den Brüder erfahren wir hier nichts, es sei denn, die gelegentlichen Bemerkungen, dem Leibe nach gehe es allen gut, dagegen hätten sie für den inneren Menschen den himmlischen Arzt bitter nötig, deuten etwas in der Richtung an. Von Henkes Hand findet sich am Schluss des Wochenberichts 1825 Nr. 31 (28. Aug. bis 3. Sept.) ein eindrücklicher Satz: »Wir erwarten eine reiche Ausgiessung des Geistes der Gnade u. des Glaubens u. der Liebe. Damit wir allesamt [...] das werden möchten, was wir hier [...] und einst im Heidenland werden sollten.«

Dann aber findet sich im Komitee-Protokoll 1825 die Bemerkung, er habe sich seit eineinhalb Jahren (d.h. schon 1824) von dem geistigen Verband der Brüder völlig losgemacht, will sagen, er nimmt an den gemeinsamen Gebetsstunden nicht mehr teil. Angesichts einiger ihm widerfahrenden Widerwärtigkeiten zieht er sich wie in der Kindheit in die Einsamkeit zurück. Später heißt es, dass ihm die gefühlsbetonte Frömmigkeit vieler Mitbrüder nicht passt, ein weiterer Grund sich zu distanzieren. Das bringt ihm den Unwillen anderer Zöglinge ein. Es heißt auch, er zeige eine auffallende Nähe zum katholischen Glauben.

Als 1825 einem Mitschüler 5 Louisdor gestohlen werden, wird Henke, obwohl unschuldig, verdächtigt, sie entwendet zu haben. Der vermutlich wirkliche Täter hat sich inzwischen zur Regelung von Familienproblemen verabschiedet. Erst später kommt ans Licht, dass Henke verleumdet worden war. Aber der Makel bleibt an ihm hängen. Während seiner Ferien in Frankfurt soll er »verleumderische Angaben gemacht« haben, was Blumhardt veranlasst, dem in Frankfurt sich für Henke einsetzenden Pfr. König zu schreiben, dass sie Henke möglicherweise wegen seines Unvermögens und seiner »bodenlosen Hinneigung zum Catholizismus« bei nächster Gelegenheit entlassen müssten. Die Frankfurter nehmen das aber nicht hin, reagieren energisch und verlangen mehr Mitsprache, wenn es um »ihren« Zögling gehe. Im September 1826 bespricht das Komitee seinen Fall. Das Protokoll vom 20.9.1826 hält unter anderem fest:

»1. Er leidet an der Brust, hat schon Blut ausgeworfen und von Zeit zu Zeit einen gefährlichen Husten, obwohl in der ganz letzten Zeit Besserung eingetreten ist.

2. Seine intellektuelle Unfähigkeit und Geistesschwäche äussert sich stark darin, dass er nicht schlussrichtig einen Ideengang fassen oder etwas in Ordnung ausdrücken kann. Im Sprachunterricht musste er durchgängig von seinen Lehrern aufgegeben werden.
3. Seit 1 ½ Jahren hat er sich von dem geistigen Verband der Brüder völlig losgemacht, obwohl er auch in dieser Stellung die Überzeugung, er sei zum Heidenboten berufen, nicht aufgeben will. Sogar eine gew   ng auf sonderbare Weise an ihm hervorgetreten.«

Man beschließt, Bruder Henke solle bei den Mitgliedern des Komitees Besuche machen und wegen seiner Gesinnung von der Prüfungskommission examiniert und über seine Neigung zum Katholizismus befragt werden. Nachteiliges kann ihm nicht nachgewiesen werden. Im Gegenteil, ihm wird, abgesehen von den genannten Eigenheiten, ein untadeliger Wandel, viel Fleiß und klare Überzeugung, zum Dienst als Missionar in der Heidenwelt berufen zu sein, attestiert. Er wird nicht entlassen. Er bleibt. Aber ein Makel bleibt an ihm haften, bei den Mitbrüdern wie im Komitee selbst.

Aus einem Brief seines späteren Kollegen Holzwarth erfahren wir dazu: »Ich kannte ja Henke früher nicht, hörte nur manchmal, dass der Senior oft Mühe mit ihm habe, bis innerhalb meines letzten Jahres im Hause – da kam ich in nähere Berührung mit ihm. Was da vorging, wissen ja alle Missionsglieder.[7] Ich hörte manches, – war nie im Geiste mit ihm verbunden, machte zuletzt noch eine spezielle schwere Erfahrung mit ihm, die ich bei Veranlassung H. Pred. Stier mitheilte; kurz ich war bei mir selbst gleichsam ganz gewiss und überzeugt, dass die Committee Henke nicht senden kann und wird. Ich mit ihm zu gehen, davon war gar keine Rede.«[8]

Offensichtlich gab es im Seminar unter den Brüdern mehr Spannungen als man nach den Berichten des Komitees annehmen möchte. Allerdings auch im Komitee selbst. An der Sitzung vom 24. Oktober 1824 kommt es zum Eklat. Präsident N. Von Brunn gibt den Rücktritt von Prof. Lachenal aus dem Komitee bekannt. Im später folgenden Schreiben begründet Lachenal den Schritt mit Differenzen in der Ansicht über die Ausbildung christlicher Missionare: Er, Lachenal, finde, die wissenschaftliche Bildung hemme das Wirken des Geistes. Dafür müsse man das innere Leben und das Gebet mehr gewichten. Er möchte verschiedene Hilfswissenschaften fallen lassen und nur praktischen Bibelunterricht, Vortrag, Geographie und praktische Arithmetik behalten. Die Differenzen innerhalb des Komitees über den Studiengang spiegeln sich auch unter den Studenten wider. Unruhe regt sich unter ihnen wegen

---

7 Betrifft wohl die Diebstahlverdächtigung 1826.

8 G. Holzwarth, BV 78, ist einige Jahre jünger als Henke, ist zwei Jahre nach ihm ins Seminar eingetreten. Er wird dennoch schon 1827 für die Arbeit in Afrika bestimmt. 1826 waren Henke und Holzwarth einmal zusammen Senior und Famulus. Der Brief ist Febr. 1828 aus Kopenhagen.

Überlastung durch den Lehrplan und zu wenig Zeit für persönliche Besinnung und Gebet. Es gab unter ihnen doch einige, die Lachenals Ansichten gern verwirklicht gesehen hätten.[9]

Philipp Henke gehört nicht zu den schwärmerisch veranlagten Brüdern, obwohl auch er in seiner Jugend Neigungen in diese Richtung verriet. Immer wieder, wenn es um seine Zukunft geht, werden Bedenken laut. Gegen Ende seines Studiengangs soll er für einen Predigerposten unter den deutschen Gemeinden im Kaukasus vorgeschlagen werden. Da könne er sich am besten bewähren. Jedes Mal aber, wenn über ihn beschlossen werden soll, findet das Komitee »keine Freudigkeit«, ihn da oder dort einzusetzen und schiebt Entscheidungen hinaus, d.h. man ist sich nicht einig. Plötzlich kommt er für Afrika ins Gespräch (5. Februar 1827). Aber auch jetzt findet das Komitee dazu »keine Freudigkeit«. Die Frage ist, ob Henke mit den Brüdern Cappelen und Salbach an die Guineaküste ausreisen solle. Als aber Cappelen wegen seines Gesundheitszustandes ausfällt, wendet sich das Blatt. Wenn irgendwo, dann könnte er sich in dieser Arbeit bewähren, besonders wenn er drei im Glauben gefestigte Brüder wie Salbach, Holzwarth und Schmid begleiten könne. »Im Glauben gefestigte Brüder«, das heißt solche, die ihm in seinen Zweifeln Mut machen, ihn also auch stützen könnten. Und falls das nicht aufgehe, wäre es immer noch möglich, ihn mit einem andern Bruder zusammen auf eine andere Station auf der Guineaküste zu schicken. Vorläufig soll er auf Probe zur weiteren Ausbildung nach Kopenhagen mitgeschickt werden.

In solchen Fällen nimmt sich der Inspektor jeden Kandidaten einzeln vor. Es geht um Fragen, die jeder ganz persönlich beantworten soll: Magst du nach Afrika ausreisen? Wenn die Antwort JA ist, folgt die nächste Frage: Magst du zusammen mit den Brüdern Salbach, Holzwarth und Schmid ausreisen. Dafür sollen sie sich Zeit nehmen, darüber beten und nachdenken. Henke sieht da keine Probleme. Die drei andern zögern im Blick auf Henke, werden ermahnt, es nochmals zu bedenken. Vor allem Von Brunn setzt sich dafür ein. Sie sagen zu, aber ohne innere Freudigkeit. G. Schmid (BV64) bemüht sich auf Anraten des Präsidenten um mehr Kontakte mit Henke. Er erfährt einiges über ihn, seine Nöte und Fragen. Ein Stück weit revidiert er sein Urteil. So »verlor ich meine entschiedene Abneigung gegen ihn, ich konnte ihn lieben«; aber so ganz »vereint« mit ihm fühlt er sich nicht, nicht auf gleichem Fuss, schreibt er später.

Damit neigt sich die Missionshauszeit dem Ende zu. Der »Heilige Beruf«, Missionar in der Heidenwelt zu sein, rückt näher.

---

9 Dem würde eine Bemerkung K. F. W. Fletnitzer (BV 35) in Russland entsprechen. Er erwähnt in Brief Nr. 13 vom Herbst 1825, dass es im Seminar Tendenzen »zur Schwärmerei« gebe, vor der man die Mitbrüder warnen sollte.

3. AUF DER ZIELGERADEN

Die Stunde des Abschieds naht. Die vier Brüder sollen für ein Jahr in Kopenhagen ihre letzte Ausbildung erhalten, Dänisch lernen, vielleicht auch ein wenig von der Akra-Sprache, Einblick nehmen in das dänische Schulsystem und vor allem Kontakt aufnehmen mit den dänischen kirchlichen und zivilen Obrigkeiten. Br. Salbach verlässt Basel schon früher, um in Preußen die Befreiung von der Militärpflicht zu erhalten. Die drei anderen werden im Rahmen des Missionsfestes verabschiedet.

3.1 VERABSCHIEDUNG

Am 21. Juni 1827 werden die drei in der Martinskirche eingesegnet und darauf im Missionshaus verabschiedet. Jeder hält eine kurze Ansprache, Henke, als ältester zuerst, gefolgt von Schmid und Holzwarth. »Wir können es kaum fassen, dass wir für diesen Botendienst in der Heidenwelt erwählt worden sind«, sagen sie alle drei. Daneben hat jeder seine eigene Botschaft.

Gottlied Holzwarth setzt sich mit dem über Afrika liegenden Fluch auseinander: »In welchen Teil s. grossen Weinberges hat uns der Herr gerufen? In ein Land der Finsternis u. der Todesschatten, Ja ein Land, das seit Noah unter einem besonderen Fluch der Knechtschaft schmachtet, denn seit Jahr-1000den erfüllt sich schon an diesem Volke, den Kindern Hams, der göttliche Fluch (1. Mose 9,25). Blicken wir hin auf den schweren Fluch, der auf diesem Volk lastet, so strahlt uns entgegen das Wort der Verheissung, zu Abraham geschehen: In deinem Samen sollen alle Völker auf der Erde gesegnet werden (Gen 12,3). Der Mensch gewordene Gottessohn ist dieser Same, er hat dadurch, dass er aller Knecht und zum Fluch am Stamm des Kreuzes geworden, auch den Fluch Hams hinweg getragen.« Und er geht anschließend auf zahlreiche Bibelworte ein, die vom Heil für alle Völker reden.

Gottlieb Schmid beschreibt vor allem ihren Werdegang: »Wir genossen leider nicht das Glück, unsern Gott und Heiland von Jugend auf zu kennen, nein, ohne Gott u. ohne Hoffnung, ohne zu wissen, wofür wir da seien, lebten wir in der Welt; endlich suchten wir ihn und er liess uns seine Gnade finden [...]. Wir bekamen Licht, Vergebung unserer Sünde, Frieden im Gewissen. Jesus Christus ist der Heiland aller Sünder. Lebendig haben wir dies empfunden, lebendig haben wir Gottes Gnade an unsern Herzen erfahren und wie Schuppen fiel es uns von den Augen. Nicht Wissenschaft und Kenntnisse aller Art sind es, die den Missionar tüchtig machen, nein das Evangelium muss erfahren werden, muss Herzenssache geworden sein. Wie soll der Missionar sie befreyen von der Gewalt des Satans zu Gott, wenn er selbst nicht im Stande ist, eine böse Neigung zu befriedigen. Das ist es, was wir hier zu lernen hatten und zu lernen haben. Gott will, dass allen Menschen geholfen werde u. dass alle zur Erkenntnis der Wahrheit gebracht werden (1. Tim. 2,4).«

Philipp Henke bringt eine besondere Note in die Feier. Auch er geht aus von den in Finsternis schmachtenden Menschen in Afrika: »Geliebte Freunde in dem Herrn, die wichtige Stunde ist nun auch für uns gekommen, da wir aus Ihrer Mitte scheidend hinausziehen nach der Goldküste Africas hin, um dorten unsern unglücklichen Negerbrüdern und Schwestern, die schon lang unter der Herrschaft des Fürsten der Finsternis schmachten und unter dessen geistigen Fesseln auch schon Jahrhunderte lang die Sklavenketten europäischer Habsucht schleppen, die grosse Heilsbotschaft zu bringen, durch welche sie allein in Stand gesetzt werden können, diese innern und äussern Fesseln zu zerbrechen. Und dass auch diese Unglücklichen zu dieser Freiheit berufen sind, dass das von Jesus gestiftete Gottesreich nicht an einzelne Länder und Völker gebunden ist, sondern den ganzen Erdkreis und also auch die Neger auf der Goldküste umfasst, das ist es, was unser Herz in dieser feierlichen Abschiedsstunde [...] getrost, freudig und hoffnungsvoll macht.«

Dann wird er persönlicher. Nach dem Dank dafür, dass Gott ihn gerufen hat, wendet er sich in besonderer Weise an die Anwesenden: Er entschuldigt sich, er bittet Mitbrüder, Lehrer und Vorsteher um Vergebung: »Werfe ich nun aber endlich einen kurzen Blick auf meinen fünfthalbjährigen Aufenthalt im Missionshause zurück, so muss ich mich aufs tiefste vor meinem Gott und Heiland beugen, indem ich so viele Mängel u. Gebrechen hinter mir liegen sehe, durch welche ich Seine Liebe u. Treue so oft betrübt u. mich Seines Segens verlustig gemacht habe. O möge Er, der Barmherzige, mir alles vergeben. Auch Sie, theure Lehrer und Vorsteher, habe ich oft betrübt u. viele Mühe gemacht, deshalb kann ich mich auch nicht zurückhalten, Sie hier öffentlich um Verzeihung zu bitten, u. meinen Dank für alle Nachsicht, Schonung u. Geduld u. Liebe, die Sie mir bei allen Mängeln u. Gebrechen erwiesen, zu sprechen. Erhalten Sie mir ferner Ihre Liebe u. beten Sie für mich, dass der Herr mich mit Seines H. Geistes Kraft, Weisheit u. Liebe ausrüsten u. zu einem brauchbaren Werkzeuge unter meinen armen Negerbrüdern machen möge.«

Ein erstaunlicher Schritt für einen Mann, der sonst eher verschlossen wirkt und andern wenig Zugang zu seinem Innern gewährt.

3.2 Reise nach Kopenhagen

Am 27. Juni nochmals kurz bei den Vorstehern im Komitee. Letzte Ermahnungen und Segenswünsche. Ob man sie je wiedersehen wird? Niemand weiß es. Am 3. Juli geht es los. Unten an der Basler Schifflände wartet ein Rheinschiff für die erste Etappe. Darauf einige Rekruten, übermütig lärmend. Den frommen Brüdern passt das gar nicht: »Wehmut und Trauer erregend war der Lärm der Rekruten, als wir unter der Brücke durchfuhren.« Aber siehe, es dauert nur eine Viertelstunde, da sind sie ganz ruhig.

Am nächsten Tag trennen sich ihre Wege. Henke und Pfr. Scheeler verabschieden sich von den beiden Brüdern, die über Württemberg weiterziehen, und segeln »auf unserm Rekrutenschiff« noch zwei Stunden weiter nach

Straßburg. Morgens um 7 Uhr suchen sie dort zuerst Br. Kraft auf, der sie bittet, über den Sonntag, für ihr dortiges Missionsfest, zu bleiben. Sie sträuben sich und können doch nicht anders, »um der Sache willen«. Scheeler habe eine »scharfe Missionsrede« gehalten, die wohl nicht allen gefallen habe, schreibt Henke von Kopenhagen aus. Andere Missionsbrüder kommen an und mit ihnen geht es auf dem Wasser weiter bis Mannheim, von da nach Mainz, »woselbst wir uns wahrscheinlich für diese Welt trennten.« Während die anderen sich auf das Dampfschiff begeben, nimmt Henke das Markschiff nach Frankfurt a/M. Dort wohnt er bei Verwandten und trifft seine alten Freunde, auch den »lieben Pfarrer König«. Nach fünf Tagen reist er am 17. Juli weiter nach Kirberg. Leibliche Verwandte sind keine mehr da. Trotzdem wird er liebevoll aufgenommen. Ohne Schwierigkeiten erhält er hier auch seinen Pass. Zurück in Frankfurt wartet er auf die Brüder. Die kommen am 28. Juli an.

Viele Besuche stehen im Programm der Brüder, nicht zuletzt, weil das Frankfurter Missionskomitee Henkes Unterstützungsverein ist. Während Holzwarth am 1. August von einem sehr »gesegneten Aufenthalt« nach Basel schreibt, sieht es für Henke etwas anders aus. Unverständliches war geschehen. Zu Besuch bei Henkes Vetter und Tante, brüskiert Holzwarth diesen und Henke mit einem »Busspredigt-artigen Tischgebet« und fällt nachher auch vernichtende Urteile über das dortige Missionskomitee. Ernste Konflikte bahnen sich hier an.

Ihr Weg müsste eigentlich direkt nach Lübeck führen. In Henkes Herz aber regt sich ein dringender Wunsch. Er möchte gern seine Mutter noch sehen, die ihn ja vor 20 Jahren für Bremen verlassen hatte. Wie hatte er doch darum auf den Knien gebetet, dass ihm irgendwann eine Reise nach Bremen ermöglicht werde. Die Brüder haben nichts einzuwenden gegen den kleinen Umweg. Seine Mutter findet er zwar nicht mehr, sie ist längst gestorben, dafür stößt er unverhofft auf zwei Schwestern. »Tränen des Dankes gegen unsern guten Gott und Heiland rollten auf beiden Seiten die Wangen herunter.« Im Abschied von Europa hat er zugleich auch ein Stück Familie wiedergefunden.[10] Seinen Bericht beschließt Henke mit den Worten: »Meine Erfahrungen, theurer H. Inspektor, welche ich immer u. besonders seit dem ich Basel verlassen, machen musste, sind in dem Wort enthalten: Der Christ muss durch Leiden bewährt werden, wenn er will in das Himmelreich einziehen. Helfen Sie mir beten, dass Gott mir immer mehr Geduld u. Liebe schenken möge.«[11]

---

[10] Für die Fortsetzung verweist Henke auf Holzwarths Reisebericht. Dessen Brief vom 1. Aug. aus Frankfurt erwähnt nur kurz das Zusammentreffen. Auch schreibt er, sie würden immer tiefer erfahren, dass »das Licht keine Gemeinschaft mit der Finsternis haben kann und Christus nicht mit Belial«, und deutet damit wohl die ersten Schwierigkeiten in ihrem »inneren und äusseren Verhältnis« an. Ein Brief vom 15. Oktober ist an die Brüder im Missionshaus gerichtet. (in D-10-3.2).

[11] Ist das Henkes Weise, allfällige Schwierigkeiten mit den Brüdern anzusprechen?

4. In Kopenhagen

In Kopenhagen werden die Brüder mit Dank gegen Gott, der sie sicher geleitet, freudig empfangen. Nach dem Wunsch des Basler Komitees sind sie möglichst einfach untergebracht. In zwei Zimmer sind sie einquartiert, eines zum Schlafen, eines zum Arbeiten und Essen. »Der Platz ist etwas enge; doch wenn wir nur den Frieden Gottes haben, ist es weit genug«, schreibt Schmid im Oktober. Da bleibt wenig Raum, wenn einer etwas allein sein oder für sich eine Andacht halten möchte.

Bald haben sie alle Hände voll zu tun. Sie beginnen eifrig mit dem Dänischen. Der junge Katechet Rönne bemüht sich mit vier Stunden jede Woche darum. Schmid findet die Aussprache für Deutsche schwierig. Später meldet Henke: »[...] unsere Unterrichtsstunden haben sich sehr vermehrt. Herr Major von Wrisberg ertheilt uns nun ausser Zeichnen wöchentlich 2 Stunden Englisch und 2 Stunden Acraisch. Freilich werden wir bei letzterem sehr in der Geduld geübt, indem gar keine Mittel vorhanden sind, und auch der liebe H. M. von Wrisberg bei allem guten Willen und aller Mühe, die er sich giebt, kein Grammatiker ist. Wir schreiben indes fleissig Wörter ab, welche er uns aus seiner Wörtersammlung jedesmal bringt, und suchen so, soviel wie möglich, unserm Gedächtnis anzuvertrauen und haben sehr Ursache für diese wenigen Steine zum Bau der Acra-Sprache dem Herrn, welcher uns diese Gelegenheit verschafft, zu danken.«

Durch Vermittlung von Bischof Münter erhalten sie auch wöchentlich zwei Stunden Einführung in medizinische Kenntnisse bei Prof. Wend. Er »gedenkt, es während der Zeit unseres Hierseins soweit mit uns zu bringen, als wir es nötig haben. [...] Vorigen Freitag erhielten wir von H. Prof. Wend ein Billet, um in das Hospital, wo er wohnt, zu kommen, und der Öffnung eines Kindes von 8 Tagen beizuwohnen. Wie sehr es mir anfänglich vor dem Anblick dieser Handlung krauste, so gewöhnte sich doch bald meine Natur daran.«

Weil sie für das Examen bei Bischof Münter auch noch Griechisch und Hebräisch üben, haben sie im Moment gleich mit fünf Sprachen zu tun. Die dänischen Predigten gäben wenig her fürs Herz, schreibt Henke. Sie gingen deshalb lieber zu einem jungen deutschen, erweckten Prediger und nachmittags in die Versammlung des Herrn Reuss, dem Vorsteher der dortigen Brüdersocietät, »welcher mit Kraft und Salbung von dem Gekreuzigten verkündigt, dass es einem warm ums Herz wird«.[12]

[12] Schmid am 15. Oktober 1827.

4.1 Wenn Brüder beieinander wohnen

»Siehe, wie fein und lieblich ist es, wenn Brüder einträchtig beieinander wohnen« (Ps 133,1), schreibt Salbach im ersten Bericht aus Kopenhagen, verbunden mit der Bitte, der »Herr lasse unsere Herzen zusammenfliessen und mache uns eins, wie er mit dem Vater eins ist.« Alles Wunschdenken! Ihr Verhältnis zueinander ist getrübt. Schon auf der Reise hatte Holzwarth Henke »widerstrebenden Geist« vorgeworfen, als er, vom Geist Gottes beseelt, gepredigt habe. Henke hat ihn später vor seinem geistlichen Hochmut gewarnt.

So eng zusammenlebend, kaum Raum für private Andachten, aus der schützenden Umgebung des Missionshauses herausgenommen, auf sich selber gestellt, in eine Eigenverantwortlichkeit auch im Zusammenleben, auf die sie so nicht vorbereitet waren, da musste alles noch viel schwerer werden. In allen Berichten tönt etwas davon an, obwohl nirgends klar ausgesprochen. Salbach schreibt zu Ende des Jahres, es gebe zwar nichts zu berichten, was Basel interessieren könne, dann aber tönt es wie eine Hilfeschrei: »Unser äusseres Beisammensein u. Verhältnis ist Ihnen in unseren vorigen Briefen kund geworden, unser Inneres ist dem Herrn bekannt. Er sende uns Hilfe aus Zion u. lasse uns erfahren, dass seine Hand zu helfen nicht verkürzt ist.«

Henke fängt an, sich von den gemeinsamen Andachten fernzuhalten. Ihn stört, dass ihre Frömmigkeit so sehr vom Gefühl bestimmt wird. Schwärmerische Tendenzen sieht er darin. Er aber will sich an das biblische Wort halten, nicht an gefühlsbetonte Empfindungen. Und die anderen? Die sehen, dass er anders glaubt als sie, darum, so meinen sie, ist er kein rechter Christ. Henke sei wohl dem Heiland noch nie richtig begegnet. Sie beobachten ihn, fangen an zu spekulieren. Was macht er wohl, wenn er abends ausgeht? Wann hält er denn seine Andacht, wenn nicht mit uns? Betet er überhaupt noch? Wahrscheinlich haben sie auch früher schon, als er noch dabei war, für seine Erleuchtung gebetet. Sie reden wohl hier und da darüber, aber das Problem lässt sich nicht lösen. Henke möchte die Fragen vom Kopenhagener Missionskomitee geregelt haben, die anderen lehnen das ab. Für sie sind der Prof. Rudelbach und der alte Pfr. Rönne nicht genügend wahrhafte Christen. Dafür beschweren sie sich bei anderen Gliedern dieses Komitees und geben weiter, Henke sei nur zur Probe mit ihnen gekommen, eigentlich hätte das Basler Komitee ihn entlassen wollen. Das schafft Verwirrung. Dann mischt sich auch der junge Katechet Rönne ein, er habe von Anfang an Zweifel gehabt, ob Henke wirklich zum Boten in der afrikanischen Heidenwelt tauge.

So spitzt sich die Lage im Lauf des Monats Januar 1828 zu. »Seit ohngefähr einem Monat hatten wir einen solchen Druck u. Unruhe, dass wir nicht mehr anders konnten, als einstimmig auszusprechen, der nächst zu schreibende Brief nach Basel kann nicht geschrieben werden, ohne die klare u. wahre Mitteilung unseres Verhältnisses zwischen uns u. Henke. Dazu war eine Conferenz nöthig, u. zu dieser wollten wir Gelegenheit u. volle Freudigkeit abwarten, denn wir wollten nichts erzwingen, u. diese kam erst Dienstag Morgen 19. Febr. anstatt der Andacht«, schreibt Salbach nach Basel.

4.2 Die »Conferenz«

Am 19. Februar sitzen sie zusammen. Die drei Brüder schreiben fleißig auf, Henke nicht. Sie werden nach der Konferenz ihre Notizen vergleichen und daraus ein Protokoll für Basel erstellen. Und so sieht das aus:

»Unsere Conferenz d. 19. Febr. am Morgen

Holzw.: Brüder, ich habe euch zwei Gedanken mitzutheilen u. ich glaube es in einer unserer Morgenandachts-Stunden thun zu müssen, weil wir des Abends keine Gelegenheit dazu finden können. Wir können nicht nach Basel schreiben, ohne unser inneres Verhältnis zu einander ausführlich mitzutheilen. Was denkt ihr darüber.

Schmied: Ich halte es auch für nothwendig, dass unsere Vorstände von unserm Verhältnis unterrichtet sind.

Henke: (schon etwas heftig) Was ist der Grund? Wo liegt die Schuld? Es müssen Thatsachen da sein. Ich will klare Beweise haben.

Salbach: Der Grund ist der, dass wir uns im Geiste gar nicht verbunden fühlen u. mit diesem Gefühl kann ich nicht in die Heidenwelt gehen.

Henke: Mit Schwärmerei kann u. werde ich mich nimmermehr vereinigen. Es ist nur Wahrheit, was ich suche u. nur mit Wahrheit vereinige ich mich. Ich fordere Thatsachen.

Salb.: Was nennst du Schwärmerei?

Henke: Das Vertrauen u. Urtheilen nach dem Gefühl, das Gefühlswesen - sich vom Gefühl leiten lassen etc. - Ich will, dass die Sache vor die hiessige Committee komme, da will ich getrost mit euch hintreten u. untersuchen u. prüfen u. beurtheilen lassen, ob meine Grundsätze falsch oder richtig seien, aber von der Schwärmerei lasse ich mich nicht führen u. beurtheilen.

Holzw.: Das kannst du thun, aber zu deiner eigenen Beschämung u. zum grossen Ärgerniss im Reiche Gottes, sodass vielleicht Anlass giebt, dass die hiesige Gesellschaft sich zersplittet; und wir sind gar nicht verpflichtet, uns von der hiesigen Committee das Urtheil sprechen zu lassen. Ich gehe deshalb mit dieser Sache nicht vor dieselbe, denn ich kann sie nicht beurtheilen lassen von Männern, die unser Verhältnis gar nicht kennen, und von denen ich nicht weiss, ob sie dieselbe prüfen können oder nicht. Ich stehe unter der Basler Committee und will mich an diese wenden, denn sie kennt unser früheres Verhältnis u. kann es deshalb am besten allein machen.

Henke: Das ist es eben, was mir schon lange schwer auf dem Herzen liegt, dass ihr so herrliche Männer wie Rudelbach, Past. Rönne usw. für uner-

wekt haltet u. urtheilt so niederträchtig von solchen Männern (dies gieng zunächst Holzwarth an).

Holzw.: Wenn wir von Rudelbach die Wahrheit sagen, so ist das nicht gerichtet, u. beweise uns, ob wir dasselbe von Past. Rönne gesagt haben.

Henke: Frage dein Herz!

Holzw.: Ich kann mich nur ganz dunkel erinnern, dass ich im Zusammenhang eines Gesprächs, in dem von ein paar Predigten von Past. Rönne gesprochen wurde, ich etwas davon gesagt habe, sonst aber kann ich mich gar nichts erinnern – u. kann mir's mit weiter nichts beweisen als: Ich weiss, du hast's gesagt.«

Darauf berichtet Holzwarth ausführlich, wie das damals zuging, als der Inspektor ihn wegen des Einsatzes in Afrika und die Zusammenarbeit mit Henke befragt habe. Auf seine Zweifel habe der Inspektor ihn aufgefordert, darüber zu beten. Das habe er getan, habe aber keine völlige Klarheit erhalten. Dass er (Henke) mit nach Kopenhagen komme, gehe in Ordnung, aber zusammen in die Heidenwelt, nein.

Dann kommen sie auf das Bekenntnis Henkes beim Abschied im Missionshaus zu sprechen. Das habe ihnen Mut gemacht. Da habe es ausgesehen, als ob Henke sich ändern wollte. Das sei aber nicht geschehen. Dass Henke sich damals ganz einfach für sein Fehlverhalten entschuldigte, aber nie versprochen habe, so zu werden wie sie, das zählt nicht, das hören sie auch gar nicht. Mit Schwärmerei könne er sich nicht verbinden, zum Missionar aber wisse er sich berufen. Beides will Holzwarth so nicht gelten lassen, schließlich sei Henke in Basel ja »vom Bruderkreis und der Committee nur durch Geduld getragen« worden. Darauf kann Henke nur zurückfragen: »Du wurdest wohl nicht getragen?«

Diesem Protokoll werden persönliche Briefe beigefügt, worin jeder seine Erfahrungen mit Henke wiedergibt. Henke selber will in diesem Moment nicht schreiben.[13] Salbach äußert sich dabei offener. Er könnte sich eine Ausreise schon denken, aber nicht im jetzigen Zustand. Holzwarth äußert sich über drei Seiten hinweg und belastet Henke mit verschiedenen Vorkommnissen, ohne sie jedoch klar auszusprechen: »Aber schon auf der Reise gab es ein paar schwere u. harte Erfahrungen. In Lübek waren ich u. Henke ganz offenbar uneinig, sodass ich zu ihm sagte: Es ist jetzt gar nicht mit dir zu machen, denn du stehst ganz verkehrt u. in deinem alten Zustande. Und Henke sagte: Nein, du stehst verkehrt u. willst herrschen, aber du musst wissen, dass ich mich nicht von dir beherrschen lasse.«

---

[13] Auch dies eine Parallele zum Streit der Liberiabrüder in London: Sessing, der von den andern angeklagt wurde, wollte erst auch nicht schreiben und tat es (zu seinem und des Inspektors Segen) später doch noch von sich aus.

Nicht genug damit. Dadurch, dass Henke den Kontakt zu wichtigen Leuten in der Kopenhagener Gesellschaft sucht, wird er gar verdächtigt, ein Freimaurer zu sein, denn Leute wie Rudelbach, Wendt und Major Wrisberg seien alle Freimaurer.[14] Für Holzwarth ist völlig klar, Henke ist absolut untauglich, als Friedensbote nach Afrika auszureisen. Schmid äussert Bedauern mit Henke. Man sehe ihm sein Leiden an. Er bedauere, »ihn gerade jetzt löcherige Brunnen graben sehen zu müssen; da er zur Rede gestellt ist über seinen Beruf, ja auch über seinen Gnadenberuf ihn sehen zu müssen bey Menschen, oder einer Dogmatik - ich weiss eigentlich nicht, was er sucht. Wie gerne möchte ich ihm zurufen: übergib dich der Gnade und Barmherzigkeit Gottes! Aber sein Herz und Ohr sind für unsern Zuspruch verschlossen.«

Da kommt der im Missionshaus und im Komitee schwelende Konflikt über den Gebrauch der »Hilfswissenschaften« zu Tage. Henke will sich über eine Dogmatik auch intellektuell Klarheit im Glauben verschaffen, die andern nicht. Sie beteuern alle drei, sie hätten immer wieder den Herrn um Hilfe gebeten, dass er sie Einigkeit finden lasse. Nur, Einigkeit hieß für sie, Henke muss so werden wie sie. Welche Schritte dafür von ihnen verlangt würden, das blieb ausgeklammert. Das Briefpaket geht von Kopenhagen weg. Schon früher hatte Holzwarth dem Inspektor geschrieben. Es werde ihnen immer klarer, dass Henke nicht mit ihnen ziehen könne. »Wir denken nichts anderes. Sein ganzes Benehmen drückt Undank aus und Verkennung dessen, was der Herr durch das Missionshaus an ihm gethan« hat. Sie selber seien nichts als »drei arme Waisen«.

Noch bevor eine Antwort aus Basel eintrifft, greift auch Henke zur Feder. Er hatte eine Kopie des Briefes vom Holzwarth in die Hände bekommen. Da fordere es Dank und Pflicht, dem Inspektor zu schreiben. Er schreibt seinen Schmerz von der Seele, beschreibt seine schwere Passionszeit seit sie Basel verlassen hatten. Auch einige der Streitpunkte zwischen ihm und Holzwarth auf der Reise kommen zur Sprache. Am schlimmsten waren für ihn, Henke, Holzwarths Urteile über »ehrenwerte Männer und wahrhaftige Christen« wie das Frankfurter Komitee, seine Verwandten und Leute wie Rönne, Rudelbach und den Arzt Dr. Wendt. Sein Brief ist sachlich und zeigt Bereitschaft zu Toleranz und Vergebung. Zum Schluss betont er nochmals, dass »bei allen diesen schweren Erfahrung sein Wunsch und Trieb, zu den armen Heiden zu gehen, nicht abgenommen, sondern eher verstärkt worden sei.«

---

[14] Ob das wirklich der Fall war, kann man fragen. Wahrscheinlich waren die dänischen Kirchenleute für die frommen deutschen Pietisten zu »liberal«, und wurden deshalb als Freimaurer bezeichnet.

4.3 Blumhardts Reaktion

Nicht ganz unerwartet, aber deshalb nicht weniger schmerzlich, trifft die Kunde in Basel ein. Noch bevor er am 12. März das Komitee darüber informiert, schreibt Blumhardt. Anders als bei den Liberiabrüdern in London äußert er sich nun direkter und schärfer in »einem Kummerbrief«. Ob er, wie damals, sich zuerst mit Präsident Von Brunn beriet, bleibt dahingestellt. Jetzt schreibt er:

»Basel d. 7. März 1828

Meine lieben Brüder

Eure inhaltsreiche Jammerpost ist vorgestern hier angekommen und hat mein Herz tief verwundet. Zwar war mir eine solche Jammerbotschaft nicht mehr unerwartet; denn schon früher hatte ein Freund, der Euch in Kopenhagen besuchte, eure innere Spaltungen und Zerwürfnisse an die Seinigen hierher geschrieben; und so kam diese schmerzende Nachricht unter die Leute. Eine Hauptklage von Euch drei lieben Brüdern ist: ›Wir können uns nun einmal an Bruder Henke nicht anschliessen‹; Henkes Klage ist: ›Ihr seid Gefühlsmenschen, Schwärmer‹. Lasst einen Augenblick vor dem Herrn der Sache in die Augen sehen.

›Wir können uns an Bruder Henke nicht anschliessen‹. Warum nicht? Hat er in den Hauptwahrheiten des Evangeliums andere Ansichten als ihr? Nein. – Hat er den Herrn Jesum als seinen Retter und Heiland noch gar nicht erkannt? Nein. – Hat er durch seine Handlungen bewiesen, dass er ihm fremd und von ihm abgewichen ist? Nein. – Ist ihm das Werk Christi gleichgültig? Nein. – Hat er sich aus unlauteren Absichten mit Willen an die Missionssache gemacht? Nein. – Reut es ihn, im Dienste Christi im gefahrvollen Afrika sein Leben zum Opfer zu bringen? Auch das nicht! –

Nun, was dann? ›Wir können uns nicht an ihn anschliessen‹. Wo fehlt's dann? Ach, an der Liebe, an der duldenden, tragenden, heilenden, anlockenden, zurechtweisenden, auch im Bestrafen wohlthuenden Liebe fehlt's. Da fehlt's, geliebte Brüder. Das bezeugt euer Conferenz-Protokoll, das nicht rechter Art ist. Lautet's darin so, dass Ihr Euch unter Euren armen fehlenden Bruder Henke hinuntergestellt habt? Dass Ihr Euch um Christi willen ärmer und elender fühlt als er? Dass ihr im Drang der erbarmenden Liebe Christi mit ihm gesprochen habt? Das, ihr lieben Kindlein, Ihr meines Herzens Brüder und Pfleglinge, das habe ich in euren Briefen nicht gefunden. Es weht kein aufhelfender Brudersinn darin.«

Dann wendet er sich an Henke: Dass er Brüder Schwärmer nenne, könne vor Gott unmöglich recht sein, damit habe er sich schwer versündigt:

»Siehe, mein lieber Bruder Henke, an der Liebe, an der Liebe hat es dir bis jetzt gefehlt und fehlt es dir noch bis zu dieser Stunde […]. Damit hast du dich an deinen Brüdern und an dem Herrn schwer versündigt. Damit hast du ein Ärgernis gegeben, das bis nach Basel verbreitet ist und dessen traurige Folgen du nicht

hemmen kannst. Schwärmer sind deine lieben Brüder nie gewesen. Thun sie im Gewissensstreben nach deinem Sinn zu viel, so thun sie es dem Herrn. Hast du nichts an ihnen wahrgenommen, das Christus ihnen gegeben, und das der Liebe werth wäre? Kannst du das Werk Christi in ihnen also schwächen? Kannst du der Sache Christi also schaden? Kannst du also vergessen, was der Heiland sagt: ›Daran wird jedermann erkennen, dass Ihr meine Jünger seid, so ihr Liebe unter einander habt‹?«

Er erinnert sie an die Probleme der Liberiabrüder in London und andere schwierige Fälle, die sie kennen: So geht das einfach nicht. Darum sehe er nur drei Möglichkeiten für sie:

»1. Entweder ihr vergebet euch untereinander, fasset einander in neuer Liebe an und ziehet miteinander nach Afrika. Brüder, wer soll siegen? Christus oder der Teufel? Wer soll siegen? Christus! Amen, ja amen!

2. Oder Bruder Henke schreibt uns, dass er sich an die drei Brüder nicht anschliessen könne und bittet um eine anderweitige Anstellung, oder

3. Alle vier Brüder werden nach Basel zurückberufen.

Das ist nun nicht so gemeint, dass wir euch ein Joch oder einen Strick um den Hals werfen wollten, nicht also, meine lieben Brüder, sondern der Heiland selbst, und nicht wir und nicht Ihr, der Heiland selbst soll in der Sache entscheiden. Er thue es um seines Namens willen.«

Beides, die Briefe der Brüder und seine Antwort, übergibt er am 7. März dem Komitee.

4.4 Die Reaktion der Brüder

Nun kauen die Brüder in Kopenhagen an Blumhardts Antwort. Dass das Offenlegen ihres Konflikts zu schwerwiegenden Folgen für sie, allenfalls für das ganze Guinea-Projekt führen könnte, haben sowohl Henke wie Holzwarth in ihren Briefen angedeutet, aber im vollen Ausmaß war auch ihnen das nicht bewusst. So schlägt Blumhardts Antwort, so liebevoll und väterlich, ja »wohltuend auch im Strafen«, so Salbach, sie ist, doch ein wie eine Bombe. Sie sind erschüttert. Hätte ich doch meinen Brief noch zurückholen können! meint Henke. Sie sind tief betroffen auch vom Schmerz, den sie ihrem lieben Vater, dem Inspektor, zugefügt haben. Und doch, ihre Reaktionen könnten unterschiedlicher nicht sein. Henke eröffnet den Brief.

»Lieber Herr Inspektor

Freitag den 21. März erhielten wir Ihren Trauerbrief, welcher mein Herz sehr beugte u. zerknirschte. O wie gerne hätte ich meinen Brief, den ich drei Tage zuvor abgeschickt, um Ihr väterliches Herz nicht noch mehr zu verwunden, wieder zurückgeholt, wenn es mir möglich gewesen wäre. Wenn ich daher Ihr väterliches Herz durch einige zu starke Ausdrücke betrübt hätte, so bitter ich tausendmal um Verzeihung. Ohne Thränen konnte ich Ihren Brief aus väterlichem, von Schmerz zerrissenen Herzen geflossen, nicht lesen; denn obgleich ich mir bewusst bin, mit Wissen und Willen keine Veranlassung zu Ihrem Schmerz gegeben zu haben, so konnte ich mich doch nicht frei sprechen von manchem übereilten Schritt, den ich seitdem gethan habe. Und es giengen daher auch mich die Worte an: warum ist das Volk des Herrn nicht weiser u. traut dir, mein Heiland, nicht Alles zu?« Er habe sich hingeworfen und unter Tränen gebetet, Gott möge ihm zeigen, wo er gefehlt habe und ihm vergeben. Das Gebet sei erhört worden, sodass er am Abend, als sie die Briefe noch gemeinsam lasen, ohne zu wägen, auf welcher Seite die meiste Schuld liege, seine Hand und Herz den Brüdern in Liebe reichen konnte, bereit, nach dem Willen des Herrn in seinem Weinberge, im gefahrvollen Afrika, mit ihnen zu wirken, zu leiden u. zu sterben.

Salbach nimmt Blumhardts Brief als ein Gnadengeschenkt vom Herrn an: »In ihrem Brief rufen Sie uns, treuer Herr Inspektor, zu: Es fehlt an der wahren, herzlichen Liebe! Es fehlt an der wahren Demuth u. Geistesarmuth, dieses ist die Ursach, dass ihr mit Br. Henke nicht verbunden seid, dass ihr mit ihm nicht in dem wahren Verhältnis stehet. Dieser Zuruf durchdrang mein Inneres u. brachte mich in den Staub zu den durchbohrten Füssen meines Herrn nieder.« Er klagt sich als Schuldner an. Er habe am Abend, als Henke seine Fehler bekannte und ihnen die Hand reichte, gerne zugesagt, neue Hoffnung bekommen und möchte ihn von ganzem Herzen lieben.

Schmid bekennt ebenfalls, dass er es an der nötigen Liebe sowie am Gebet habe mangeln lassen. Der Herr habe ihm vergeben und Henke auch, sagt er recht schnell dahin. Und: »Übrigens ist mein ganzes Leben und Wesen aufs Neue dem Herrn in die Hand gelegt, und mein Wille steht bey ihm. Wenn es also sein Wille ist, so gehe ich mit meinem Br. Henke nach Afrika, auf Hoffnung hin, auf des Herrn und meiner theuren Väter Willen u. Rechnung hin. Von mir selbst u. von Br. Henke fordere ich nichts, sondern ich erwarte alles aus Gnade vom Herrn.« Aber, so beschließt er sein langes Schreiben, er nehme sich die Freiheit, jederzeit, wenn er sich mit Henke nicht vereint fühle, dies dem Inspektor und den Vorstehern zu klagen.

Holzwarth fällt es schwer. Er rechtfertigt sich anfangs für ihren Brief und fährt dann fort: »Unbeschreiblich sind die Anfechtungen u. unaussprechlich der Kummer meines Herzens wegen dieser ganzen Geschichte, u. besonders heute, den 25. war er am aller drükensten. Er verschlang alle Kraft u. Luft zum Arbeiten, doch gab der Herr Gnade, dass ich immer wieder ins Bethen hineinkam, ohne doch dem beklommenen Herzen ganz Luft machen zu können. Nun am Schluss dieses Tages ist Frieden wiederkehret.« Auch er nimmt die Hand Henkes an, aber das, um welches sich allezeit Alles dreht und handelt – das sei »natürlich noch nicht vorhanden, neml. die Einigkeit des Geistes oder die Gemeinschaft der Heiligen«.

Ganz offensichtlich hat Holzwarth am Meisten Mühe, sowohl Blumhardts Brief als auch Henkes Hand anzunehmen. Er hat die Spannung zu Henke am meisten gespürt, vielleicht auch provoziert, weil er sehr klare, enge Vorstellungen davon hatte, was Gemeinschaft der Heiligen bedeutet. Für ihn hieß das, alle denken so wie ich. Henkes Entschuldigung bei der Verabschiedung hieß für Holzwarth, dass dies eine Änderung im Denken mit sich bringe, nämlich so zu denken und zu fühlen, wie die übrigen Brüder. Ihn trifft die Zurechtweisung Blumhardts besonders hart. Von ihm wird eine Sinnesänderung, nämlich Öffnung des Sinnes für Andersdenkende, wir würden sagen Toleranz, Blumhardt sagt Liebe, gefordert. Das erschüttert ihn zutiefst.

Schmid sagt, er erwarte nichts von Henke, aber auch nichts von sich selber. Auch, wenn er alles neu in Gottes Hand gelegt zu haben vorgibt, verändern will er sich nicht. Im Gegenteil, er will dem Komitee weiter melden, was ihm an Henke nicht passt. D.h., auch er will keine Eigenverantwortung auf sich nehmen und bestätigt damit das, was Von Brunn an der Reaktion der Brüder bemängelte.[15] Am nächsten scheint Salbach Henke zu kommen. Er klagt sich an, nimmt Blumhardts Vorwurf, es fehlt an der echten Liebe, an und will das ändern. Er ist auch später derjenige, der Pläne für die Weiterarbeit sehr bald und konkret in die Hand nimmt. Erstaunlich ist, dass Henke, der sonst die Gefühlsbetontheit der Brüder ablehnt, hier nicht über den Verstand, sondern selbst sehr gefühlsbetont reagiert. Ihm ist die Sache sehr zu Herzen gegangen, nicht in dem Sinn, dass er seine Theologie ändern müsse, vielmehr, dass jede Theologie auch der Liebe und Rücksicht auf andere bedarf.

4.5 Und das Komitee?

In seiner Sitzung vom 12. März hatte das Komitee in Basel Kenntnis von »der ausgebrochenen Trennung des Br. Henke von ihrer geistlichen Gemeinschaft« genommen. Neben dem Briefpaket der drei Brüder lag ein Schreiben des Katecheten Rönne vor und zugleich die Frage, was mit der Ordination geschehen solle, die nun ja aufgeschoben werden müsse. Dass Blumhardt in seiner vorläufigen Antwort Br. Henke eine Frist von vier bis acht Wochen setzte »zu einem sich verantwortenden Briefe, den dann seine Brüder mit einem nochmaligen, wohlerwogenen Briefe begleiten sollen«, wird speziell vermerkt. Bevor aber diese Briefe eingetroffen seien, wollten sie keine weitere Entscheidung treffen. Der Antrag eines Mitglieds, Henkes Frankfurter Verein eine Mitteilung über den Stand der Dinge zu geben, wird abgelehnt, »um jede störende Zwischensprache zu vermeiden.«

---

[15] In einem Brief, geschrieben um den 10./11. Mai, dessen Anfang nicht erhalten ist, scheint sich Schmid dafür rechtfertigen zu wollen. Er schreibt, es liege wohl ein Missverständnis vor. Die Bemerkung, »dass ich mit Bruder Henke auf den Willen der Committee u. auf ihre Rechnung nach Afrika ziehe«, sei eigentlich überflüssig, der folgende Ausdruck, »auf den Willen des Herrn u. auf Hoffnung hin«, sage alle Nötige. Ein Sinneswandel scheint bei ihm also nicht eingetreten zu sein.

Vier Wochen später, am 9. April, wird »die Angelegenheit der Brüder in Copenhagen« Haupttraktandum. Inzwischen sind folgende Schreiben eingegangen: Die Briefe der drei Brüder vom 23.2., einer vom Rönne (Katechet), die vorläufige Antwort Blumhardts vom 7.3., ein Schreiben Pfr. Königs aus Frankfurt, der mehr Auskünfte und Mitsprache verlangt, Blumhardts Antwort darauf, sodann Henkes Brief vom 18.3. und schließlich der gemeinsame Brief aller vier vom 23.3.

In der sich darüber ergebenden Beratung melden zwei Leute grundsätzliche Fragen an, die im Protokoll weiter keine Beachtung finden. Es wird die betrübliche Erfahrung, dass »unsern Brüdern die Zwischenstationen zwischen dem Missionshaus u. der Heidenwelt so gefährlich seien«, zur Sprache gebracht. Im Protokoll heißt es weiter: »Pfr. LaRoche hob den allgemeinen Gesichtspunkt, wie sehr es doch den Brüdern überhaupt noch an der rechten Demuth mangle, heraus und forderte dringend dazu auf, in der Anstalt immer mehr auf die ächte, im Wesen und nicht in der Form bestehende Demuth bei ihnen hinzuwirken.« Dem Präsidenten Von Brunn fällt etwas anderes auf. Er »machte den Umstand bemerklich, dass die drei Brüder sehr mit Unrecht die Verantwortung über ihr Ausgehen mit Br. Henke auf die Rechnung der Committee legen wollen«. Das heißt, er stößt sich daran, dass sie die frühere Zusage als auf Druck des Komitees, resp. Blumhardts und Von Brunns zustande gekommen erklären. Dass beides eine Folge des ganzen Systems mit der Unterwerfung unter die Beschlüsse »der Committee« als dem Ausdruck des Willens Gottes sein könnte, das beachtet hier niemand.

Zum Brief aller vier Brüder vom 23.3. heißt es im Protokoll: »Da in demselben die Brüder sich über ihren Mangel an Liebe anklagen und demüthigen, auch Salbach, Schmid und Holzwarth sich bereit erklären, mit Br. Henke auch ohne die jetzt noch nicht bestehende Geistesgemeinschaft auf Hoffnung zu dem Herrn und auf Grund eines Comittee-beschlusses nach Afrika zu gehen, so wurde von Herrn Insp. Blumhardt der Vorschlag gemacht: Die Ordinatio und baldige Abreise der 4 Brüder nunmehr zu genehmigen.« Das Komitee nimmt diesen Antrag in »umständliche (d.h. lange) Berathung«. Den Vorstehern ist die Versöhnung zu schnell gegangen, sie spüren auch den Widerstand Schmids und Holzwarths. So wird dann beschlossen: »[...] dass die Brüder für jetzt unter fernerer Ermahnung zur wahren Demuth und Liebe darauf verwiesen werden sollen, dass unsre Committee erst nach Bewährung ihrer jetzigen Gesinnung entscheiden könne, dass aber jedenfalls jeder von ihnen es vor dem Herrn für sich selber darauf antragen solle, mit Freudigkeit in seinem Namen auszugehen.«

Schon am folgenden Tag, dem 10. April, leitet Blumhardt den Brüdern diesen Beschluss weiter und legt ihnen vier Fragen zur persönlichen Beantwortung vor:

»1) Willst du nach Afrika ausziehen?
2) Hast du dich Jesu unbedingt u. gz. u. für Alles, was er geschehen lässt u. thut, zu seinem Eigenthum übergeben?

3) Hast du auch für den Fall mit ihm dich verständigt, wenn du allein in Africa zurückbleiben solltest?
4) Machst du eine Auswahl unter deinen Streitgenossen od. willst du um des Herrn willen mit allen ausziehen?«

In einem Brief an Pastor Rönne vom 11. April macht Blumhardt klar, dass alle vier Brüder, nicht nur Henke, auf Probe ausgesandt seien. Am 8. Mai antworten die Brüder, sie seien von Herzen bereit, um des Herrn willen miteinander auszureisen. Henke schreibt wiederum in sehr herzlichem Ton. Die drei anderen machen zu Frage 4 eine einschränkende Anmerkung: Untereinander ziehen sie mit Freudigkeit, mit Henke im Vertrauen und Hoffnung auf den Herrn. Und wiederum zeigt Salbach mehr Willen, dafür auch das Seine beizutragen. Holzwarth verbindet seine nicht sehr klaren Aussagen mit theologischen Argumenten und Schmid schließt sich ihm bei Frage 4 mit »Ja und Amen« an. Rönne fügt an, es sei nun Zeit, die Ordination vorzunehmen und die Brüder auszusenden.

Am 10. Mai wird Henke vom König empfangen.[16] Er sei sehr freundlich gewesen, habe nach Vaterland und Confession gefragt und den Wunsch ausgesprochen, alle Brüder zu sehen. Am 21. Mai beschließt das Komitee »im Namen des Herrn diese 4 Brüder nach vorheriger Ordination durch Bischof Münter mit einander nach der Goldküste ziehen zu lassen.«[17]

4.6 Examen und Ordination

Nun drängt alles auf die Ordination, gewissen Unklarheiten bleiden. Schmid schreibt am 8. Mai von einem hin und her im Blick auf die Daten. Am 10. Mai wird Henke, als der Älteste der vier, zur Audienz beim König gerufen, für den 15. Mai, den Himmelfahrtstag, sind alle vier geladen. Am Tag zuvor wird auch Noi, der Häuptlingssohn von Osu/Accra getauft und der besonderen Sorge der Brüder anvertraut. Am 23. Mai schreibt Blumhardt an Bischof Münter, den Brüdern die »evangelische Missionsordination wohlwollend zu erteilen«. Bereits am 19 Mai hatte dieser die Brüder zu sich gerufen, um ihnen die Examensfragen und -aufgaben zu überreichen. Jeder bekommt 12 Fragen, die er bis zum 7. Juni schriftlich zu beantworten hat. Sie waren wohl ein wenig auf die jeweilige Person abgestimmt und betrafen jeweils Fragen aus der Dogmatik (Natur-Vernunft-Offenbarung), der Geschichte des neuen Testaments (Echtheitsfragen usw.), der Praktischen Theologie (Buße, Ergreifen der »Wohltaten Jesu«, Gebet) und der Beziehung des Missionars zur heidnischen oder muslimischen Umwelt.

Für Henke sah dies so aus:

»1. Der Zweck Gottes mit seinen vernünftigen Geschöpfen?

---

16 Bei offiziellen Anlässen tritt jeweils Henke in Erscheinung.

17 Komiteeprotokoll vom 21.5.1828.

2. Wie können wir aus der Betrachtung der Natur die Einheit Gottes beweisen?
3. Welches sind die Bücher des NT, deren Ächtheit in der ältesten Kirche bezweifelt wurde?
4. Wovon hat uns Jesus erlöst?
5. Worin besteht die natürliche Unvollkommenheit, die wir Erbsünde nennen?
6. Warum können Bibel und Vernunft allein unsere Erkenntnisquellen für die Religion sein?
7. Worin besteht der Glaube an Jesum?
8. Welches sind die Hauptlehren des Corans?
9. Wie hat der Missionar sich zu verhalten, wenn er mit mohammedanischen Missionaren zusammentrifft?
10. Gibt es Stellen im NT, die entschieden unächt oder zweifelhaft sind?
11. Wie soll das Verhältnis des Missionars zu den Fetischpriestern beschaffen sein?
12. Wodurch wird das Gebet auch dann wohltätig, wenn keine Erhörung desselben folgt?«

Bei Salbach fehlen die Fragen zum missionarischen Umfeld ganz, bei Schmid liegt das Gewicht stärker bei Themen wie Buße, Glauben, Erlösung. Bei Holzwarth und Schmid fallen im Bereich »Mission« die Fragen um die Stellung des Missionars zur Vielweiberei, zum Alkoholproblem auf der Küste, zum Sklavenhandel und zu den Fetischpriestern auf. Es macht den Anschein, dass die Brüder mit diesen Fragen keine besondere Mühe hatten. Sie konnten sich dabei ja auch gegenseitig helfen.

Für die mündliche Prüfung erhielt jeder einen Text aus dem Alten und dem neuen Testament, den sie auf Hebräisch resp. Griechisch lesen und dann auch übersetzen sollten. Dabei kam Holzwarth so sehr in Not wegen des Hebräischen, dass sie zuerst seinen Psalm (Ps 29) lesen lernten, dann alle Wörter einzeln aufschlugen und mit ihm übersetzten: »Dieses thaten wir jeden Tag 1 Stunde lang bis gestern (9. Juni). So lernte Holzwarth seinen Psalm ziemlich gut lesen und verstehen.«[18]

Das Examen wurde am 10. Juni gehalten. Jeder muss die ihm vorher gegebenen Verse und Kapitel lesen und übersetzen. Der Bischof stellt einige unerwartete aber nicht schweren Fragen dazu. Dann wird von den beantworteten Fragen einiges vorgelesen. Es herrscht Zufriedenheit mit den Kenntnissen und alle werden der Ordination für würdig erklärt. Die Kosten derselben zusammen betragen 53 Thaler Silber.

Am 13. Juni findet die Ordination statt. Nach einer Predigt in deutscher Sprache zu 1 Kor 12, einer zweiten auf Dänisch zu Apg 16,9 (»Komm herüber und hilf uns«), hielt der Bischof »in Amtskleidern mit allen Orden auf der

[18] Brief Schmid vom 11./14. Juni 1828.

Brust eine kurze lateinische Messe und eine kurze Rede zu Ps 68,32 und ordinierte sie, worauf unter Auflegung der Hände durch alle Geistlichen die Salbung von oben herabgefleht wurde. Darauf predigte Henke über den vorgelegten Text Apg 28,28, und zum Schluss Feier des hlg. Abendmahls.«[19]

Pastor Rönne seinerseits schreibt am 16. Juni über die Ordination, »Ich habe den Freudentag erlebt«, und bittet für die Brüder um Kirchenröcke, da sie sonst in den dänischen Faktoreien keine Amtshandlungen vornehmen können, wenigstens nicht ohne Anstoß zu erregen. Und etwas später dankt er dem Komitee: »Ihnen danke ich u. allen Mitarbeitenden, für die Freude, die uns durch die Zusendung der l. Brüder bereitet worden ist. Der Herr, der selbst die Sache geleitet hat, sei dafür gepriesen u. segne Sie mit seinen reichen Segnungen. Wenn sie mehrere Solche finden, die auf den dänischen Besitzungen ihre Kräfte unserm Heiland opfern wollen, so senden Sie sie an uns u. wir werden Sie mit Freude u. Liebe aufnehmen!«[20]

Auch Bischof Münter meldet sich noch einmal und versichert, dass für die ausreisenden Brüder durch entsprechende Empfehlungen wohl gesorgt sei. Dann äußert er sich auch über die Brüder und hebt dabei Henke besonders hervor. »Unter den Missionaren zeichne ich bes. Henke aus; er hat allgemeinen Beifall gefunden. Auch S. Majest. hat ihm Beifall bewiesen u. sich gnädig über ihn geäussert. Umso mehr ist zu beklagen, dass seine 3 Gefährten mit ihm nicht eines Sinnes sind. Sie haben sie väterlich zur Eintracht ermahnt. Ähnliche Ermahnungen haben sie auch vom König erhalten. Ich fürchte, dass dessen ungeachtet noch immer Verstimmung unter ihnen herrscht. - Sollten Streitigkeiten zum Ausbruch kommen, so müsste wohl Henke die Stimmen für sich haben, weil sein redlicher, offener, von aller Schwärmerei freier Sinn der Regierung und auch mir, seinem Bischof, bekannt ist.«[21]

In Basel gehen derweil auch Nachrichten des dänischen Regierungsbeamten Hein über die Goldküste ein mit Ratschlägen für das Verhalten der Missionare. Er selber war sieben Monate lang zur Ablösung von Major von Richelieu dort gewesen.

5. Ausreise

Nun geht es endgültig auf die Reise. Direkte Schiffe von Dänemark zur Guineaküste gibt es im Moment nicht. Ob sie von Amsterdam, Rotterdam oder doch von England aus segeln sollten, ist noch offen. Noch einmal ruft der König sie zur Audienz. Dann sind auch sie bereit. Am 26. August verlassen sie

---

19 Ps 68,68: »Mohrenland wird seine Hände ausstrecken zu Gott«, Apg 28,28: »Es sei euch kundgetan, dass den Heiden dies Heil Gottes gesandt ist, und sie werden es hören.« Schmid, a.a.O. 14. Juni 1828.

20 BMA QM-10-35.17, 56.

21 Ebd., 56f; im Komitee am 24. Sept. 1828 erwähnt ohne weitere Bemerkung.

Kopenhagen, reisen in Begleitung von Probst Callisen nach Kiel, von dort nach Hamburg und darauf mit dem Dampfboot nach Amsterdam, erhalten dort einen Brief mit den nötigen Anweisungen nicht, kommen aber schließlich am 4. September doch in Zeist bei Herrn Passavant, dem Leiter der dortigen Brüdergemeine, an, der für die weiteren Schritte zuständig sein wird.

Die weitere Planung erweist sich als äußerst schwierig. In England wartet das Schiff »The Hope« auf sie, aber das Gepäck aus Basel ist noch nicht da. Es wird an der Grenze aufgehalten, weil der Inhalt zu wenig klar deklariert gewesen sei. Und dann der Koffer Nois, der inzwischen Frederik heißt. Er hat Schießpulver eingepackt, was doch strengstens verboten wäre. Einmal reist Henke nach Amsterdam wegen des Gepäcks, ein andermal Holzwarth, und immer noch wartet das Schiff auf sie. Passavant schreibt am 25. September, wie sie immer noch nicht weiter sind: »Ich könnte ein ganzes Buch darüber schreiben, was alles in dieser Zeit in ihrer Angelegenheit berathen, verhandelt und gethan worden ist, u. noch sind wir heute auf demselben Punkte als wir am 1. Tag waren. Eine solche verwickelte Expedition ist mir noch nie vorgekommen.«

In seinem Brief gibt Br. Passavant auch eine kurze Charakterisierung der vier: »Ich habe die Brüder recht lieb gewonnen, bes. die 3, wir sind wirklich recht innig zusammengeflossen. Bei Henke habe ich einige Bedenken, obgleich er ebenfalls viel Gutes hat. Holzwarth ist ein im Innern tief gegründeter Bruder u. hat in Besorgung der äusseren Angelegenheiten u. in Führung der Geschäfte schon einen so richtigen Blick u. eine solche Gewandtheit, dass ich mich recht darüber gewundert habe. Salbach ist eine innige Seele u. sammelt wie eine fleissige Biene alles Gute in das innere Heiligthum des Herzens. Zu Schmid fühle ich mich bes. hingezogen. Er ist eine treue einfältige Seele u. hat dabei im Innern u. Äusseren einen so klaren, nüchternen evangelischen u. praktischen Blick, wie ich ihn bei jungen Leuten selten gefunden habe.[22]

Die Hauptprobleme für die Weiterreise lagen darin, dass die Kopenhagener Freunde sich sehr um die Fahrt mit »The Hope« verwendet hatten, man in den Niederlanden aber, um der Schwierigkeit des Transports nach Großbritannien zu entgehen, nach niederländischen Gelegenheiten suchte, die sich aber immer wieder zerschlugen.

Endlich, am 1. Oktober, können die Brüder Zeist verlassen, nehmen am folgenden Tag nicht das Dampfboot, das erst am 5. Oktober fahren sollte, sondern das Segelschiff, das am folgenden Tag abfährt, in der Meinung, damit nicht nur billiger, sondern auch früher nach London zu kommen. Darin werden sie allerdings schwer getäuscht. Der Wind steht ihnen entgegen. Acht Tage statt 24 Stunden benötigen sie für die Überfahrt und erreichen London erst

[22] Ein Bild, das dem früheren Auftreten Schmids durchaus entspricht, in seinen Briefen aus Kopenhagen und nachher der Goldküste aber kaum Bestätigung findet. Da ist von Nüchternheit keine Rede mehr.

am 10. Oktober. Doch die Geduldsprobe geht weiter. Am folgenden Morgen ist niemand da, der sich um ihr Gepäck kümmern will, bis schließlich ein Agent der Brüdergemeine sich ihrer annimmt. Abends um 19 Uhr gehen sie an Bord. Sie bezahlen 35 £ pro Person für die Reise nach Westafrika. Am folgenden Tag legen sie ab, haben sogleich günstigen Wind und passieren Dover am 14. und Plymouth am 16. Oktober.

5.1 AUF HOHER SEE

Nun beginnen ganz andere Schwierigkeiten. Nach Plymouth fühlen Henke und Noi-Friedrich sich nicht mehr gut, verlieren allen Appetit. Das Essen für Kranke ist trotz des hohen Preises, den sie bezahlt hatten, schlecht. Täglich werden die beiden elender, halten es aber zunächst einfach für Seekrankheit. »Da es aber von Tag zu Tag schlimmer und ich so abgemattet wurde, dass ich kaum mehr auf den Beinen stehen konnte, so sah ich endlich ein, dass unsere ganze Krankheit Folge der verpesteten Luft unserer Schlafstellen sey, welche uns beiden der Capitain in einer Nerbenkajütte, vollgepackt von allerley Geräthe, angewiesen hatte, wo weder Sonne noch frische Luft hinzudringen vermochte. Nun erklärte ich dem Capitain bestimmt, dass ich nicht mehr in diesem Gefängnisse schlafen wollte, und nach langem Widerspruch sah er sich endlich genöthigt, mir in der vorderen Kajütte ein Lager zu bereiten und die Nebenkajütte auszuräumen, damit auch Friedrich bessere Luft bekäme. Schnell besserte sich nun unsere Gesundheit. Innerhalb von zwey Tagen waren wir vollkommen gesund.«[23]

Nach 19 Tagen, am 30. Oktober, erblicken sie die kanarischen Inseln und bewundern im »Glanze der aufgehenden Sonne den hohen Piko«. Von da an kommen sie nur langsam voran. Sie befinden sich mehr und mehr im tropischen Gebiet. Die zweite Hälfte November ist geprägt von täglichen Gewittern. Unvergessen bleibt die Nacht vom 18. auf den 19. November: »Um drey Uhr morgens erhob sich ein Sturm mit starkem Donner und Blitz. In voller Angst stürmte der Steuermann in die Kajütte, den Capitain zu wecken. Das Geschrey des Capitains und der Matrosen war fürchterlich. Die Kajütte war beständigh von Blitzen erleuchtet, so dass ich in dem mit Pulver stark beladenen Schiffe vielmehr die Entzündung des Blitzes als die Gefahr des Sturmes fürchtete. Im Bette konnte ich wegen der starken Zugluft nicht bleiben, da mir der Wind mein Leintuch fortgerissen hatte, das mich davor schützen sollte. Ich stund daher auf und ging auf's Verdeck, wo es stockfinster war; aber das Schreyen und Fluchen des Capitains und der Matrosen trieb mich bald wieder hinunter.« Dort wirft er sich auf die Knie und empfiehlt sich und alle seine Lieben in das Erbarmen Jesu. Von den Brüdern war nur Schmid ebenfalls auf.

---

[23] Missions-Magazin 14 (1829), 509f (Beilage vii zum Jahresbericht, anhand von Henkes Brief vom 21. Jan. 1829).

Am 26. November, da sind sie bereits 46 Tage unterwegs, sagt man ihnen, wir sind in Afrika. Es wird unglaublich heiß auf dem Schiff. Auf dem ganzen Verdeck kein schattiges Plätzchen. Der Kapitän verspricht ihnen, bei Liberia kurz anzulegen, damit sie die Brüder dort grüßen können, aber er hält sich nicht daran. Wegen des düsteren Wetters habe er es verpasst.

Ende November wieder eine gefährliche Nacht. Sie werden in Küstennähe getrieben und streifen dabei ein anderes Schiff, wahrscheinlich ein Sklavenschiff. Henke erwacht am Geschrei der Besatzung, bleibt aber diesmal ruhig liegen. »Da kam der Capitain todtenblass in die Kajütte, blieb eine Weile, auf den Arm gestützt, stehen, setzte sich auf einen Stuhl, mit dem Kopf auf den Tisch gelegt; sprang aber bald wieder auf das Verdeck, kam wieder in die Kajütte, warf den Mantel auf die Erde und legte sich mit den Kleidern darauf.«

Am anderen Morgen sehen sie Land, schon kommen Kanus aufs Schiff zu. Die Männer sind ganz nackt, ziehen sich aber ein Tuch über, als sie auf das Verdeck hochkommen. Das Schiff wird verankert und bald beginnt der lebendigste Handel. Für Angel und Tücher gibt es im Gegenzug Reis und Federvieh. Am anderen Morgen kommen noch mehr. Es ist Sonntag, und des Handelns kein Ende. »Wir sind ja nicht in England«, sagt der Kapitän als Begründung. Henke seinerseits macht die erste Bekanntschaft mit einem Schwarzen, der »einen Fetisch umhängen hatte«. Am 8. Dezember segeln sie am »Kap der drei Spitzen« vorbei. Am 10. Dezember endlich erreichen sie Cape Coast, ein britisches, zu der Zeit aber fast verlassenes Fort. Zwei Monate sind sie da auf hoher See unterwegs gewesen.

Zum ersten Mal betreten sie afrikanischen Boden. Und machen auch gleich Bekanntschaft mit den dortigen Europäern. »Die Engländer leben hier fast ganz wie in ihrem Vaterlande«. Sie werden eingeladen. Beim Spaziergang nach dem Essen haben sie Gelegenheit, neue Eindrücke aufzunehmen: Die Frauen mit den Kindern auf dem Rücken, die Hütten aus Lehm, die Ziegen, Vögel und Pflanzen finden ihre Bewunderung. Aber: »Es ist hier weder Geistlicher noch Schullehrer, auch äusserte man im geringsten kein Verlangen darnach, indem es dem gewinnsüchtigen Kaufmannsgeist viel vorteilhafter erscheint, die Neger in der Unwissenheit zu lassen, und indem sie sich auf diese Weise um so ungestörter in ihrer fleischlichen Lust wälzen können. Die Kaufleute [...] halten sich hier alle ein Harem mit mehr oder weniger Negerinnen oder Mulattinnen angefüllt.«

5.2 Erste Erkundigung

Noch sind sie nicht am Zielort. Der Kapitän scheint keine Anstalten zu machen, bald weiter zu segeln. Deshalb schlägt Henke den Brüdern vor, das Niederländische Fort d'Elmina, etwa drei Stunden entfernt, zu besuchen. Salbach,

Schmid und Noi Davuna (Frederik) kommen mit.[24] Am Freitag, den 13. Dezember, fahren sie hin, in einem Kanu mit neun Afrikanern. Wieder ein neues Erlebnis: »Unsere Neger waren auf dem ganzen Weg keine 5 Minuten stille, sie sangen beständig. Aus jedem Gegenstande, welchen sie sehen oder der ihnen einfällt, machen sie ein Lied. So sangen sie unter anderem gewiss eine Viertelstunde lang in der Fanti-Sprache, die Davuna versteht: ›Die dänischen Weissen haben uns Rum gegeben‹. Wir hatten ihnen eine Flasche aufs Kanoe gegeben.«

Und dann all die Boote kurz vor Elmina selber, 200, 300 Kanus, je mit drei bis vier Schwarzen, mit Fischfang beschäftigt. In Elmina empfängt sie der Statthalter freundlich, zeigt ihnen den Ort, die Kirche, geräumig, aber Gesangbücher und Bibel völlig verstaubt. Seit 1820 sei kein Prediger mehr da gewesen. Er wäre froh, Schullehrer zu bekommen, aber erhält keine Antwort auf seine Anfragen. Auf den Straßen erleben sie Zeremonien mit und wundern sich über diese fürchterlichen »Religionsübungen« mit Tänzen. Am Sonntag bekommen sie gar Besuch. Zwei Frauen aus Accra bedanken sich dafür, dass sie Davuna gesund zurückbrachten. Wieder fühlen sie die Distanz zu den Kaufleuten.

Weil ihr Kapitän mit der Weiterfahrt noch immer zögert, entscheiden sie sich am Montag, den 16. Dezember, selber ein Kanu zu nehmen, auch wenn das nicht bequem sei, um so schnell wie möglich nach dem 30 Stunden entfernten Christiansburg zu segeln. Tatsächlich, das Nachtlager war alles andere als erfreulich, aber die Sehnsucht nach Christiansburg versüßt die schlaflose Nacht. Sie erreichen am Morgen Winneba. Der Häuptling lädt sie ein zu ruhen. Sie teilen ihren Proviant mit ihm und später bereitet er ihnen gar ein richtiges Mahl, sogar mit Tisch, Teller, einigen Gabeln und Messer. Die sind allerdings so rostig, dass die Brüder gerne mit den Fingern essen. Für das Gegengeschenk müssen sie den Mann auf später vertrösten. Sie haben bei ihrem wenigen Gepäck nichts mehr dabei. Er wird nach Accra kommen und es sich holen. Dahin sind sie am Abend auch wieder unterwegs.

»Nochmals hatten wir eine schlimme Nacht auf dem Kanoe auszuhalten. Gegen Morgen weckte einer Davuna hastig und liess uns durch denselben wissen, dass der Fetisch Branntwein haben wolle. Wir liessen fragen, wo der Fetisch sey, und erfuhren nun, dass es der Fluss Sakumo war. Weil wir keinen Branntwein hatten, verlangte er Wein. Allein wir gaben ihm keinen, da wir diesem traurigen Aberglauben keinen Vorschub leisten wollten«, schreibt Schmid.

---

[24] In seinem Tagebuch schreibt Schmid, dass er zuerst überhaupt nicht mitgehen wollte und schließlich nur widerwillig mitfuhr. Erst im Laufe des Ausflugs habe sich das dann gelegt.

6. Accra! Accra!

Mittwoch, 18. Dezember. Es ist Morgen, in der Früh. Der Tag dämmert auf, da sehen sie es, Accra, und wenig später auch Christiansburg, ihr Ziel. Furcht und Hoffnung regen sich beim Anblick. Um 9 Uhr laufen sie in den Hafen ein. Ein dänischer Unteroffizier und viel Volk erwartet sie am Strand. Im Fort empfängt sie Statthalter Lind freundlich, verspricht ihnen jede Hilfe und Rat und weist ihnen ihre Zimmer im Fort zu.

6.1 Erste Eindrücke

»Christiansburg ist einer von den gesünderen Plätzen Afrikas, demungeachtet raffte das Fieber voriges Jahr 7 Dänen weg. In der Nähe von Christiansburg und Ussu ist alles öde und unbebaut und nur dürres Gras zu sehen, das jetzt in der Harmatanzeit von der Hitze abgebrannt wird und uns des Abends oft ein liebliches Schauspiel gewährt. Erst 4 Meilen von hier ist Waldung, und erst in dieser Entfernung beginnen die Plantagen der Europäer.« Diese Europäer seien meist nach der schlechten Landessitte verheiratet, außer dem Statthalter hätten alle zwei bis drei Frauen, und der »Charakter der Neger [sei] im Allgemeinen sehr schlecht«. Daran trügen aber zum Teil auch die Europäer selber schuld.

Sie leben sich ein, gehen fast jeden Morgen baden, oft direkt am Meeresstrand: »Hiezu sind Badhosen nothwendig. Man denke sich kein stilles Wasser, sondern unaufhörliche Brandung, welche man nur durch Gewohnheit ertragen lernt. Über unerträgliche Hitze können wir nicht klagen, denn Tag u. Nacht bläst der Wind. Tiefer im Land ist's heisser. Regen fällt selten, ausser in der Regenzeit. Landeinwärts regnet es häufig. Die Ungewitter sind erschrecklich. Arbeiten kann der Europäer nicht viel mit den Händen, denn bei unbedeutender Anstrengung kommt man so in Schweiss, dass man wechseln muss u. aussieht wie wenn man ins Wasser gefallen wäre oder gebadet hätte u. sich abtrocknete.«[25]

Die nächsten Tage sind gefüllt mit Besuchen. Der Statthalter nimmt sie mit zu all den umliegenden Europäern, was den Brüdern, besonders Schmid und Holzwarth, oft zuwider ist. Besuche kommen auch zu ihnen, etwa zwei Fetischpriester, denen sie natürlich entsprechend der Landessitte und gegen ihr eigenes Empfinden, zur Begrüßung einen Branntwein offerieren müssen. Dann besuchen sie Frederik-Davunas Vater, den Häuptling von Osu. Irgendwann erscheint auch der Sohn des Häuptlings von Winneba, um das versprochene Geschenk abzuholen. In seinem ersten Brief erwähnt Henke, dass er wegen Unpässlichkeit und seit Tagen andauerndem Kopfweh den dänischen

---

25 Holzwart am 31. Januar 1829.

Arzt im Fort schon gut »brauchen« konnte. Diesen Arzt habe er sehr schätzen gelernt.

6.2 Im eigenen Haus

Die Brüder suchen so bald wie möglich eine eigene Bleibe zu finden, um nicht länger als unbedingt nötig von der Gastfreundschaft des Gouverneurs abhängig zu sein. Frederik-Davunas Vater versprach gleich nach der Ankunft, ihnen dabei zu helfen. Am 26. Dezember, dem 2. Weihnachtstag, predigt Salbach am Morgen in der Kirche. Gegen Abend gehen sie zusammen zum Davunas Vater, dem Häuptling. Der führt sie zusammen mit seinem Sohn zu einem Mulatten, dessen Haus sie für »6 Kabes monatlich (etwa 20 Schw. Fr.)« mieten können. Das Haus liegt dicht beim Meer, ist nach europäischer Weise gebaut und hat drei Zimmer, dazu ein »Packhaus«, wo sie Gepäck und anderes aufbewahren können. Am folgenden Tag holen Holzwarth und Salbach ihr Gepäck vom Schiff, soweit dies überhaupt vorhanden ist. Sie packen aus und ordnen alles. Noch am gleichen Tag können sie einziehen. Henke und Salbach werden das eine, und Holzwarth und Schmid das andere Zimmer bewohnen. Das dritte Zimmer dient als Ess- und Arbeitszimmer. Bald machen sie die Erfahrung ganz anderer Besuche, Termiten und Küchenschaben. Die ersteren fallen über ihre Schuhe und ihre Tornister her und tun sich an ihnen gütlich. »Sie haben in unserm Packhause den Boden eines Fasses durchfressen, in welchem wir Leder, unsere Ränzchen und mehrere Schuhe hatten; Das Leder hatten sie ganz durchlöchert, ein Ränzchen beinahe ganz aufgezehrt und am anderen die Haare abgenagt. Die Schuhe haben sie eben so wenig geschont; sieben Stück Schuhe und gewöhnlich den rechten vom Paar haben sie ganz verdorben und zerfressen.«[26]

6.3 Erste Pflichten

Am Weihnachtstag predigt Henke zum ersten Mal. Die Kirche ist voll. Europäer, Mulatten und Schwarze drängen sich. Zum ersten Mal seit 20 Jahren ist ein Pfarrer da. Beim nachfolgenden Kindergottesdienst hilft ihm der Stadthalter als Übersetzer, weil »ich mich in der dänischen Sprache noch nicht so geläufig für Kinder ausdrücken kann.« Die Brüder predigen im Folgenden jeweils der Reihe nach.

Im neuen Jahr stehen bald weitere Amtspflichten für die Europäer- und Mulatten-gemeinde an. Gleich neun Kinder sollen getauft werden. Henke zögert. Die Kleinen tauft er, aber die größeren will er erst unterrichten. Bald sind es um die 30 junge Leute, die getauft werden sollten, weil lange keine

26 Missions-Magazin 14 (1829), 522.

Priester zugegen war. Dann notiert er: »Montag 19. Jan. Heute begann ich im Namen des Herrn meinen Unterricht mit den mir anvertrauten 16 Jünglingen und 10 Mädchen. Einige der Jünglinge sind bereits Soldaten im Fort; sie verstehen leider noch sehr wenig Dänisch und lesen sehr schlecht, sodass ich genöthigt bin, ihnen fast alles durch den Schullehrer in die Accra-Sprache übersetzen zu lassen. Ich begann mit ihnen das Evangelium Lukas, sodann lasse ich sie den kleinen Katechismus Luthers auswendig lernen.« Lobend erwähnt Henke Holzwarth, der sich besonders um die Schüler in der Mulattenschule im Fort kümmert und ihnen und dem Lehrer fleißig Lieder und Melodien beizubringen versucht. Auch erste Auseinandersetzungen bahnen sich an. Die Brüder möchten den Unterricht an der geplanten Schule für die Schwarzen in der Accra-Sprache halten, Kopenhagen aber drängt auf Dänisch.

Schließlich ist da eine europäische Frau, die das Abendmahl erhalten möchte. Zuerst führt Schmid Gespräche mit ihr. Das sei anfangs recht gut gewesen. Aber wie sie auf weltliche Dinge umschwenkt, hört es bei ihm auf. Was führt die für ein Leben? Sie versucht es auch bei Henke, der ist wohl etwas offener. Die Bedenken der Brüder, »Menschen das heilige Abendmahl zu reichen, die in einem leichtsinnigen unbussfertigen Leben verharren«, akzeptiert aber auch er nicht und eröffnet es der Frau. »Dieser Vorsatz, unser Amt nicht durch solche Gleichgültigkeit zu beflecken, wird uns freylich viel Unangenehmes zuziehen,« schreibt er am 20. Januar.

6.4 Sklavenschiffe?

Auch hier, obwohl von der dänischen Regierung verboten, begegnen sie dem Sklavenhandel. Henke schließt seinen Bericht vom 21. Januar 1829: »Es thut mir leid, ihnen auch das sagen zu müssen, dass der schändliche Sklavenhandel in unserer Nähe auf dem holländischen Accra immer noch heimlich betrieben wird. Vor einigen Tagen gingen auf einmal 7 Schiffe dem holländischen und englischen Accra gegenüber vor Anker, welche wir von unserer Wohnung aus gut sehen konnten; es waren zwei Sklavenschiffe darunter, ein portugiesisches und ein spanisches. Ach, was anders als die Kraft des Christenthums kann dieser Grausamkeit ein Ende machen?«

7. Grosse Pläne

7.1 Schule in Osu

Ziel der Missionsarbeit ist letztlich nicht die Europäer- und Mulattengemeinde von Osu, sondern die schwarze Bevölkerung der näheren und weiteren Umgebung. Für diese gibt es vorläufig noch keine Schule, auch keine Einrichtungen für Religionsunterricht. Die Schule im Fort ist für Mulattenkinder reserviert.

Auch dort fehlt es am nötigen Material, weshalb Unterricht eigentlich nur im Lesen erfolgen kann. Die Brüder Henke und Holzwarth nehmen sich im Besonderen dieser Schule an. Zwei Mulatten-Schullehrer ergänzen sie dabei.

Im Blick auf die schwarze Bevölkerung heißt es die Sprache lernen. Mit Eifer machen sie sich daran. Schwierig sei das, schreiben sie, weil es dafür keine Lehrmittel gebe. Jeder versucht es nach seiner Methode. Im Vordergrund steht die Accra-Sprache. Auch andere werden längerfristig ins Visier genommen.

7.2 Neue Stationen

In Gesprächen mit dem Gouverneur eröffnen sich weitere Tätigkeitsgebiete. Im Vordergrund steht der Ort, an dem vor 60 Jahren die Brüdergemeine gewirkt, den sie aber aus Gesundheitsgründen wieder hatte aufgeben müssen, Ningo, wenige Tagereisen östlich von Accra in der Prampram-Ebene an der Küste des Meeres gelegen. Der Gouverneur nennt aber auch die Akwapim-Region, weil dort das Klima erträglicher und zugleich der Boden viel fruchtbarer sei. Dort sei allerdings auch das Risiko, einem Angriff der Asante zum Opfer zu fallen, grösser.

Bald zeigt sich, dass die beiden Brüder Henke und Holzwarth die Arbeit an Kirche und Schule in Osu gut allein besorgen könnten. »So entstand der Wunsch in mir, schreibt Salbach, mich auf einer andern Stelle in der Nähe von hier niederzulassen, um den armen Negern die Friedensbotschaft vom Gekreuzigten zu verkündigen. Der zweckmässigste Ort schien mir die Negerstadt Ningo zu sein.« Dies entspricht zwar nicht ganz dem bisherigen Wunsch des Basler Komitees. Dort hatte man eigentlich an eine »Jugendanstalt« in den Plantagen nahe der Akwapim-Berge gedacht. Sachliche Gründe sprechen allerdings dagegen. In diesen Plantagen wohnen zusammen nur um die 300 Einheimische, »wo sich hingegen in und um Ningo eine viel grössere Wirksamkeit darbietet«.

7.3 Ningo

Die Stadt Ningo zählt etwa 1000 Einwohner. Diese gehören zur Ethnie der »Adampeer« (Adangme), die auf ungefähr 20‘000 Menschen geschätzt wird. Ihre Sprache unterscheide sich wenig von derjenigen in Accra. Die Erinnerung an die Missionare der Brüdergemeine ist noch lebendig. Diese seien »Jungmaa-bi«, »Gottes Kinder« d.h. gute Menschen gewesen. Und es scheint, dass man sich dort auf das Kommen von Lehrern schon freut.

»Unser Bruder Schmid ist geneigt mit mir dahin zu ziehen. Der Herr Gouverneur, dessen Dienstfertigkeit und Wohlwollens wir uns bisher erfreuen durften, hat unser Vorhaben genehmigt und uns zugesagt, dass wir unentgeltlich in Forte Friedensburg bei Ningo wohnen können.«

Schon bald möchten sie dahin reisen. Krankheitsnot vereitelt den Plan. Schließlich muss Salbach allein hinziehen.[27] Er ist bis dahin erstaunlich gesund geblieben ist und empfindet das Klima im Moment fast als angenehmer als in Europa. Er unternimmt die Reise vom 31. März bis 11. April. Viele Begegnungen und ermutigende Erlebnisse macht er dort. Beim Abschied danken ihm die Leute von Ningo und munterten ihn auf mit den Worten: »Ich solle mich vor dem Sterben nicht fürchten, Gott werde mich wohl am Leben und gesund erhalten, und wenn ich krank werden sollte, so seyen viele gute Negerärzte im Orte, die mich wieder curieren würden, auch sie selbst wollten so viel wie möglich um mich besorgt seyn. Beim Scheiden reichten sie mir Alle die Hand und dankten nochmals herzlich für Alles, was ich ihnen kundgetan hatte.«[28]

Mittlerweile sind Holzwarth und Schmid so krank, dass die Arbeit in Osu faktisch ganz auf Henkes Schultern liegt.

8. Krankheitsnot

Neuangekommene sollen in der Regel zuerst die obligaten Tropenkrankheiten durchstehen, damit sie nachher richtig tropentauglich werden. Das gilt natürlich auch für die jungen Missionare. Kopfweh sei ein allgegenwärtiges Übel, schreiben sie.[29] Das ist allerdings noch keine Tropenkrankheit, sondern mag einfach bei ausgiebigem Schwitzen Zeichen für Salzmangel sein, der mit einer würzigen Kleinigkeit schnell behoben werden kann. Wenn Henke aber schon am 21. Januar so nebenbei von Unwohlsein mit Kopfweh, Verstopfung, Mattigkeit und Appetitlosigkeit schreibt, ist es wohl schon etwas mehr. Er selber scheint das nicht so tragisch zu nehmen, während die andern drei dies immer wieder erwähnen. Er kann seiner Arbeit trotzdem relativ regelmäßig nachgehen.

Richtig stark trifft es zuerst Holzwarth. Schmid, der mit ihm das Zimmer teilt, geht das sehr nahe. Fast wie ein Hilfeschrei tönt sein Brief vom 16. Februar 1829 an den Inspektor. Es gehe um Leben und Tod, auch wenn Holzwarth sich im Moment besser fühle. In sein Tagebuch notiert er: »Samstag den 7. Feb. fand sich mein lieber Br. Holzwarth ziemlich übel, indem er über starke Kopfschmerzen u. viel Neigung zum Brechen klagte, weswegen er sich dann den Abend noch, nachdem das Brechen ein wenig geruht hatte, sehr stark brechen musste, worauf er sich dann wieder etwas besser befand. Doch gingen die Kopfschmerzen nicht ganz weg. Auch fühlte er starkes Reissen in den Gliedern. Gegen 9 Uhr legte er sich dann fast ganz wohl zu Bett u. schlief gut

---

27 Heidenbote 2 (1829), 64.

28 Heidenbote 3 (1830), 27.

29 Holzwarth am 31. Januar 1829.

ein. Br. Henke aber klagte auch über starke Kopfschmerzen u. Neigung zum Brechen, verbunden mit starker Diarrhoe, brach sich auch bald sehr stark u. fast die ganze Nacht durch. Ich wurde bedenklich bey diesen Anfällen und hoffte dabey auf den Herrn. Am Sonntag befand sich Br. Holzwarth ausser ein wenig Kopfschmerzen wieder ziemlich wohl u. wir gingen in die Kirche. Salbach predigte. Henke hingegen war noch sehr schwach. Am Montag legte sich Br. Holzwarth wieder über Kopfschmerzen klagend zu Bette. Dieselben zu lindern machte ich ihm Umschläge mit Wasser u. Essig, was aber nicht half, u. so riefen wir den Arzt. Derselbe erblickt die Krankheit zuerst nur als Folge eines verdorbenen Magens.«

Die vom Arzt verordnete Medizin verursacht langsames, aber stetiges Brechen, auch vermehrt Durchfall. Am Dienstag geht es Holzwarth recht gut, am Mittwoch klagt er über Hitze und schwitzt viel. Jetzt entscheidet der Arzt, es sei das Klimafieber. Zur Linderung versucht es Schmid mit Umschlägen aus Zitronensaft. Am Donnerstag fühlt sich der Kranke besser und kann zur Verwunderung des Arztes das Bett verlassen, ist aber in der Nacht auf Freitag wieder übel dran. Da hat auch Schmid einen verdorbenen Magen. Henke war die ganze Zeit über noch schwach, Salbach jedoch, als einziger gesund, wohl mit der Predigt für Sonntag sehr beschäftigt. Da muss der gute Holzwarth sich selber helfen.

Außerdem sind ihre Bettstellen noch immer nicht angekommen. Zum Glück kann Schmid eine bei ihrem Hausherrn ausleihen, damit Holzwarth nicht dauernd auf dem Boden liegen muss. Die Nacht auf Samstag verbringen sie beide gut. Schmids Magen hatte sich bei gutem Schlaf erholt, Holzwarth kann etwas aufstehen. Inzwischen übernimmt ihr Gehilfe, Addate, die Nachtwache, weil Holzwarths Leiden Schmid auch seelisch zusetzt. Sie beten zusammen. Holzwarths Leiden wird schlimmer und Schmids Ungeduld grösser. Es folgt eine schwere Nacht. Holzwarth leidet an Hitze und Schwäche, findet nirgends Ruhe, redet die ganze Nacht, oft kaum verständlich.

Der Sonntag kommt. Salbach predigt. Henke, wieder einigermaßen hergestellt, begleitet ihn. Schmid pflegt Holzwarth, fühlt sich aber selber wieder sehr unwohl. Da kommt die Frau, der sie das Abendmahl verweigert hatten, und bringt ihnen einige Nahrungsmittel, wie sie für kranke Leute zuträglicher sind. Zunächst verschlimmert sich Holzwarths Zustand, sodass Schmid meint, Zeichen des Todes zu erkennen. Im Laufe des Nachmittags aber wird es wieder heller, und am 16. Februar, wie Schmid schreibt, befindet er sich auf dem Weg der Besserung.Wie Holzwarth später schreibt, litt er vom 7.-17. Februar schwer, war dann fieberfrei; aber erst vom 23. an konnte er wieder essen, alle drei Stunden etwas dünne Hafergrütze. Erst am 19. März kann er wieder ausgehen.

Am 20. März schreibt Salbach, dass Holzwarth wieder ganz hergestellt sei, hat aber auch schlechtes zu vermelden. »Es wird Ihnen diese Nachricht betrüben, dass auch unser Br Schmid seit Sonntag 7. März krank danieder liegt. Die Krankheit war bisher ohne Fieber. Der l. Br leidet sehr an starken Kopfschmerzen u. Schwindel, hat wenig Appetit u. ist so sehr entkräftet u. abgemattet, dass er kaum allein gehen kann. Was es für eine Krankheit ist, an der er leidet, ist auch dem Herrn Doktor selbst noch nicht klar geworden. Br Henke ist auch schon seit einiger Zeit etwas unpässlich. Vor einigen Tagen litt er vorzüglich an Kopf- u. Gesichtsschmerzen, die so stark waren, dass sie ihm zwei schlaflose Nächte verursachten. Das Übel ist gegenwärtig bei ihm noch nicht ganz behoben.«[30]

Nur Salbach bleibt vorläufig verschont, findet das Klima angenehm, schränkt aber ein, dass sie ja bisher erst die trockene Harmattan-Zeit erlebt hätten und nicht wüssten, was die Regenzeit bringe. Und er ergänzt: »Zwei Regeln: sich nemlich so viel wie möglich vor Erkältung hüten u. eine ordentliche Diät halten, hat man vornehmlich hier zu beobachten. Wer diese Regeln unbeachtet lässt, hat gewöhnlich wie es die Erfahrung lehrt, üble Folgen zu erwarten. Auch hat man sich in Acht zu halten, dass man ja nicht mit blossem Haupte in die Sonne gehe. [...] Unser Herr u. Heiland wird uns Gnade schenken, auf die Berathungen u. Erfahrungen der hier lebenden Europäer in Beziehung auf die Gesundheit zu achten u. so viel wie möglich für dieselbe besorgt zu sein. Übrigens wollen wir uns seiner Vaterpflege getrost anvertrauen u. uns von ihm versorgen lassen.«

Ende März liegt Holzwarth wieder danieder mit einer schweren Diarrhöe, die sich bis zum 10. April verschlimmert. Er magert ab bis zum »Totengerippe« und erholt sich darauf nur sehr langsam. Mitte April bis Anfang Mai erfährt auch Schmid einen Rückfall mit »Kaltfieber«, erholt sich aber in den folgenden Wochen. Gegen Ende Juli fühlen sich beide recht wohl und berichten, die Regenzeit sei in diesem Jahr recht angenehm, es regne nicht so viel, sei einfach etwas feucht und kühl. Schmid nimmt das Studium der Accra-Sprache wieder auf, während Holzwarth jede anstrengende Arbeit vermeidet, aus Furcht, wieder einen Rückfall zu erleiden.

8.1 Kritischer Kommentar

Es mutet merkwürdig an, wie sehr die beiden Brüder Holzwarth und Schmid sich gegenseitig im Krankwerden abwechseln, während die beiden andern, die im andern Zimmer wohnen, relativ gesund bleiben. So wie die ersteren berichten, denken sie auch beide sehr schnell ans »Heimgehen« und übergeben sich dann »ganz dem Herrn«, eben in der Bereitschaft, dass Gott sie durch den Tod zu sich rufen werde. Sie sind zwar dankbar für die Hilfe des Arztes und drü-

30 Salbach am 20. März 1829. Die Datumsangaben stimmen allerdings nicht überein. Wenn der 7. Febr. 1829 ein Samstag war, kann der 7. März kein Sonntag sein. Eine ähnliche Differenz um einen Tag findet sich auch früher schon zwischen Schmids und Henkes Tagebuch. Holzwarths selber schreibt, er habe am 18. März ein »Kaltfieber« bekommen, dieses aber mit Hilfe des Arztes bald überwunden.

cken das auch aus, aber Schritte zur Besserung werden eher Gottes als des Arztes Wirken zugeschrieben. Ich frage mich, ist da wirklich ein Wille zum Überwinden der Krankheit und zum Gesundwerden vorhanden? Leben sie nicht einen Gottesglauben, der alles so sehr aus seiner Hand erwartet, dass auf ihrer Seite kein Wille da ist, und so auch der Durchhalte- und Genesungswille verloren gegangen ist? Bei Holzwarth, der einmal sagt, er sei noch nicht am Sterben, war diese Haltung etwas weniger ausgeprägt als bei Schmid, der angesichts der Krankheit des Bruders selber schwach und hilflos wirkt. Beim Durchlesen und Vergleichen ihrer Briefe wächst der Eindruck, dass sie sich gegenseitig nicht nur gestärkt, sondern durch ihre ängstliche, fast depressive Hingabe ins göttliche Schicksal geschwächt und jeweils erneut angesteckt haben.

9. Alltag in Accra

9.1 Kontakte mit Fetischpriestern

Die Regenzeit 1829 lässt auf sich warten. Statt im Mai tritt sie erst im Juni ein. Wasser wird Mangelware. Was wird dann mit den Feldern, was mit der Ernte? Es könnte eine Missernte geben. Den Grund dafür weiß eine alte Fetischfrau aus dem Britischen Accra sehr schnell. Die Missionare sind es. Wie besessen sei sie deshalb zu Friedrich Davuna, dem Häuptlingssohn von Osu, der mit den Brüdern aus Dänemark zurückgekommen war, gegangen und schilt ihn aus und sagt, weil diese weißen Lehrer ins Land gekommen seien, regne es nicht. Zum Glück gab es wenige Tage darauf starken Regen. Da erleben die Brüder etwas ganz Unerwarteten. »Während des Regens kam eine Negerfrau zu uns, fiel auf ihre Knie u. dankte auf ihre Weise Gott mit Gefühl für den Regen. Warum sie es in unserer Gegenwart that, wissen wir nicht« (an Blumhardt, 2. Aug. 1829).

Fetischpriester sind gleich nach der Ankunft zu den Missionaren gekommen, zur Begrüßung und zur Erkundung in Sachen Schulen auch für die Schwarzen Afrikaner. Auch im Juni, nach Einbruch der Regenzeit kommt einer auf Besuch. »Den 19. Juni besuchte uns ein Fetischpriester mit noch drei Fetischfrauen u. bezeugten in unserer Gegenwart Dank gegen Gott für den Regen, welcher ihnen nun so reichlich geschenkt u. um welchen sie so viel gebetet hatten. Ich liess sie hierauf wissen, dass der gute Gott um unserer Sünden willen sich oft genöthigt sehe, uns zu strafen, aber wenn wir im Gebet uns wieder zu ihm wendeten mit dem Versuche unser Leben zu bessern, uns wieder gnädig sei, für welche Belehrung sie mir alle dankten. Zuletzt sprachen sie eine Art von Segen auf ihre Weise über uns aus. Ich bin überzeugt, dass wenn wir einmal die Sprache können u. sie in ihrer Hüte besuchen, das Evangelium sich auch an ihnen als eine Kraft Gottes zur Seligkeit erweisen wird.«

Eine andere Begegnung Henkes führt zu einem ausführlichen Gespräch. »Dass es Mangel an Erkenntnis ist, was sie so fest an ihren Fetischglauben bindet, geht aus dem Gespräch hervor welches ich erst vor zwei Tagen mit dem andern Fetischpriester, welcher hier in Ussu wohnt, hatte. Sie besuchten uns zuweilen, wo wir ihnen dann gewöhnlich nach der freilich einmal eingerissenen schlimmen Sitte mit einem Glas Brandwein aufwarteten. Ehe er nun seinen Brandwein trank, goss er etwas davon auf die Erde aus; obgleich ich nun um die Bedeutung davon wusste, so liess ich doch durch unsern Mulatt-Bedienten, der den Dolmetscher machte, fragen: für wen er dieses ausgeschüttet habe. Er erwiderte: für Ingmo (Gott) u. die See, welche sie als Fetisch verehren. Ich liess ihm nun wieder sagen, dass Ingmo keinen Brandwein trinke, wenn er daher Gott etwas geben wolle, so solle er ihm sein Herz geben, und was ferner den Fetisch betreffe, so wäre es Sünde ihm etwas zu geben oder ihn anzubeten, indem er nur ein lebloses Geschöpf Gottes sei, das weder Mund noch Augen noch Ohren habe u. sich selbst nicht helfen könne u. dass Ingmo selbst in seinem Worte gesagt habe, dass wir keine Fetische, sondern nur ihn allein anbeten sollen u.s.w. Doch um die Ehre seines Fetischs zu retten, erzählte er mir nun, dass die Fetische, er nannte mir vier derselben, worunter der Fluss Sakumo sich auch befand, ihnen vor ein paar Jahren den Sieg gegeben über die Aschantees gegeben hätten. Da ich ihm hiernach die Grundlosigkeit seines Aberglaubens aus der Ohnmacht seiner Fetische hergeleitet bewies u. ihm begreiflich zu machen gesucht, dass Gott allein die Ehre dafür gebühre, so fühlte er die Macht der Wahrheit u. gestand seine Unwissenheit ein u. sagte dabei, dass er 10 Kinder habe, die Christen werden sollen, er wäre nun zu alt, das Christenthum zu lernen, er könne nun nicht mehr lesen u. schreiben lernen. Als ich ihm aber hiernach erwiderte, dass er keineswegs zu alt dazu sei und dass er weder lesen noch schreiben bedürfe, um ein Christ zu werden, sondern nur glauben lernen müsse an Jesus Christus, welcher auch aus Liebe zu den Negern vom Himmel gekommen sei u. sich für ihre Rettung in den Tod gegeben habe, so schien er sich sehr zu freuen u. sagte, dass er jeden Tag, um etwas aus dem Worte Gottes zu hören, zu uns kommen wolle. Weil wir aber nicht wussten, ob nicht etwa der Brandwein die stärkere Triebfeder sein dürfte, so liess ich ihm sagen, dass er sich gedulden möchte, bis wir der Akkra Sprache mächtig wären, so wollten wir ihn oft besuchen u. ihm von Jesus erzählen. Möge der Herr bis dahin sein Herz der Wahrheit des Evangeliums ganz öffnen.«[31]

Er ist voller Zuversicht wie Salbach im Bericht über seine Reise nach Ningo im April.

---

[31] In einem späteren Brief vom 30. Jan. 1831 schränkt er solche Zugeständnisse als geschickte Verstellung der Einheimischen ein. Sie würden das antworten, was dem Missionar ihrer Meinung nach gefallen würde.

9.2 EIN NEGER-PALAVER IM FORT

Am 11. Mai ist Henke zu Besuch beim dänischen Arzt. Durch das Fenster beobachten sie ein »Palaber«, das im Hof des Forts abgehalten wird.[32] Was war geschehen? Ein Mann aus dem Dorf wollte am 9. Mai dem »Kabuseer« (Häuptling) einen Todesfall und das damit verbundene »Totencostüme« (Umzug) anzeigen. Einer aus dem Haus des Häuptlings erschießt ihn, ohne es gewollt zu haben. Nach den Gesetzen der Ahnen forderte die Blutrache den Tod des Unvorsichtigen. Nun waren die große Familie des Häuptlings und die Familie des Toten im Hofe des Forts versammelt, um die Sache ins Reine zu bringen. »H. Gouverneur liess sie nun fragen, ob man keinen Unterschied machen müsste mit einem Menschen, welcher mit Vorsatz, u. einem andern, welcher aus Unvorsichtigkeit einen Mord begangen hätte? Welche Frage sie aber immer zu umgehen suchten u. dagegen viele Geschichtchen aus der Urzeit vorbrachten, wo ihre Väter auch so gehandelt hätten u. welche sie ebenfalls als Richtschnur ihres Verhaltens, wie widersinnig sie auch war, geltend zu machen pflegten; unvollendeter Sache gingen sie endlich auseinander.«

Zwei Tage später ist Henke beim Gouverneur zu Besuch. Die bisherigen Verhandlungen hatten nichts gebracht. Um nicht einem heimlichen Mord aus ungestillter Rache Vorschub zu leisten, hatte der Gouverneur den Todesschützen der geschädigten Familie übergeben und sich selber aus der Sache zurückgezogen. Nun geht das Palaver vor dem Fort weiter. Henke fährt fort. »Das Tragische ist, dass diese armen Menschen so an den Sitten u. Gewohnheiten ihrer Väter hängen. Dieses Übel ist es, was sie gegen Vernunft u. Gewissen bei Vorfällen solcher Art keinen Unterschied machen lässt. Was ihre Väter gethan haben, wie abscheulich u. widersinnig es auch ist, das müssen sie auch thun.«

Als Henke um 8 Uhr abends nach Hause zurückkehrt, sitzt der Unglückliche immer noch in Todesgefahr auf dem Sofa vor dem Haus. Wieder einen Tag später erfährt Henke vom Arzt, dass die Palavergeschichte beendet sei und zwar in guter Weise. Noch am Abend hätte die Familie des Getöteten den unglücklichen Todesschützen ins Fort zurückgebracht mit der Bemerkung, dass sie ihn nicht umbringen könnten. Und nun wird das mit einem Eid besiegelt. »Die Familie des Ermordeten schwor, dass die Sache nun todt sein soll; der Eid lautete, wie mir der Gouverneur sagte, folgendermassen: dass so gewiss eine Kanonenkugel, welche abgeschossen wurde, nicht wieder zurückkehre, so gewiss solle diese Sache nun todt sein. Die Strafe des Verbrechers ist nun, ein Jahr lang im Fort in Ketten zu gehen u. Sklavenarbeit zu verrichten. Hierauf wartete der Gouverneur den Vornehmsten der Neger mit einem Glas Wein auf, u. während die Gläser klingelten, wurde eine Kanone gelöst.«

Zugleich erlässt nun der Gouverneur ein Gesetz, welches für die Zukunft solche Fälle regelt. Wer mit Vorsatz mordet, der soll selber sein Leben verlie-

---

32 Brief Henkes vom 2. Aug. 1829.

ren, im andern Fall aber Ersatz leisten. »Hiermit nun, geliebter H. Insp. ist ein wesentlicher Schritt in Hinsicht auf die verkehrte Denkungsweise der Neger geschehen, da hiermit auf einmal das sich Berufen auf die Handlungsweise der Vorväter übern Haufen geworfen wurde u. die Neger einigermassen dahin gebracht worden sind, Unterschied zwischen Recht u. Unrecht zu machen.«

Im Juni begibt sich Henke auf die Plantage eines Herrn Schwaniker am Fuß der Akwapim-Berge. Dort ist die Luft äußerst rein und gesund und der Boden fruchtbar.

9.3 Die innere Trennung

Und wie steht es nun mit der inneren Einigkeit, deren Fehlen ja in Kopenhagen zu ernsten Auseinandersetzungen, ja zur Gefährdung des Unternehmens »Guineaküste« geführt hatte? Man hört in den offiziellen Berichten nichts mehr darüber. Die Einigkeit scheint soweit hergestellt zu sein, dass keine weiteren Klagen nach Basel geschickt wurden. Und in der Tat, Henke kommt mit Holzwarth, der ihn ja am bittersten angeklagt und verurteilt hatte, recht gut zurecht. Beide arbeiten, soweit Holzwarth gesundheitlich kann, an der Schule im Fort zusammen und sind bereit, später zusammen die Station in Osu zu führen, obwohl Holzwarth besonders eng mit Schmid verbunden ist. Henke seinerseits lobt in einem Brief den Eifer Holzwarths im Hinblick auf die Schule.

Aber nicht nur das. In Kopenhagen brach die Gemeinschaft über der Praxis der gemeinschaftlichen Andachten auseinander, weil Henke sich davon fern hielt, aus Protest gegen eine Frömmigkeit, die er als Schwärmerei empfand. Und jetzt? Jetzt ist es ausgerechnet er, der im Januar, als sie im eigenen Haus eingerichtet sind, den Vorschlag macht, sie könnten doch das gemeinschaftliche Beten und Andachthalten wieder aufnehmen. Und die andern sind einverstanden. Nur Schmid war da nicht dabei. Als er es hört, wehrt er sich mit Händen und Füßen. Warum?

Immer wieder beklagt er sich im Tagebuch über Versuchungen und Prüfungen. Meist ist es Ärger über Henke. Er hatte sich ja auch noch in Kopenhagen die Freiheit ausbedungen, jedes Mal, wenn ihm Henke zum Problem und zur Anfechtung wird, dies auch nach Basel schreiben zu dürfen. Er hat damit angedeutet, dass er der vom Komitee verlangten und vom Inspektor verordneten Versöhnung nur widerwillig Folge leistete. Aber was war jetzt geschehen? Gottlieb Schmids Tagebuch gibt darüber minutiös Auskunft.[33]

---

[33] Das Tagebuch, im Personenfaszikel Schmid, BV 64, beginnt mit der Ankunft in Cape Coast bis kurz vor seinem Tod. Schmid setzt sich dabei zum größten Teil mit seinem Unfrieden, seiner Unwürdigkeit, seiner Nähe zu, resp. Ferne von Gott auseinander. Er scheint am zufriedensten zu sein, wenn er allein sein und Briefe schreiben kann. Was er außerdem tut, erfahren wir bei ihm nicht.

Es beginnt gleich bei ihrer Ankunft in Cape Coast. Henke machte den Vorschlag, vom Schiff ans Land zugehen. Schmid ist das zuwider. Er geht doch mit, und erst nach und nach verliert sich sein Widerwille. Nachher bleibt er in Cape Coast, um zu schreiben, während die anderen ihre nötigsten Sachen holen. Sie nähern sich am 17. Dezember Accra nach erlebnisreicher Fahrt im Kanu, aber irgendetwas passt ihm nicht. Sie werden vom Gouverneur eingeladen, aber jede in solcher Gesellschaft verbrachte Zeit erscheint ihm »wie verlorene Zeit und Ewigkeit«. Er ist ungeduldig und möchte sich gleich »den Negern widmen«. Am 18. Dez. ist ihm wohl beim Tagebuch schreiben; aber beim Spazieren gehen am Nachmittag wird er bedrückt »unserer Verhältnisse wegen« und weil er fürchtet, krank zu werden. Schon nur der Umstand, dass sie in Gesellschaft mit »Weltmenschen« sein müssen, wird ihm zur Anfechtung, er fühlt sich nicht mehr »im« sondern »ausser dem Herrn«. Am 27. Dezember, wie sie aus dem Fort aus- und ins Haus am Meer einziehen, bekundet er Mühe mit Henke, der Einrichtung wegen. Am folgenden Tag geht es recht gut. Aber am 31. Dezember spricht er wieder von großer Versuchung, d.h. dass sein Widerwille gegen Henke ihm zu schaffen macht. Am 1. Januar 1829 klagt er, dass er, seit er »nicht mehr in den eigenen Grenzen leben kann«, sich vom »Herrn entfremdet fühlt« und schreibt lange über seine Untüchtigkeit. Aber nirgends wird deutlich, was ihn gegen Henke aufbringt.[34]

Und dann war da ja noch Henkes Vorschlag, die gemeinschaftlichen Abend- und Morgenandachten wieder aufzunehmen. Holzwarth teilt dies Schmid mit. »Dies war mir im höchsten Grad zuwider u. sagte es auch zu Holzwarth u. zwar hatte ich dieselben u. noch viel stärkere Gründe, die wir hatten, da wir die Andachten aufhoben. Br. Holzwarth redete mir indess zu u. sagte, komm nun, die Sache wird sich schon machen, wir wollen uns von unserer Seite nicht darwider setzen. Ich sagte, ich werde kommen, werde aber nie laut beten in s. Gegenwart. Schon fühlte ich mich darüber beunruhigt u. gestört, ich wurde kälter u. etwas unzufrieden.«

Hier ist es eindeutig Schmid selber, der die »Einigkeit im Geist« boykottiert. Etwas später, am 13. Januar, passiert Folgendes: »Am Mittag kam ich in Br. Henkes Zimmer u. sah einige von unsern Büchern durch, dabey aber fiel mir unser altes Geschäfte, die Vorfälle in Kopenhagen u. alle betrübte Erfahrung mit ihm auf der Reise auf einmal so ein, da ich ihn eben vor mir schreiben sah, [dass ich] mit unbeschreiblicher Schwäche und u. böser Affektion (ich weiss dieser Stimmung des Gemüths keinen andern Namen zu geben) an die ganze Sache dachte. Ich fühlte wirklichen Hass in meinem Herzen gegen ihn u. ein böser Gedanke nach dem andern stieg in mir auf. Ich ahnte und fürchtete, ich werde Streit mit ihm bekommen.«

Beim Wäsche ordnen am Nachmittag kommt es zu Meinungsverschiedenheiten. Henke macht eine Bemerkung in Bezug auf die Ehrlichkeit der Brüder

[34] Für das Folgende s. Tagebuch 36–44.

ihm gegenüber. Das kränkt Schmid. Nach dem Nachtessen wäre die gemeinsame Andacht. Henke ist noch mit der Wäsche beschäftigt und kommt nicht, »worüber ich herzlich froh war, denn ich wusste wirklich nicht, wie ich sonst ausweichen sollte«. Mit Holzwarth kann er darüber sprechen, schläft auch gut und lange, ist dann am Morgen verspätet und schon darum verdrossen, will sich im Packhaus baden, der Schlüssel liegt aber bei Henke. Der ist auch noch nicht aufgestanden, was Schmid erst recht nicht gefällt. Er geht hinein.

»[Ich] fragte ihn etwas unruhig: ›Henke gieb mir den Schlüssel.‹
Er: ›Was hast du schon im Schiffsgrunde zu tun?‹ (ebenfalls etwas affektiert).
Ich: ›Ich will den Schlüssel zum Packhaus‹ (schon wurde ich noch affektierter).
Er (affektierter): ›Was hast du im Packhaus zu thun?‹
Ich (zornig): ›Nun muss ich dieses nochmals sagen, wenn ich etwas will: Baden will ich.‹
Er: ›Ach so, baden willst du, Aha!‹
Ich (zornig): ›Ja, das will ich.‹
Er (zornig): ›so kannst du warten, bis ich aufgestanden bin, ich weiss jetzt nicht wo er ist.‹
Ich (zornig): ›Damit ist mir jetzt nicht gedient, denn es ist schon spät, u. überdies wisse, dass, wenn ich über den Schiffsgrund will, ich dich nicht erst frage.‹
Er: ›Du sollst den Schlüssel doch nicht haben, bis ich fertig bin.‹
Ich (sehr zornig): ›Wenn du mich beherrschen u. bemeistern willst, desto weniger werde ich mich von dir beherrschen lassen. Niemand hat dich zum Herrn über den Schiffspark oder das Packhaus gemacht.‹«

Darauf vergeht Schmid die Lust zum Baden. Er geht in sein Zimmer zurück, betet mit Holzwarth und macht sich schwere Vorwürfe. Wie kann es da nur Versöhnung geben, »wenn man mit einem solchen Bruder überhaupt nicht reden kann«. Er wird ruhiger, aber bald fängt es in ihm wieder zu kochen an, so sehr, dass er den ganzen folgenden Tag nicht arbeiten kann, bis er alles aufschreibt. Auch die folgenden Tage beschäftigt es ihn. Er will keine gemeinschaftliche Andacht und spürt, dass dies wie ein Bann auf ihm liegt.

Auch wenn das nachher so offen nicht mehr zur Sprache kommt, erledigt ist die Sache nicht. Im Gegenteil. In Schmid brodelt es immer wieder. Aber er nennt keinen Namen mehr. Am 1. März z.B. besprechen Salbach und Schmid ihren Plan, nach Ningo zu ziehen. Es kommt zum Disput, weil Schmid gewisse Dinge anders sieht und meint, dann sei das ganze Unternehmen gefährdet. Da kommt Henke dazu und stört sich daran, dass eine so wichtige Sache ohne ihn beraten wird. Darüber gibt es einen harten »Wortwechsel« zwischen ihm und Schmid.

Ein anderes Mal sitzt er in der Kirche und bekommt offensichtlich Mühe mit Henkes Predigt. Erst als der Arzt vorbeikommt und Henke dafür dankt, wird Schmid wieder ruhig. Als aber Schmid im März selber für drei Wochen krank liegt, wird der Ton härter. Zwar nennt er keinen Namen, das sei ja nicht fein, schreibt er, die Schwächen der andern Brüder zu erzählen. Aber es ist ohnehin klar, wen er meint. Zwischendurch ärgert er sich auch über Holzwarths langes Gebet. Aber als er ein andermal über Holzwarth, dessen Krankheiten und den Vorwurf, dieser habe sich unvorsichtig verhalten, nachsinnt, findet er, so urteile eben die Welt und Christen, die die Gotteskindschaft noch nicht ganz erkannt hätten. Und wieder meint er damit auch den Bruder Henke.

Er ist überzeugt, dass sich »der Herr an ihm geoffenbart« habe während seiner Krankheit. Da fragt er sich eines Tages:[35] »Wie kommt es doch, dass mir oft so grässliche Gedanken aufsteigen. Wie kommt es, dass ich den einen Bruder liebe, [...] den andern Bruder, der auch mein Bruder ist und den Heiland liebt [...], wie kommt es, dass ich einen solchen Bruder hasse, dass es mich freut, wenn ich ihn krank sehe, leiden sehe, wenn er von der Welt verachtet, verspottet wird, um seiner Schwachheit willen, nicht wegen seines Eifers für den Heiland [...] ja dass ich mich freuen würde, wenn er stürbe, mir aus dem Wege käme [...] Warum so viel Vorurtheil? Dass ich den einen mehr liebe als den andern, scheint mir natürlich, aber dass ich den einen liebe und den andern fast tödlich hasse, der mich doch auch liebt [...].«

Von Henke haben wir dazu einige kurzen Randbemerkungen in Schmids Tagebuch, die er nach dessen Tod zuhanden des Inspektors, der dieses Tagebuch erhalten sollte, anbrachte. Am deutlichsten diejenige von Ende Juli zu obigem Geständnis. »Was denken Sie geliebter Herr Inspektor, bei diesem Geständnis? Werden Sie ferner noch geneigt sein, den Grund unseres getrennten Wesens in mir zu suchen?«

Es scheint schon, dass Schmid, einst ein so offener Jüngling, vielleicht durch seine Krankheiten, in seinem Glauben gefühlsbetonter und auch sehr eng wurde, sodass er anderes Denken nicht mehr als christliches Denken einordnen konnte und deshalb an der »Uneinigkeit im Geiste« der Brüder wohl sehr viel mehr mit beteiligt war, als er selber und noch viel weniger seine Kollegen dachten.

9.4 Zusammen arbeiten

Abgesehen von diesem inneren Zerwürfnis scheinen die Brüder nicht schlecht miteinander gearbeitet zu haben. Sie suchten ihrer Arbeit nachzugehen, sofern die Gesundheit es zuließ, und teilten die Aufgaben auch unter sich auf. Die Gottesdienste in der Kirche des Forts übernahmen schließlich Henke und Salbach. Schmid hatte sich dafür einmal beim Gouverneur abgemeldet, was

[35] Tagebuch 118 vom 23. Juli, hier gekürzt.

dieser zwar so nicht akzeptierte, die Brüder jedoch schon. Holzwarth hat wie Henke an der Schule im Fort gearbeitet, sofern er dazu überhaupt in der Lage war. Für die weitere Zukunft sollte er mit Henke zusammen den Pfarrdienst und die Schule in der dänischen Niederlassung übernehmen. Salbach plante den Umzug nach Ningo. Was Schmid zugewiesen war, das wissen wir nicht. Er scheint sich um die Accra-Sprache bemüht zu haben, nur das mussten die anderen ja auch.[36]

Auch wenn Schmid manchmal Mühe hatte mit Henkes Predigten, er konnte durchaus anerkennen, dass dieser »kraftvoll gepredigt« habe. Und ebenso wissen wir, dass er ihn durchaus auch um Rat fragen konnte und ihm Henke offen zuhörte. Und als im Juli Henke krank wird und ins Zimmer zu Holzwarth zieht und Schmid zu Salbach hinüber, da übernimmt er von Henke auch die Verantwortung für den Haushalt.

In einem Punkt hatten sie offensichtlich Mühe. Das Komitee verlangte ja von seinen Missionaren, dass sie jedes Vierteljahr einen Bericht aus ihren Tagebüchern abliefern sollten. Bei einem Einsatz wie in Christiansburg mit vier Leuten mussten dies nicht alle tun, sondern jeweils einer, der seinen Bericht den andern vorzulegen und ihr Einverständnis einzuholen hatte. Im Januar hatten alle nach Basel geschrieben, der offizielle Bericht war aber der von Henke. Im Februar schreibt Salbach und meldet seine Reise nach Ningo an. Über diese berichtet er im Juni und entschuldigt sich und die Brüder dafür, dass sie nicht mehr geschrieben hatten. Es sei eigentlich nichts wichtiges zu berichten gewesen. Als nächste wären nun Holzwarth und Schmid dran. Aber die sind krank. Holzwarth beginnt zwar einmal zu schreiben, wird dabei aber so müde, dass Schmid ihm aufzuhören befiehlt. Im Tagebuch sagt Schmid, das Problem sei eben, der es am besten tun könnte, der sei nicht dran, und die die dran wären, seien krank.

Ende Juli ist es dann doch Henke, der den Damm bricht. Er muss ohnehin in Basel anfragen, was sie davon hielten, wenn er Geistlicher der dänischen Gemeinde, im Dienste der dänischen Regierung würde. Und so entschließt er sich, den nächsten ausführlichen Bericht zu verfassen. In dem Moment kommt auch bei Holzwarth »Freudigkeit« auf. Auch er schreibt, und zwar über den Verlauf seiner Krankheit. Beide Briefe gehen Anfang August auf den Weg. Das sind die letzten Briefe, die aus dem Jahr 1829 überhaupt erhalten sind. Der nächste Bericht war die Meldung über den Tod der Brüder, Holzwarths am 12. Aug., Salbachs und Schmids, beide am 29. Aug., ging verloren. Das Schiff, das ihn mitnahm, ging mitsamt seiner Fracht unter. Nur Schmids Tagebuch ist erhalten und gibt uns wenigstens noch bis zum 9. August 1829 Auskunft.

---

36 In seinem Tagebuch schreibt Schmid, dass er einmal Haushaltsaufgaben übernommen habe. Sonst hören wir vor allem Klagen und dass er Briefe geschrieben habe, wohin, das bleibt verborgen.

Henkes Frage wegen der Predigerstelle am Fort kommt am 9. Dez. 1829 im Komitee in Basel zur Sprache. Man sieht durchaus Vorteile: »Dadurch wäre man gewiss, dass kein anderer diese Stelle einnähme, Br. Henke würde in die Besoldung des Königs treten, u. wir könnten noch mehrere Brüder hinbringen.«[37] Ein Beschluss wird jedoch nicht gefasst.

9.5 Trennung durch den Tod

Es schien eigentlich, als hätten sie die schlimmsten Anfälle des Klimafiebers überstanden. Schmid und Holzwarth waren daran, sich zu erholen und wieder zu Kräften zu kommen. Henke war selber auch krank, inzwischen aber weitgehend genesen. Zimmer und Aufgaben waren neu verteilt, sodass je die beiden, die in Zukunft zusammen sein sollten, auch die Zimmer teilten. Da klagt Holzwarth wieder über Kopfschmerzen und Übelkeit. Schmid wollte mit ihm Spazieren gehen, aber er lehnt ab. Als Schmid heimkommt, liegt Holzwarth im Bett, hat ein Brechmittel genommen, übergibt sich auch, wodurch sich seine Kopfschmerzen bessern. Als es am nächsten Tag nicht besser wird, rufen sie den Arzt. Er befindet sich aber auf den Plantagen. So wissen sie nicht recht, was tun. Schmid macht sich Vorwürfe. Vielleicht stimmt es ja doch, was die Leute sagen, dass Holzwarth nicht vorsichtig genug gewesen sei, vor allem nicht bei der für Genesende nötigen Diät. Er hatte etwas viel von der Tropenfrucht Ananas gegessen, die, wie es heißt, leicht einen verdorbenen Magen verursacht. Aber es ist mehr als das. Das Fieber steigt. Der Mann wird geschwächt.

In seinem Brief nach Frankfurt, mehr als ein Jahr später, berichtet Br. Henke. »Der l. Holzwarth, von welchem man nach einigen überstandenen schweren Krankheiten hätte schliessen sollen, dass er nun länger im Dienst des Herrn leben und wirken könne, wurde am 8. August 1829 von einer Leberentzündung befallen und schon am 12. machte dieselbe seinem Leben ein Ende. Den Verlust dieses redlichen, für die Sache des Herrn mit warmem Eifer sich hingebenden Bruders fühle ich umso tiefer, da wir beide beschlossen hatten, unsere Zeit und Kräfte in Ussu dem Dienste des Herrn zu weihen, während die beiden andern Brüder nach Ningo ziehen wollten.«[38] Erst 21 Monate später, kurz vor dem Missionsfest 1831, erreicht die Todesnachricht Basel, durch eine Meldung von Missionar Hänsel in Freetown, Sierra Leone.

Die Angaben über Salbachs und Schmids Krankheit sind spärlicher, weil Schmids Tagebuch mit dem 9. August aufhört. Im gleichen Brief nach Frankfurt schreibt Henke darüber. »Bruder Salbach, welcher sich bisher immer wohl befunden hatte, ahnte nicht, dass er bald an seiner Seite ruhen werde. Schon am 21. August wurde er von einem Wechselfieber angegriffen; Bruder Schmid

---

37 Komiteeprotokoll 1829, 142.

38 Heidenbote 4 (1831), 20.

ebenso unerwartet am 25. August; und, denken Sie sich meine Lage, beide gingen auf Einen Tag, nämlich den 29. August, in die himmlische Heimath ein.« »Ungemein wehe that mir der Verlust des in Wahrheit frommen Salbach. Wie sein Leben ruhig, sanft, stille u. ergeben in des Herrn Willen war, so auch sein ganzes Krankenlager u. Ende. Mit Geduld trank er den ihm dargereichten Schmerzenskelch bis zur Stunde der Erlösung.«[39] Schmid sei bei höherem Fiebergrad schwerer zu behandeln gewesen. »Über alle Erwartung erfüllte der Herr mein Gemüth mit Ergebung und Ruhe, sodass der Gedanke, meinen Brüdern bald nachzufolgen, woran mich mein geschwächter Körper lebhaft erinnerte, nichts Schreckliches für mich hatte, und die Hoffnung, über ein Kleines sie wieder zu sehen, den Trennungsschmerz lindert.« Dabei erweist sich Henke als ein fairer Kollege, ganz anders, als ihn seine Kollegen von Kopenhagen aus dargestellt hatten.

Nun steht er, von dem die andern meinten, er tauge nicht zum Missionar, allein auf dem Platz. Noch ist auch er Rekonvaleszent, klein ist die Kraft. Oft will der Mut sinken. Er schreibt. »In solchen schweren Stunden richtet sich das zagende Herz auf an der Verheissung des Herrn: Fürchtet euch nicht, denn siehe, ich bin bei Euch bis an der Welt Ende; so dass es harrend und betend den Kampf fortsetzt und sich im Voraus freut der seligen Zeit, wo alle Feinde überwunden zu des Herrn Füssen liegen müssen.«

Die Nachricht vom Tod der Brüder hatte Henke im Oktober 1829 nach Basel geschrieben und im November dem Schiff »The Hope«, mit dem sie ein Jahr zuvor hergekommen waren, nach England mitgegeben. Das Schiff kentert im Ärmelkanal und geht verloren. Im März 1830 meldet er sich beim Basler Missionar J. A. Kissling in Liberia, der ein halbes Jahr zuvor den Kontakt mit ihm aufgenommen hatte. Den Brief nimmt Missionar C. S. Handt von Freetown nach London mit und sendet ihn Ende Juni nach Basel weiter. Dort hatte man durch Hänsels Brief aus Freetown die Nachricht mittlerweile bereits erhalten, am 14. Mai 1830 im Komitee besprochen und beschlossen, vor Eingang weiterer Nachrichten durch Henke selber noch nichts zu unternehmen. Das dauert allerdings noch eine Weile, denn dessen Brief vom 20. Mai 1830 kommt dort erst ein Jahr später an.

10. Eremitenleben

»Gleichfalls bitte ich Sie, Herrn Doktor Siegrist herzlich zu grüssen u. ihm zu sagen, dass ich mich sehr wundere, dass er kein Stückchen Papier, kein ¼ Stündchen Zeit u. ein paar Worte übrig hätte für mich in meinem Eremitenleben [...].« In diesem Brief Henkes vom 30. Januar 1830 kommt auch eine hu-

---

[39] Brief vom 20. Mai 1830; das Folgende aus dem Brief an Freunde in Frankfurt vom 2. Okt. 1830.

morvolle Seite zum Vorschein. Es geht um den Arzt Franz Sigrist, einer der ersten Homöopathen in der Schweiz, praktizierend in Basel seit 1821. Verschiedene Missionszöglinge und Missionare hatten bei ihm erste medizinische Kenntnisse erworben oder seinen Rat gesucht.[40] Henke hatte in ihm einen lieben Freund und wahren Christen gefunden. In jedem Brief nach Basel gibt er Grüße für ihn auf. Die Art, wie er es hier tut, zeugt von freundschaftlicher Vertrautheit. Die spaßhafte Art verbirgt aber nicht die Not, die Henke plagt. Er ist allein. Zudem ist in eben diesen Tagen auch der dänische Arzt und Freund Trentepohl am Tropenfieber gestorben.

Und dazu keine Briefe aus der Heimat. Erst im März 1830 kommt der erste Brief aus Basel.[41] Wie oft hatte er seit dem Tod der Brüder geschrieben, im Oktober 1829, im März 1830 an Kissling, im Juni 1830 wieder nach Basel, und auch vorher schon, sowohl nach Frankfurt als auch nach Basel. Und nie eine Antwort. Eigentlich ist das kein Wunder. Der Brief aus Frankfurt brauchte acht Monate, der mit dem gleichen Schiff aus Basel angekommene um die sechs Monate. Und das war noch schnell.

So klagt er den Freunden in Frankfurt am 2. Okt. 1830. »Ihr Guten würdet gewiss öfter und längere Briefe schreiben, wenn Ihr Euch recht in unsere Lage versetzen könntet und die Freude empfändet, welche uns Eure Briefe gewähren. Gewiss, theure Väter, könntet Ihr gleiche Vorwürfe machen, wenn Sie nicht bedächten, dass man hier in einem Lande lebt, dessen tödliches Klima nicht viel Geistesanstrengung, wenigsten in den ersten zwei Jahren, erlaubt, und gewöhnlich dem Europäer nur wenige gesunde Tage und Stunden vergönnt, ja die Meisten ganz hinrafft. Mit einigem Bedauern ersah ich aus Ihrem lieben Briefe, dass Sie meinen Brief, den ich den 13. Febr. 1829 mit einem dänischen Schiff über Copenhagen an Sie absandte, noch nicht erhalten hatten [...].«

Blumhardt riet in seinem Brief, sie sollten den Kontakt mit den Brüdern in Liberia suchen. Nur, so etwas sagt sich so leicht. Es gibt ja kaum Verbindungen dahin. Auch Briefe, und diesen Kontakt pflegt er la längst, schickt Henke über Sierra Leone über Missionar Hänsel. Außerdem, im Oktober 1830 sind in Liberia alle drei neuen Brüder längst gestorben und Kissling und Sessing warten ebenfalls dringendst auf Weisungen aus Basel. Mit Sehnsucht wartet er auf neue Brüder und ist gewiss, dass Basel welche schickt.

---

40 Der bekannteste ist J. D. Steinestel (BV 132), der später aus dem Missionsseminar austrat und homöopathischer Arzt wurde. Sein Kollege C. Heinze (BV 85) begann ebenfalls bei Sigrist, bevor er dann ein medizinisches Studium an der Universität aufnahm und dieses 1831 mit dem Universitätsexamen abschloss. Auch Missionar J. F. Sessing (BV 60) suchte im Sommer 1829, Dr. Sigrist auf, um von ihm Rat im Blick auf Tropenkrankheiten, aber auch gegen seine Zahnschmerzen zu erfragen.

41 Geschrieben im Sept. 1829, noch ohne Kenntnis der Todesfälle in Christiansburg.

10.1 Unerwarteter Besuch

Und auf einmal dies. 17. November 1830. Es ist Abend. Henke ist eingeladen worden zu einer Gesellschaft. Man ist am Abendessen. Da kommt einer der Diener, ruft Henke, draußen stehe ein Mann, ein Fremder, der wünsche ihn zu sehen. Henke geht hin. Es stockt der Atem, der Fremde ist niemand anderes als Bruder Kissling aus Liberia. »Und wen sah ich so plötzlich vor mir stehen? Meinen todt geglaubten Br. Kissling. Eine Freude, für welche die Sprache kein Wort hat, durchdrang mein Inneres u. stiller, grösster Dank stieg auf zum Herrn für sein gerettetes leben. Br. Kissling befand sich nämlich zu Cape Coast, woselbst er sich einen Zahn ausziehen liess u. der Doktor das Blut nicht mehr zu stillen vermochte, in äusserster Lebensgefahr, welche Trauerbotschaft ich zuvor von einer Engländerin aus Englisch Accra erfahren hatte.«

Kissling hatte mit den Brüdern auf der dänischen Guinea-Küste im Herbst 1829 Kontakt aufgenommen, als er selber allein am Kap Mesurado (Liberia) war, nicht ahnend, dass inzwischen in Christiansburg sich auch alles verändert hatte und Henke von den vier Ausgesandten allein übrige geblieben war. Henke hatte seinerseits über Missionar Hänsel in Sierra Leone von Br. Wulfs (BV 62) Krankheit und Tod (Dez. 1829) sowie von Br. Hegeles Unglück, das ihn zur Rückkehr nach Europa zwang, gehört und inzwischen auch erfahren, dass Missionar Sessing mit drei neuen Brüdern unterwegs sei und man sich Gedanken darüber mache, ein eigenes Schiff, einen Schoner, zu kaufen, um eine regelmäßige Verbindung unter den Missionaren herzustellen.[42]

Die Freude ist groß. Endlich wieder jemanden, mit dem er sein Leid, mit dem er aber auch dessen Leid teilen konnte. Kissling schildert ihm die traurigen Aussichten für die Mission in Liberia, die mangelnde Unterstützung durch die Gemeinde der dortigen US-amerikanischen Schwarzen, die Bedrohungen durch Sklavenhändler und den Mangel an Weisungen aus Basel. Sie werden gute Freunde. Trotzdem, Kissling zieht es wieder zurück nach Liberia. So währt die Freude nicht lange. Nach zehn Tagen verlässt er Christiansburg und segelt mit dem gleichen Schiff, mit dem er auch gekommen war, »einem Amerikaner«, nach Liberia zurück. Henke aber schreibt am 30 Januar 1831 an Blumhardt: »Senden Sie mir doch, geliebter Inspektor diesen lieben Bruder, ich bitte Sie herzlich darum. Wir haben uns aufs Neue lieb gewonnen und [er] käme gewiss mit Freuden hierher. Sollte, wie Sie mir schreiben, der Sklavenhandel sie vertreiben, so sind mir beide höchst willkommen.« In jedem weiteren Brief an Blumhardt wiederholt er diesen Wunsch.

---

[42] Schon früh wurde die Idee eigener Missionsschiffe angeregt, wie die Brüdergemeine dies habe, einerseits, um Missionare mitsamt dem nötigen Nachschub selber an Ort und Stelle bringen und den Kontakt unter den Stationen zu ermöglichen, aber auch, damit die Missionsleitung durch eigene Reisen diesen Kontakt fördere. Cappelen (Kopenhagen) wie auch Sessing (Liberia) hatten sich nach den Kosten für ein eigenes Schiff erkundigt.

11. In des Königs Diensten

Bereits vor dieser Begegnung hatte Henke nach dem Tod der Brüder und einer Erholungspause am Fuß der Akwapim-Berge seine Arbeit in Christiansburg wieder aufgenommen. Er wohnt im Fort. Über Mittag kann er zu einem Europäer essen gehen für fünf Spanische Thaler im Monat. Das Essen ist einfach, gelegentlich auch nach afrikanischer Art. Er liebt die Palmnusssuppe und das Fufu.[43] Noch immer sind die Kräfte reduziert. Alle 14 Tage hält er dänischen Gottesdienst und erteilt jeden Sonntagnachmittag jungen Mulatten, beiderlei Geschlechts, wie er immer wieder betont, Katechismusunterricht. Die Woche hindurch verbringt er täglich zwei Stunden in der Schule. Dort warten um die 100 Mulattenkinder auf die beiden einheimischen Lehrer und Henke. Weil die ersteren nur schlecht Dänisch können, muss Henke die schwierigeren Teile übernehmen, Grammatik und die Verben- und Zeitentabellen. Nachmittags folgt eine Stunde Religion. Er nimmt sich auch Zeit für persönliches Studium und für das Erlernen der Accra-Sprache.

Wie aus heiterem Himmel, so schildert er es, erhält er im Januar 1830 einen »Gouvernements-Brief«. In umständlicher Amtssprache wird er darin angefragt, ob er bereit wäre, die Pfarrstelle am Fort in königlichem Dienst zu übernehmen. Er würde ein Gehalt von 600 Thalern erhalten und wenn er schließlich die Accra-Sprache beherrsche, kämen noch einmal 200 dazu, dazu ein Anrecht auf Pension, wenn er heimkehre. Nie habe er so etwas erwartet, schreibt er dem Inspektor. Natürlich war da jene Frage des Doktors Trentepohl im vergangenen Jahr. Er hatte damals ja abgewunken, weil das mit dem Komitee in Basel abgesprochen werden müsse. Entsprechend hatte er die Frage nach Beratung mit den Brüdern Blumhardt am 9. Aug. 1829 auch vorgelegt. Aber Antwort hat er ja noch keine. Und Dr. Trentepohl war inzwischen auch tot. Er fragt sich, wer da wohl aktiv geworden sei und vermutet, der Gouverneur sei es selber gewesen. Der hatte einem Freund von Bischof Münter in Kopenhagen über diese Möglichkeit geschrieben, weiter nichts. Und doch, am 11. August 1829 hatte der König den entsprechenden Erlass angeordnet.[44] Außerdem war beschlossenen, dass Henke, sobald er eine Zusage geben könne, ohne Zögern in sein Amt eingesetzt werden solle. Henke bewegt die Sache in seinem Herzen und im Gebet. Lässt sich diese Aufgabe mit seinem eigentlich Beruf als »Missionar unter den Negern« verbinden? Würde das Komitee etwas dagegen haben? Doch wohl kaum, findet er, denn besser er übernimmt die Aufgabe, als dass ein dänischer Rationalist den Posten übernehme und den

---

[43] Das ist ein steifer Brei ähnlich dem Kartoffelpüree, der aus Yam, Maniok oder auch Kochbananen hergestellt und mit würzigen Sauce gegessen wird.

[44] Aus einem Brief Bischof Münters an Blumhardt kurz nach der Ordination der Brüder wissen wir, dass dieser Henke den andern Brüder vorzog wegen seiner offenen und redlichen Art.

Missionaren zuwider arbeite.[45] Auch erhielt er einen Brief von Bischof Münter, der ihm dazu schreibt: »Der an Sie ergangene Antrag ist mir bekannt. Sehen Sie darin einen Wink, der ihrem Arbeiten Dauer verleiht. Ich hoffe, Sie werden keine Bedenken tragen, ihn anzunehmen. Sollte darum mit Basel etwas zu unterhandeln seyn, so schreiben Sie mir, ich werde es gerne ausrichten.«[46] Und was seinen Beruf als Missionar betrifft, wenn er sich der Mulatten- und Negersoldaten annehme, liege das ja durchaus in seinem Auftrag, auch die hätten es nötig, auch für sie sei schließlich der Heiland gestorben. Von den Europäern spricht er gar nicht. Die hat er wohl abgeschrieben.

Am 1. März 1830 tritt er sein neues und schweres Amt an. »Täglich bringe ich nun 6 Stunden in der Schule zu, welches in diesem heissen, den Körper u. Geist erschlaffenden Lande keine geringe Anstrengung ist. Nach dem neuen Schulplan, welchen der Gouverneur u. ich kurz nach dem Examen entworfen, sind die Kinder in 2 Klassen abgetheilt:

Die erste Klasse erhält folgenden Unterricht:

Des Morgens	7-8 Uhr	Religions-Unterricht
	8-9	Übung in dänisches Sprache
	9-10	abwechselnd Rechnen u. Schreiben
	10-11	wieder Sprachübung

Nachmittags ist die 1. Klasse schulfrey, die Knaben gehen dann bei irgendeinem Handwerker in die Lehre u. die Mädchen lernen nähen, damit sie gleich nach der Confirmation ihr Brot verdienen können.

Die zweite Klasse lernt:

	7-8	dänische Wörter auswendig, welche ihnen zuvor in der Accra-Sprache erklärt [werden]
	8-9	Lesen und Buchstabieren
	9-10	abwechselnd Buchstaben und Zahlen schreiben
	10-11	mit der ersten Klasse Sprachübung
Nachmittags	2-3	Buchstabieren und Lesen
	3-4	Sprachübungen u. Tabellenerklärung.

Dabei erfahre ich bis zur Ungeduld die Armut der Accra-Sprache, welche deswegen nie Schriftsprache werden kann.

Ausser den genannten Schulbeschäftigungen predige ich alle 14 Tage und halte jeden Sonntag-Nachmittag von 3-4 Catechisation mit Mulatten.«

Das ist allerdings ein umfangreiches Programm. In der Schule macht er eine erstaunliche Erfahrung. »Mulatten und Neger, von welch letzteren auch

---

45 Genauso hatte ja das Komitee, abgesehen von den finanziellen Vorteilen, auch argumentiert.

46 Brief Frende in Frankfurt, 2. Okt. 1830

einige die Schule besuchen, lernen keineswegs zu schwer, wie man gewöhnlich in Europa sich vorstellt, im Gegentheil finde ich, dass sie sehr leicht fassen, doch die Knaben (wie überall) viel leichter als die Mädchen. [...] Der grösste Theil dieser getauften jungen Leute steht vielleicht wenigen Konfirmanden in Europa in Hinsicht ihrer christlichen Erkenntnis nach.«[47]

12. Welch eine Gemeinde

»Es gibt zwar kaum eine zerfallenere u schlechtere Gemeinde in der ganzen Christenheit, aber gerade deshalb braucht sie auch Hilfe.« So schreibt Henke im März 1830 an Bruder Kissling in Liberia. Anfangs waren es fast nur Klagen über die Europäer, ihre Ess- und Trinkgewohnheiten, aber auch dass sie, außer dem Gouverneur und seinem Assistenten, nach Landessitte, d.h. nicht zivilrechtlich, sich mit einer Frau verbinden, ja oft auch wie die Einheimischen sich mehrere Frauen halten, was in den Augen der Missionare ja nichts anderes als »Hurerei« ist.

Dann aber treten mehr und mehr auch die Mulatten und schließlich auch die Schwarzafrikaner selber ins Blickfeld. Diese hätten gegenüber jenen wenigstens den Vorteil, etwas weniger arbeitsscheu zu sein. »Die Mulatten sind insgesamt ein äusserst verdorbenes Volk u. stehen sowohl in Hinsicht ihrer Unwissenheit als auch ihrer Laster den Negern durchaus nichts nach. Beyder Laster, welche sie gleichsam mit der Muttermilch einsaugen, sind: Trunkenheit, Hurerei, Stehlen, Lügen, Betrügen, besonders aber verdient das Laster der Faulheit u. ein grenzenloser Hochmuth erstere noch unter die Neger herab, obgleich ich keineswegs auch letztere in dieser Hinsicht rühmen kann. Mit einem Wort: Alles Schlechte der Europäer u. Neger ist in diesem Bastardgeschlechte vereinigt. Vom Christenthum haben sie nichts weiter als den blossen Namen u. sind heimlich, wenn nicht eifrigere, doch ebenso eifrige Fetischverehrer wie die Neger. Vor allem aber sind die Mulatten sehr versunken. Diese beklagenswerten Geschöpfe scheinen keine andere Bestimmung zu kennen u. kennen lernen zu wollen, als sich zu putzen, zu essen u. zu trinken, zu schlafen u. zu huren u. ihre Sklaven zu plagen.«[48]

Die Mulatten, Männer und Frauen, sind zwar fast alle getauft, haben aber vom Christentum also nur den bloßen Namen. Und, weil es ja ihrem Lasterleben entgegen stehe, darum kämen sie auch wenig zur Kirche. »Ihre Gleichgültigkeit gegen alles Höhere und Bessere ist herzzerreissend.« Ihre Laster bekämen die Mulatten wohl mit der Muttermilch. »Wie schwer wird es da, den

---

47 So im Brief an die Freunde in Frankfurt vom 2. Okt. 1830. Anders stehe es allerdings mit ihrem Lebenswandel. Im Brief an den Inspektor Ende Oktober 1830 legt er das ausführlicher dar.

48 Brief an die Freunde in Frankfurt vom 2. Okt. 1830.

guten Samen auszustreuen: Was in wenig guten Stunden gestreut, wird nachher im Familienkreis wieder zerstört.«[49]

Am 30. Mai 1830 hatte er dieses Bild mit einer Beschreibung der Europäer ergänzt. »Sie leben teils in der Polygamie, andere mit einer Mulattin nach hiesiger Weise, die das dänische Gesetz billigt, verbunden, andere leben mit Mätressen. Nur drei nicht: unter ihnen der Gouv. Lind. Gewöhnlich kommen sie alle zur Kirche (nur einer nicht), der glaubt nur an seine Vernunft, der andere nur halb u. halb an die Bibel, ein dritter weiss es nicht.«[50]

Diesem gemischten Häuflein predigt er nun das Evangelium, bald in seinem Ernst, bald in seiner Milde, hoffend, dass doch ein Körnlein aufgehe. Das Abendmahl kann er unter diesen Umständen nicht austeilen. Der einzige, dem er es geben würde ist Dr. Trentepohl, der aber leider anfangs Januar vom Fieber hinweggerafft worden ist. »So also sieht es hier aus. Und diese [...] samt wenigen Europäern machen meine sogenannte christliche Gemeinde aus.« Weil er im Frühjahr 1831 einige dieser »Carnefaten«, wie er sie nennt, öffentlich vom Abendmahl ausschloss, kommen auch die Europäer nicht mehr so zur Kirche, wie sie es anfangs noch getan hatten.

12.1 Bittere Erfahrungen

Weitere bittere Erfahrungen. Eines seiner Mädchen im Unterricht wird plötzlich schwanger, durch einen dänischen Armeeangehörigen. Mit tiefen Schmerz, so schreibt er, »musste ich es aus dem Unterricht verstossen«. Immerhin, er spricht mit dem Mädchen, um die Hintergründe herauszubekommen und stößt dabei auf traurige Umstände. Nicht von sich aus hat das Mädchen sich in dieses Abenteuer eingelassen. Es wurde von seinen Eltern, einem Mulatten und einer Schwarzen, dazu gezwungen. »Dieses arme Schlachtopfer ist wie ich aus seinem eigenen Munde vernahm, von seinen Eltern zur Schlachtbank seiner Unschuld gegen seine Mutter gezwungen worden.« Was hier »gegen seine Mutter« bedeutet, bleibt offen, im Austausch etwa für Geld oder um die Mutter von irgendeiner Schuld loszukaufen?

Nur ist das nicht der einzige Fall. »Noch mehr verwundete mein Herz folgende Handlung: Ein Mulatt bat mich vor einigen Wochen, seiner Tochter zu erlauben, mit ihm nach Ningo zu gehen, weil er dort einiges einzufordern habe u. er, ein alter und kränklicher Mann, dieselbe [Last] nicht tragen könne. Allein, mit dem tiefsten Unmuth erfuhr ich bald, dass er statt nach Ningo nach

---

49 Brief an Blumhardt vom 2. Okt. 1830.

50 Brief an Blumhardt vom 30. Mai 1830.

Ouitta (=Ouida[51]) gegangen, um dorten dieses arme Geschöpf an spanische u portugiesische Sklavenhändler auszuleihen [...]«

Allem Anschein nach geschieht dies nicht selten. Schließlich war da auch ein neugetaufter Soldat. Den musste er, wie er sagt, nach der Predigt wegen seines ausschweifenden Lebens aus der Kirche ausschließen. Er hatte sich zu allem hin durch sein Laster »die venerische Krankheit zugezogen«.

Während im ersten Jahr (1829) Bruder Salbach nach seiner Erkundungsreise nach Ningo sehr positiv über die Erwartungen der dortigen Bewohner schrieb, macht sich bei Henke nach zwei Jahren im Blick auch auf die schwarze Bevölkerung eine gewisse Ernüchterung breit. Am 30. Jan. 1831 schreibt er an den Inspektor. »Ausserdem werden Sie gewiss bald, wie ich ihnen in meinem Brief vom 30. Juni geschrieben habe, einige l. Brüder aus dem Missionshause hierher senden. Doch muss ich Ihnen hierbei bemerken, dass die Aussichten nicht so erfreulich sind u. die Neger bei weitem so kein Verlangen nach dem Worte Gottes haben, wie Br. Salbach in seinem Tagebuch mitgetheilt. Ja, ich kann in Wahrheit sagen, durchaus keine verlangen darnach. Man muss die Neger erst nur recht kennen lernen. Sie sind ein überaus verdorbenes, in Sinnlichkeit versunkenes Volk u. dabei äusserst klug, ja ich möchte sagen, klüger als die Europäer selbst. So können sie sich so verstellen und sprechen, wie man es gerne hört, im Hintergrund aber steht nichts als Geschenke und Branntwein. Weit entfernt, dass ich den l. Br. Salbach der Unwahrheit beschuldigen wollte. Nur der Wahrheit zur Ehre will ich sagen, dass er sie nicht so genau kannte u. in der kurzen Zeit kaum kennen lernen konnte. Doch dieses Verlangen nach Höherem wird der Hlg. Geist durch das Wort zur rechten Zeit u. Stunde schon wirken. Darum dürfen wir den Muth nicht sinken lassen, sondern getrost harrend u. hoffend beginnen. Floss doch auch für Hams Söhne das theure Blut des Herrn, gilt ja doch auch ihnen die Verheissung, dass 1 Hirt und 1 Herde werden soll. Darum im Namen des Herrn fortgefahren u. Brüder gesandt.«

Das heißt, obwohl alles schwieriger wird als erhofft, nur weitergefahren und Brüder geschickt, denn: »Geht das Werk auch langsam, fallen die Boten des Heils auch zur Rechten u. zur Linken, sind auch tausend andere Schwierigkeiten, bes. von den verdorbenen Nahmens-Christen zu bekämpfen u. zu erdulden, nur ausgeharrt, u. der Sieg wird des Herrn werden. Ja, Jesus wird siegen [...] auch in Afrika!«

---

[51] Ouida, an der Grenze zwischen den heutigen Staaten Benin und Togo, war ein bekannter Sammelplatz für afrikanische Sklaven, von den Dahomey-Königen gefangen und an portugiesische und spanische Händler verkauft, die sie dort für den Weiterverkauf nach Amerika verfrachteten; vgl. Hanns Walter Huppenbauer, Die Sklavenstrasse von Ouida – La Route des Esclaves, Bern 2003.

12.2 NEUE BRÜDER?

Erst im Heidenboten vom 1. März 1831 wird über den Tod der Brüder auf der Goldküste berichtet, und zwar nicht aufgrund von Henkes Brief an Blumhardt vom Mai 1830, sondern dem späteren an die Frankfurter Freunde vom 2. Okt. In diesem Bericht finden wir auch Henkes Wunsch nach Verstärkung: »Dass ich mich unter solchen Umständen, so ganz allein stehend, nach Missionsbrüdern, welche eines freudigen, in Gott geheiligten Sinnes sind, und Freud und Leid mit mir theilen, recht innig sehne, fühlen sie gewiss selbst tief mit mir. Hier in Ussu, wo unchristliche Europäer so viele Jahre lang dem Namen Christi Schmach bereiteten, muss es zwar sicher äusserst langsam mit dem Missionswerke gehen; aber es sind auch noch andere Thüren offen, z.B. Ningo und andere Negerdörfer, wo zum Glück keine Europäer wohnen; sowie die Sklavenkinder auf den Plantagen am Fuss der Akwapim-Gebirge, deren Herren gerne eine Schule unter denselben sehen würden.«[52]

Seinen Wunsch neuen Brüdern für die Arbeit an der dänischen Küste sprach Henke auch sonst immer wieder aus, so wie oben im Hinblick auf Kissling gesehen. Für deren Vorbereitung und Ausrüstung gibt er schon am 30. Mai 1830 Ratschläge. Zunächst, auch Europäer seien den klimatischen Krankheiten nicht wehrlos ausgeliefert. Außerdem könnten sie sich auch anderweitig durch Beachtung gewisser Regeln weitgehend schützen:

»1. Man setze sich nicht zu viel der Sonne aus.
2. Man hüte sich vor Erkältung. u.
3. vor dem Abendtau.
4. Man nehme sich vor einigen rohen Landesfrüchten, bes. der Ananas+ in acht. Geniesst man solche Früchte, trinke man gleich etwas Spiritus darauf +(eine sehr kühlende und daher den Magen leicht erkältende Frucht.)
5. Man hüte sich vor Überladung des Magens und speise daher nur wenig auf einmal u. dafür öfter. (gilt überall, aber in Afrika ganz besonders).
6. Man hüte sich in den ersten zwei Jahren vor starker Geistesanstrengung (man darf in dieser Zeit vom Missionar nichts erwarten).
7. mache man sich täglich Bewegung.«

Auch sollten Brüder darauf vorbereitet werden, dass sie sich bald nach ihrer Ankunft in Ossu eigene Häuser bauen müssten. Wohnungen seien rar und teuer. Weiter sollten sie nicht zu viel an Ausrüstung mitnehmen, vor Ort könne viel selber hergestellt werden. So spare man auch Frachtkosten. Er, Henke, habe vie-

---

52 Merkwürdigerweise findet sich dieser Passus in keinem der im Archiv erhaltenen Briefe. Der Brief an die Freunde in Frankfurt enthält Äußerungen, die in die Richtung gehen. Der gedruckte Text aber ist wohl eine zusammenfassende Umformulierung von Inspektor Blumhardt.

les von dem verkauft, was sie mitgebracht hätten, weil sie es in nützlicher Frist nicht hätten brauchen können. Schließlich rät er, Portwein zu bestellen oder mitzubringen, sei sinnlos, den trinke hier niemand. Den ihren verkaufte er für 25£, während die Gesamtkosten inklusive Fracht dafür 100£ betragen hätten. Außerdem sei es gut, sich schon bald, aber langsam, auch an afrikanische Kost zu gewöhnen.

13. Das letzte Jahr (1831)

Endlich, um Weihnachten 1830 oder Anfang 1831 erhält Philipp Henke Post, einen Brief von Inspektor Blumhardt, datiert vom 30. Mai 1830. Noch im September hatte er fast verzweifelt geschrieben: »[...] nicht minder warte ich mit Ungeduld, gel. H. Insp. auch auf einen Brief von Ihnen, möchte er bald in meine Hände kommen. Versetzet euch, Ihr lieben, in unsere Lage in der Heidenwelt, bedenket unsere Kämpfe mit der Unwissenheit und dem Aberglauben der Heiden! Ach! Und auch die weit grösseren mit der Sittenlosigkeit u. dem Unglauben der europäischen Nahmenschristen, u. an das Misstrauen und den bittern Hass, welchen wir zu erdulden haben.«[53]

Voller Freude dankt er am 31. Jan. 1831 für Blumhardts Brief, muss aber gleichzeitig feststellen, dass dieser zum Zeitpunkt seines Schreibens keinen von Henkes Briefen über den Tod der Brüder und die Folgezeit erhalten hatte. Nur kurz kann er schreiben, denn eben erst hat er erfahren, dass in Bälde ein englisches Kriegsschiff nach London segelt, dem er Post mitgeben kann. So wiederholt er nicht, was er schon zweimal ausführlich dargestellt hatte. Auch nach Frankfurt will er erst wieder schreiben, wenn von dort etwas gekommen ist. Im Übrigen meldet er in Kürze, was im Moment läuft. Gouverneur Lind ist ja nach Dänemark zurückgekehrt, ein neuer, Herr Hain, ist vor kurzem als neuer Gouverneur angekommen.

Er berichtet vom Besuch Bruder Kisslings bei ihm im vergangenen November, beschreibt die Schwierigkeiten einer näheren Verbindung mit den Brüdern in Liberia und wiederholt dann die frühere Bitte um weitere Mitarbeiter, ganz besonders auch im Gedanken daran, dass die beiden Liberiabrüder (mitsamt Frau Tabitha) wegen der Behinderung durch die Sklavenhändler ihren Posten verlassen müssten. Wie oben bereits zitiert, bittet er Blumhardt speziell um die Entsendung Kisslings.[54]

---

53 Brief an Blumhardt vom 2. Sept. 1830.

54 Aus dem Tagebuch Missionar Heinzes (Heidenbote 5 (1832)) erfahren wir, dass auch der britische Gouverneur von Cape Coast Br. Kissling dringendst gebeten habe, doch bei ihm zu bleiben, weil dort die recht große Schule einen Lehrer nötig habe und der Gouverneur froh wäre, nicht selber die Gottesdienste leiten zu müssen. Solche Wünsche haben auch schon Henke und seine Mitbrüder bei ihrer Ankunft dort erfahren.

Dann hören wir nichts mehr. Es scheint auch kein privates Tagebuch von ihm übriggeblieben zu sein. Weder Heidenbote noch Missions-Magazin melden irgendetwas über seine Tätigkeit. An Ostern schließt er alle Gemeindeglieder, die in unchristlicher Ehe leben, vom Abendmahl aus, denn was sie tun, sei ja eitel Hurerei, und erntet damit das Missfallen vieler Europäer und Mulatten. Im Oktober 1831 meldet er sich nochmals. Noch sei er am Leben und warte immer noch auf Briefe. Seit 14 Tagen plage ihn ein wüster Husten mit Brustschmerzen und Auswurf. Und man möge ihm dringend neue Mitbrüder schicken, er wisse nicht, wie lange er noch durchzuhalten vermöge. Dann meldet er noch: »Am 21. Okt. ist Gouverneur Hain gestorben nach 8 tägiger Krankheit. Ist für die Kirche kein Verlust: Er war ungläubig, eitel, hat die Schule nie besucht. Er scheint das Leben unter den Europäern und einigen Mulatten hier, das ohnehin schon höllenartig war, gänzlich zur Vorhölle gemacht zu haben. Er war darin nicht allein, sein Assistent ebenso, den hat er aber dann heimgeschickt. Mit seinem Tod ist es jedoch nicht besser. Jetzt [amtet] ein junger Mann, erst 25 Jahre alt, den Hain mitgebracht, unerfahren, leichtsinnig u. wollüstig.«

Henke hofft, dass Gouverneur Lind nochmals ausgesandt wird. Indessen habe er seit gestern auf Rat des Doktors das Predigen eingestellt, bis das mit der Brust wieder besser sei. Viel mache das nicht aus. Die Europäer haben sich ohnehin zurückgezogen seit er an Ostern alle »Carnefaten« vom Abendmahl ausgeschlossen habe. Dagegen führt er am Sonntagnachmittag den Katechismusunterricht für Mulatten- und Neger-Soldaten weiter. »Die Kinder machen Fortschritte in Religionskenntnis, Lesen, Schreiben, Rechnen, aber es lässt sich keine Spur der Veränderung ihrer Herzen durch das Evangelium wahrnehmen.« Außerhalb der Schule erteilt er den Jungen noch Unterricht in Grammatik und Geographie.

Durch einen Brief von Kissling in Liberia hat er auch Nachrichten über Basel, das Seminar und den Herrn Inspektor erhalten, sowie, dass die Sessings nach Sierra Leone gezogen, und er, Kissling, selbst auch im Begriffe sei, dies zu tun. Wieder bittet er, ihm mit den neuen Brüdern auch Kissling nach Christiansburg zu schicken. Dringend sei es, »denn ich weiss nicht, wie lange ich bei diesem Brustübel noch ausharren werde.« Wieder schließt er mit Grüßen an alle Brüder, sowie Dr. Sigrist und Pfr. Hoch in Kleinhüningen. Das war das letzte Lebenszeichen.

Am 27. November 1831 stirbt auch er als letzter der ersten Vierergruppe an der Guineaküste. Todesursache war bei ihm sehr wahrscheinlich nicht eine Tropenkrankheit, sondern sein »Brustübel«, möglicherweise Tuberkulose. Schon im Seminar war er hin und wieder daran erkrankt. Man hatte neben allem andern gemeint, er sei deshalb nicht tropentauglich, bis ihm der Arzt im Basler Komitee in dieser Hinsicht doch ein gutes Zeugnis ausstellte, dass vielleicht das warme Klima seiner Gesundheit dienlich sein könnte. So ganz traf das nicht zu. Und doch, ausgerechnet er hat am längsten durchgehalten.[55]

14. Nach-Gedanken

14.1 Parallelen

Im Rückblick auf dieses Leben und die Probleme, die Philipp Henke im Zusammenleben mit seinen Missionsbrüdern erlebte, drängt sich ein Vergleich mit Jakob F. Sessing und seinen Kollegen in Liberia auf, beides junge Männer, die in ihrer Jugend auf eine eigene Familie im engeren Sinn verzichten mussten und sich immer wieder in der Einsamkeit ihren eigenen Weg suchten. Das prägte ihre ihnen eigene Art, was im Komitee als »Eigenart ihres früheren Standes« berücksichtigt wurde. Anders als bei Sessing kommen bei Henke im Seminar Verdächtigungen dazu, Diebstahl, Lüge, Katholizismus. Nach gründlicher Prüfungen erwiesen sie sich als falsch und blieben doch haften.

Anlass dazu gibt bei Henke nicht zuletzt seine Schwierigkeit mit den Gebetszirkeln der Brüder im Seminar. Schon Mitte 1823, also im zweiten Jahr, meidet er sie und schließt sich damit aus dieser Form der geistlichen Gemeinschaft aus. Bei allem, was in ihm den Vorstellungen und Prinzipien der Missionsleitung entsprach, volles Hingeben an den Herrn, völlige Übergabe des eigenen Willens in den Willen Gottes und völlige Übereinstimmung mit andern Besonderheiten württembergisch-pietistischer Frömmigkeit, er wollte dem Gefühl nicht den Stellenwert einräumen, dass es gleichsam über dem Worte Gottes stand. Da hält er sich sehr getreu an das Prinzip »sola scriptura«, allein die Schrift. Und offensichtlich sucht er im Studium von theologischen Büchern seine Erkenntnis der Wahrheit zu erweitern, während seine Kollegen solchen Bemühungen nichts oder nur wenig abgewinnen können. Alles andere »stimmt bei ihm« nach den Prinzipien der Missionsleitung; nur dieses eine, die Ablehnung der, wie er es empfindet, schwärmerischen Seite der Frömmigkeit, macht ihn anders. Vom Komitee wird ihm das als durch seine früheren Umstände bedingt zu Gute gehalten. Er wird nicht entlassen. Seine Mitbrüder urteilen da strenger und meinen, er müsse entlassen werden.

Sessing meidet seinerseits das gemeinsame Gebet mit den Brüdern in London, wahrscheinlich nachdem diese, weil sie fanden, er sei nicht erleuchtet und noch immer auf dem »breiten Weg«, in seiner Gegenwart um seine Bekehrung gebetet hatten.[56] Aber auch hier treibt der Verdacht, er sei nicht richtig »bekehrt«, er habe den Heiland noch nicht richtig kennen gelernt, die Brü-

---

[55] Einen Nachruf habe ich in den Archivakten nicht gefunden.

[56] So zu schließen aus dem geharnischten Brief des Präsidenten Pfr. N. Von Brunn an die Missionsbrüder Handt und Hegele in London.

der zur Ablehnung Henkes als Kollegen in Afrika: »Mit ihm kann ich nicht ausreisen!«

Wiederum in beiden Fällen gleich, nach der Zurechtweisung durch den Präsidenten, respektive den Inspektor, vertragen sie sich. Und so wie Sessing mit Handt, seinem stärksten Ankläger in London, später recht gut auskommt, so Henke später mit Holzwarth, der in Kopenhagen die treibende Kraft für Henkes Ausschluss war. In beiden Fällen, besonders sichtbar aber bei Holzwarth, hat die Ermahnung durch den Inspektor eine, wenn auch nicht sofortige, so doch längerfristig wirksame Veränderung und Öffnung im Denken des Hauptanklägers bewirkt.

14.2 Mangel an Einigkeit

»Mangel an Einigkeit im Geist« lautete der Vorwurf, der zuerst Henke durch die drei andern Brüder, dann aber allen vieren gegenüber durch das Komitee erhoben wurde, genau wie ein Jahr zuvor bei den Liberia-Brüdern in London. Wenn Konrektor LaRoche am 9. April 1828 im Komitee bemerkte, es sei betrüblich, dass die Brüder bei der ersten Prüfung außer Haus sich unfähig zeigten, Einigkeit zu bewahren, so legte er sicher richtig den Finger auf einen Mangel im Lehrgang der Zöglinge. Nur lag in diesem Fall das Problem nicht im Verlassen des Missionshauses und seiner Gemeinschaft, sondern hatte schon lange vorher begonnen, indem Henke schon im Haus durch allerlei Verdächtigungen marginalisiert wurde.

Woran lag es denn? Der Streit um die Bedeutung des Bekenntnisses von Henke anlässlich der Verabschiedung im Missionshaus zeigt dies auf. Er entschuldigte sich dafür, dass er den Mitbrüdern wie den Vorstehern durch sein Verhalten Mühe bereitet hatte und bat sie alle um Vergebung, nicht dafür, dass er anders war, sondern dass er es in seinem Anderssein an der nötigen Toleranz habe fehlen lassen. Die Mitbrüder jedoch verstanden etwas anderes. Die Tatsache, dass er dieses Bekenntnis ablegte, war für sie ein Hoffnungszeichen, nämlich dafür, dass er sich nun ganz ihrem Denken anschloss. Sie konnten und wollten nicht verstehen, dass jemand anders als sie dachte und glaubte, und doch ein guter, erleuchteter Christ und somit tüchtig zum Missionsdienst sein könnte.

Was der Konrektor mit Betrüben feststellte, hätte eigentlich zur Frage führen müssen, was wird diesen Zöglingen in den 4–5 Jahren Missionsseminar beigebracht? Was ist an unserer Lehrweise oder am Inhalt unserer Glaubenslehre falsch, dass so etwas geschieht? In dieselbe Richtung weist eine andere Beobachtung. Schmid und Holzwarth, vor allem der erstere, bekunden schon in Kopenhagen und dann noch mehr in Christiansburg erhebliche Mühe, wenn sie in eine Gesellschaft so sogenannter Weltmenschen oder schon nur Leuten, die sie eigentlich gar nicht kennen, eingeladen sind. Holzwarth beleidigt Henkes Verwandte in Frankfurt, wie auch das dortige Missionskomitee mit Vorwürfen, sie seien nicht gläubig, und Schmid klagt in Christiansburg immer wieder, er werde durch diese Gesellschaften »vom Herrn getrennt«, er sei nicht mehr »im«, sondern »ausser dem Herrn«. Das heißt doch, die Brüder sind nie darauf vorbereitet worden, zum einen, zu verstehen, dass »der Herr nahe ist«, auch wenn ich mich nicht gerade auf Wolke Sieben des Glaubens befinde, sowie, zweitens, was es bedeutet, sich außerhalb eines, oder ihres frommen Kreises zu bewegen. Offensichtlich gab es im Missionshaus Tendenzen, alles, was nicht dem eigenen Glauben und Verstehen entsprach, als Unglauben abzutun und sich davon zu distanzieren.[57] In der Auseinandersetzung mit Prof. Lachenal, die 1825 zu seinem Rücktritt aus dem Komitee führte, weil er gegen die Hinzuziehung sogenannter Hilfswissenschaften war, hatte das Komitee nach außen eine offenere Linie vertreten, nach innen scheint aber die württembergisch-pietistische Frömmigkeit, die mehr als bei den schweizerischen Pietisten auch Tendenzen zum Separatismus aufwies, den Ton stärker angegeben und damit die Gemeinschaft gefährdende Tendenzen gefördert zu haben.

Im Grunde genommen hatte dies auch Blumhardt in seinem harschen Brief gesehen. Allen möglichen Abweichungen im Glauben bei Henke stellte er ein klares »Nein! - daran fehlt's nicht!« entgegen, um den Brüdern zu zeigen, dass sie für ihre Anklagen keine Lehrunterschiede in Anspruch nehmen könnten. Später beurteilte er die Vorwürfe der Brüder gegen Henke gar als unreifes Kindergeschwätz. Dass aber ihr ganzes derartiges Verhalten durch das System der paternalistischen Fürsorge und hierarchischen Ordnung im Seminar gefördert wurde, daran wollte niemand denken.

Der Konflikt der Brüder in Kopenhagen lässt jedoch noch eine andere, recht eigentlich brisante Note erkennen. Henke selber hat ja nichts dagegen, mit den andern Brüdern nach Afrika auszureisen. Sich aber mit ihnen in der Gebetsgemeinschaft vereinen, das mag er nicht mehr, weil er »mit Schwärmerei nichts gemein« habe. Er empfindet die Art, wie seine Mitbrüder beten, als schwärmerisch: Vor Schwärmerei hatte Blumhardt gelegentlich sehr ernsthaft gewarnt. Henke stellt sich mit seiner Ablehnung hinter ein Anliegen des Inspektors. In dieser Beziehung wäre wohl Blumhardt völlig mit ihm einverstanden. Einem Mitbruder aber, der immerhin einige Jahre mit ihm im Glauben und Lernern gelebt hat, Schwärmerei zu unterstellen, das geht für Blumhardt nicht. Das ist ein Zeichen von mangelnder Liebe. Deshalb wies er auch Henke zurecht.

---

57 Ähnliches findet sich auch in Missionar Wulffs (BV 62) Tagebuch über die Ausreise nach Liberia 1828. Er ärgert sich maßlos über die »Weltmenschen« auf dem Schiff.

14.3 Das Komitee und der liebe Gott

Als in den ersten Jahres des Missionsinstituts ein junger Mann einen Missionszögling um Rat frage, weil er nicht recht wisse, ob es Gottes Wille sei, wenn er sich für die Mission melde, soll dieser geantwortet haben: »So geh zum Inspektor und zur Committee, dann weißt du, was Gottes Wille ist«. So hat sich das Komitee auch selber verstanden, als das Gremium, das in allen zu entscheidenden Fragen, ob es nun um die Meldung eines Bruders oder um Haushalts- und Ausrüstungsfragen ging, Gottes Willen erkunde und vertrete.

Mit der darin zum Ausdruck kommenden Problematik und den daraus sich ergebenden Widersprüchen hat sich Jon Miller in seiner tiefschürfenden Studie »Missionary Zeal and Institutional Control«[58] ausführlich auseinandergesetzt. Dabei ist Missionar und Bruder Philipp Henke eines der konkreten Beispiele dieser »institutional control«. Mir geht es hier nicht um diese »innere Kontrolle«, sondern um das hierarchische System, mit welchem das Missionsseminar geführt wurde und mit welchem sich die Brüder und die späteren Missionare zu arrangieren hatten. Dabei verbinde sich, so Miller, die über Generationen stabile soziale, politische und wirtschaftliche Stellung der Gründerfamilien der Mission mit dem Glauben an eine »divine ordination« und die »was most likely to fall on leaders from established traditional strata«. Sie gab den Entscheiden dieser Führungspersönlichkeiten die nötige Bedeutung und Legitimation.[59]

Indem die Zöglinge den Weisungen der Vorsteher folgten, gaben sie ihren eigenen Willen zugunsten des Willens Gottes auf. Inspektor Blumhardt, respektvoll geliebt und verehrt, verkörperte beides, die väterliche Liebe Gottes und die göttliche Ordnung. Sein Gebot war nicht Gesetz im engen Sinn, sondern ein Gebot der Freiheit, so der Inspektor, nicht nur weil Paulus so spricht, sondern weil alle diese Ordnung in Freiwilligkeit auf sich genommen hatten. Für den Eintritt in die Mission war es unabdingbar, den eigenen Willen ganz in Gottes Willen hineinzulegen, das aber hieß dann auch, den Willen des Komitees als absolut bindend zu akzeptieren.[60] Nun hat es freilich immer wieder Missionare gegeben, die die Göttlichkeit des Komitee-Willens in Frage stellten. Miller nennt einige. Am deutlichsten habe ich dies bei Georg Kissling ge-

---

[58] Jon Miller, Missionary Zeal and Institutional Control: Organizational Contradictions in the Basel Mission on the Gold Coast, 1828–1917, Grand Rapids 2003. Ich verweise auf die Studie, da wo meine Beobachtungen in Bezug auf die Goldküste durch ihn bestätigt werden oder wo ich Dinge etwas anders sehe als er.

[59] Miller, a.a.O., 88 und v.a. 93. Einen Irrtum zuzugeben, das kam darum nicht in Frage.

[60] Dabei wird stärker als Miller es tut zwischen Blumhardt, dem ersten Inspektor, und dem rigiden J. Josenhans zu unterscheiden sein. Sätze wie die, dass der Wille der Zöglinge »gebrochen werden müsse«, eine merkwürdige Umdeutung des zerschlagenen Herzens von Psalm 51,19, finden sich bei Blumhardt nicht.

funden, der einmal nach Basel schreibt, ihm sei längstens bewusst, dass die ihnen in der Instruktion für Liberia gegebenen Weisungen nicht dem Willen Gottes entsprechen konnten. Vermutlich wollte das Komitee ihn aus diesem Grund, nachdem man das Arbeitsgebiet Liberia hatte aufgeben müssen, trotz der dringenden Bitte Henkes nicht mit den neuen Brüdern auf die Goldküste schicken.

Die Folgen dieser Unterordnung machen sich überall und immer wieder bemerkbar. Man müsste meinen, dass die Leitung der Missionsgesellschaft darauf aufmerksam hätte werden sollen. Aber sie tut es nicht. Sie kann ja nicht irren! Das heißt, man stellt »etwas« fest, vermerkt es gar im Komiteeprotokoll. Aber über »warum und weshalb« wird nicht gesprochen. Miller zeigt, wie sehr dies zu einer Unmündigkeit der Brüder, zu einer Unfähigkeit der Missionare führt, Entscheide, die für ihre Arbeit auf dem Missionsfeld wichtig waren, in eigener Verantwortung zu fällen. Im Fall der ersten Goldküstenbrüder zeigt sich dies vor allem in Schmids Haltung. Er willigt ein, mit Henke nach Afrika auszureisen, aber nur »auf Rechnung der Committee«, das heißt, er übernimmt dafür keine Eigenverantwortung, sondern schiebt diese auf das Komitee ab. Das wiederum stößt dem Präsidenten Pfr. N. Von Brunn sauer auf. Er vermerkt mit Missfallen, dass die Brüder »sehr zu Unrecht die Verantwortung für ihr Ausgehen mit Henke auf die Rechnung der Committee legen«.[61] Auch in Christiansburg macht Schmid, dem Herr Passavant in Zeyst viel eigenständiges Denken attestiert hatte, einen eher hilflosen Eindruck. Er erwartet nichts von sich, sondern alles vom Herrn und weiß gerade darum nicht, wie er sich verhalten soll als Holzwarth plötzlich schwer krank danieder liegt.[62] Salbach und auch Holzwarth selber berichten sehr viel nüchterner über dieselbe Krankheitsphase. Es geht wohl in die gleiche Richtung, wenn Schmid und Holzwarth zwar, wenn es nötig ist, den Arzt rufen, aber Hilfe und Heilung nicht von ihm, sondern »nur vom Herrn« erwarten und eine allfällige Besserung kaum den Bemühungen des Arztes, sondern der Erhörung ihres Gebets zuschreiben.

Etwas selbstständiger verhalten sich Salbach und Henke. Ohne weitere Weisung vom Komitee abzuwarten, begibt sich Salbach auf die Reise nach Ningo, um ein weiteres Tätigkeitsfeld zu erkunden. Henke entscheidet sich schließlich ohne weitere Weisung der Missionsleitung für die Übernahme der Pfarrstelle in Christiansburg.

Auch hier drängt sich ein Vergleich mit den Brüdern in Liberia auf. Im Oktober 1828 entscheiden sich die dortigen Brüder eigenständig für die Erkundigung des Bassa-Gebiets (Sessing und Hegele), für eine Missionsreise in eigener Regie (Handt) und die Schularbeit in Monrovia (Kissling). Bis auf Handts Initiative entsprach dies weitgehend den Anweisungen ihrer Instruk-

---

[61] Komiteesitzung vom 9. April 1828.

[62] In seinem Goldküstentagebuch macht Schmid den Eindruck eines Menschen, der nur um seine eigene Frömmigkeit und das Gefühl der Glaubensfreude besorgt ist.

tion. Handt wird deshalb später dafür auch gerügt und aus diesem Grund auch nicht mehr eingestellt. Aus eigenem, verantwortungsvollem Entscheid reist Sessing 1829 mit dem kranken Hegele nach Basel zurück. Später wird ihm dies als unerlaubte Heimreise vorgeworfen.[63] Nach der Rückkehr Sessings im Frühjahr 1830, zusammen mit den neuen für Liberia bestimmten Brüdern und Sessings Frau, ändert sich alles. Einerseits konzentriert sich Sessing nun ganz auf die Gesundheit seiner Frau und steht in ständiger Sorge um ihr Überleben. Das lähmt ihn im Blick auf die eigentliche Aufgabe, nicht zuletzt, weil im Bassaland seine Frau Tabitha wohl noch mehr gefährdet wäre als in Monrovia selber. Aber nicht nur das lähmt. Sessing hat 1830 eine neue Instruktion mitgebracht, die dem Bruder Kissling überhaupt nicht gefällt. Die hat das Komitee ja in totaler Unkenntnis der Bedingungen, die am Arbeitsort herrschen, erlassen. Und wie dann ausgerechnet alle drei neuen Brüder erkranken und einer nach dem andern sterben,[64] da möchten die Brüder Sessing und Kissling neue Weisung erhalten. Sie bitten um Rat und warten und warten, Monat für Monat, und erhalten keine Antwort. Als schließlich eine kommt, besagt sie, dass das Komitee keine neue Weisung erteilen wird, bevor sie nicht unter sich einig seien. Dabei waren Kissling und Sessing unter sich einig. Sie hatten ihre Verschiedenheit, auch ihr unterschiedliches Verständnis der Mission, erkannt, sich dabei gegenseitig respektiert und fühlten sich, so Sessing in seinem Tagebuch, nicht uneinig.[65] Ein weiterer Grund für Kissling, die Entscheide des Komitees kritisch zu hinterfragen. Erst wie die Niederkunft Tabitha Sessings eine mindestens einstweilige Übersiedlung nach Freetown erfordert, entscheiden sie sich dazu, ohne weitere Genehmigung durch das Komitee. Kissling würde bleiben, um die Weisung des Komitees abzuwarten und die Station in Ordnung aufzulösen. Wiederm wird dieser eigenständige Entscheid den beiden, vor allem Sessing, zum Vorwurf gemacht. Einsicht, dass hier im System etwas falsch lief, gab es keine. Denn, wie Miller festhält, das Komitee irrt sich nicht, und wenn es schon einen Fehler macht, wird es nicht zugegeben.[66]

---

[63] Wogegen sich dieser heftig zur Wehr setzt. Hegele, der inzwischen mit der BM in Russland tätig war, wäre längst tot, wenn sie diese Initiative nicht ergriffen hätten.

[64] In zwei Fällen übrigens nicht am Klimafieber, sondern an einem »Faulfieber« wie Sessing nicht durch den Arzt, sondern anhand eines medizinischen Handbuches herausfindet (ihr Vertrauensarzt war selber am Klimafieber gestorben).

[65] Dass sie dabei auch unabhängig voneinander wohnen wollten, findet bei einem Komiteemitglied sogar Zustimmung, während es für die meisten ein Zeichen der Dissonanz ist.

[66] MILLER, a.a.O., 93, mit Bezug auf die Zeit von Josenhans (mit Zitat aus Johannes Hesse, Lebensbild von J. Josenhans). Offenbar trifft dies auch schon für die Zeit von Blumhardt zu und zeigt, wie verhängnisvoll die Verbindung von vermeintlicher göttlicher Ordination und konservativem, sozialem und wirtschaftlichem Oberschichtdenken sein kann.

14.4 Kontrolle

In den für Henke und seine drei Mitbrüder direkt relevanten Dokumenten habe ich eine Anweisung zur systematischen gegenseitigen Überwachung, wie sie Miller beschreibt, nicht gefunden.[67] Natürlich ist für Blumhardt Ordnung ein wichtiges Element christlichen Lebens. Natürlich gibt es das Bibelwort Kains, »soll ich meines Bruders Hüter sein?«, das in der Gemeinschaft der Frommen als Aufforderung, sich um den Bruder zu kümmern, verstanden werden kann, dazu das Wort »einer trage des andern Last«. Und es gibt die Anweisung im Evangelium, den fehlbaren Bruder zu stellen, mit ihm zu reden, und, falls er nicht hört, die Sache vor der Gemeinde in Ordnung zu bringen. Auch dies kann bei einer Tendenz zum gesetzlichen Denken durchaus als Anweisung verstanden werden, den eventuell vermeintlich Fehlbaren dem Gemeindeleiter, in diesem Fall dem Inspektor und den Vorstehern, zu melden. Und es gibt das Gebot der Liebe, durch das wir aufgefordert werden, uns für die andern zu interessieren, ja uns auch um sie zu kümmern. Nur, systematische Weitermeldung von negativen Eindrücken passt da nicht so ganz dazu.[68] Der von Miller zitierte Satz aus Blumhardts Hausordnung, dass, wer die Regeln missachtet, »die Mauern Zions zerstöre statt sie zu bauen«,[69] ist an sich noch kein Aufruf zur gegenseitigen Überwachung, sondern ein Appell an jeden einzelnen, sich unbedingt an die Regeln zu halten, weil er sonst das Ziel, dem er nachjagen will, verleugne. Und doch muss es entsprechende Anzeichen gegeben haben, die dem Vertreter der Church Mission Society, William Jowett, einem ehemaligen aktiven Missionar, an den der CMS in Dienst gegebenen Basler Brüder aufgefallen sind.[70] Er bemerkte, wie sehr sich die Basler Brüder gegenseitig überwachten und was dies für unglückliche Folgen hatte. Er sah »in danger of not sufficiently respecting one another«, wodurch immer wieder unnötiger Zwiespalt erwachse. Den Grund sah er darin, dass die Seminaristen sich während der fünf Jahre durch den sehr intimen Kontakt, zum Beispiel in Gebetsgruppen, untereinander eigentlich viel zu gut kennen lernten und sich später, auf der Missionsstation, alte Fehler oder Divergenzen gegenseitig vorhielten. Blumhardts Antwort auf Jowetts entsprechende Rückfrage war, dass die Vorteile gegenseitiger Überwachung größer seien, als die Nachteile, »and for the evil itself, they must all be taught to anticipate its

---

67 Auch die Angaben in Blumhardts Hausordnung, 37f, verstehe ich nicht in dieser gesetzlichen Strenge, vgl oben S. 106, Anm. 144.

68 Aus eigener Erfahrung weiß ich, dass es auch Gründe gibt, »um der Sache willen« etwas zu melden, die aber auf keinerlei Verpflichtung noch Gebot von Seiten irgendeiner Leitung beruhen.

69 »Die Mauern Zions aufbauen« (vgl. Ps. 67,18; 69,35; 102,16 u.a.; Micha 7,11) ist bei Blumhardt und seinen Freunden ein häufig benutztes Bild für die Arbeit am Reich Gottes und damit auch für die Mission, oft ausgedrückt in Bitten, Gott möge die Mauern Zions wiederaufbauen.

70 Miller, a.a.O., 163f, mit Verweis auf Jowetts Bericht vor der CMS im Januar 1830.

occurrence, and meet it with ›Bear ye one another's burden: so you fulfil the law of Christ‹«.[71] Das entspricht in Gänze den Reaktionen Blumhardts auf die Klagebriefe der Brüder sowohl in London als auch in Kopenhagen. Da stellt er fest, die Anklagenden hätten sich nicht »unter« den Beklagten gestellt, um mit ihm seine Bürde, etwa die der Abweichung, zu tragen, und dadurch das Gesetz Christi missachtet. Aber weder das »anticipate its occurence« noch das »in Liebe die Bürde des andern tragen«, lernten die Brüder im Seminar. Die Leiden, den Kummer und die Freuden des andern, die trug man mit ihm, nicht aber die Fehler. Das heißt, dass das, was Blumhardt als freiwillige Unterordnung und duldende Liebe in der Gemeinschaft sich erhoffte, in der Praxis sehr viel gesetzlicher und eben ohne die duldende Liebe verstanden und gelebt wurde. Und dem Inspektor und Lehrer Blumhardt gelang es nicht, seine viel offenere Haltung auf die Zöglinge zu übertragen.

Es ist unter diesen Umständen erstaunlich, dass aus dem so problemreichen Projekt tatsächlich auch Erfolg gewachsen ist. Dabei spielen, wie Miller auch aufzeigt, gerade einige »Abweichler« (deviants), wie etwa Henke, eine wesentliche Rolle. Wenn daraus später tatsächlich christliche Gemeinden erwachsen sind, dann wohl auch, wie es James Matthew in ganz anderem Zusammenhang sagte, »nicht euretwegen, sondern Gottes wegen«.[72]

---

71 A.a.O., 164.

72 James Baldwin an einer Welt-Missions-Konferenz.

Kyebi und Gyadam sollen sich vereinen

Ein afrikanischer Friedensschluss aus dem Jahr 1870*

1. Die Ausgangslage

In einer Beilage zum Jahresbericht 1870 über die Station Kyebi (damals Goldküste) schreibt der damalige Basler Missionar Gottlieb Lodholz: »Nun hätte ich noch über den Frieden zwischen den Ostakemern und den Westakemern zu berichten. Letztere will ich aber unter dem Namen, den sie hier tragen, benennen. Dieser Name »Kotokuer« kommt daher, dass sie als Vasallen des Asantekönigs[1] die Tasche desselben, »Kotoku«, zu tragen hatten.

Im August kam ein Gesandter des Governor Ussher in Cape-Coast hier an, um zunächst die Kyebier und Kotokuer zu vereinigen und wo möglich auch noch dahin zu bearbeiten, dass der Friede zwischen den Stämmen des Protektorats und den Asanteern hergestellt werden könnte, in dem er alle Gefangenen aus Asante sammeln und mit sich nach Cape-Coast nehmen wollte, von wo aus dieselben, nachdem die Gefangenen aus dem Protektorat von den Asanteern dorthin ausgeliefert wären, nach Kumase gebracht werden sollten. In diesem letzten Punkt konnte Lt. Ferguson nicht viel ausrichten [...]. [Nur] ein gefangener Asante Jüngling [durfte] mitziehen, während man das Versprechen gab, die übrigen auszuliefern, sobald die Asanteer ihre Gefangenen herausgegeben hätten. Im ersten Punkt erreichte er sein Ziel, obwohl auch hier nicht ohne Schwierigkeiten. Er hatte einen harten Stand dem jungen König[2] gegenüber, der ihn nicht sehr gastfreundlich behandelte und den Hass gegen die Kotokuer, die bei Gyadam gegen seinen Onkel gefochten hatten, nicht aufgeben wollte. Der Governor hatte geschrieben, dass der Friedensschluss zwischen den beiden Stämmen sein ernstlicher Wille sei, um vereinigt zu sein gegen die Asanteer, und dass er samt der Fante-Conföderation den

* Ursprünglich in Zeitschrift für Missionswissenschaft 30 (2004), Wiederabdruck mit freundlicher genehmigung des Verlags.

1 Das ist der Aschantikönig Kofi Karikari, eine der Haupfiguren des folgenden Aufsatzes.

2 Amoako Atta (I.) 1867–86, Neffe seines Vorgängers Atta II. (1858–67).

hiesigen König gewiss würde fallen lassen, wenn's zu einem Krieg kommen sollte [...].«[3]

Der Bericht führt uns mitten hinein in eine turbulente Periode von Ghanas Geschichte im 19. Jh. Der König der Aschanti hatte 1869 mit seinen Kriegern das Land bis über den Voltafluss im Osten durchzogen und mit weiteren Kriegern das britische Protektorat Goldküste im Süden sowie die benachbarten Königreiche Akem und Akwapem im Südosten bedroht. Der britische Gouverneur in Cape-Coast weiß sich verbunden mit der »Fante-Conföderation«, also den Fantevölkern im Süden und an der Küste, aber die Völker der Akem, zwischen den Fante und Aschanti gelegen, sind uneins, ja sich feindlich gesinnt. Um Aschanti wirklich Widerstand zu leisten, muss Gouverneur Ussher auch auf die Akem zählen können, und dafür müssen die beiden Volksgruppen zum Frieden untereinander finden. Um diesen Teilaspekt seines Friedensplanes geht es in Lodholz' »Beibericht«. Einer Einladung Leutnant Fergusons nachzukommen weckt bei Lodholz nicht nur »Lust, Zeuge eines solchen Friedensschlusses« zu sein, sondern verbindet sich mit der Sorge, was geschehen würde, wenn der König von Kyebi erneut Krieg führen wollte gegen den andern Teil der Akem, die früher im benachbarten Gyadam ihren Sitz gehabt und nachdem sie 1861 dem damaligen König Atta II. eine Niederlage zugefügt hatten, freiwillig nach Suëdru im Südwesten ausgewandert waren.

2. DIE VERFEINDUNG DER BEIDEN VOLKSGRUPPEN

Das Volk der Akem teilt sich auf in drei Volksgruppen, von denen uns hier zwei beschäftigen. Die hier sogenannten »Kotokuer«, Mitte des 19. Jh. in Gyadam im Gebiet des sog. Aschanti-Akem wohnend, und die Abuakwas in und um Kyebi, deren König, der Okyenhene, gemeinhin als »König von Akem« galt. Die Verfeindung der beiden Volksgruppen hat eine lange Geschichte. Schon als 1825 in Gyadam Agyeman den Thron Kotokus bestieg soll dies dem Königin von Kyebi, dem Okyenhene Dokuaa (1817-42), ein Dorn im Auge gewesen sein.[4] Was waren die Gründe? Könnte es sein, dass diese Verfeindung ihren Grund gerade darin hatte, dass die Kotoku, und unter ihnen besonders Agyeman, vielleicht aus wirtschaftlichen Gründen, eher Bereitschaft zeigten, sich mit Aschanti zu verbinden, als gegen dieses starke Königreich zu kämpfen, während die Akem in Kyebi sich dem Regiment der Aschanti auf gar kei-

---

3 BMA, D-1,22 b, Kyebi Nr. 19 b.

4 KOFI AFFRIFA, The Akyem Factor in Ghana's History 1700-1875, Accra 2000. Ein Manuskript im BMA, D-10,4 Nr. 13, ohne Namen, aber vermutlich auf Johannes Müller (seit 1865 auf der Goldküste) zurückgehend, weiß, dass ein Vorgänger Agyemans in Kyebi erschlagen worden sei.

nen Fall beugen wollten? Oder geht die Feindschaft viel weiter zurück? Im in der vorigen Anmerkung erwähnten Manuskript wird dazu gesagt, ursprünglich hätten alle Akem Volkgruppen unter Aschanti Herrschaft gestanden, aber so, dass die zwei andern sich an die Kotoku Volksgruppe anlehnten und unter deren Häuptling standen.

»Da nun die Akemer auswanderten, wurden sie unabhängig von Kotoku und Asante. Als nun auch - viel später - die Kotokuer von Asante abfielen und sich in Gyadam ansiedelten, da entstand Rivalität zwischen dem Kyebi und dem Gyadam Königreich, indem der letztere, eingedenk seiner früheren Oberherrschaft, eine gleiche Selbständigkeit anstrebte, wie der Kyebi Häuptling, während der letztere von den Gyadamern als Häuptling angesehen sein wollte. Doch hätte das den Krieg noch nicht herbei geführt. Aber der Kyebi Häuptling verlangte die Auslieferung einer reichen Familie, die nach Kyebi gehöre, während der von Gyadam auch Anspruch auf sie machte.«[5]

Ausgerechnet die Arbeit der Basler Missionare verschärfte die Rivalität zwischen den beiden Volksgruppen. 1842 übergab die damalige Königin von Kyebi, Okyenhene Dokuwa, die Regierungsgeschäfte an den älteren ihrer beiden Zwillingssöhne, Atta Panyin. Der hatte schon vorher Beziehungen zu den Missionaren in Akropong (Akwapem), hatte auch einen Sohn in die dortige Schule gegeben in der Hoffnung und festen Erwartung, bei nächster Gelegenheit in Kyebi eine Missionsschule zu erhalten. Aber es kommt anders. Der etwas eigensinnige Missionar Süss, der es in einer Gruppe mit andern kaum aushält, sucht ein eigenes Missionsunternehmen zu verwirklichen und wählt für seine zu gründende landwirtschaftliche Station nicht Kyebi, sondern Gyadam, die Stadt des Rivalen von der Kotoku Volksgruppe. Obwohl der Okyenhene als König von Akem schlechthin galt, war Gyadam grösser als Kyebi. Zudem galten die Kotoku-Leute im Unterschied zu den trägen Kyebi-Leuten als fleißig, und deshalb war ihre Hauptstadt Gyadam ökonomisch und für den Handel wichtiger als Kyebi.[6] Aus Enttäuschung und Zorn darüber soll Atta seine Söhne aus der Missionsschule abgezogen und seinen Leuten verboten haben, jemals wieder Kontakt mit Christen zu unterhalten.

3. Krieg zwischen Kyebi und Gyadam

1858 wird Atta II. (Obiwom = der jüngere) nach dem Tod seines Bruders[7] König der Akem (Okyenhene). Sein Berater ist der Älteste Apiedu, damals schon

---

[5] Ebd., 14. Missionar A. Mohr nennt 1860 einen weiteren Grund: König Atta habe behauptet, die Gyadam-Leute hätten dem Okyenhene das ihm bei der Goldgewinnung zustehende Golddrittel nicht bezahlt.

[6] Affrifa, a.a.O., 151; zu Simon Süss s. A. P. v. d. Broek, Simon Süss, a difficult visionary in Ghana from 1851-62, mschr. 1977, in D-10.36 Nr. 21.

[7] Vermutlich wegen einer unheilbaren Krankheit vergiftet.

um die 90 Jahre alt, seine ältere Schwester Asekyira übernimmt die Funktion der Königinmutter. Unter ihrer Herrschaft nimmt die Rivalität zwischen den Königtümern gefährliche Gestalt an. Es kommt zum Krieg zwischen den Städten Kyebi und Gyadam. Einer der Berichte im Basler »Heidenboten« sagt darüber:

»Die alten Händel zwischen den beiden Königen von Akem sind in den letzten Monaten in einer neuen blutigen Fehde ausgebrochen. Dieselbe hatte anfangs wiederholte Demütigungen des mächtigeren Königs Atta von Kyebi zur Folge, indem Agyeman von Gyadam zweimal Atta's Angriffe auf sein Gebiet mit Glück zurückschlug; schliesslich aber endigte sie mit dem freiwilligen Abzug Agyemans von Stadt und Gebiet Gyadam und der Verbrennung der letzteren Stadt durch König Atta. [...] Den Missionaren blieb, obgleich beide Könige ihre Person und ihr Eigentum respektierten, nichts übrig, als der Anblick eines rauchenden Trümmerhaufens und der wenigstens vorläufige Auszug [...].«[8]

Als im folgenden Jahr die Basler Mission ihre Hauptstation nach Kyebi verlegte, wäre eigentlich erreicht gewesen, was der ältere Atta einst wollte, aber da kommen mit Atta dem jüngeren weitere Faktoren ins Spiel. »Es ist bekannt, wie aufgewühlt durch politische Unruhen dieses Land im vorigen Jahr gewesen ist. Leider ist es noch nicht ganz ruhig. Nicht dass etwa der Guerillakrieg noch fortgesetzt würde. Aber der König Atta hegt in seinem unsinnigen Übermut die Hoffnung, dass er Agyemang noch vollends aus Akem verjagen könne. Er tut keinen Schritt, um der Weisung des Gouvernements, die ihm gebot, zu gleicher Zeit wie Agyeman nach Akkra zu kommen, Folge zu leisten, sondern forderte im Gegenteil die Häuptlinge auf, jetzt zu einem Feldzug gegen Agyemang auszurücken. Er erhielt glücklicherweise auf dieses tolle Ansinnen eine entschiedene Weigerung.[9]

Noch in den 1860er Jahren bemüht sich der Gouverneur des Protektorats, unter den Volksgruppen südlich der Aschanti Frieden zu erreichen, um so gegen allfällige Kriegszüge der Aschanti gewappnet zu sein. Als der König von Aschanti (der Asantehene) tatsächlich seine Heere auch nach Süden aussendet und sich der Widerstand dagegen formiert, lässt er den König von Kyebi (den Okyenhene) wissen, dass er nicht gegen ihn Krieg zu führen gedenke, sondern nur gegen Agyeman, Kotokuhene, jetzt in Suédru, der ihn geschmäht habe. Aber da stellt sich auch Atta II. auf die Seite seines Rivalen. Sich mit Aschanti verbünden, nein, das will und wird er nicht.

---

8 Heidenbote 43 (1860), 80.

9 Jahresbericht BM 1862, 110f.

4. Amoako Atta, 14-jährig und unter Weiberherrschaft

1867 stirbt Atta der jüngere nach schwerer Krankheit. Seine ältere Schwester lehnt die Wahl zum Okyenhene ab, vermutlich weil sie den Machthunger ihrer jüngeren Schwester, Ampofoa, fürchtet. So wird deren ältester Sohn, Kwesi Panyin, erst 14 jährig, unter dem Namen Amoako Atta König, seine Tante Asekyira bleibt Königinmutter, Apiedu, inzwischen 100-jährig, sein Berater und auch seine Mutter Ampofoa behalten ihre Hände im Spiel. Der Basler Missionar Elias Schrenk charakterisiert ihn drei Jähre später als einen, der nach dem Alter und vielfach auch nach seinem Verhalten noch ein Junge ist und unter Weiberregiment steht.[10]

Dass unter ihm zunächst der Hass gegenüber Akem im Westen weiter geschürt wird, mag sehr wohl dem Einfluss seiner Mutter Ampofoa und Tante Asekyira zu verdanken sein, die dies von ihrer Mutter (Dokuaa, 1817-42) übernommen hatten. Der Wunsch, die seinerzeitigen Niederlagen Kotokus auszubügeln und auch deren neues Gebiet dem eigenen Königtum einzuverleiben, wird stärker, obwohl auch jetzt, Anfang der 1870er Jahre Aschanti wieder mächtig die Kriegstrommel rührt. Dass Gouverneur Ussher, wie er im eingangs erwähnten Brief schreibt, befürchtet, es könne tatsächlich zum Krieg zwischen den beiden Volksgruppen und dadurch zur Schwächung des Widerstands gegen Aschanti kommen, ist nicht von ungefähr.

»Es waren diese keine falschen Nachrichten. Der König hatte wirklich schon im vorigen und auch in diesem Jahr wieder vernehmen lassen, gegen die Feinde seines Onkels ziehen zu wollen. Die Ältesten waren vernünftiger und liessen sich belehren, dass das noch von grösserer Tragweite sein könnte [...] und ohne Zweifel ist es ihrem Einfluss zuzuschreiben, dass der König endlich nachgab. So konnte am 15. Aug. in den Städten beider Gebiete der Frieden proklamiert werden, während dies erst am 20. Aug. hier in Kyebi geschah. Den Friedensschluss selbst wollte der König hier vollzogen wissen, weshalb die Bevollmächtigten des Kotokuer Königs hätten hierher kommen müssen, worauf sie und Herr Ferguson sich jedoch aus guten Gründen nicht einliessen, es müsse ein etwa in der Mitte liegender Ort sein. Dazu wurde Akanten, noch zu dem diesseitigen Gebiet gehörend, gewählt. Als Herr Ferguson am 7. Okt. von hier abreiste, lud er mich ein, mit zu reisen.«[11]

---

10 Heidenbote 44 (1871), 79.

11 Lodholz, a.a.O.

5. DER FRIEDENSSCHLUSS

Obwohl der Stationsleiter Gottlieb Lodholz Gewissensbisse hat, seinen Mitbruder Haas in Kyebi allein zu lassen, packt ihn die Lust, Zeuge eines solchen afrikanischen Friedensschlusses zu sein. So unternimmt er die nötigen Schritte. »Am 9. Okt. erkundigte ich mich aber bei einigen unserer Leute näher über den Ort, die Zeit und das Einzelne des Friedensschlusses, wobei mir die Lust aufs Neue kam, Zeuge eines afrikanischen Friedensschlusses zu sein, zumal eines solchen, der zwischen 2 Stämmen, die beide durch die Mission, durch die frühere in Gyadam und die jetzige hier, uns so nahe angehen, zustande kommen sollte.«

Br. Haas findet, einer von ihnen sollte diesem Ereignis beiwohnen und ist bereit, während der paar Tage zusammen mit dem Lehrer der Station vorzustehen. So macht sich Lodholz in Begleitung des Katechisten auf den Weg. »Es war aber die schlimmste Regenzeit, weshalb ich erst am 3. Tag den bestimmten Ort erreichen konnte, und es war ein Glück, dass die Kotokuer nicht auf den bestimmten Tag eingetroffen waren, sonst hätte die Handlung schon vor meiner Ankunft vollzogen sein können. Sie kamen erst am Freitag, statt am Dienstag, als die Kyebier schon wieder heimkehren wollten. Da die Kyebier an jenem Tag schon gefrühstückt hatten, konnten sie den Friedenseid, der im Fetischtrinken bestand, nicht mehr leisten, weshalb man nur bei der Begrüssung verblieb.

Als am folgenden Tag die Sache ins Reine gebracht werden sollte, gab es noch eine lange Verhandlung, bei der es öfter schien, als ob sich das Ganze wieder zerschlagen wollte, denn die Kotokuer stellten Bedingungen, welche die Bevollmächtigten des hiesigen Königs nicht erfüllen konnten.[12] Es stellte sich indes heraus, dass dieses Ansinnen nicht vom Kotoku-König Efua ausging, sondern von seinen Bevollmächtigten, weshalb diese, obgleich nach langem Widerstand, endlich nachgeben mussten. So ging es denn endlich an die eigentliche Handlung, die ich gerne etwas eingehender beschreiben möchte.«

6. DAS FRIEDENSRITUAL

Erstaunlich viel Sorgfalt verwendet der Missionar zur genauen Beschreibung jedes einzelnen Schrittes im Ritual, das den Frieden gültig besiegelt. Der Friedensschluss selber besteht im »Trinken des Fetischs«, den beide Seiten mitgebracht hatten. Die heilige Flüssigkeit, das »Heiligtum« wie Lodholz sagt, wird nicht etwa als Libation, also zur Anrufung der Ahnen, ausgegossen, sondern getrunken oder mindestens in den Mund genommen. Damit wird zweifelsohne

---

12 Konkret geht es um die Auslieferung eines Gyadam-Familienhauptes, das sich seinerzeit als Vasall des Okyenhene erklärt und seinen Wohnsitz dort erhalten hatte.

eine starke persönliche Bindung der den Vertrag schließenden Partner bewirkt. Und so geht der Bericht weiter:

»Die 5 Bevollmächtigten des hiesigen Königs müssen vorerst an die Reihe, um den von den Kotokuern mitgebrachten Fetisch ›Kyere‹ zu trinken. Lt. Fergusons Sprecher muss denselben übermitteln und ein Knabe wedelt seinen Elefantenschwanz dazu. Das Heiligtum ist in eine Branntweinflasche eingeschlossen. Eine kleine Messingpfanne ist bereit, dasselbe zum Gebrauch in sich aufzunehmen. Lautlose Stille herrscht ringsum und auf den Gesichtern der Umstehenden ist tiefe Ehrfurcht (vielleicht wirkl. Furcht) zu lesen. Der Fetisch wird dazu gegossen, es gibt eine kreidige, weisse Flüssigkeit. Der Sprecher (jedenfalls ein Heide) hat Dyonblätter in der Hand, die zu diesem Zweck auserlesen sind, und die er in den 3 ersten Fingern seiner weiteren Hand zu einer Art Gefäss faltet, dass sie im Stand sind, eine Flüssigkeit zu halten. So schöpft er von der Flüssigkeit heraus, setzt die Zehen seines linken Fusses ebenfalls auf die des trinkenden und hebt seinen Spruch an. Er ruft den Namen des Fetisches, von dem er einen Teil zu trinken gibt und dichtet einen förmlichen Toast, indem er besonders betont, dass, wenn der Trinkende einen Betrug im Sinn habe, der Fetisch in den Leib desjenigen gehe, und ihn samt allen, die mit ihm betrügen, töten möge. Nach Vollendung dieses Spruches giesst er 3 mal von dem Inhalt der in seiner Hand befestigten Blätter in den Mund des Trinkenden und giesst den Rest auf dessen Kopf, worauf sich derselbe tief auf die Seite neigt und schüttelt und 3 mal ausspeit. Dieselbe Szene wiederholt sich bei jedem, der an die Reihe kommt.«

Ohne zu urteilen, möchte ich einige Einzelheiten, die mir dabei auffallen, erwähnen. Der britische Unterhändler Lt. Ferguson scheint nicht nur über Geduld und diplomatisches Geschick zu verfügen, wenn er tagelang auf die Ankunft der einen Partei wartet und deren ungerechtfertigte Forderungen anhört und in langem Palaver klären lässt, sondern lässt für die Besiegelung des Friedens dem traditionellen Ritual allen Raum. Sein Sprecher, ein Einheimischer, ist der Vermittler, der den Ritus gültig durchführen kann. Nur so wird der Friede für die afrikanischen Parteien gültig und »heilig« besiegelt.

Der Missionar berichtet alles, was er gesehen hat, sehr genau, vermutlich so, wie seine Leute ihm das auch erklärt haben. Natürlich tut er es in seinen Bildern, er tut es auch als Christ, dem an einer Stelle wichtig ist, festzustellen, dass der vermittelnde Sprecher des Lt. Ferguson sicher kein Christ gewesen sei. Aber er zeigt sich offen und berichtet eigentlich neutral über das Geschehen. Auch die zur absoluten Stille führende Ehrfurcht vor dem Fetisch akzeptiert er offensichtlich als der Zeremonie angemessenes Verhalten.

Und so geht der Bericht weiter: »Nach den 5 hiesigen kommen die 5 Kotokuer ans Trinken, die müssen den von den Kyebiern mitgebrachten ›Wankobabi‹ trinken. Dieses Heiligtum ist in einer Bierflasche eingeschlossen. 3 Knaben stehen hinten und wedeln mit ganz frisch geschossenen, noch weisslich aussehenden Palmblättern, wie jener mit seinem Elefantenschwanz. Hier dient eine Kalebasse statt einer Messingpfanne. Dieses Heiligtum sieht aber nicht so grässlich aus, wie jenes, und es muss den Kotokuern ein gut Teil appetitlicher zu Mut sein, als den hiesigen, denn es ist reines, klares Wasser aus einem wohlbekannten Waldbach, der etwa 1 ½ Std. von hier in nordöstlicher Richtung in den Birim mündet und ein sehr gefürchteter Fetisch ist.«

Hier kommt ja auch ein wenig Humor ans Licht, wenn Lodholz die unterschiedlichen Empfindungen beim Trinken des Fetischs beschreibt, oder wenn er deutlich macht, dass er den starken Fetisch sehr wohl kenne, reines und klares Wasser eines wohlbekannten Baches. Worte des Urteils über solchen Glauben fügt er nicht bei. Dabei kommen auch andere Dinge zu Tage. Die Delegation aus Kotoku bringt ihren Fetisch in einer Branntweinflasche, die aus Kyebi in einer Bierflasche; die ersteren haben dazu eine kleine Messingpfanne, die letzteren eine Kalebasse. Ob sich da auch die unterschiedliche wirtschaftliche Kraft ausdrückt? Die Kotoku galten in Gyadam als die Fleißigen und darum auch wirtschaftlich interessanteren Menschen, während die Menschen aus Kyebi auch in den Augen von andern Afrikanern faul und träge waren.[13] Oder sind die Menschen Kyebis einfach konservativer?

Mit dem Trinken allein ist das Ritual nicht zu Ende. Der noch nicht angetretene Heimweg wird mit einbezogen und damit wieder eine tiefe persönliche Verbindlichkeit ausgedrückt, die auch die jeweiligen Städte und ihre Bewohner, so wie es der Trinkspruch und der damit ausgesprochene Fluch sagten, in die Besiegelung einbezieht. »Nachdem auch diese in gleicher Weise alle der Reihe nach getrunken, wird der Rest von beiden auf die Wege hinaus gegossen, und zwar in der Weise, dass die hiesigen den Rest ihres Wankobadi (= ›Er ist nirgends hingegangen‹) auf den Weg, auf dem die Kotokuer zurückkehren müssen, giessen, darüber einigemal hinschiessen und mit dem Horn seinen Ruhm ausrufen; während andererseits die Kotokuer den Rest ihres Kyere auf den Weg, der nach Kyebi führt, schütten und dasselbe darüber verrichten. Nun sind beide Stämme Freunde und der Friedensbund ist unantastbar heilig.«

7. Folgen und Wirkung

Der Friedensschluss wird beachtet. Er gilt. Man ist Freund geworden. »Dass ein freundliches Verhältnis nun zwischen beiden Stämmen besteht, ist bereits dadurch bewiesen, dass der König Efua vor einigen Wochen seine Boten an den hiesigen König geschickt hat, um ihm zu seinem Fest zu gratulieren. Dasselbe soll auch der hiesige in umgekehrter Weise tun.« Der Missionar indessen hofft, dass daraus auch eine Wirkung für die Wiederaufnahme der Missionsarbeit in Kotoku entstehen möge. Er selber will, auf ihre zweimalige Einladung hin, ihre Stadt bald selber besuchen. Und, wie zwei Jahre später der Kö-

---

[13] David Asante, Kyebi vom 18. Juli 1874 (D-1,26 Nr. 213).

nig von Aschanti, Kofi Karikari, den König von Kyebi zum Krieg gegen Kotoku ermuntert, stellt sich Amoako Atta eindeutig hinter den König von Kotoku und verweigert Aschanti die Gefolgschaft.

Fritz Ramseyer und der König von Aschanti

Die Geschichte einer ungewöhnlichen Begegnung

Fritz Ramseyer ist einer der bekanntesten Afrika-Missionare der Basler Mission. Im Mai 1869 wurden er, seine Frau und ihr kleiner Sohn und Johannes Kölle durch den General des Aschantikönigs bei dessen Feldzug nach Osten in Anum gefangen genommen und auf einem langen und beschwerlichen Weg schließlich im Dezember 1872 nach Kumasi gebracht. Erst 1874 wurden sie durch die Briten befreit. Über diese Zeit der Gefangenschaft gibt es Tagebücher sowohl von Ramseyer als auch von Kölle, die bereits im Winter 1874-75 von Hermann Gundert zusammengefasst und als Buch unter dem Titel »Vier Jahre in Asante« herausgegeben wurden. Zuvor waren bereits im Evangelischen Heidenboten Teile der Tagebücher veröffentlicht worden.

Ramseyers Tagebücher über die Gefangenschaft in Kumasi, der Hauptstadt des Aschanti-Reiches, beginnen am 18. Mai 1869 in Anum und enden am 6. Februar 1874 mit den Vorbereitungen zur Rückkehr nach der Befreiung durch die Briten. Sie geben Aufschluss nicht nur über persönliches Ergehen während dieser nahezu fünf Jahre währenden Gefangenschaft, sondern ebenso und manchmal überwiegend über den König, den Asantehene Kofi Karikari, und einige seiner Beamten. Sie sind also nicht nur ein Dokument über der Gefangenen Gefühle und Ergehen während dieser Jahre, sondern zugleich eine Quelle zur Geschichte des Königreichs Aschanti in den 1860 er und 1870er Jahren. Auffallend ist auch das enorme Interesse des Missionars an der Person des Königs.

1. Die Texte

1.1 Das Manuskript D-10.7 im Basler Missionsarchiv

Die Originale der Tagebücher sind verloren.[1] Das im Basler Missionsarchiv (BMA) zur Verfügung stehende Manuskript ist eine Kopie und umfasst 825 Seiten. Auffallende Merkmale gibt es mehrere. Mindestens drei verschiedene Handschriften lassen sich im Text erkennen.[2] Die ersten Zeilen, eine Einführung in das, was folgt, sind in einer an französische Texte erinnernden Schrift (1) geschrieben. Es folgt ein langer Abschnitt in deutscher Kurrentschrift (2), gefolgt wieder von Schrift (1) und einer deutschen Kurrentschrift anderer Art (3). Die letzten Abschnitte sind wieder in Schrift (1) verfasst.[3]

Das wirft Fragen auf. Wer sind die Kopisten? Auch gibt es mit Bleistift eingetragene Korrekturen in lateinischer Schrift, häufig um einen falsch geschriebenen Namen richtig zu schreiben, also von jemandem, der Land und Leute kennt, während der Kopist dessen unkundig ist. Einmal werden zwei schwer verständliche Sätze am Seitenrand auf Französisch und in Bleistift wiedergegeben und gelegentlich erklärende Bemerkungen beigefügt. Auf weite Strecken wird zudem das Datum in der französischen Weise geschrieben, ohne Artikel und Punkt. Und an einem Ort wird der Gouverneur englisch »governor«, anderswo aber »gouverneur« geschrieben. Auch gibt es Sprachwendungen, die sich am besten aus dem Französischen erklären. Lässt dies auf ein französisches Original schließen? Vom 9. Aug. 1869 bis zum 19. Aug. 1870 klafft eine Lücke, zu der in Bleistift vermerkt wird, dass »Miss. Ramseyer die Lücke baldmöglichst zu füllen versprochen habe«. Bei einer späteren Lücke, dem Übergang von 1870 zu 1871, beklagt der Kopist, er habe das fehlende Stück oder eine entsprechende Notiz nirgends finden können. Ein erster Teil des Originals wurde Prinz Ansah 1871 bei seiner Rückreise von Kumasi

---

[1] Adam Jones, Four years in Asante. One source or several? In: History in Africa 18 (1991), 173–203. Das Manuskript D-10.7 im BMA ist eine Kopie und als solche auf jeder ersten Bogenseite bezeichnet. Die Nummerierung in arabischen Zahlen ist mit Bleistift nachträglich angefügt worden. Es gibt daneben verschiedene andere Nummerierungen. Eine rote in römischen Zahlen, jeweils vor der Bogenüberschrift »Ramseyer Tagebuch B, Kopie« gesetzt, gibt streckenweise die Nummer des Bogens/Heftes an. Eine in blauen römischen Zahlen bezeichnet anfangs die Kapitelüberschriften, erscheint ab S. 201 aber ohne Kapitelüberschrift zu jedem neuen Bund, nicht identisch mit den roten Zahlen. Schließlich findet sich oben in der Mitte oft eine arabische Zahl, fortlaufend mit jedem neuen Bund, jeweils eine Ziffer hinter der blauen Nummerierung herhinkend. Gelegentlich tauchen weitere Nummerierungen auf.

[2] Jones, a.a.O., 174, spricht gar von »half a dozen different hands«.

[3] In Bogen VII wird zudem der »Herr« (Gott) als »HErr« geschrieben, was vorher so kaum vorkommt.

an die Küste mitgegeben, weil es gut schien, wenn die Missions-Geschwister früh genug über alles Bescheid wüssten.[4]

1.2 Druckversionen

In der Edition von Gundert sind die Tagebuchnotizen sowohl von Ramseyer als auch von seinem Kollegen Kühne verarbeitet. Gundert hatte Zugang zu den im Manuskript D-10.7 fehlenden Passagen.[5] Er markiert Zitate mit K. oder R., um ihre Herkunft zu deklarieren, berichtet unter R. allerdings auch Dinge, die sich im Manuskript D-10.7 nicht finden, oder zitiert mit K. Sätze, die so wörtlich bei Ramseyer stehen (etwa SS. 81-83). Seine Darstellung ist eine stark bearbeitete Version der Tagebücher beider, die Passagen auslässt, andere aber mit der nötigen Erklärung ergänzt, um die Geschichte der Gefangenschaft lesbarer zu gestalten. Die verschiedenen französischen oder englischen Druckversionen, wie möglicherweise auch die kurze Darstellung von P. Steiner, Kollege auf der Goldküste, basieren alle mehr oder weniger auf Gunderts 2. Aufl. von 1875.[6]

1.3 Zum Inhalt

Die Kopie-Version D-10.7 enthält anfangs eine Kapiteleinteilung, nummeriert in römischen Zahlen, nicht derjenigen von Gundert entsprechend und wohl ursprünglicher. Die ersten Seiten, noch vor der Berichterstattung über das Nahen des Aschanti-Heeres, sind ein Lobpreis Gottes für die in der ganzen Zeit der Gefangenschaft erfahrene Hilfe. Sie blicken nach der Gefangenschaft auf dieselbe zurück und sind von Ramseyer einer ersten Fassung nachträglich vorangestellt worden. Ich halte es für möglich, dass auch andere Stücke erst nachträglich in das Tagebuch eingebaut worden sind, so etwa der ganze Abschnitt über die Hintergründe des Krieges 1872 SS. 613-30, der fast den ganzen Bogen XXI füllt.

Dies sind die im Manuskript D-10.7 enthaltenen Kapitel-Überschriften:

I Die zweitletzte Woche in Anum
II Flucht unserer Leute
III Gefangennehmung. Unsere Ankunft im feindlichen Lager
IV Aufenthalt im Lager (Mo 14. Juni)

---

4 Vgl. Heidenbote 45 (1872), 24f; 33-38 und 58-60, sowie ein Brief Ramseyers vom 20. Febr. 1872, ebd. S. 82f.

5 Jones vermutet Gespräche und Korrespondenzen zwischen ihm und Ramseyer im Sommer 1874.

6 Jones geht in seiner Studie v. a. den Differenzen zwischen Ramseyers Text und Gunderts Darstellung nach. Im Folgenden geht es nur um die in der Basler Kopie enthaltene Version.

V Am Ufer des Volta
VI Über den Volta, einige Worte über unsere Leute
VII Von Tafe nach Aguogo
VIII Von Aguogo nach Totorase; Heimgang des Kindes
IX Abankoro (Eben-Ezer) - Herr Bonnat stösst zu uns
X vermutl.: Vorstellung vor dem König (fehlt in unserm Mss)
XI vermutl.: In Kumase mit Prinz Ansah (S. 225, ohne Überschrift, aber röm XI ob. links)

Wie aber konnten die Missionare in der Gefangenschaft überhaupt ein Tagebuch schreiben? Dazu gibt es eine doppelte Antwort. Papier und Schreibzeug hatten sie erst nach 15 Monaten erhalten. Erst nach August 1870 sind die Notizen konsequent mit Datum und Wochentag versehen. Alles Vorausgehende ist aus der Erinnerung verfasst worden.

1.4 Original und Autorschaft der Kopie D-10.7

Über die Entstehung der Tagebücher lässt sich anhand der vorhandenen Kopie einiges aussagen. Die ersten Zeilen, noch vor dem Eingangs-Lobpreis Gottes, die auch in der »anderen« Nicht-Kurrent-Schrift geschrieben sind, lauten: »Ehe ich die Erlebnisse der zwei vergangenen Jahre niederschreibe und von der schweren Heimsuchung spreche, durch welche der Herr für gut gefunden hat uns gehen zu lassen...« Das heißt, das Tagebuch wurde nicht vom 18. Mai 1869 an geführt, sondern nach zwei Jahren oder im Laufe des zweiten Jahres erst angefangen.[7] Das leuchtet ohne weiteres ein, denn so wie die Gefangennahme von Statten ging, hatten die Missionare keinen Vorrat an Papier und anderem Schreibmaterial dabei.[8] Ein wenig Papier erhielten sie mit dem Brief von David Asante am 26. April 1870. Davon ist in der Beschreibung ihres »Eben-Ezer«, wo sie von Mai bis November 1870 lebten, auch die Rede (Tagebuch S. 189). Gegen Ende 1870 hatten sie dann Papier und auch die Möglichkeit, sich Nachschub besorgen zu lassen. Wie es ihnen möglich war, ohne Pa-

---

[7] Ein ähnlicher Hinweis findet sich auf S. 126. Dort wird ein Zwischenfall erwähnt, über den sie »heute lachen können«, weil nicht der Mühe wert, sich darüber aufzuregen, »damals aber« (3. Juli 1869) sei das schwer zu ertragen gewesen. Auf S. 130 (7. Juli) heißt es: »Wir dachten damals, dass sich in Kumase gewiss Milch finden lassen würde.« Auf S. 135, bei der Einquartierung in Agogo, heißt es: »Hier - in Agogo, dessen Namen wir erst später erfuhren, hatten wir länger zu bleiben als wir dachten. Auf S. 143 lesen wir über die »Thränen, die wir damals über unser Kind vergossen« im Gegensatz zu »jetzt erfahren wir«. Schließlich heißt es bei Gundert a.a.O., 55, in Dwaben (9. August 1869) über dessen König: »später hörten wir, das«.

[8] In Asotschwe (Febr. 1870) sehen sie bei einem Weber ein handgroßes Stück Packpapier und »standen davor wie vor einem Goldklumpen« (Gundert, a.a.O., 67), offensichtlich, weil sie so lange kein Papier gesehen hatten.

pier und Schreibzeug sich zu erinnern, berichtet Gundert (S. 64) aufgrund einer Bemerkung Ramseyers. In Aschanti habe man »unsere Woche, also wussten wir immer die Wochentage. Um das Datum sicher zu finden, merkten wir uns den ersten Sonntag im Monat und konnten somit nachrechnen«.[9] Auf einer leeren Milchdose habe Ramseyer mit der Schere wichtige Ereignisse notiert, das habe dem Gedächtnis »genugsam« geholfen.

Der Zeitraum lässt sich weiter eingrenzen. Bis zur großen Lücke am 10. August 1869 gibt es keine Berichterstattung nach Tagen, sondern nach Zeitabschnitten dargestellte Berichte. Nach der großen Lücke wird nach Datum und Wochentag berichtet. Irgendwo dazwischen hat der Wechsel stattgefunden, wohl im Zusammenhang mit dem Brief David Asantes oder den wiederholten Treffen mit Prinz Ansah.[10] Im August 1870 lebten die Missionare seit rund sechs Monaten in Abankoro, ihrem »Eben Ezer«, was ja bedeutet, »bis hierher hat der Herr geholfen«, und sie hatten im Gegensatz zu vorher, wo sie immer wieder aufbrechen mussten, eine ruhige Zeit, und wie der Name sagt, eine Zeit, in der sie dankbar auf die bisherige Durchhilfe zurückblicken konnten. Während der folgenden Jahre (Sommer 1870 - Februar 1874) wird mit Datum und oft gleichentags berichtet (»heute...« oder »gestern...« ist uns das passiert). Da gibt es keine Kapitelüberschriften mehr. Die Daten helfen, Ordnung zu halten.

Wegen der Lücken und der jeweils angefügten Bemerkungen ist davon auszugehen, dass die Kopie der Tagebücher nicht von Ramseyer, sondern in Basel von verschiedenen Personen geschrieben worden ist. Auffallend bleiben dennoch die oft ans Französische erinnernde Wortstellung und Datumsangaben und die Notiz, die einen deutschen Satz mit Bleistift am Rand auf Französisch wiedergibt. Ramseyer könnte das Tagebuch ursprünglich in seiner Muttersprache auf Französisch geschrieben haben und die Kopie B wäre dann eine möglichst getreue Übersetzung ins Deutsche.

2. Ramseyer und die Aschanti

2.1 Die stolzen Aschanti

Auf dem Weg in die und zu Beginn der Gefangenschaft begegnen Ramseyer, seine Frau und Kühne dem Aschanti-König noch gar nicht. Derjenige, der sie

---

[9] Die errechneten Daten waren nicht immer korrekt. Sie werden im Mss mit Bleistift korrigiert oder am Rand wird das richtige Datum eingesetzt.

[10] Am 6. Juli 1870 erhalten sie einen zweiten Brief von Asante, diesmal auf Englisch, das beigelegte Papier wird für die Antwort verwendet, ein Bleistift dürfen sie behalten, »aber kein Bögchen Papier« (Gundert, a.a.O., 79). Sie notierten sich das wichtigste danach auf den weißen Seiten des damals erhaltenen Neuen Testaments.

in hinterlistiger Weise gefangen nahm, ist des Königs General Adu Bofo, der den ganzen Krieg der Aschanti nach Osten Ende der 1860er Jahre geführt hat.

Bemerkungen zum Volk der Aschanti im Allgemeinen verraten nicht viel Gutes. Sie seien stolz, listig und verschlagen. Gutes könne man ihnen nicht zutrauen, dafür umso mehr alles Böse. Die Aussage: »Seit Menschengedenken hat niemand gewagt, Asante anzugreifen«, ist der Grundtenor dieser Haltung. Als typisch »asanteisch« gelte, dass in einem Antwortschreiben womöglich nicht auf die im erhaltenen Brief wesentlichen Punkte eingegangen werde, oder, dass, wenn bei der Rückkehr der Truppen aus dem Krieg es an Trophäen mangele, weil diese in einer Niederlage verloren gegangen seien, solche aus früheren Kriegen in die Prozession gebracht würden, um den Schein der siegreichen Nation zu wahren. Eine andere Erfahrung sei, dass die Aschanti lögen. Jedenfalls könne man ihnen nicht trauen, man wisse bei keiner Zusage, woran man dran sei. Gerade in dieser »Verderbtheit« bezeichnet Ramseyer dieses Volk immer wieder als »armes Volk«, weil es unentwegt in der Finsternis oder im Sumpf herumtappe. Neben viel Ärger spürt er auch großes Erbarmen mit diesem »armen Volk«.

Natürlich gebe es Ausnahmen. Ramseyer nennt einzelne Menschen, denen sie Vertrauen schenken, etwa Prinz Ansah,[11] Botschafter in Cape Coast, der dafür gesorgt habe, dass sie ins alte, halbverfallene Methodistische Missionshaus in Kumasi einziehen konnten, oder der Chief von Mampong, einer der Großen im Königreich, der als freundlicher und besonnener Mensch beschrieben wird. Auch Bosomuru Dwira, ihre Ansprechperson, wann immer sie etwas vom König wollen, und Owusu Koko, den sie sich am 21. Jan. 1874 als königlichen Begleiter in die Freiheit wünschen, sind offenbar vertrauenswürdige Leute. Schließlich sind da auch einige befreundete junge Männer aus der Umgebung des Königs, die vom König befördert wurden. Ganz vorne unter den vertrauenswürdigen Noblen von Kumasi steht aber Prinz Ansah, mit vollem Namen John Owusu Ansah, der für die Gefangenen zur eigentlichen Vertrauensperson und zum Freund wird, bis weit über die Gefangenschaft hinaus.

2.2 KÖNIGLICHE WÜRDENTRÄGER

Deren gibt es viele. In ihrer Ganzheit werden sie als die »Chiefs und Häuptlinge Seiner Majestät« bezeichnet.[12] Als Rat der Chiefs haben sie die Macht im Königreich inne. Als Einzelne treten sie oft unangenehm in Erscheinung. Einer von ihnen ist der kriegerische Akyeampong, zeitweise Chief von Elmina,

---

[11] Über die Familie des Königs und seine Notabeln vgl. IVOR WILKS, Asante in the Nineteenth Century. The Structure and Evolution of a Political Power, Cambridge 1975; zu Prinz Owusu Ansah ebd. 203ff u. 589-632.

[12] Über die Verwandtschaftsverhältnisse siehe WILKS, a.a.O., 327-373.

der sich in Cape Coast so schlecht aufgeführt hatte, dass er dort ins Gefängnis gebracht wurde, der gegnerische Truppen durch List in eine Falle lockt und so besiegt, bei Gelegenheit in Kumasi mit großen Würden empfangen wird und dort mit allerlei Lügengeschichten Anklagen erhebt gegen einen andern Höfling, Afrifra. Der ist seinerseits ein stolzer, meist eher unfreundlicher Mensch und hat es als Gesandter Aschantis in Cape Coast zu einigem Vermögen gebracht, wohl nicht immer auf saubere Weise. Er kann aber, auf den Willen des Königs angesprochen, auch freundlich und hilfreich sein. Er wird aufgrund der Anklage durch Akyeampong verurteilt und verliert seinen Reichtum und seine Ehre. Ramseyer urteilt dazu, er habe seine Strafe gewiss verdient, in diesem Fall aber sei er aufgrund von Lügen verurteilt worden. Das zeigt, dass es am Hof einiges an Missgunst und Intrigen gibt.[13] Manch einer sucht nach Gelegenheit, einen andern durch falsche Anklagen auszuschalten.

Ein anderer unliebsamer Häuptling ist Amankwa Tia, dem das Heer anvertraut ist. Er zieht zuerst brandschatzend nach Süden, bricht also ins Protectorat ein, greift dann gar das Fort Elmina an, und damit die Briten, obwohl der König dauernd beteuert, er habe nichts gegen die Weißen, er führe nur Krieg gegen Denkyira und Fante. Und wie er sich nach einer schweren Niederlage zurückziehen muss, folgt er mit einem Teil des Heeres nicht dem Rat, den der Gouverneur ihm freundlicherweise gibt, sich über den Busch und nicht über die Cape Coast Straße zurückzuziehen, riskiert so eine Schlacht gegen die Truppen der Briten und erleidet eine bittere Niederlage, wie Aschanti zuvor noch keine erlebt hat. Der Mampong-Chief tat, wie der Gouverneur geraten hatte, und kam ohne Verluste zurück. So wie Ramseyer vor Ende 1873 über den Krieg berichtete, möchte man schließen, dass die Aschanti in diesem Feldzug keine gute Heeresführung hatten, was auch der König am 17. Okt. 1873 beklagt.

Was schließlich Ramseyers Haltung gegenüber den Leuten des königlichen Hofes betrifft, so begegnet er ihnen immer mit großem Respekt, »wir sind schliesslich Gefangene«, und hält sich meist an die durch die Sitte geforderten Regeln. Er weiß sich aber auch zu wehren, wenn einer im zu nahe kommt, denn der König duldet nicht, dass seine Gefangenen schlecht behandelt werden.

2.3 Aschanti-Kultur

Ein besonderes Merkmal dieser Kultur sind die Menschenopfer. Sie finden häufig statt. Bei jeder »Toten-Costüme« (Totenfeier), besonders bei Leuten aus der Königsfamilie, müssen Menschen ihr Leben lassen. Sie werden enthaup-

---

[13] Schon im Bericht HB 1872, S.88f wurde die verschiedenen »Parteien« am Königshof aufmerksam gemacht. Ausführlich beschreibt Wilks, a.a.O., 589ff, die Friedens- und die Kriegspartei.

tet, allenfalls gehenkt oder ihnen wird das Genick gebrochen. Am 22. Juli 1872 beschreibt Ramseyer sehr genau die Totenfeierlichkeiten für einen Verstorbenen aus der Familie des früheren Königs. Da werden zahlreiche Geschenke präsentiert, zu jedem gesagt, was es wert sei. Eine Anzahl wilder »odumfo«, Henker, jagt durch den Platz und verschwindet in einer Gasse, wo sie sich die Unglücklichen holen, die geopfert (Ramseyer sagt »geschlachtet«) werden sollen. Sie führen sie unter Trommelgedröhne »zur Schlachtbank«. Dann ertönt die Trommel des Henkers mit drei Schlägen, »hau ihn ab, hau in ab, hau ihn ab«, und beim nächsten Schlag durch eine andere Trommel fällt der Kopf. Die kopflosen Leichen werden in ein großes Loch geworfen, wo, wie Ramseyer sagt, schon Tausende solcher Opfer entsorgt worden sind.

Grausam ist das, Grund für höchstes Entsetzen seitens der Missionare, aber auch für Wehmut. Wie viel unschuldiges Blut wird da vergossen. Später beklagt Ramseyer, wie abgestumpft sie seien. »Wir empfinden nicht mehr dasselbe Entsetzen wie in den ersten Tagen.« Es schmerzt trotzdem. Ramseyer fragt sich, wann sich das Blut dieser Unschuldigen vor Gott erheben und die grausamen Aschanti vor Gott anklagen wird (Offb 6,10)? Nur ein schweres Gericht durch Gott könne dieses Volk aus dem Unrecht erretten und befreien.

Wenn Ramseyer von der Verderbtheit des Volkes spricht, bezieht er sich kaum auf Trunk- und Unzucht oder ähnliches, auch nicht auf die Polygynie, sondern auf dieses Unrecht an unschuldigen Menschen und auf den dahinterliegenden »Irrglauben«. Die soziologischen und religiösen Hintergründe dieser Menschenopfer hat er kaum gekannt. Dass der König und andere zum Fetischpriester gehen, um durch ihn die Hintergründe eines Unglücks zu erforschen, oder um eine besonders starke »Medizin« zur Vernichtung der Feinde zu erhalten, berichtet Ramseyer sachlich ohne Urteil. Dagegen spricht er sehr deutlich von Blindheit oder gar Verstockung, wenn die Aschanti ihre missliche Lage einfach nicht sehen wollen, das heißt wegen ihres Stolzes die Realität verdrängen. Das lässt ihn manchen Seufzer ausstoßen und darum bitten, dass doch bald »die Sonne der Gerechtigkeit aufgehe« über diesem Land und Volk.

2.4 Der König

Kofi Karikari (ausgesprochen Kakari) wurde 1867 Nachfolger des Königs Dua, unter dessen Herrschaft der große Feldzug nach Osten, der zur Gefangennahme der Missionare führte, begonnen worden war.[14] Er gilt als »junger« König,

[14] Das war übrigens der einzige Krieg, den Dua geführt haben soll. Weil er kein Geld für Krieg ausgab, soll er, so Ramseyer, der reichste aller Aschanti-Könige gewesen sein, währenddessen seinen Nachfolger Karikari, der lange keinen Zugang zu diesem Staatsschatz hatte, zeitweise Geldsorgen plagten. Zu Kofi Karikari ausführlich in Wilks, a.a.O., bes. 235ff, 366ff u. 496ff.

beschreibt sich auch einmal in einer Antwort an den König von Akwamu als »Junge«, der aber mit seinem Rat wohl wisse, was zu tun sei. Er wurde von der Kriegspartei nach dem Tod Kwaku Duas I. installiert, obwohl er dazu keine große Lust verspürte und jedenfalls kein Befürworter für Kriege gegen die Briten war.[15] Nach dem erfolglosen Krieg gegen die Küste, ursprünglich nur gegen die Völker der Fante und der Denkyira, dann auch gegen die britischen Kolonialtruppen, wird er im Herbst 1874 abgesetzt. 1883 wird er von einigen Häuptlingen erneut zum König ernannt, weil er vom Volk geschätzt werde. In einer Auseinandersetzung mit dem blutgierigen Owusu Koko unterliegt er und wird von diesem gefangengesetzt. Sein Ende ist unterschiedlich überliefert. Einmal heißt es, er habe sich in Bantaman in die Luft sprengen wollen. Das sei verhindert worden, und mit etlichen seiner einstigen Frauen und einigem an Gold habe er sich zurückziehen können; Ein andermal heißt es, sein Nachfolger habe ihn durch Genickbrechen mit einem Elefantenrüssel töten lassen.

2.4.1 Erste Begegnung mit dem König

Dem König, Asantehene Nana Kofi Karikari, sind die Missionare erst ziemlich spät begegnet. Die Gefangennahme geschah durch die Leute des Generals Adu Bofo. Sie sind dessen persönliche Gefangene, die er dem König überbringen muss. Dieser kann auch später keinen Entscheid fällen, bevor nicht Adu Bofo zurückgekehrt ist und seine Einwilligung gegeben hat. Sie hören also vom »Grosskönig« (so Gundert) zunächst nur vom Hören-Sagen, wohl verbunden mit allen Geschichten über die in Kumasi verübten Grausamkeiten.

Umso erstaunter sind sie, als sie Anfang Juli 1870 nach Tafo kommen, einer Stadt von etwa 600 Einwohnern. Viele Leute sind auf beiden Seiten der Straße. Alles ist still, keine Schmähung wie sonst, dagegen kleine Zeichen des Mitleids. Einige Männer kommen ihnen mit einem Pot Palmwein entgegen und erfrischen sie. Später wird noch ein wunderbares Fufu durch den Oberhäuptling gereicht. Wenn die Leute hier so freundlich seien, dann, so fangen sie an zu hoffen, habe wohl der König in Kumasi kaum böse Absichten mit ihnen.

Später in Abetifi stellen sie fest, dass ihnen die Fetischpriester jeweils am freundlichsten begegnen. Hier ist es aber auch, wo ihr kleiner Sohn Fritz mit Fieber schwer erkrankt. Sie müssen aber weiter. In Agogo bleiben sie längere Zeit. Sie werden von ihren Bewachern sehr kurz gehalten. Für ihr Kind gibt es keine Milch mehr, Eier sind rar. Ihr alter Bewacher will ihnen keine kaufen, bis zwei Königsboten vorbeikommen, dies bemerken und sofort für Abhilfe sorgen. Als nach 14 Tagen zwei Boten von Kumasi ohne eine Botschaft zurückkommen, befürchteten die Missionare, man wolle sie dort als Blut-Trophäe aufsparen. Am 30. Juli erreichen sie nach einigen Umwegen Totorase,

---

[15] Wilks, a.a.O., 496. Meine hier folgende Beschreibung basiert ganz auf Ramseyers Darstellung.

den Ort, an dem sie nach dem Willen des Königs bleiben sollen. Zwei ihrer Soldaten gehen dem König berichten, dass die Gefangenen nun dort sind, und vor allem, dass ihr kleines Kind schwer erkrankt sei.

Wie der Zustand des Kindes schlimmer und sein naher Tod erkennbar wird, wollen die Leute sie trösten. »Der König will nicht, dass das Kind stirbt.« Für Ramseyer ist dies kein Trost. »Wer hat denn unser Kind verhungern lassen, wenn nicht der König?« Bittere Gefühle gegen den König sind in Ramseyers Herz. Wie soll man ein Volk lieben, das solches Leid verursacht. Nach kurzem Aufleben stirbt das Kind am 7. August und die Leute fragen besorgt: »Was wird der König sagen, wenn er das vernimmt?« Am folgenden Tag folgt die Beerdigung. Ramseyer und seine Frau sitzen trauernd neben ihrer Hütte. Da erscheinen die beiden Soldaten, die den König benachrichtigt hatten, und ein königlicher Bote. Sie bringen Botschaft: »Der König von Asante lasse uns grüssen. Als er gehört habe, wie das weisse Kind krank sei, habe er überall hingeschickt, um eine Milchkuh zu finden; es fand sich aber keine. Er schicke nun hier für das Kind, damit es nicht auf dem Boden schlafe, ein Stück Zeug, & Zucker ... Und der König lasse ihnen sagen, sie sollten ›keinen Kummer essen‹, er werde sie nach Europa zurückschicken.«

Mit den Boten kommen junge Burschen mit einem Zuckerhut, einem Stück Tuch und einem prächtigen Schaf. Sie kommen zu spät, aber dies ist ihre erste direkte Begegnung mit dem König, ohne ihn gesehen haben. Die Leute sagen: »Der König liebt euch.« Ramseyer schreibt: »Jetzt hatten wir das erste Zeichen, dass der König uns nicht unfreundlich war, sondern uns sogar ehrte.« Von da an begegnen ihnen auch ihre Bewacher mit mehr Ehrfurcht. Und sie, die Gefangenen gehen, weil sie im Königsboten einen freundlichen Begleiter haben, mit mehr Zuversicht weiter.

2.4.2 Dem König vorgestellt

In der Folge gibt es immer weitere Zeichen, dass der König von Aschanti den Gefangenen gegenüber freundlich gesinnt ist, da ein Ochse, dort ein Schaf oder etwas Goldstaub und zum neuen Jahr einige Kleider, aus ihren Kisten nota bene, die in Sokoro liegen. Es heißt dann: »Das hat ihnen der König geschickt«, was ihnen einiges an Achtung von Seiten ihrer Bewacher einbringt. Im Februar erhalten sie gar eine Ladung Salz, aber auch die Weisung, in ein neues Dorf, Asotschwe, etwas näher bei Kumasi, umzuziehen. Warum nicht gleich nach Kumasi? Was hat er mit uns vor, wenn er uns doch nach Europa schicken will? Langsam wird klar, erst wenn Adu Bofo zurückgekehrt ist, wird das möglich sein.

Als sie am 21. April nach Kumasi beordert werden, heißt es erst recht: »Der König hat euch wirklich lieb«. Aber vorerst kommen sie gar nicht nach Kumasi, sondern sollen jetzt in Adankoro, eine halbe Stunde von der Hauptstadt entfernt, Wohnung nehmen und dafür zwei zwar frische, aber erbärmliche Grashütten beziehen. Am 26. April werden sie wieder gerufen, nicht aber zum König, sondern ins Dorf Duro vor den ganzen Adel von Kumasi, um ihnen einen Brief zu übersetzen, ein Brief von David Asante, im Auftrag des Ausschusses der Generalkonferenz, von Begoro aus geschrieben, ein Brief, dem Papier, Bleistift und eine Schere beigefügt sind. Weil er auf Deutsch geschrieben ist, konnte auch Prinz Ansah ihn nicht lesen.

Es folgen Geschenke der Königin-Mutter und auch des Königs, wohl mit dem Gedanken, die britische Regierung von stärkerem Eingreifen gegen Adu Bofo abzuhalten. Denn wenn Adu Bofo nicht ungehindert sich zurückziehen könne, würden die Gefangenen nicht frei. Die Gefangenen sind also wohl ein Mittel zur Erpressung des Gouverneurs.

Am 7. Mai endlich bringt der königliche Kämmerer Bosomuru sie nach Kumasi auf den Platz vor dem königlichen Palast, um dem König vorgestellt zu werden. Eine lange eindrückliche Prozession des ganzen Hofpersonals und Präsentation des Reichtums und der Macht des Monarchen gehen diesem voran und schließlich, unter dem Ruf »Er kommt, er kommt, der Mächtige naht, der Herr der Erde schreitet daher« kommt der König selbst. Ramseyer schreibt dazu: »Karikari ist wirklich ein Mann, der einem imponieren kann, zwar noch jung und nur von mittlerer Statur, aber wohlgebaut; das Gesicht, obwohl etwas pockennarbig, trägt den Stempel des mächtigen, doch wohlwollenden Monarchen, und seine Erscheinung gibt den Eindruck einer Seele, die grosser Thaten fähig ist. Von Grausamkeit war nichts zu entdecken«.

Er sei kurz vor ihnen stehen geblieben, habe freundlich mit den Augen geblitzt. Wahrscheinlich seien sie die ersten Weißen gewesen, die er je gesehen hat. Mit leichtem Lächeln hebt er die Hand und schreitet majestätisch weiter. Darauf müssen sie aufstehen, um auch der Königin-Mutter, Afua Seiwa (oder Afua Kobe) zu danken, auch sie eine imponierende Gestalt. »Sie trug ein kostbares Kleid und über die Schulter eine seidene Schärpe. Eine rüstige, energische Greisin, die unsern Gruss mit freundlichem Lächeln erwiderte.« Als Gegenbesuch von Seiten des Königs erhalten sie am 25. Mai ein Geschenk, zwei Schafe und je ein Paar Schuhe, das eine, für Frau Ramseyer, ursprünglich 1842 dem früheren König Kwaku Dua vermacht. »So hat der treue Gott schon vor 30 Jahren meiner Frau für eine Fussbekleidung gesorgt!«

Zu Begegnungen mit dem König kommt es in der Folgezeit verschiedentlich, jeweils im Dorf Duro. Bosomuru, der Kämmerer, ist die Kontaktperson, über die sie mit dem Königspalast verkehren. Später bezeichnet ihn Ramseyer als »den Freund Bosomuru«. Bei ihm können sie auch eine Klage, auf einen Holzspan geschrieben, gegen ihren Bewacher Akyena deponieren, was diesem einen Verweis sogar vom König selbst einbringt. Am 14. August erhalten sie einen Brief von den Missions-Geschwistern nebst einer Kiste, die auch das lang vermisste Papier enthält. Wenn der König ins Dorf zu Besuch kommt, zeigt er sich jedes Mal sehr freundlich. Aber von einer Umsiedlung nach Kumasi, geschweige denn einer Freilassung an die Küste ist keine Rede, denn General Ado Bofo ist noch immer nicht zurückgekehrt.

Im September schildert Ramseyer den Besuch des Königs in ihrem Dorf. Er gibt dabei seiner Hochachtung vor dieser Person Ausdruck. Die Eile und

Dringlichkeit, mit der ihre Leute sie ins Dorf rufen, weil der König komme und sie sehen möchte, machen deutlich, wie sehr diese fürchten, beim König in Ungnade zu fallen. Da spricht Ramseyer vom Kommen »Seiner Majestät«: »Schon erschien der rote königliche Schirm & eine Minute später war seine Majestät vor uns in all ihrem königlichen Prunk.«

Wieder erweist sich diese Majestät als freundlich, grüßt im Vorbeigehen einen jeden von ihnen mit der Hand und freundlichem Lächeln. Nachdem er den Prunk der ganzen Prozession mit etwa 1000 vorbeimarschierenden Menschen beschrieben hat, bricht Ramseyer in den Ruf aus »Was sind unsere Kleinen Könige an der Küste gegenüber von einem solchen« und stellt fest, dass, was er früher über die Könige von Aschanti gelesen habe, wahrlich nicht übertrieben sei. Später erlaubt ihnen der König, mit Prinz Ansah zusammen Abendmahl zu feiern. Durch diesen erfahren sie, dass sie die Hoffnung, bald an die Küsten zu gehen, fahren lassen müssen. Der König könne eben nicht so handeln, wie er gern möchte. Einmal kommt der König sie in ihren Hütten besuchen, diesmal nicht in großer Aufmachung, mit nur wenigen Chiefs. Eine nette Geste, und auch so empfunden.

Auffallend ist, wenn Ramseyer vom König erzählt, auch wenn er mit Prinz Ansah über ihn im Gespräch ist, dann reden sie vom »König«. Wenn der König aber kommt, in Person, macht sich ehrfürchtiger Respekt bemerkbar, es »erscheint Seine Majestät«. Das gilt auch, wenn die Missionare dem König eine Botschaft oder einen Brief überbringen wollen, jeweils über den Kämmerer Bosomuru oder einen andern Vertrauten des Königs, wie es das Protokoll vorschreibt. Manchmal regt sich Bitterkeit. Auch der König macht Versprechen, die, wenigstens nach dem Verständnis der Europäer, nicht eingehalten werden.

2.5 Übersiedlung nach Kumasi

Dank der Bemühungen des Prinzen Ansah können sie im Dezember 1870 nach Kumasi in das alte Missionshaus der Methodisten, in dem auch Prinz Ansah wohnt, umziehen. Was den König betrifft, wäre das schon früher möglich gewesen, aber er muss auch solche Entscheide über die Ratsversammlung absegnen lassen. Unter den Ratsmitgliedern und Chiefs gibt es aber etliche, die hier Schwierigkeiten machen. Deshalb dürfen sie sich auch in der Stadt noch nicht zeigen. In dunkler Nacht mussten sie in die Stadt kommen, weil die Ältesten darüber noch nicht beraten hatten. Dass es unter den Chiefs und Beamten auch Intrigen gegen den König gab, wird schon hier deutlich.

2.5.1 Empfang, Begrüßung und Tanz

Die Freundlichkeit des Königs wird immer wieder hervorgehoben. Als sie einmal aus Protest gegen die schlechte Verpflegung »fasten«, sagte der König, »es ist nicht gut, wenn die Weissen fasten«. Es tut ihm leid, dass sie schlecht behandelt wurden. Bei der offiziellen Rezeption in der Stadt tanzt der König vor ihnen. Er freut sich über ihr Wohlergehen und schenkt ihnen eine Antilope. Ramseyer versucht, den Tanz des Königs beim Fest des königlichen Hausfetischs (17.-27. Jan. 1871) zu beschreiben. »Der König tanzte wirklich schön; er ist immer umgeben von mehreren seiner Leute mit ausgestreckten Armen, im Fall er seinen Fuss an etwas stossen würde. Von dem Tanz seiner Leute aber kann ich nur sagen, dass er überschreitet Alles was man sich von einem Wildentanz denkt, das Schreien, Trommeln, Stossen, Überrumpeln geht einem durch Mark und Bein. [...] ein wahrer Teufelstanz. Der Takt aber wird trotzdem merkwürdig gut gehalten.«[16]

Manchmal entsteht der Eindruck, Ramseyer wolle den König in Schutz nehmen. Als ein Versprechen für eine Unterredung wieder nicht eingehalten wird, schreibt er »ich glaube, der König ist selber nicht ruhig, er fürchtet uns zu sehen«. Ein anderes Mal sind es die den König umgebenden Beamten, die es nicht wollen, weil sie befürchten, die Weißen würden Dinge sagen, die dem König missfallen könnten.

Im März 1871 ist auch Ramseyer krank und kann an der großen Adei-Feier[17] nicht zur üblichen Begrüßung kommen. Der König sucht nach ihm und fragt betroffen, warum man ihm das nicht früher gesagt habe, und schickt gleich Medizin und später auch seine Ärzte vorbei. Am folgenden Tag kommt er selber zu Besuch, um nach den Kranken zu sehen. Auch in anderer Weise zeigt der König seine Freundlichkeit. Als ein besonderer Gesandter des Gouverneurs kommt, gibt er diesem einen Aschanti mit, damit der Gesandte seine Wünsche direkt an ihn, den König, richten könne, ohne erst über einen der Beamten gehen zu müssen.

In einem Gespräch soll der König gesagt haben, »dass er wohl wisse, dass das Klima für uns nicht gut sei & er schon manchmal Sorge getragen habe wegen unserer Gesundheit, wir müssten aber durchaus Adu Bofo abwarten, er (sc. der König) muss wissen, warum er uns gefangen gemacht hat & nach ihrer Sitte kann er uns nicht freigeben, ehe er ihn gesehen hat.«[18] Das heißt, der König macht sich durchaus Sorgen um seine Gefangenen, die er am liebsten frei lassen möchte, weil er ja Frieden sucht mit den Weißen. Und es zeigt andererseits, dass er sich, obwohl kaum eine Bewegung in Kumasi möglich ist ohne sein Einverständnis, an Regeln halten muss und in gewissen Dingen überhaupt nicht eigenmächtig entscheiden kann.

Zur Einstellung des Königs gegenüber den Gefangenen gehört auch dies: Im September 1873 stirbt ein junger Königsprinz, was natürlich einige Menschenopfer erfordert. Die Missionare erfahren es durch ihre Dienstboten. Der

---

16 BMA D-10.7, 259.

17 »Adei« ist bei den Akan eine Einrichtung zur Berechnung der Zeit. Alle 40-42 Tage wird am Sonntag das »große Adei« (Akwasidae) gefeiert, dazwischen an einem Mittwoch das »kleine Adei« (Awukudae).

18 Ebd., 351f.

König aber lässt ihnen die Todesnachricht persönlich zukommen, »da wir seine Freunde seien, wäre es unhöflich, es uns nicht zu sagen«. Solche Aufmerksamkeit von Seiten des Königs hätten sie nicht erwartet. Eine andere Kleinigkeit: Wenn der König Ramseyer direkt anspricht, dann gelegentlich nicht mit dem sonst gebräuchlichen Wort für Weiße, »obroni«, sondern mit »Süsse«, so gibt Ramseyer des Königs Wort wieder. Gundert sieht darin eine Anspielung an den früheren Missionar Süss in Akyem, der den Leuten von Kumasi bekannt gewesen sei. Viel näher liegt aber, darin einen Anklang an das französische »Suisse« zu sehen, da die Ramseyers sich wohl als »Suisses« und nicht als Swiss bezeichneten.

2.5.2 Die grausamen Sitten

Nicht alles ist so angenehm wie das freundlich lachende Zuwinken des Königs. Neben dem Umstand, dass die Aschanti, wie die Europäer meinen, selten die Wahrheit sagen und Versprechen nicht einhalten - alles dauert immer wesentlich länger als erhofft[19] - sind es die Menschenopfer, die in der Hauptstadt besonders oft stattfinden, die bei den Missionaren Anstoß erregen. Am 26. März 1871 notiert Ramseyer, sie seien nachts geweckt worden durch Hörner und die Totentrommel. »Am Morgen hörten wir, dass 4 Personen geschlachtet worden sind; der König hat diese Nacht mit seinen Weibern getanzt & bei dieser Gelegenheit werden immer Menschen getötet.« Diesen Tanz gibt es nur, wenn die Lage ernst ist, dafür dann auch die Opfer. Es seien straffällig gewordene Menschen, die exekutiert würden. Mit einem Messer durch die Wangen werden sie durch die Stadt getrieben, müssen manchmal noch vor dem König tanzen, um schlimmeren Folterungen zu entgehen. Irgendwann ertönt die große Trommel mit drei Schlägen, gefolgt vom Schlag, wenn der Kopf gefallen ist. Das ist auch das Bild, das der Heidenbote von diesem König entwirft und deshalb auch dessen Zusicherung vom 2. Nov. 1869, »für ihre Sicherheit und ihr Wohlsein Fürsorge zu tragen«, in Zweifel zieht.[20] Da spricht auch Ramseyer von »Seiner grausamen Majestät«, aber ohne den König besonders zu beschuldigen. Es sind vielmehr die grausamen Sitten und Bräuche der Aschanti. Er fragt: »Was sagen, was thun gegenüber solchen grausamen Sitten?"« Und seufzt: »O Herr siehe doch darein«. Dabei wird ihm seine Berufung bewusst, dass die Botschaft von Christus dieses verblendete Volk von solchen Unsitten befreie und »die Sonne der Gerechtigkeit auch über diesem Land und Volk aufgehe«.

Am 8. April 1871geht der König nach Bantaman, dem Ort der verstorbenen Könige, um das Dach des Hauses auszubessern. »Nach ihrer grausamen Sitte erfordert die kleinste Reparatur an diesem Haus, dass Menschenblut

---

19 Ebd., 299: »Kein Wort mehr aus dem Munde dieser Leute dürfen wir glauben. Sie sind aber sehr schlau, dass wir ihnen immer wieder trauen.«

20 Heidenbote 43 (1870), 15.

vergossen wird zur Besänftigung des Zornes der verstorbenen Könige & es wurden deshalb heute Morgen 3 arme Menschen, mit den Händen hinter dem Rücken gebunden, & ein Messer durch die Wange, für diesen Zweck mitgeschleppt. O wie das Herz blutet, wenn wir von solchen Grausamkeiten hören; die Leute hier reden davon, wie von etwas ganz Gewöhnlichem.«[21] Andererseits, als die Söhne des Häuptlings von Nuta nach dem Tod eines ihrer Krieger anfangen wahllos Menschen zu töten, sandte der König »einen Boten, um ihren Gräuelthaten ein Ende zu machen. - Von Jugend an ist aber das Volk hier an solche Gräuelthaten gewöhnt, dass so etwas auf sie nicht mehr Eindruck macht, als wenn sie ein Schaf schlachten [...].«

Als am 4. Juli 1871 die Kinnladen der getöteten Feinde als Trophäe nach Kumasi gebracht werden und mit ihnen eine große Anzahl von Gefangenen, da hoffen und beten sie, dass der König sich dieser Gefangenen erbarme und ihnen auch zu Essen gebe. Zu gleicher Zeit werden auch die großen Verluste des Heeres bekannt. Nur die Hälfte davon sei zurückgekehrt, macht es den Anschein. In Kumasi ist großes Trauern. Ramseyer bemerkt dazu: »Der König sollte wohl durch diese grossen Verluste zum Nachdenken gebracht werden, ob Alles das nicht der Anfang eines Strafgerichts ist, das der Herr über sein Volk kommen lässt, weil es seine Boten unschuldig leiden lässt. Der Herr wolle dadurch zu seinem Herzen reden.«[22]

Zu den anstößigen Sitten gehört auch eine spezielle Gerichtspraxis, die Ramseyer mehrmals beschreibt, das Niembaum-Wasser-Trinken. Es entspricht etwa dem, was bei unseren Vorfahren ein Gottesgericht genannt wurde. Ramseyer gibt ein Beispiel: Zwei Männer haben Streit, sie können sich nicht einigen. Weil er sich nicht anders zu helfen weiß, spricht der eine den »Königseid«, d.h. er beruft sich auf den König. Das muss nun der andere auch und der Streit kommt vor den König. Der ordnet eine Untersuchung an, wenn diese nicht zu einem eindeutigen Urteil kommt, muss das Odum-Wasser entscheiden. »Das geschieht wie folgt: Zuerst sprechen beide den grossen Schwur aus, dann muss der Angeklagte ein Stück Odum Holz kauen, nach welchem er einen grossen Topf Wasser trinken muss. Kann er den Topf trinken, ohne sich erbrechen zu müssen, so ist er als schuldig anerkannt & muss sterben, muss er sich aber erbrechen, so ist er unschuldig gesprochen & der Ankläger muss dann sterben. Ehe die Todesstrafe an einem Mörder geübt wird, so muss der arme Mensch vorher durch schreckliche Folterqualen gehen. - Ach möchte die Sonne der Gerechtigkeit & des Friedens bald, sehr bald scheinen in diese tiefe Finsternis.« Dass hier auch Unschuldige zu Tode gebracht werden, das ist für Ramseyer die ihn quälende Sache.[23]

---

21 BMA D-10.7, 300.

22 Ebd., 349.

23 Ebd., 224.

2.5.3 Zwiespältiges Bild

Im Allgemeinen spricht Ramseyer wohlwollend über den König. Er begegnet ihm mit Respekt. Sie sind ja Gefangene, da verfängt entsprechendes Verhalten. Daneben aber zeigt sich der König widerspruchsvoll. Er freut sich an Ramseyers kleiner Tochter Rose und spielt gar mit ihr. Gleich anschließend aber gibt er den Empfang für Abu Boko und dann noch eine Totenfeier, bei der unweigerlich Menschenopfer dargebracht werden müssen. Ein anderes Mal verrät er Mr. Plange, dem Botschafter von der Küste, in einem Privatgespräch, gegen ein Lösegeld würde er die Missionsleute freilassen, um kurz darauf, beim Hören der Botschaft des Gouverneurs, in Zorn auszubrechen: »Wenn er Gewalt will, gehe ich ihm mit Gewalt entgegen«. Im Dezember 1872 gibt er ihnen Hoffnung, freigelassen zu werden, indem sie bis zur Grenze nach Fomanah gebracht werden, nur um dort erst recht auf schlimme gewaltvolle Weise wieder gefangen genommen und nach Kumasi geführt zu werden. Insofern als der König die Verantwortung trägt für all das, was hier geschieht, ist er die »grausame«, einmal gar »blutrünstige Majestät«.

Ein Wechselbad der Gefühle erleben die Missionare und die helfenden Fante beim Bau eines mehrstöckigen Hauses, das der König für sich gewünscht hatte. Einmal ist er schlechter Laune, wohl wegen schlechter Nachrichten aus dem Krieg, und lässt sie an den Bauarbeitern, auch den »Weissen«, aus. Er rede wie ein Kind, finden sie, und bedauern »den König so kindisch zu sehen«. Andererseits freut er sich wie ein Kind an den Fortschritten das Baus oder begegnet ihnen kurz nach seinem Wutausbruch sehr freundlich. »Wankelmut« des Königs nennt Ramseyer das.

Dieser freundliche König will, dass es ihnen gut geht, er lächelt ihnen zu, er gibt ihnen sogar die Hand. Einmal will er sogar, dass Ramseyer zu ihm direkt, nicht über einen Linguisten spricht, wie es die Sitte verlangt, und sogar noch in Twi oder Aschanti, und dann muss er lachen, weil Ramseyers Aussprache so komisch sei. Er wünscht sogar, dass die Missionare später wiederkommen, um eine Schule zu eröffnen und »zu Gott zu beten«, weil er, wie Ramseyer meint, erkannt habe, dass Missionare ihm Segen bringen. Oder er amüsiert sich köstlich, als Ramseyers Töchterlein Rose vor ihm mit den Füßen versucht, am Boden Fetischflecken wegzuputzen, was sonst unter Todesstrafe steht.

So sehen wir zwei Seiten desselben Menschen. Sie stehen nebeneinander, scheinen sich gegenseitig auszuschließen und müssen doch nebeneinander gesehen werden.

2.5.4 Verhandlungen über ein Lösegeld

Auch in der Freilassungsfrage gibt es dieses Hin und Her. Schon im August 1869, so berichtet der Heidenbote 1869 und 1870, hätten die Häuptlinge von Akwamu und Aschanti geschworen, die Gefangenen würden Ende des Monats ausgeliefert werden. Aber es geschah nichts, weil Adu Bofo sagte, er müsse sie dem König übergeben. Dann gab es die Zusicherung durch Prinz Ansah, dass der König seine Gefangenen am liebsten möglichst bald gehen lassen möchte und im Gespräch mit dem Gesandten von der Küste, Mr. Plange, habe durchblicken lassen, gegen ein Lösegeld von 1000 £ würde er sie ziehen lassen. Er könne dies aber nicht selber entscheiden, sondern müsse die Rückkehr Ado Bofos abwarten. Mehr und mehr wird klar, dass die Gefangenen zum Spielball politischer Aktionen werden.

Als Adu Bofo schließlich nach Kumasi kommt, will er ein Lösegeld von 800 Peredyien (entspricht etwa 6000 £) verlangen. Er geht in der Verhandlung auf 600 Peredyien (ca. 3600 £) herunter. Der König nennt daraufhin 2000 £. Als Mr. Plange verkündet, der Gouverneur werde nur 1000 £ bezahlen, wird der König zornig. Später kommt der Bote des Gouverneurs und bestätigt die 1000 £. Einige Häuptlinge verlangen weiterhin 2000 £, worauf der König interveniert. Er habe ja für die Missionare gesorgt, deshalb gehe das Geld an ihn, den König, und er nehme die 1000 £ an. So wird im Herbst 1872 ihre Abreise nach dem Grenzort Fomanah vorbereitet. Dann tauchen Differenzen auf über Ort und Art der Überweisung. Der König möchte das Geld im Voraus in Cape Coast erhalten, damit seine Leute Waren einkaufen können. Der Gouverneur zieht den Grenzfluss Prah vor und will das Geld nur im direkten Austausch gegen die Gefangenen zahlen. Darüber bricht der Krieg aus. Die Missionare werden erneut als Gefangene nach Kumasi gebracht und Ramseyer schreibt, es sei alles ein abgekartetes Spiel gewesen. Wieder ein Wechselbad zwischen Hoffnung und Enttäuschung.

3. Die Sorge des Missionars um den König

Nun gibt es im Laufe der Gefangenschaft zunehmend Äußerungen Ramseyers, die sachliche Feststellungen hinter sich lassen, das respektvolle Gegenübertreten in den Hintergrund drängen, und eine liebende, manchmal trauernder Sorge um diesen König ans Licht bringen. Auch versucht Ramseyer, negative Urteile über diesen Menschen abzuwenden, ihn zu entschuldigen oder in Schutz zu nehmen.

3.1 Ob der König das weiss?

Bei der Trauer um ihr Kind Fritzchen antwortete Ramseyer denen, die ihn und seine Frau trösten wollten, bitter, wer denn ihr Kind habe verhungern lassen, wenn nicht der König. Später aber stellen sich die Gefangenen, wenn sie neues Unrecht erleiden, die Frage, ob der König überhaupt wisse, was da geschieht.

Prinz Ansah macht sie darauf aufmerksam. Als der erfuhr, wie schlecht ihr Bewacher Akyena für ihre Nahrung sorgte und wie wenig Fleisch er ihnen jeweils in der Suppe zubilligte, verrät er ihnen, »dass wir sehr oft frisches Fleisch auf dem Markt kaufen lassen können, es sei nicht Königswille, dass wir so mager leben«. Als im November 1870 auf einen Brief an den König 14 Tage lange keine Antwort erfolgt, stellen sie fest, dass dieser den Brief gar nicht erhalten hat und dass sie deshalb trotz aller Bitten kein Salz bekamen. Da tritt Br. Kühne in den Hungerstreik. Ramseyer schreibt am 18. November: »Seit gestern Morgen hat Br. Kühne nichts als geröstete Plantanen gegessen; das Verhalten von Bosomuru der vor etwa 5 Wochen uns Salz, Fleisch & Kleider versprochen hat, ärgert uns alle; ihn aber am meisten & er will deshalb nicht essen, bis das Versprochene kommt. Dies ist nämlich das einzige Mittel, durch welches wir unsern Leuten imponieren können.« Nur geröstete Kochbananen, für Aschanti ist das genauso wie Fasten. Wer fastet, bereitet den anderen Sorge. Ihr Halbfasten, wie Ramseyer es nennt, hat seine Wirkung. Der König lässt sofort ein Schaf und Salz bringen, denn »es sei nicht gut, wenn sie fasten«. Worauf Ramseyer feststellt: »Wir sehen daraus, dass es unmöglich ist, dass Seine Majestät wusste, dass schon vor 6 Wochen wir darum gebeten haben.«

Als sie später in Kumasi im alten Missionshaus der Methodisten wohnen, kann Ramseyer eine kleine Schule eröffnen, in der er Jungen aus der Stadt unterrichtet. Zuerst findet er ganz ordentlichen Zuspruch. Nach dem großen Yamsfestival aber wollen die Jungen nicht mehr kommen. Was ist geschehen? Da erzählt einer, man habe ihnen gesagt, der König wolle nicht, dass sie die Schule des Weißen besuchten. Sie fürchteten sich nun vor Strafen. Ramseyer aber weiß vom König, dass er gar nichts gegen die Schule hat, im Gegenteil. Für Ramseyer heißt das, dass er es in dieser Sache nicht mit dem König, sondern mit ganz andern Mächten zu tun hat.

3.2 Erbarmen mit dem König?

Nach außen hin scheint der König ein absoluter Herrscher zu sein. So berichtet der Heidenbote 1871: »Alle leben in steter Furcht vor dem unumschränkt regierenden König. Kein Leben ist sicher.«[24] Alle fürchten, dass sie beim geringsten Vergehen mit dem Tode bestraft werden. Für alles und jedes braucht es eine Bewilligung des Königs. Auch Prinz Ansah, der als enger Vertrauter des Königs gilt, muss um Erlaubnis fragen, wenn er die Gefangenen in ihrem Ebenezer besuchen will. Von Näherem besehen ist dieser König aber in seinen Kompetenzen sehr eingeschränkt, gebunden durch Sitte und Regeln, die er beachten und einhalten muss, abhängig in seinen Entscheidungen von seiner Ratsversammlung.

Kofi Karikaris Herrschaft ist keineswegs gefestigt, sodass Ramseyer findet, er sollte mehr junge Leute, die zu ihm stehen, zu wichtigen Häuptlingen machen, damit er sich besser durchsetzen könne. Vorläufig ist er aber durch

[24] Heidenbote 44 (1871), 44.

seinen den Krieg wünschenden Rat gebunden. Wieder ist es Prinz Ansah, der sie darauf aufmerksam macht. »Der König kann scheint's nicht so handeln, wie er es gerne möchte«, resümiert Ramseyer.

Das wird ihm noch deutlicher, als sie im März 1871 alle krank sind, auch Ramseyer. Da kommt der König tatsächlich auf Besuch, um nach ihm zu sehen. Er sieht, dass es nicht gut steht. Im Gespräch erklärt ihm Ramseyer, die beste Medizin für sie wäre es, dass sie möglichst bald nach Europa heimreisen könnten. »Ich bitte ihn deshalb, nicht lange zu warten & uns bald an die Küste zu schicken. Auf dieses antwortete er nichts. Es war leicht zu sehen, dass er bearbeitet war; wir wissen, dass es sein Wunsch ist, dass wir sogleich freigegeben werden, seine Räthe aber sind dagegen.«[25]

Schon im September 1870 tönte etwas wie Erbarmern mit dem König an, als sie zur Prozession ins Dorf Duro gerufen wurden. Um die 1000 Leute, Schmuck und königliches Geschirr tragend, gehen seiner Majestät voran. Schließlich erscheint der König selbst. Der aber »schien müde zu sein & wahrscheinlich dieses fortdauernden Lärmes satt. Was soll sich so ein König nicht gefallen lassen, um seinem Volke nicht einen Anstoß zu geben. Unserm Eindruck nach, ist er kein Freund von grossem Aufwand« (ebd. 189).

Während des Kriegs 1873 raten manche dem König, alle Gefangenen, die Missionare und die Fante, freizulassen und an die Küste zu schicken, so der Heerführer Asamoa Kanta, die Königinmutter und vor allem der Gouverneur, weil dann Krieg vermieden werden könnte. Aber die Ratsmitglieder sind dagegen. Der König fühlt sich allein gelassen. Er klagt, dass er sich bald auf keinen seiner Boten mehr verlassen könne, die Nachrichten, die er erhalte, entsprächen nicht den Tatsachen. Tatsächlich, was Ramseyer zu hören bekommt, entspricht oft nicht dem, was offiziell verlautet.

Im Januar 1873 herrscht Unruhe in der ganzen Stadt. Gespannt wartet man auf Nachrichten zum Ausgang einer Schlacht. Die Gefangenen hören, dass der König seit drei Tagen und drei Nächsten nicht mehr geschlafen habe. Dass dies des Königs Beitrag zum Kampf ist, um übergeordnete Mächte durch seinen Tanz zu bekämpfen, wissen sie nicht. Ramseyer bedauert dieses Treiben. Der König sei unruhig und versuche seine Angst damit zu vergessen. »Es scheint, dass seit Ausbruch dieses Krieges er sich ganz dem Trunk hingiebt. Dies thut uns ausserordentlich leid, er verliert dadurch viel in unserer Achtung« (a.a.O. 636). Von Achtungsverlust ist später nicht viel zu spüren, wohl aber von Sorge um den König.

3.3 Krieg oder Frieden?

Krieg sei das Motto der Aschanti, schreibt Ramseyer. Im Heidenboten werden die vielen Kriegsnachrichten eng mit dem König Kofi Karikari in Verbindung

[25] BMA D-10.7, 291.

gebracht. Er soll ja bei seiner Einsetzung geschworen haben: »Mein Handel soll der Krieg sein!«[26] Bei Ramseyer finden wir dieses Ereignis in einem Exkurs über die Hintergründe des 1872 neu ausgebrochenen Krieges auch, jedoch mit anderer Betonung. »Hatte nicht der König, als der ›Asante Kotoko‹ ihn auf den königlichen Stuhl setzte, schwören müssen, der Krieg solle sein Handel sein.«[27] Er wäre demnach zu diesem Schwur gedrängt worden. Hier ist etwas von der Diskrepanz der Parteien am königlichen Rat zu spüren, die sich auf den König überträgt. Im Grunde genommen möchte er Frieden mit der Küste, vor allem den Briten, aber als König darf er das Anliegen »Krieg gegen die Küste« nicht aufgeben, nachdem weder Adu Bofo in seinem Feldzug noch Agyeampong mit seiner Aktion in Elmina den nötigen Erfolg zeigten, denn für Aschanti ist der freie Weg zum Salz an der Küste lebensnotwendig.

Nicht alle Friedensbeteuerungen des Königs sind leere Worte. Sie lassen etwas von seinen eigenen Wünschen durchschimmern. Die Worte des Gouverneurs vom Januar 1871, der König möge sich die Sache mit dem baldigen Austausch aller Gefangenen im Interesse beider Länder sehr wohl überlegen »und nicht auf boshafte Leute aus seiner Umgebung hören«, könnten eine gute Botschaft gewesen sein. Aber, wie Ramseyer dem Gouverneur schreibt, ist in dieser Angelegenheit nicht der König Herr, sondern die Chiefs, und mehrere der letzteren sind bereit, den König zu einem Feldzug zu treiben.

Kofi Karikaris Regierungszeit ist von Anfang an durch Krieg geprägt. Aber nicht er hat ihn begonnen. Es war der einzige Krieg, den sein Vorgänger, Kwaku Dua I., und auch der vermutlich nur auf Druck seiner Leute,[28] geführt hatte und den der junge König weiterführen musste. Die Hintergründe dieses Krieges beschreibt Ramseyer sehr ausführlich. Ausgangspunkt war eine Beleidigung Kwaku Duas, die wegen seines Todes ungerächt geblieben war und die zu rächen die Chiefs den Königseid geschworen hatten. Karikari hatte damals zur Besonnenheit geraten, was die Häuptlinge auch akzeptierten, der angefangene Krieg aber wurde weitergeführt, und weil weder für Adu Bofo noch für Akyeampong die Dinge nach Wunsch verliefen, blieb der Kriegszustand erhalten und mit den gefangenen Europäern auch die Hoffnung, über sie einen Deal mit den Briten schließen zu können. Die Mehrheit der Chiefs will nach alter Aschanti-Manier die Angelegenheit mit Krieg lösen. Und der König muss ihnen folgen. Das bekennt er selber in einem Gespräch mit Mr. Plange, dem Botschafter von der Küste, am 11. Sept. 1872. Im Oktober 1872 versammeln sich die Chiefs in Bantaman und schwören, in den Krieg gegen die Küste zu ziehen. Der König, obwohl er ja Frieden sucht, muss er ihnen folgen.

---

26 Gundert, a.a.O., 188. Wilks, a.a.O., 478, weiß von zwei unterschiedlichen Darstellungen, die eine, »Karikari affirmed to lead the nation to war«, kann so verstanden werden, dass Karikari gezwungen wurde, so zu schwören.

27 Tagebuch D-10.7, 621.

28 So Wilks, a.a.O., 492.

Im November 1873 kommen Boten aus Akwamu mit einer mahnenden Botschaft. Man möchte doch die Weißen gehen lassen. Die Briten seien entschlossen, nach Kumasi zu gehen, der König solle sich nicht mehr beruhigen mit den Worten »seit urdenklicher Zeit habe Niemand es gewagt, Asante anzugreifen.« Letzteres war wahrscheinlich das Argument der Kriegsbefürworter. In Akwamu heißt es, es sei jetzt »eine andere Zeit. Die Vorbereitungen zum Krieg seien an der Küste grossartig.« Diese Botschaft stößt beim König nicht auf taube Ohren.

Es ist die Königinmutter, die antwortet, wie Ramseyer durch den Berichts eines jungen Mannes, der ihnen oft heimlich Nachrichten vom Hof brachte, erfährt. »Hierauf habe gestern die Königinmutter die Chiefs gerufen und in einer langen Rede folgendes gesagt: Sie sei eine alte Person - noch vor Kwaku Dua - Damals bat Akwamu um Hilfe gegen die Creper, die Asanteer kamen, machten Beute, auch Weisse. Nun sind die Chiefs im Krieg gegen die Küste. Der Akwamu-König bittet für die Weissen, solange sie nicht frei sind, hat er keine Ruhe. Was tun? Sie wolle nicht, dass es später heisst, ihr Sohn habe das Land ins Unglück gebracht. Dieser Krieg jetzt ist ungerecht: auf die Bitten der Weissen nicht eingegangen - dann Lösegeld verlangt - Geld wurde gewogen - mit was kann man den Krieg rechtfertigen?«

Auf diese Rede wollten die Chiefs am Abend zusammenkommen und ihre »vota abgeben«. Das Ergebnis erfahren wir nicht. Nun trifft der Brief des Gouverneurs ein mit Bedingungen für einen Friedensschluss, um die Zerstörung Kumasis zu vermeiden. Dazu Ramseyer: »Der Herr wolle doch dem König die Augen aufthun und offene Ohren geben«. Aber wird auf Wunsch der Chiefs wird das Heer, das kurz vorher müde und ausgehungert heimgekehrt war, zusammengerufen, um gegen die Küste zu ziehen. Obwohl der König am 9. Januar 1874 in einem Schreiben an den Gouverneur die Friedensbedingungen annimmt und Br. Kühne frei lässt, halten die Chiefs an ihrem Schwur fest.

Am 21. Jan. 1874 kommt es zu einem eindringlichen Gespräch Mr. Dawsons, dem neuen Gesandten von der Küste, und Ramseyers mit zwei wichtigen Personen am Hof, sich jetzt für die Freisetzung der Gefangenen einzusetzen. Sie sagen: »Wir haben Asante lieb und betrachten uns verpflichtet, ihnen ihre Lage vorzustellen. Noch sei es Zeit Asante zu retten; wenn sie aber nicht hören wollen, geht es seinem Ruin entgegen. Nur einen Schritt brauche es, dem Governor ihre Aufrichtigkeit zu zeigen, indem sie uns und alle Gefangenen frei geben. Vielleicht glaubt der König dem Governor nicht; wir könnten sie aber versichern, dass die Weissen nicht lügen und dass, wenn der König nachgiebt und alle Gefangenen schickt, wir beim Governor für ihn bitten werden.« Kurz darauf werden die Gefangenen freigegeben; aber der Krieg nimmt seinen Lauf und endet mit der Zerstörung Kumasis.

3.4 Der Herr möge sein Herz bewegen

Ramseyers Einträge, besonders von dem Moment an, wo es sich um eher spontane Tagesberichte handelt, sind oft begleitet von Gebetsseufzern wie »Wie lange noch, O Herr«, oder »O Herr, siehe doch darein« und ähnliche. Viele dieser Seufzer beziehen sich auf die eigene Not der Gefangenen, die Bitte um eine Beendigung dieser schweren Prüfung und um baldige Freilassung und Heimkehr. Eine andere Gruppe solcher Seufzer betrifft das ganze Volk und Land der Aschanti. Angesichts der grausamen Sitten und vor allem der daraus sich ergebenden Rechtspraxis lautet die Bitte, Gott möge sich doch dieses Volkes erbarmen und es aus den Ketten seines Irrglaubens befreien, mehrfach in Anlehnung an ein Wort aus Offb 6,10, wie und wann wohl das Blut dieser unzähligen unschuldig getöteten Menschen vor Gott Anklage erhebe gegen dieses Volk, was in einem Gericht über das ganze Volk enden müsste. Und nur ein hartes Gericht könnte die Aschanti zu Besinnung, Einsicht und Rettung führen. Ziel des Gerichts ist aber nicht etwa die Zerstörung Aschantis, sondern dass »die Sonne der Gerechtigkeit aufgehen möchte über diesem Volk und Land«, eine Gerechtigkeit, die allen Menschen das ihnen zustehende Recht garantiert.[29]

In diesen Zusammenhang gehören gewiss auch alle jene Seufzer und Gebete, die für den König ausgestoßen werden, dass der Herr ihm Weisheit schenken, sein Herz berühren, seine Gedanken leiten und seinen Ratsmitgliedern die nötige Einsicht schenken und sie zur Umkehr bewegen möge. Dazu passt auch eine besondere, berührende Bitte kurz bevor die Missionare freigelassen werden, am 16. Januar 1874: »Wenn nur der König seinen Stolz überwinden könnte«. Der Gefangene, der in Sympathie mit dem König leidet.

Ramseyer und der König - die Geschichte einer besonderen Beziehung zweier ganz verschiedener Persönlichkeiten.

---

[29] Dies steht im Gegensatz zur Bemerkung des Missionarskollegen Buhl in Christiansborg, der mit dem geduldig vorsichtigen Vorgehen der Briten unzufrieden ist und nach Basel schreibt, nur ein Zehntel tüchtiger deutscher Soldaten würde genügen, »um den Feind zu zerstören« (Heidenbote 46 (1873/4) ,95).

Deutsche Neger stehen uns näher als englische

Die Basler Togo Hinterland Mission 1912–16*

1. Einleitung

Im Sommer 1911 beschloss die Basler Mission durch eine Vertrauensmännerversammlung und nach einer flammende Rede des Schweizer Inspektors Oett-li, sich in das Wagnis einer Mission im Hinterland der damaligen deutschen Kolonie Togo einzulassen. Ziel dieser Mission war in erster Linie das Volk der Dagomba, ein einst mächtiges Königreich im Norden des heutigen Ghana. Die zur Vorbereitung der genannten Versammlung verteilte »Denkschrift über ein neues Missionsunternehmen im Hinterland von Togo« fasst die Gründe so zusammen: »Äusserlich ist uns der Weg zu den Stämmen Nord-Togos geebnet; innerlich sind wir anfänglich mit Widerstand an die ganze Sache herangetreten. Aber je mehr wir uns die Situation vergegenwärtigten, desto deutlicher drängte sich uns die Verpflichtung auf, jenen Heiden zu helfen. Wir kennen ihre Not und sind schon darum in gewissem Sinne für sie verantwortlich. Eintreten kann niemand an unserer Stelle. Geschieht nichts von Seiten der evangelischen Mission, so wird die katholische Mission ganz Nord-Togo in Beschlag nehmen. Was aber nicht katholisch wird, das wird ohne allen Zweifel dem Islam anheimfallen. Indem wir das zulassen, geben wir, soviel an uns liegt, ein Lebensinteresse der Weltmission preis [...]. Diese Verantwortung möchten wir nicht auf uns nehmen. Wir erkennen vielmehr in dem bisherigen Verlauf der ganzen Angelegenheit und in der gegenwärtigen Lage in Togo einen Ruf Gottes, der uns die Arbeit in Togo zuweist.«[1]

Die Dagomba lebten schon damals mehrheitlich auf britischem Territorium. Was führte die Basler Mission dazu, ihre Mission unter diesem Volk von Togo aus zu unternehmen? Nur ganz am Rand erwähnt die Denkschrift: »Speziell unsere deutschen Freunde werden zu alledem noch betonen, dass es sich

---

* Der Originaltext stammt aus dem Jahr 2003; zur Veröffentlichung im Herbst 2017 überarbeitet.

1 Walter Oettli, Denkschrift über eine neue Missions-Unternehmung im Hinterland Togos, Basel 1911, 31.

hier um eine deutsche Kolonie handelt, für deren Bewohner die deutsche Christenheit eine besondere Verantwortung trägt.«

Liegt hier der eigentliche Grund zur Entscheidung für das Hinterland von Togo? Loyalität zu deutschen Geldgebern und damit zum deutschen Kolonialreich? Mission also im Dienst des Kolonialismus? Dieser Vorwurf wird bis heute immer wieder erhoben. Die Frage ist allerdings komplexer als sie auf den ersten Blick erscheint. Man muss ihr jeweils an konkreten Beispielen nachgehen. Das soll hier geschehen, am Beispiel der Basler Togo-Hinterland Mission.

2. EINE LANGE GESCHICHTE

Als die Frage nach Übernahme einer Arbeit in Nordtogo konkret wurde, war dieses Gebiet für die Basler Missionsleitung längst nicht mehr unbekannt. In den 1850er Jahren hatte Missionar Zimmermann im Blick auf eine Ausdehnung der Arbeit nach Norden hin den Voltafluss als Strasse ins Innere Afrikas empfohlen.[2] Tatsächlich hat die Basler Mission lange bevor die Deutschen dort ihre Fahne hissten und die Stationen Misahöhe und Bismarcksburg bauten östlich des Volta Fuss gefasst und von Anum aus eine Arbeit mit zahlreichen Aussenstationen aufgenommen, immer im Blick auf ein späteres Vordringen weiter nach Norden. Erst durch den deutsch-englischen Vertrag von 1890 kam dieses Gebiet unter deutsche Hoheit, während zwei der Bremer Stationen sich plötzlich in britischem Gebiet befanden. »Damit hatte Basel eine Deutsch-Togo-Mission«, kommentiert das norddeutsche Monatsblatt, ungewollt und lange bevor die Dagomba Mission aktuell wurde.

3. MATTHÄI AM LETZTEN ALS IMPERIALISTISCHES MOTIV?

Der »Missionsbefehl« am Ende des Matthäusevangeliums galt über lange Zeit als die biblische Referenz par excellence für die Missionstätigkeit christlicher Kreise und den Gegnern als typisches Beispiel imperialistischen Denkens. Die Aussendungsworte in Mt 28 wie auch das Missionierungsschema bei Lukas orientieren sich zwar am Imperium des römischen Reiches, bleiben damit jedoch innerhalb der Grenzen dieses Imperiums. Es geht nicht um die Ausbrei-

---

[2] OETTLI, a.a.O., 1, und Kollektenblatt Nr. 305 vom Juli 1912. Zimmermanns Sohn Gottfried (Missionskaufmann) sieht es 30 Jahre später anders: »Als bedeutende Verkehrsstrasse zwischen Küste und dem Innern wird der Volta nie gelten. Für die Verbindung von der Küste mit dem Innern wird auch künftig der Landweg der einzig mögliche sein.« (Heidenbote 57 [1884], 86).

tung des Imperiums. Das römische Imperium ist für sie »die Welt«, innerhalb derer Gottes Herrschaft manifestiert werden soll. Spätere Generationen mögen anders gedacht haben. Den Reformtoren scheint das Wort Mt 28 nicht besonders aufgefallen zu sein, sei es dass sie mit der Innenpolitik der Kirche in Europa zu sehr engagiert waren oder weil sie den Blick für weitere Dimensionen der Erde, und so auch des Reiches Gottes, noch gar nicht haben konnten.

Nun hat es allerdings seit der Reformation immer wieder Ansätze evangelischer Mission gegeben. Sie beginnen damit, dass Prediger zur Betreuung ausgewanderter Europäer auch den »Heiden« in jenen Ländern das Evangelium bringen sollen. Einige tun dies im bewussten Gegensatz zum Rauben und Morden der vorangegangenen Eroberer.[3] Begründung für solches Tun scheint weniger Mt 28, 18f, als der Satz aus den apokalyptischen Reden zu sein, dass »das Evangelium in aller Welt gepredigt werden müsse«. Die Instruktion an die in Liberia arbeitenden Brüder von 1827 ist ein Beispiel dafür. Nicht Ausbreitung christlichen Einflusses, sondern die Wiedergutmachung des Übels, das auch Christen den Afrikanern angetan haben, ist erstes Ziel, im Sinne einer Wiedergutmachung, indem den Opfern europäischer Habgier das Beste, was Europa zu bieten hat, gebracht wird. Ein Angebot, das die Meinung voraussetzt, dass die als »Nicht-Menschen« angesehenen Afrikaner der Würde der Menschen und der Gotteskindschaft teilhaftig sind.[4] Hier spielt Mt 25 mit der Aufteilung der Gläubigen nach ihrer humanitären Tätigkeit missionstheologisch eine grössere Rolle als die Aussendungsworte von Mt 28.[5]

Die Basler Anfänge auf der Goldküste kamen zwar auf Bitten des dänischen Königs zustande. Sie sollten der Pastoration seiner Leute und deren Mischlingskindern dienen. Mit der Verlegung des Zentrums in das höher gelegene Akropong durch Andreas Riis hat sich die Mission dem direkten Einfluss des dänischen Gouverneurs dann aber entzogen. Auch als man später manchmal dringend des Schutzes der britischen Kolonialmacht bedurfte, hatte man nicht den Eindruck, dadurch für diese Macht tätig zu sein.[6]

---

3 Vgl. ERICH SCHICK, Vorboten und Bahnbrecher. Grundzüge der evangelischen Missionsgeschichte bis zu den Anfangen der Basler Mission, Basel 1943, 10ff.

4 Einer der Gründe, weshalb in Frankreich die Arbeit der Missionare verachtet wurde, liegt genau hier: sie hielten die Afrikaner für »bildungsfähige Menschen« während die gängige und durchaus romantische Meinung gerade dies in Abrede stellte; BERNARD SALVAING, Les missionnaires à la rencontre de l'Afrique au XIXe siècle, Paris 1994.

5 HANNS WALTER HUPPENBAUER, Menschenliebe und Wedergutmachung: Missionsmotive und Theologie in den Anfängen der Evangelischen Missionsgesellschaft in Basel, Leipzig 2010, weist nach, dass Anfang des 19. Jahrhunderts Matthäus 28, 19ff als Motiv für die Mission überhaupt nicht verwendet wurde. Erst als die Kirchen sich für die Mission interessierten, d.h. ab den 1830er Jahren, gewann diese Bibelstelle an Bedeutung.

6 Den Gedanken der Wiedergutmachung nimmt Elias Schrenk als Vertreter der Basler Mission vor einer britischen Parlamentskommission (4. Mai 1865) auf, um damit

4. Der »European scramble for African colonies«

Das war auch weiter nicht verwunderlich. Das Interesse am Handel in und mit Afrika war mit der Abschaffung des Sklavenhandels im 19. Jahrhundert merklich gesunken. Da gab es für die Mission keine kolonialen Interessen zu vertreten oder vorzubereiten. Mission und Kolonialismus wird in Basel und Bremen eigentlich erst mit Eintritt der Deutschen in den Kreis der Kolonialmächte zum Thema. Vorher hat sich die Basler Mission bei aller Ausdehnung der Arbeit auf der Goldküste ganz einfach die durch die Eroberungszüge der Aschanti geschaffene Situation, den Umstand, dass nun überall Twi gesprochen und verstanden wurde, zu Nutze gemacht.[7] Dass die Basler Mission aus den Folgen der Ausdehnung des Aschantireiches Nutzen gezogen hat, wird man kaum als »Dienst für eine Kolonialmacht« bezeichnen. In ganz anderem Zusammenhang kommt Pierre Bertaux zu dem Schluss: »Diese verstreute Tätigkeit (von wenigen Händlern, Pflanzern und Missionaren, d. Verf.) kann man nicht als Kolonisation bezeichnen. Sie war nicht einmal der Ansatz dazu. Was den Namen Kolonisation verdient, ist eine später einsetzende, zunächst noch unvoraussehbare, rasche Entwicklung, nämlich die Ausbreitung der europäischen Verwaltungstätigkeit in Afrika im letzten Viertel des 19. Jahrhunderts.«[8]

Was zu diesem »European scramble for african colonies« geführt hat, bleibt undurchsichtig. Die europäischen Mächte scheinen zur Annexion geschritten zu sein, wenn es um Prestigefragen ging oder wenn die in den Kolonien ansässigen Vertreter oder starke Interessengruppen in der Heimat bestimmte Gebietserweiterungen nachdrücklich forderten und betrieben.[9] Die Goldküste wurde 1876, zwei Jahre nach Beilegung des Aschantikriegs und nach etlichem Zögern der britischen Regierung, doch noch Kronkolonie. In Deutschland wehrte sich Reichskanzler Bismarck lange gegen das Ansinnen,

---

die Pflicht Englands, das Protektorat über die Goldküste nicht aufzugeben, hervorzuheben: »300 Jahre lang haben die Engländer und andere europäische Nationen Afrika schweren Schaden zu gefügt; es ist nun insbesondere Englands Pflicht, den Schaden wieder gut zu machen. Es wäre ein Unrecht, die Goldküste im gegenwärtigen Zustand der Unordnung, in dem sie sich seit dem Asantekrieg befindet, fahren zu lassen«, vgl. Wilhelm Schlatter, Geschichte der Basler Mission 1815–1915, Bd. 3, Basel 1916, 90f.

7 So Missionar J. Müller in seinem Bericht im Heidenboten 57 (1884), 86: »[...] der Herr hat sie unter dieser Herrschaft die Sprache der Asanteer, d.h. die Twi-Sprache lernen lassen, damit die Boten des Evangeliums überall ihnen sofort sein Heil anpreisen könnten.«

8 Pierre Bertaux, Afrika: Von der Vorgeschichte bis zu den Staaten der Gegenwart, Fischer Weltgeschichte Bd. 32, Frankfurt 1995, 175 und 181.

9 David. K. Fieldhouse, Die Kolonialreiche seit dem 18. Jahrhundert, Fischer Weltgeschichte Bd. 29, Frankfurt 1996, 175f.

eine europäische Macht müsse auch überseeische Kolonien haben. Unter denen, die dies dennoch befürworteten, gab es den Inspektor der Rheinischen Mission in Barmen, Dr. Fabri. »Jeder mächtige staatliche Bestand bedarf in den Zeiten seiner Blüte eines Ausbreitungsgebietes, in das er nicht nur seine überschüssigen Kräfte entlassen, sondern deren produktive Leistungen er durch einen stetigen Rückfluss ins Mutterland wieder aufnehmen und durch neues Ausströmen in lebendiger Wechselwirkung zu vermehren vermag [...]. Bei diesem Stand der Dinge ist es eine um so merkwürdigere, politisch-ökonomische Thatsache, dass das Land, welches gegenwärtig in Europa die stärkste Expansionskraft [...] und nach den Eigenschaften seines National-Charakters eine bedeutende, vielleicht die höchste colonisatorische Befähigung hat, ohne jeden colonialen Besitz ist.«[10]

In einem Vortrag zu Beginn der 1880er Jahre teilt er die Geschichte der neuen Missionsbewegung in drei Phasen ein:

1. Die Anfänge unter dem Grundmotto: ›Die Liebe Christi drängt uns also‹
2. Mit dem Eintreten weiterer kirchlicher Kreise wurden neue Gesichtspunkte aus dem göttlichen Reichsplane gewonnen und für die Mission verwertet: Nicht nur die Pflicht zur christlichen Liebe treibe zu solchem Werke. Gestützt auf den Befehl des Herrn nimmt die Ausführung dieses Werks bestimmte Formen an.
3. In den letzten Jahren ist eine neue Wendung eingetreten: Wir sehen heute, dass die Missionsarbeit auch über die kirchlichen Kreise hinaus mehr und mehr als ein Pionier der Kultur, wohl auch der nationalen Entwicklung der Völker sich Anerkennung verschafft.[11]

Innerhalb von 18 Monaten brachte Bismarck 1883–84, wohl um an der von ihm bestellten Berliner Kolonialkonferenz von 1885 nicht mit leeren Händen dazustehen, ein Kolonialreich zusammen, das neunmal so groß war wie das Deutsche Reich.[12] Damit tauchen Fragen auf, wie sie bei Fabri schon angedeutet waren, ob nicht in diesen Gebieten unter deutscher Obrigkeit die Missionierung der »armen und kulturlosen Eingeborenen« in die Hand genommen und die bisher überall in der Welt arbeitenden deutschen Missionsgesellschaften dazu verpflichtet und in ihrer äußeren Gestaltung der allgemeinen Kultur-Entwicklung, und damit der Kolonialpolitik, eingeordnet werden sollten.[13] Das erforderte, kurz nach der sechsten kontinentalen Missionskonferenz in Bre-

---

10 FRIEDRICH FABRI, Bedarf Deutschland der Colonien? Eine politisch-ökonomische Betrachtung, Gotha 1879; zitiert nach ASMUT BRÜCKMANN, Die europäische Expansion: Kolonialismus und Imperialismus 1492–1918, Stuttgart 1993, 69.

11 Rheinische Missionsberichte September 1884 und Evangelisches Missions-Magazin 28 (1884), 466–470: Aus einer Rede des Herrn Inspektor Dr. Fabri.

12 BERTRAUX, a.a.O., 185.

13 Auch der 1876 verstorbene auf der Goldküste tätig gewesene Basler Missionar J. Zimmermann wird in diesem Sinn zitiert; vgl. Evangelisches Missions-Magazin 29 (1885), 393f.

men in 1884, eine unvorhergesehene deutsche Missionskonferenz. Sie fand 1885 ebenfalls in Bremen statt.

5. Für niemand als den König der Könige!

Beziehungen zwischen Mission und Kolonialpolitik stehen bei dieser Konferenz im Vordergrund. Es wird daran erinnert, dass die Besitzergreifung von Togo eigentlich im Interesse des deutsch-afrikanischen Branntweinhandels erfolgt sei, weil die dort etablierten deutschen Kaufhäuser, welche um den Reichsschutz gebeten hatten, mit nichts als mit Branntwein handelten.[14] Man fordert deshalb entsprechende Maßnahmen zum Schutze der dortigen Bevölkerung. Das Thema »Deutsche Missionare in deutschen Kolonien« wurde von Dr. Schreiber (Barmen) und Direktor Reichel (Brüdergemeine) aufgenommen. Der erste hält fest: »Die Mission ist bisher entschieden unabhängig von nationalen Gesichtspunkten und Interessen getrieben worden. Selbst die Engländer haben sich mit ihrer Missionstätigkeit keineswegs auf ihre eigenen Kolonien beschränkt.«[15]

Neben Vorzügen, in eigenen Kolonien zu arbeiten, gebe es auch Nachteile, etwa die Versuchung, nationale, bzw. kolonialpolitische Interessen mit dem Reichgottesinteresse zu vermengen. Fabri, der den Vorsitz führte, scheint sich vornehm zurückgehalten zu haben. Einzig Prof. Plath (Gossner Mission) setzte sich vorbehaltlos für den Grundsatz eines nationalen Missionsbetriebs ein und empfahl mit Nachdruck, »auf den christlichen Volkswillen einzugehen«.

Für die Grundhaltung der anwesenden Missionsvertreter waren aber die Überlegungen Direktor Reichels entscheidend. »Warum rufen jetzt so viele die Mission herbei? Ist es nicht so, dass man die Missionare dazu benutzen will, den Kolonisten die Kastanien aus dem Feuer zu holen? Die Mission soll eine Dienerin der Handelsinteressen werden. [...] Mission und Kolonisation sind so weit verschieden, als Himmel und Erde: Es ist darum ein falscher Vorwurf, wenn behauptet wird, die deutsche Mission habe für England gearbeitet. Die Mission hat für niemand zu arbeiten, als für den König aller Könige und für kein anderes Reich zu wirken als das Reich Gottes. Der Zumutung, um des Vaterlandes willen neben dem Hauptzweck der Mission auch noch allerlei weltliche Interessen zu pflegen und zu fördern, müssen wir uns aufs entschiedenste erwehren.«[16] In einem seiner Schlusspunkte sagt er: »Die Mission

---

14 Vgl. ebd., 483, das Schreiben an den Reichskanzler Fürst von Bismarck betr. Branntweinhandel.

15 Ebd., 486f.

16 Ebd., 489f. Im Heidenboten 58 (1885), 91, wird Reichel wie folgt wiedergegeben: »Übel angebrachter Patriotismus ist es, wenn man sagt [...] ›die deutschen Missionsge-

muss ihren internationalen Charakter wahren, der sie ausweist, nach wie vor unbekümmert um die Farbe der über ihrem Arbeitsfeld wehenden Flagge da zu wirken, wo der Herr sie wirken heisst.«[17]

Diese Grundsatzfrage bleibt im Evangelischen Missions-Magazin ein Dauerthema. Dessen Herausgeber schreibt 1887 unter dem Titel »Die Geduld beim Missionswerk, eine Zeitbetrachtung«[18] Folgendes: »[...] eine wirkliche Gefahr [liegt jedenfalls] darin, dass durch die Kolonialbewegung die ganze Arbeit der deutsch-evangelischen Mission, unsere Auffassung des Missionarsberuf und unser Missionsbetrieb in Mitleidenschaft gezogen werden. Erst durch den Erwerb deutscher Kolonien ist die Mission ein Gegenstand allgemeinen Interesses geworden. Es werden Zumutungen an die Mission gestellt, die nichts anderes bedeuten als ein Aufgeben der Methode, ja des Fundaments der bisherigen Mission.« Weil am Kolonialkongress in Berlin im September 1887 gefordert worden sei, es müsse von Seiten der Missionare »weniger gebetet und mehr zu praktischer Arbeit angeleitet werden«,[19] »befürchten wir, es möchte zu einer beklagenswerten Vermischung kolonialer und missionarischer Interessen kommen. Gott bewahre uns vor einer Verquickung von Patriotismus und Mission, wie sie den Franzosen eigentümlich ist.[20] Wir gehen nicht darauf aus, die Heiden vor allem zu kultivieren oder gar an Bedürfnisse zu gewöhnen, welche dem europäischen Handel einträglich würden.« Im Übrigen sei der norddeutschen Mission, die ja schon lange in Togo arbeite, das deutsche Protektorat bisher eher Hemmnis als Förderung gewesen und die Erfahrung zeige, »Kolonien dienen dazu, reiche Kaufleute reicher zu machen.«

Auch Sympathisanten der Kolonialmission melden sich zu Wort, etwa Julius Richter in einem Missionsvortrag von 1898: »[...] die Erschliessung Afrikas und Oceaniens für die europäischen christlichen Mächte [...] habe eben ihre göttliche Zielrichtung und Zweckbestimmung in der Sammlung und Einla-

---

sellschaften haben Jahrzehnte für fremde Staaten gearbeitet - jetzt sollen sie für Deutschland arbeiten.‹ Wir arbeiten nicht für das englische noch ein anderes Reich, sondern für das Reich Gottes wollen wir arbeiten [...]. In Bremen wurde es von allen Seiten einstimmig bezeugt, dass die deutschen Missionare in englischen, dänischen oder holländischen Kolonien niemals um ihrer Nationalität zurückgesetzt wurden, sondern sich stets vollen Schutzes und vollen Rechts erfreuten. [...] Es wurde [...] auch ausgesprochen, dass es für die Wirksamkeit der Missionare in mancher Beziehung erspriesslicher sei, wenn sie dem Volk, unter dem sie arbeiten, nicht als Angehörige der ›herrschenden Nation‹ gegenüberstehen.«

17 Unter dieser Vorgabe hat die Basler Mission nach erstem Widerstreben 1886 doch eingewilligt, in Kamerun die Arbeit der dort ausziehenden Baptisten zu übernehmen. Sie verlangt von der Kolonialverwaltung Garantien für diese Art Unabhängigkeit.

18 Evangelisches Missions-Magazin 31 (1887), 4ff.

19 Ein Ausdruck völliger Unkenntnis der wirklichen Arbeit dieser Missionare.

20 Anspielung auf katholische Geistliche, die sich 1861 im alten portugiesischen Fort von Ouida, einem früheren Zentrum des Sklavenhandels im Westen des heutigen Benin, niedergelassen hatten.

dung der Eingeborenen. [...] Man müsse als Christ alle Weltereignisse sub specie aeternitatis ansehen lernen. Daraus erwachse der Mission eine wichtige sozial-reformatorische Aufgabe in den Kolonien, in dem sie die widerlichen Gestalten des Heidentums ausrodet und - in einem zweiten Schritt - Christengemeinden aufbaut, und damit die Grundlage für die rechte Kultur legt, auf der die Regierung wiederum aufbauen kann.«[21]

Die Mission also ganz im Dienst einer göttlich bestimmten Kolonialpolitik? Konsequent fordert 1904 ein Pfr. Dr. Stoll »scharf und schneidig einen Rückzug der deutschen Mission aus andern Arbeitsfeldern und eine Beschränkung auf die deutschen Kolonien, in denen fremde Missionen ihre Arbeit abgeben müssen.«[22]

Dies nimmt Missionssekretär Friedrich Würz aus Basel zum Anlass, klarzustellen, dass die meisten der sogenannten »deutschen« Missionen dies gar nicht könnten. Neben theologischen Gründen sprächen auch schwerwiegende strukturelle und finanzielle Gründe dagegen. In einer Tabelle stellt er dar, wie viel bei Basel, Barmen, Berlin, Leipzig und Brüdergemeine an Personal und Einnahmen aus Deutschland und aus andern Ländern stammt, und wieviel davon 1897 und 1907 in deutschen Kolonien verwendet wurde. Und er kommentiert: »[...] die Zahlen zeigen, dass unter den grossen Missionen deutscher Zunge keine einzige ausschliesslich mit deutschen Leuten und deutschem Geld arbeitet. [...] Alle diese Missionen haben Quellgebiete, wo man eine Beschränkung auf deutsche Kolonien nicht nur nicht begehrt, sondern sich eine solche energisch verbitten würde.« Man könne doch den Schweizern, von denen Basel zwei Fünftel seiner Beiträge erhalte, nicht zumuten, dass ihnen deutsche Kolonien wichtiger seien als die übrige Welt.

Was Reichel in Bremen sagte, trifft also in sehr praktischem Masse zu, Mission hat internationalen Charakter. Im Grundsatz stand die Basler Mission zu den Erkenntnissen und Aussagen der Bremer Missionskonferenz von 1885. Etwas anderes wäre ihrer ganzen seit der Gründung gepflegten Eigenart zuwider gelaufen.

6. DIE BASLER VOLTA-MISSION

Zurück zu unserm konkreten Beispiel. In den 1850er Jahren dehnte der Basler Missionar Zimmermann seine Arbeit nach Osten und ins Innere des Landes

---

[21] JULIUS RICHTER, Die Bedeutung der Mission für unsere Kolonien, in: Evangelisches Missions-Magazin 42 (1898), 309ff.

[22] Zitiert nach Monatsblatt der Norddeutschen Missionsgesellschaft 17 (1905), 18; Original in Deutsch-evangelische Blätter 29 (1904), 740ff; besprochen im Beitrag des Basler Missionssekretärs Friedrich Würz, Kolonialmission gegen Weltmission, in: Evangelisches Missions-Magazin 52 (1908), 273f.

aus. Wegen der Nähe zum Voltafluss empfahl sich Odumase als Sitz einer Europäerstation. Der Volta öffnete ja seiner Meinung nach den Weg nach Norden. Die Generalkonferenz der Goldküste wünschte jedoch mehrheitlich eine Station weiter nördlich am Volta, Dauromadam. Das Basler Komitee entschied sich für den Antrag der Minderheit, Odumase, und bestimmte Zimmermann zum Leiter. Dauromadam wurde in der Folge nicht behalten, wohl aber auf dem linken Voltaufer Anum ins Auge gefasst. Hier wurde Anfang der 1860er Jahre eine »Handlungsstation« errichtet, im Dezember 1865 folgte Missionar Müller nach und 1868 Ramseyer. 1869 zerstörten die Aschanti die Station Anum und deportierten Ramseyer mit Frau und Br. Kühne nach Kumasi. Das veränderte den Lauf der Entwicklung, denn die Missionare sahen in der Deportation nach Kumasi einen unüberhörbaren Wink Gottes. Im Vordergrund der Ausdehnung nach Norden stand fortan Kumasi und seine Umgebung.

Über 10 Jahre dauerte es, bis Anum wieder aufgebaut und neu besetzt wurde, zunächst 1881 mit dem afrikanischen Pfarrer David Asante, ab 1888 mit einem europäischen Missionar. Später lässt sich der Einheimische Nikolas Clerk noch weiter nördlich im Land Boëm nieder. Von Anum aus erreichte die Voltamission eine Längenausdehnung von 40 Stunden. Während man sich in Aschanti vergeblich um Missionserfolge bemühte, schritt die Arbeit in der Voltaregion voran. Ob dies vor allem dem »tatkräftigen Vorgehen« der Deutschen Regierung zuzuschreiben ist, der es gelungen war, in kurzer Zeit Frieden und Ordnung herzustellen, bleibe dahingestellt. Tatsache ist, dass die Basler in den 1990er Jahren ihre Aussenstationen mit Miss. Mischlich bis ins Adelegebiet (Bismarcksburg) vortrieben. Ziel war es, , »[...] die vielsprachigen und dünnbevölkerten Landschaften über Krakye am Volta und über Adele hinaus mit Tschi bearbeiten zu können, da es dort noch bekannt ist, und durch Begründung der Mission in diesem Gebiet eine Basis für das Vordringen tiefer ins Innere [...] zu gewinnen.«[23]

Die Anfänge dieser Arbeit liegen in einer Zeit ohne »kolonialen Schutz«. Erst nach der Wiederbesetzung Anums tritt Deutschland 1887 auf den Plan; erst nach dem deutsch-britischen Grenzabkommen von 1890 wurde dieses Gebiet, außer Anum selbst, Teil der deutschen Kolonie. Bis 1884 bewegte man sich innerhalb der Grenzen des alten Königreichs Aschanti mit einzelnen Vorstößen in das Hinterland, das bis zu diesem Zeitpunkt noch nicht Gegenstand der imperialistischen Besitzergreifung europäischer Mächte war.

7. Expeditionen nach Norden

»Jene fernen Stämme im Innern Afrikas« haben die Basler Missionare seit Zimmermann und der Gründung der Stationen Odumase und Anum nicht

---

23 W. Schlatter, a.a.O., 136.

mehr losgelassen.[24] Die nördlichen, von Fulbe und Haussa dominierten Gebiete des Nigerbeckens waren auch Ziel von Bemühungen anderer Missionen. Die Basler wie auch die Bremer folgten dabei dem einheitlichen Strategieschema, erst eine Station zu festigen, bevor man weiter ins Innere vordrang, eine Methode, nach der es Jahrzehnte gebraucht hätte, bis der Norden erreicht worden wäre. Eine Arbeit in einer Distanz von mehr als 14 Tagesreisen von bestehenden Stationen aus hieß, »eine neue Mission anfangen«.

Seit den 1870er Jahren begeben sich aber immer wieder Basler Missionare auf Erkundungsreisen und dringen immer weiter nach Norden vor.[25] 1881 bereist Pfr. Asante Krakye, Boëm und Nkonya. Eine ausgedehnte Reise führt 1884 Müller, Asante, Dr. Mähli und Zimmermann von Akwamu nach Anum und Boso, dem nördlichsten Ort des bisherigen Volta Arbeitsgebiets, dann weiter nach Kpano und Amfoi, das als zukünftige Station geplant war, ins Nkonya-Land und nördlich nach Boëm/Boroada. Wieder nach Westen werden sie im Krakye-Gebiet freundlich empfangen.[26] Von dort geht es nach Salaga, wo es ihnen trotz freundlicher Aufnahme des Klimas wegen nicht gefällt. Sie bringen die Nachricht zurück, dass »das Land euch offen stehe«, so der Entscheid einer Häuptlings-versammlung in Salaga, und dass »jenseits des Voltas im Osten und Nordosten unseres Missionsgebietes sich ein weiteres und wie es scheint nicht unergiebiges Arbeitsgebiet darbieten« würde. Asante setzt die Reise von Salaga aus nach Norden und Osten fort bis ins Oboso-Gebiet. Im März desselben Jahres unternimmt auch Missionar Ramseyer von Abetifi aus über den Volta eine Erkundungsreise ins Gebiet von Nkonya und Boëm bis nach Adele, ein Zeichen dafür, dass man einen Weg auch vom britischen Gebiet aus in diese nördlichen Gebiete suchte.[27]

Diese Erkundungsreisen finden alle noch vor der »Inbesitznahme« Togos, also vor der deutschen Kolonialzeit, statt. Verhandlungen mit einigen Königen in der Küstenregion, die um den Schutz Deutschlands ersucht hatten, um so der Annexion durch Großbritannien zu entgehen, gab es zwar schon seit 1883. Aber erst im Juli 1884 landet Reichskommissar Gustav Nachtigal in Kleinpopo, Aneho. Der Schutzvertrag mit König Mlapa von Togo-Stadt datiert

---

[24] Den Originaltext der Äußerung Zimmermanns bringt E. Miescher, damals Präsident der Basler Mission, in seinem Artikel, Eine wichtige Frage: Togo, in: Heidenbote 75 (1902), 18. In einem Brief ans Komitee (1859) habe Zimmermann geschrieben: »Gehen Sie nach dem Befehl des Herrn mit der Predigt des Evangeliums getrost vorwärts an die Heer- und Völkerstrasse, wie der Volta [...] es ist, dieses Gewässer, das Boten Christi zu 100'000 Seelen, die eine unserer Sprache sprechen, tragen können«.

[25] Vgl. dazu einen kurzen Bericht im Heidenboten 57 (1884), 41f; dazu die Bemerkung auf S. 84: »Unsern Brüdern sind die Grenzen zu enge geworden.«

[26] Das Kollektenblatt Nr. 305 (1911) erzählt dazu eine schöne Geschichte von einer Sklavenfamilie, die ihnen geschenkt wird.

[27] Vgl. Heidenbote 57 (1884), 84, und den Bericht Mieschers, a.a.O., 19.

vom 5. Juli. Die eigentliche Inbesitznahme durch die Deutschen geschieht langsam und erst in den folgenden Jahren.

Gründe, nach Norden vorzudringen, gibt es verschiedene. Einmal hatten die Basler auf der Goldküste wie in der Voltaregion seit den 1870er Jahren Kontakte zu vom Norden kommenden Händlern und Trägern muslimischer Herkunft. Die Furcht, später vom Islam überrollt zu werden, verlangte eine Ausdehnung der Arbeit nach Norden, bevor es zu spät war. Ein zweiter Grund war die Aussicht, im Norden auf große Bevölkerungsgruppen zu stoßen, im Gegensatz zur Situation der ethnischen Fragmentierung der östlichen Voltaregion. »Während man in früheren Jahrzehnten, da die Volksstämme am oberen Volta noch unter der Oberhoheit der Asanteer standen, der Meinung war, die an der Goldküste von den Missionaren zur Schriftsprache erhobene Tschi- oder Asantesprache erstrecke sich am Volta hinauf bis ins Innere hinein, hat es sich nun gezeigt, dass dies nicht der Fall ist«.[28]

Die Realisierbarkeit solcher Pläne rückt durch die Präsenz der Deutschen Verwaltung in greifbarere Nähe. 1888 begann die eigentliche Erschließung des nördlichen Togogebietes durch die Deutschen. Leutnant Curt von François erkundete Dagombaland, um sich über die Aussichten des deutschen Handels zu orientieren.[29] Darauf wurde die Station Bismarcksburg im Adelegebiet, auf 8° nördlicher Breite gelegen,[30] errichtet. Noch wichtiger war die Erkundungsexpedition Dr. Gruners 1894. Mit über 100 Trägern und einigen Soldaten durcheilte er das Land von Bismarcksburg aus, im Rennen mit ähnlichen Unternehmen der Briten im Westen und der Franzosen im Osten, überall, wo es ging, Verträge mit Häuptlingen und Königen abschließend und dabei die deutsche Fahne hissend, bis hin zum Niger im Norden, um bei allfälligen Verhandlungen Tauschgeschäfte anbieten zu können.[31] Diese Expedition hatte auch Auswirkungen auf die Mission. »Eine bedeutende Förderung erfuhr die Voltamission durch das entschlossene Vorgehen des deutschen Distriktkom-

---

[28] Evangelisches Missions-Magazin 41 (1897), 187, in der Einleitung des Herausgebers zum Bericht Mischlichs über seine Reise im »Deutschen Sudan«.

[29] HANS GEORG STELZER, Die Deutschen und ihr Kolonialreich, Frankfurt 1984, 43f.

[30] Zum Vergleich, Kumasi liegt nur auf 7° nördl. Br.; die 1912 anvisierte Stadt Jendy auf 9°, die Grenze zum französischen Sudan auf 11°.

[31] HANS GRUNER, Vormarsch zum Niger: Memoiren des Leiters der Togo-Hinterland Expedition 1894/95, hg. v. Peter Sebald, Berlin 1997. In seiner Einleitung schreibt Sebald (S. 12), mit der Gründung der Station Misahöhe durch Puttkamer werde die »neue kolonialpolitische Konzeption« sichtbar: Vorstöße ins Innere entlang der traditionellen Routen des afrikanischen Fernhandels. Und »er stützte sich auch auf die Träger jenes Handels, die islam-beeinflussten Haussa«. Es scheint, dass Gruner diesen Vorstellungen vollständig entsprach, als er 1892 die Station übernahm. Die Initiative zur deutschen Togo-Hinterland Expedition gab ein Schreiben des Reichskolonialamtes, eine Expedition nach dem oberen Niger zu unternehmen, um dort endgültig Fuß zu fassen und dort Erwerbungen zu machen, die als Kompensation für günstigere Abgrenzungen von Togo an der Küste verwendet werden können.

missars Dr. Gruner, der 1894 den Tyrannen der Bevölkerung des Gebiets von Kratchi, den Priester des Odente, um Mordes willen erschiessen liess.«[32]

In den 1890er Jahren arbeitet ein Basler Missionar, A. Mischlich, in der östlichen Voltaregion, der sich mit der deutschen Kolonialverwaltung gut versteht, zeitweilig auch die inzwischen verlassene Station Bismarcksburg bezieht, und seinerseits 1896 eine ausgedehnte Erkundungsreise nach Norden unternimmt, z.T. in Begleitung eines deutschen Kolonialbeamten.[33] Sein Hauptziel war die Stadt Tschamba, an der Grenze zu Dahomey gelegen. Von dort aus wollte er die weiter nördlich wohnenden Stämme, u.a. Semere, besuchen. Wegen der dort herrschenden »kriegerischen Unruhen« wird ihm der Zutritt verwehrt. Er wendet sich deshalb nach Westen nach Bassari, wird auch von Muslimen freundlich empfangen und kann predigen. Er stellt fest, dass das Gebiet von Tschautscho, Katambara, Bafilo, Tschamba, alle im Osten gelegen, noch ganz heidnisch und Bassari und Kapre vom Islam noch kaum berührt seien und man nur an einzelnen Orten kleine mohammedanische Kolonien finde. Er weiß zu berichten, dass die Kolonialverwaltung es gerne sähe, wenn die Basler Mission ihr Arbeitsgebiet nach Norden ausdehnen würde. Als in diesem Zusammenhang der Bau der Station Ketschenke in Angriff genommen wurde, geschah dies mit dem Wunsch, damit die Basis für ein Weiterschreiten nach Fasogu, Tschautscho und Tschamba zu errichten.[34]

Um die Jahrhundertwende unternehmen die Missionare Mohr, Josenhans und besonders Martin Reisen bis nach Yendi. Bei einer Reise nach Salaga, vermutlich 1899, bat ein Dagomba Mann Missionar Martin dringend, zu ihnen nach Yendi zu kommen. Für ihn verbindet sich das mit der Vision des Paulus »Komm herüber und hilf uns«.[35] Auch der Geologe Hupfeld, Leiter einer ein-

---

[32] MIESCHER a.a.O., 19. Nach ADJAI PAULIN OLOUKPONA-YINNON, Tové 1895: Une page gommée de l'histoire du Togo, in: Peter Heine und Ulrich van der Heyden (Hgg.), Studien zur Geschichte des deutschen Kolonialismus in Afrika, Pfaffenweiler, 1995, 399ff, gab es blutige Zwischenfälle. Längst nicht alle Zwischenfälle im Norden wurden der Basis im Süden gemeldet. Mischlich berichtet von einem Gefecht des Grafen von Zech im Namabua-Gebiet im März 1896; vgl. Missions-Magazin 41 (1897). Komiteemitglied Pfr. D. Christ bemerkt in einem Schreiben um die Jahrhundertwende an das Komitee, dass im Norden »jedenfalls noch Kämpfe der Deutschen mit den Sudanhäuptlingen bevorstehen«, eine Vermutung, die durch Aussagen der Missionare gestützt wird. Sie machen Bekanntschaft mit einem deutschen Offizier, der sich seiner Eingriffe mit Waffengewalt brüstet. Das zeigt, dass die Kolonisierung Togos durch die Deutschen nicht so friedlich ablief, wie dies oft dargestellt wurde.

[33] Evangelisches Missions-Magazin 41 (1897), 188ff u. 249ff.

[34] An einem Treffen Inspektor Schreibers (Bremen) mit Basler Brüdern in Akropong am 24.02.1902 hält G. Martin fest, dass Mischlich die Reise nicht als Beispiel für Basler Strategie genommen werden könne. BMA D-1,75 Nr. 108, 2.

[35] So zu schließen aus einem Dokument im Dossier BMA D-1,104, Togo 1911-14, Beilage Martin, nicht datiert, aber vermutlich von 1908, wo er diese Geschichte er-

einhalb Jahre währenden geologischen Expedition im Hinterland der Kolonie, rät der Basler Mission dringend, in das Hinterland vorzudringen. »Es liegt im nationalen Interesse, dass dem Fortschreiten des Islam so bald wie möglich Halt geboten wird, und das kann [...] nicht dadurch geschehen, dass man die Heiden gewaltsam auf ihrer niederen Kulturstufe zurückhält, sondern nur dadurch, dass man ihnen eine andere Möglichkeit der Entwicklung zu einer höheren Kulturstufe bietet. Und das ist die Aufgabe der christlichen Mission.« Dafür müsse man allerdings von der bisherigen Methode des schrittweisen Vorgehens von Station zu Station abgehen. Nötig sei jetzt ein großer Sprung, mitten in jene sonst verlorenen Gebiete hinein.[36]

Zunächst stehen allerdings andere Entscheidungen an, die ein weiteres Vorrücken nach Norden überhaupt in Frage stellen.

8. Das Kreuz mit den Kolonialbehörden

8.1 Abtretung der Gemeinden in der Voltaregion an Bremen

Die Deutsche Kolonialverwaltung sah es nicht gerne, dass im Gebiet des Volta durch die Basler Mission eine andere Schul- und Kirchensprache (das Twi) benutzt wurde als das im Süden weithin gesprochene und von ihr bevorzugte Ewe. Sie befürchtet über das Twi britischen Einfluss auf ihre Kolonie und möchte eine einheitliche Sprache. Bruder Rösler meldet, dass »die deutschen Beamten in Togo mit unserem Missionsbetrieb in Togo unzufrieden seien und sehr absprechende Urteile verlauten lassen [...]. Es fehle an einer Europäerstation mit einem tüchtigen Missionar, die Leitung der Arbeit in Togo vom englischen Gebiet aus sei unerwünscht, die Gehilfen seien englische Untertanen. Der Hauptvorwurf aber ist, dass man in Twi unterrichte und predige, auch da wo wirklich Ewe gesprochen werde.«[37]

Um dem Wunsch der Regierung nachzukommen, würde es allerdings nicht genügen, einige Basler Missionare Ewe lernen zu lassen. Eine neue Gehilfenschule mit Deutsch und Ewe als Fächer und eine eigene Ausgangsbasis auf deutschem Gebiet wären erforderlich, also faktisch ein neues Missionsunternehmen. Da schien es sinnvoller, die Außenstationen von Anum an die in Deutsch-Togo arbeitende Bremer Mission abzutreten, wie das auch die Bremer Togo-Missionare bei ihrer Leitung beantragt hatten.

---

wähnt als »vor 9 Jahren« geschehen. Ebenso erwähnt in einem Brief vom September 1901 in BMA D-1,74 Nr. 75b.

[36] Evangelisches Missions-Magazin 49 (1899), 472, Mission und Islam im Togogebiet von Bergassessor Fr. Hupfeld, u. ebd. 478f.

[37] Komitee Protokolle 1901, 13. Sitzung vom 22. März, § 272.

Mehr noch, bei Gesprächen zwischen Baslern und Bremern im Beisein Inspektor Schreibers (Bremen) in Anum und Akropong (1902) erfahren die Basler zu ihrem Erstaunen, dass die Bremer Brüder das Vordringen der Basler in Nkonya und Boem als »einen Riegel gegen ihr eigenes Vordringen nach Norden« empfunden hätten, obgleich eine frühere Abmachung zwischen Basel und Bremen aus dem Jahre 1888 den Baslern die Freiheit lässt, »rechts des Dayi-Flusses« - im Goldküste Atlas von 1945 als Sprachgrenze zwischen Ewe (links) und Twi (rechts) ersichtlich - weiter zu arbeiten, weil dort eben nicht Ewe, sondern Twi gesprochen werde.[38] Was die Bremer Brüder zum Umdenken geführt hat, wird nicht erwähnt.

Das Komitee in Basel, das die entsprechende Anfrage verhandelt, bittet im Juli 1901 die leitenden Brüder der Goldküste und die Station Anum um eine Stellungnahme. Sie tun dies, einige von Europa aus. Im Detail sind sie sich nicht einig. Allen aber geht es darum, wie kommen wir in nützlicher Frist in den Norden? Scharf verurteilen einige das Ansinnen der deutschen Kolonialregierung, Ewe als Landessprache durchzusetzen. Ewe sei »in Boem, Akpafo und Krakye nicht zu Hause«. Mehr noch: »Wenn das eine gerechte Forderung wäre [...], so müssten wir ohne weiteres nachgeben, weil sie aber nicht gerecht ist und nur Handelsinteressen zu Grunde liegen [...] so bedaure ich sehr, dass das Komitee einwilligen will.«[39] Die Einstellung der Regierung habe sogar einen Teil der Bevölkerung veranlasst, auf das englische Gebiet bei Aboso überzusiedeln.

Missionar Martin setzt sich mit dem Vorwurf der deutschen Kolonialregierung auseinander, die Verwendung des Twi durch die Basler fördere den britischen Einfluss, und weist nach, dass ohne Zutun der Basler, nämlich durch den Odente-Kult, den Handel und die Minen auf der Goldküste dieser Einfluss in Zukunft vorhanden sein und wachsen wird. Und er schreibt, »[aber es drängt] sich mir je länger je mehr die Überzeugung auf, dass die Basler Mission trotz der Schwierigkeiten, die uns von Seiten der deutschen Regierung wegen der Sprachenfrage gemacht werden, kein Recht hat, ihre Togo-Mission an die Bremer Gesellschaft abzugeben.«

Für eine zukünftige Arbeit im Norden werden verschiedene Varianten erwogen, einmal die Aufteilung Togos unter die Bremer im Osten (Tschautschogebiet) und die Basler im Westen (Dagomba), oder dann die Möglichkeit, über britisches Gebiet ins Dagombareich zu gelangen.[40] Eine Umstellung auf Ewe im betreffenden Gebiet sei für die Basler nur unnötiger Kraftverschleiß, weil im Norden dann andere Sprachen nötig werden, schreibt Mohr. Darum „möch-

---

[38] Briefliche Mitteilung G. Martins vom 3. März 1902 an das Komitee in Basel (D-1,75 Nr. 112, 1) mit Berufung auf Kom Prot. vom 6. Sept 1888, § 519.

[39] J. Müller, D-1,74, Nr. 74.

[40] Mohr, Nr. 69, 4, und Nr. 29: »Auch Bruder Ramseyer dürfte für dieses westliche Netzauswerfen sein, wenn es mit Asante nicht so rasch geht, wie er denkt.«

te ich hervorheben, dass wir, um einmal eine Hinterlandmission beginnen zu können, die jetzt geplante Inangriffnahme eines dritten Sprachgebiets nicht notwendig brauchen.«

Die meisten plädieren für Weiterführen und Widerstand gegen die Kolonialverwaltung. Nur einer, ein Schweizer, Missionar Zürcher, begründet das Weitermachen damit, dass »einer deutschen Mission das deutsche Togo nicht gleichgültig sein« könne. Davon aber, dass die Mission im Dienste der Kolonialverwaltung stehen könnte, findet sich keine Spur.[41]

Im Komitee in Basel sind die Meinungen geteilt. Das machen die Protokolle deutlich. Unter dem Titel »Eine wichtige Frage« wendet sich 1902 der Präsident, der Schweizer Pfr. Miescher, im Heidenboten an die Freunde der Mission, in dem er verschiedene Aspekte der Togofrage hin und her bewegt: »Sollten wir [...] nicht lieber auf dem andern Weg tiefer ins Innere vordringen, etwa von Kumase aus, wohin nun bald die Eisenbahn fährt, nach Salaga und Dagomba hinein und da die Bearbeitung einer Sprache aufnehmen, die wieder für ein weites Bevölkerungsgebiet ausreichen würde?«[42]

Ganz anders urteilt Inspektor Oehler ein Jahr später. Im August 1902 hatte die Basler Mission die Übergabe ihrer Volta-Mission mit Bremen vereinbart. Fast gleichzeitig war sie angefragt worden, ob sie die Mission der amerikanischen Presbyterianer im südlichen Kamerun zu übernehmen bereit wäre.. Im Heidenboten fragt Insp. Oehler unter dem Titel »Lass mich deinen Weg wissen«, ob man sich wegen der schwierigen finanziellen Lage einschränken müsse, etwa auf der Goldküste oder in Indien, um Kapazitäten für die angetragene Aufgabe freizubekommen. »Der Schwerpunkt unserer Missionsarbeit, der früher in den englischen Kolonien Indien und Goldküste lag, würde dann nach dem deutschen Gebiet verschoben. Obwohl wir grundsätzlich die Mission nicht in den Dienst der deutschen Nationalen Sache stellen, überhaupt nationale Gesichtspunkte in Sachen des Reiches Gottes nicht entscheiden lassen dürfen, so liegt es doch in der gesamten Entwicklung, dass deutsche Missionen in deutsche Gebiete geführt werden; denn in den englischen Kolonien wird den deutschen Missionaren die Arbeit immer mehr erschwert, weil die englische Schulgesetzgebung und der steigende Einfluss der englischen Sprache immer grössere Ansprüche an die Ausbildung der Missionare im Englischen stellen.«[43]

Standen für Miescher Sprachprobleme und andere Schwierigkeiten von Seiten der Deutschen Verwaltung als Hindernis im Vordergrund, sind es jetzt die Briten. Ging es bei Miescher um ein Abwägen sachlicher Möglichkeiten zur Aufnahme einer neuen Arbeit im Norden, stehen bei Oehler Fragen des nationalen Interesses im Vordergrund. Man will zwar »grundsätzlich die Mis-

---

41 A.a.O. Nr. 70. Nach Komitee Protokoll vom 2. Okt. 1902, § 893, war der Generalausschuss einstimmig für die Abtretung, die Station Anum ebenso einmütig dagegen.

42 Heidenbote, 75 (1902), 18.

43 Heidenbote 76 (1903), 1.

sion nicht in den Dienst der deutschen Nationalen Sache stellen«, tut es aber eben doch - mit dem Vermerk, dass »deutsche Missionen in deutsche Gebiete geführt werden«. Erstaunlich ist dabei, dass die Basler Mission so ohne weiteres als »deutsche Mission« angesehen und der 18 Jahre zuvor beschworene internationale Charakter der Mission vergessen wird.

Die Vereinbarung mit Bremen sieht die schrittweise Übergabe der Stationen und Gemeinden in die Betreuung der Bremer Gesellschaft vor, aber nicht, um das Hinterland aufzugeben, wie verschiedene Brüder es befürchtet hatten. Im Gegenteil. Der Vertrag lässt die Türe für eine spätere Arbeit im Norden auch in der deutschen Kolonie ausdrücklich offen. Außerdem bittet die Leitung in Basel den Generalausschuss der Goldküste und die Brüder der Station Anum um weitere Informationen über die Möglichkeiten einer Arbeit im Hinterland, ob von deutscher oder von englischer Seite aus.[44]

Die Schwierigkeiten in dieser Region ergaben sich allerdings nicht nur aus der rigiden Sprachregelung der Deutschen. Mohr schreibt 1903, als die »Basler« Gemeinden nach und nach an die Bremer Mission übergeben wurden, dass viele Menschen, auch Christen, aus dem deutschen Gebiet ins britische auswandern und dass die deutsche Verwaltung, um diese Auswanderung einzudämmen, administrative Maßnahmen wie Passzwang und Geldhinterlegung an der Grenze ergreife, die den normalen Verkehr zwischen den Gemeinden schier unmöglich mache und die Unzufriedenheit unter der Bevölkerung der deutschen Kolonie schüre. Am meisten verbittere die Fronarbeit die Menschen, nur Säger würden bezahlt, »mindere Arbeiter« nicht.[45]

In der Beurteilung der Lage sind die Brüder auf der Goldküste gespalten. 1905 beklagen sich einige über »Schikanen« seitens der britischen Regierung,[46] andere betonen deren Freundlichkeit und guten Willen. Unverkennbar ist, dass die deutsche Kolonialverwaltung der Basler Mission im Blick auf eine Arbeit im Hinterland Togos erhebliche Schwierigkeiten bereitete. So schreibt Mohr einmal: »Graf Zech ist ein Politiker und ist der Mission nur dann und so lange freundlich gesinnt, als wir seine Pläne nicht stören. Er ist's der uns der Sprachenfrage wegen aus Togo verdrängt hat.« Fast noch schärfer äußert er sich in einem Brief an Komitee-Mitglied W. Preiswerk, Basel: „[...] der nun Gouverneur gewordene Graf Zech [hat] das 'Asante' förmlich verboten, und dies aus politischen Gründen (um damit auch den Handel zwischen Goldküste und Togo zu unterbinden).«[47]

---

44 Komiteeprotokoll 1901, 36. Sitzung vom 16. Okt.

45 A. Mohr, Bericht über eine Reise in unser Voltagebiet, vom 3. April 1903, D-1,78 Nr. 43.

46 Das konkrete Beispiel zeigt, dass die Basler gleich behandelt wurden wie die Methodisten.

47 Mohr an das Komitee 18.11.1907 (D-1,87 Nr. 81), resp. an W. Preiswerk, Basel, vom 26. Dez. 1906 (D-1,85 Nr. 76, 1).

8.2 Nordwärts in Aschanti?

Mit der Übergabe der Voltaregion an Bremen und der Ablehnung der Anfrage zur Übernahme der Missionsarbeit in Südkamerun gewinnt Aschanti wieder mehr Bedeutung. Dem gängigen Denkschema folgend, konnte der erzwungene Verzicht auf die Gemeinden in Süd-Togo auch als göttlicher Wink verstanden werden, in Aschanti weiter vorzudringen.[48] 1904 unternehmen Missionar Jehle und Pfr. Clerk eine Erkundungsreise ins nördliche Aschantigebiet. Das Ergebnis ist nicht sehr ermutigend. Die Gegend nördlich von Kumasi, auch das Mo-Gebiet nördlich von Kintampo, seien dünn besiedelt und für die eigentliche Missionsarbeit nicht gut geeignet. Eine Schule aber könne hier zum Blühen kommen.[49] Im nordwestlichen Aschanti schien die Lage verheißungsvoller. Aber man wollte erst den Entscheid Basels abwarten, ob die Arbeit unter den Nicht-Twi-Redenden nördlich des Volta voranzutreiben sei. Dafür könnte dann Kintampo die Ausgangsbasis sein.[50]

Im folgenden Jahr, 1905, wünscht die Basler Leitung von der Generalkonferenz der Goldküste Richtlinien für die weitere Entwicklung der Mission in Aschanti und den angrenzenden Gebieten. Bruder Perregaux, früherer Mitarbeiter Ramseyers, hält das Einführungsreferat.[51] Er beschränkt sich auf die Frage der Ausdehnung der Arbeit von Aschanti aus und auf die Frage, wo allenfalls eine zweite Hauptstation anzusiedeln und wo eine Schule einzurichten sei. Er weiß von Schwierigkeiten mit der britischen Kolonialbehörde, aber auch vom Bedauern eines Captains darüber, dass die Basler nicht in Aschanti arbeiten wollten. Ergebnis seiner Überlegungen ist, dass Mampong als Schulort am besten geeignet, eine zweite Hauptstation zu gründen und die Arbeit nach Norden auszudehnen sei.

Die Diskussion allerdings dreht sich im Folgenden fast nur um die Frage Ausdehnung der Arbeit nach Norden, von Aschanti aus oder im deutschen Togo. Missionar Dietrich vertritt die deutsche Position besonders vehement. »Wir arbeiten heute nur für die Engländer. Ich bin dafür, dass man die Asantemission beschränkt. Die Deutschen Neger stehen uns näher als die englischen.« Darauf bittet ihn Perregaux, die Politik aus dem Spiel zu lassen. »Wir arbeiten nicht für England [...] noch für Deutschland, sondern wir wollen die Twi-redenden Völker zur Bekehrung bringen.«

---

48 Die Basler Leitung möchte in diesem Zusammenhang Ramseyer wieder aussenden und stößt dabei auf den Widerstand der Brüder von der Goldküste. Die vorgegebenen Gründe lassen durchschimmern, dass es neben sachlichen noch andere Erwägungen gab. Dass er den Briten viel näher stand, als einigen der betont Deutschen lieb war, und sich für die Weiterarbeit im Norden Aschantis und gegen eine solche in Deutsch-Togo einsetzte, dürfte eine Rolle gespielt haben.

49 Bericht von Reise nach Kumase 1903, D-1,78, Nr. 65.

50 Bericht über Reise Jehle und Clerk 1904, D-1,80 Nr. 43, 2.

51 D-1,83 Nr. 63, Beilage zum Protokoll der Generalkonferenz (Nr. 60).

Neben Dietrich treten auch die Missionare Josenhans, Jäger, Kölle, Rottmann und der Schweizer Lädrach für Nordtogo ein, für den Zugang nach Norden über britisches Gebiet Perregaux, Gsell, Groh, Mohr und Martin, die drei letzteren in eher zurückhaltender Weise. Die Spaltung betrifft nicht etwa die nationale Herkunft der Brüder. Gsell, der sich fest an den Schweizer Perregaux hält, ist Deutscher, Groh, Mohr und Martin ebenfalls. Zürcher, der andere Schweizer, der an anderer Stelle für Togo votierte, war noch nicht angekommen. Der Eindruck ist nicht von der Hand zu weisen, dass inzwischen die Alldeutsche Gesinnung, die sich in diesen Jahren bis in die hintersten Dörfer und Gemeinden des deutschen Reiches breit machte, auch unter den Brüdern der Goldküste an Terrain gewonnen hatte. Macht sich hier das Ausscheiden Ramseyers bemerkbar?

Bei der Schlussabstimmung werden vier Anträge gestellt und wie folgt entschieden:

1. Von einer Hinterlandmission in Aschanti sei für immer abzusehen: einstimmig
2. Sobald als möglich sind einige Brüder mit der Vorbereitung einer Togo-Hinterlandmission zu beauftragen: 20 Ja, 2 Nein (Gsell und Perregaux)
3. Im Aschantigebiet, soweit es mit Twi bearbeitet werden kann, weitergehen und eine 2. Hauptstation gründen: 16 Ja, 6 Nein
4. Die Weiterentwicklung Aschantis soll eine Togomission nicht beeinträchtigen: einstimmig

Zu dieser Generalkonferenz und ihrem Ausgang gibt es eine kritische Stellungnahme. Am 18. Juni nimmt F. Ramseyer Stellung zum Bericht seines Neffen Perregaux über die Konferenz.[52] Im Zusammenhang mit der möglichen Versetzung Perregaux' nach Abetifi bemerkt Ramseyer, es sei wichtig, dass ein Nachfolger in Kumasi nicht »anglophob sei, wie manche unserer Brüder«. Er veranschaulicht das mit den Äußerungen Dietrichs und Josenhans und schreibt dann: »Diese Antipathie gegen die Engländer tut mir weh. Was hatten wir nicht während des Burenkrieges anzuhören. [...] Dieser Nationalhass darf unter Missionaren nicht stattfinden, er schadet uns.«

Zwar habe man etwas von Perregaux' Vorschlägen angenommen. »Es wurde aber stark betont, dass etwas im Norden von Togo angefangen werden soll. Man will scheints durchaus eine deutsche Mission haben, ob es erwünscht ist oder nicht. Ich habe natürlich nichts dagegen, aber diese Antipathie gegen alles was englisch ist, ist nicht am Platz. Ich weiss, dass die englische Regierung uns manche Schwierigkeiten in den Weg gelegt hat und noch legen möchte [...] wenn man bestimmt, aber immer höflich mit ihnen spricht, so ist die Regierung nicht abgeneigt, die Angelegenheit zu untersuchen. Und unter welcher Regierung entstehen nicht solche Schwierigkeiten? Wenn die

---

[52] Personalfaszikel Ramseyer (Nr. 627) unter dem Datum vom 18.6.1905.

Brüder nichts mehr von der englischen Regierung wollen, warum bleiben sie dann auf der Goldküste?«

Im folgenden Jahr schreibt der Generalausschuss ganz im Sinne der deutsch-nationalen Voten von 1905, man frage sich, ob nicht die »englische Regierung selbst uns Schwierigkeiten zu bereiten vor hat [...] und ob nicht die Schwierigkeiten, die unserer Arbeit im englischen Gebiet entgegenstehen, uns darauf hinweisen, mit einer Hinterlandmission in Togo so bald als möglich anzufangen.«[53]

8.3 Oder doch in Togo?

Im Januar 1906 sollen Mohr und Martin die vom Komitee beschlossene Erkundung im Norden Togos in Angriff nehmen. Nun sperrt sich ausgerechnet die viel gepriesene deutsche Verwaltung. Zuerst will Gouverneur Graf von Zech die Reise nicht bewilligen, tut es dann doch, jedoch nur nach festgelegter Route, von der die Reisenden weder links noch rechts abweichen dürfen. An einer Besprechung Ende Januar legt er fest, dass das nördliche Gebiet aus Gründen der Sicherheit für die Missionare erst geöffnet werden könne, wenn auch die geplante Eisenbahnlinie nach Norden gebaut sei.54 Missionare Däuble (Bremen) wie auch Sekretär Würz (Basel) mahnen zur Vorsicht. Däuble nennt verschiedene Punkte, die im offiziellen Protokoll fehlen: »Graf Zech hat jedenfalls die hier aufgeführten Punkte unserer Verhandlungen absichtlich im Protokoll weggelassen, insbesondere die Zurückziehung seines Versuchs, durch Geltendmachung der Unsicherheit die Reise Martins zu verzögern, um bei etwa eintretenden Schwierigkeiten mit dem offiziellen Protokoll gedeckt zu sein.«55

Würz geht in seiner Kritik wesentlich weiter: »Was zur Vorsicht mahnt [...] neben dem etwas auffallenden Mass von Freundlichkeit ist der Frontwechsel, den der Gouverneur vorgenommen hat. Zuerst hat er geschrieben, er könne die Reise unserer Brüder in den Norden nicht gutheissen, da er nicht für die persönliche Sicherheit der Missionare garantieren könne. Nachher bei der Konferenz ist von derartigen Bedenken nicht mehr die Rede, dagegen erscheint der Graf ängstlich bemüht, die konfessionelle Parität zu wahren. Und versucht zu diesem Zwecke unsern Missionaren Zugeständnisse aufzudrängen, die zu verlangen er kein Recht hat. [...] bedenklich ist [auch], dass ein Versuch gemacht worden ist, uns hinsichtlich der Wahl eines Arbeitsfeldes unter die Vormundschaft des Gouverneurs zu bringen, und dies ist umso

---

53 Brief Generalausschuss an Komitee vom 24. Mai 1906 (D-1,85 Nr. 25). In diesem Brief wird auch die Errichtung einer zweiten Hauptstation in Aschanti wieder in Frage gestellt.

54 Brief vom 16. Jan. 1906, D-1,85 Nr. 53.

55 D-1,85 Nr. 54, Protokoll des Gouverneurs.

schwerer zu beurteilen, da der Versuch weniger im Interesse der Parität, als im Interesse der Katholiken gemacht worden ist.«[56]

Die Reise findet nach der vorgegebenen Route statt. Martin schreibt einen 60 Seiten langen Bericht über alles, was sie erlebt und gesehen hatten, ohne die grundsätzlichen Fragen anzugehen. Diese folgen aus der Hand von Mohr aufgrund von konkreten Fragen des Komitees: Wie groß ist die Bevölkerung? Wie steht es mit den Sprachen, mit Wirtschaft und Religion, mit dem Islam und den Dienern Roms? Er bemerkt unter anderem:[57]

»(3) Durch Verbot und Abschaffung gewisser Fetischbräuche hat man diesen heidnischen Stämmen sozusagen ihren Gott genommen, aber nichts dafür gereicht. Da sind diese Stämme jetzt leicht anfällig für den Islam. [...] Es muss deshalb die Missionsarbeit nun einsetzen, diese Stämme alle müssen mit dem Evangelium Christi bekannt gemacht werden, jeder Verzug ist unheilbringend. [...]

(6) Wenn die Katholiken mit ihren reichen Mitteln einmal die armen [...] unzivilisierten Hinterlandstämme zu blenden anfangen, dann wird das Volk in ihrem Banne liegen. Gott verhüte es!

(7) Die Möglichkeit einer mohammedanischen Invasion kann die Mission nicht abhalten, ihre Arbeit sobald als möglich zu beginnen. Ob eine feindliche Bewegung der Muhammedaner eintreten wird, das weiss Gott allein.«

Auf Grund dieser Informationen stellt Mohr folgende Anträge:

1. Die Basis für eine Hinterlandmission muss im Hinterland liegen. Weil der Westen mit Dagbane zu bearbeiten ist, kann kein anderer Ort als Yendi in Frage kommen.
2. Mit der Erlernung der Dagomba-Sprache käme man anderswo nicht weit.
3. Die Erstellung von besseren Verkehrswegen und der Eisenbahn sind zeitlich noch ungewiss. Weil die Sprache zu lernen, der Aufbau und die Ausbildung von Gehilfen ca. 10 Jahre benötigen, müssen wir jetzt dran gehen.
4. Haussa als Einstiegssprache: Missionare sollen Haussa lernen bevor sie ausziehen.
5. Unter den ersten Missionaren müsste ein Arzt sein. Das haben wir den Katholiken und Mohammedanern voraus.
6. Von Anfang sollen wir Lehrlinge halten, so lange bis sie tüchtig sind und Dagbane lesen und schreiben können.

---

[56] Schreiben F. Würz vom 10. März 1906.

[57] A. Mohr, Antrag zur Gründung einer Station Yendi, D-1,85 Nr. 74 (handgeschrieben) und 75 (maschinengeschriebene Zusammenfassung für das Komitee).

7. Personal: Br. Martin käme in Frage oder sonst ein Freiwilliger. Von Europa ein Arzt und zwei junge Brüder. Später ein 2. Ehepaar von der Goldküste.
8. Erholung bei Bremern in Akpafo oder bei der Regierung in Basari.
9. Reiseweg: Eisenbahn Lome-Kpalime, über Krakye-Bimbila-Yendi mit Rad oder Pferd. Motorwagen wäre gut wegen Zeitersparnis.
10. Eingeborene Gehilfen sind an Ort und Stelle heranzuziehen.

Im Januar 1907 legt Insp. Oehler dem Komitee Gründe für und gegen eine neue Mission im Togo Hinterland vor. Unter den Gründen für eine solche Arbeit nennt er das Interesse an der deutschen Kolonie, ihre Notwendigkeit wegen des Vordringens des Islam und der Katholiken und die freundliche Haltung der Beamten wie der eingeborenen Bevölkerung. Dagegen sprächen, dass die Kolonialbehörden erst den Ausbau der Bahn nach Norden wünschen, das Fehlen einer Basis an der Küste, sowie der Mangel an persönlichen und materiellen »Kräften« für das Unternehmen. Während er die drei Punkte, die für die Aufnahme der neuen Arbeit sprechen, ohne kritische Bemerkungen dazu einfach nennt, verfährt er mit den Gründen, die dagegen sprechen anders. Jeden einzelnen Punkt entkräftet er in einigen Sätzen. Obwohl der Bedarf an Personal die Möglichkeiten des Missionshauses überschreiten würde, weiß er um günstige Umstände. »Ermutigen kann uns die Erwägung, dass die gegenwärtige 2., 3. und 4. Klasse der Zöglinge verhältnismässig gross ist, so dass für die nächsten Jahre die nötige Zahl der neuen Brüder vorhanden wäre; ferner in betreff der Finanzen würde eine Unternehmung in Togo die deutschen Missionsfreunde zur Unterstützung unserer Mission ermuntern.«[58]

W. Preiswerk aus Basel äußert schwere Bedenken. Es ist nicht auszuschließen, dass sich auch bei ihm hinter den Sachgründen politische Motive verbergen. Er hatte Mohr, der im Urlaub in Deutschland weilte, eine Reihe von Fragen gestellt und von diesem eine ausführliche Antwort erhalten. Preiswerk lässt den Inspektor wissen:

»(1) Meine Bedenken, dass die Leistungsfähigkeit des Missionshauses, aus dem pro Jahr normaliter 14 Missionare hervorgehen, nicht genüge [...] sind nicht widerlegt, sie sind bekräftigt worden.

(2) [...] es ist wohl auch Glauben, wenn wir den Missionsfreunden sagen: Seht, wir gingen gerne, es wäre so recht eine Aufgabe für uns, aber wir haben die Arbeiter nicht und müssen doch das Begonnene pflegen und ausbauen. [...]

(4) Mit einer einzigen Station, etwa Yendi, ist es niemals getan. Soll die energisch sich wehren können gegen Islam, Katholizismus und zunehmendes Europäertum?

---

[58] Äußerungen des Inspektors über die Togo-Mission, 17. Januar 1907, D-1,85 Nr. 77, 5.

(5) Trotz allem, was zu Gunsten des Projektes vorgebracht wird, glaube ich entschieden, dass wir dermalen nicht im Stande dazu sind. Die Geldfrage hätten wir, glaube ich, nicht zu fürchten, aber die Personalfrage.«[59]

Das Komitee entscheidet sich trotzdem für die Mission in Nordtogo. Am 4. März 1907 geht ein Brief an die Kolonialabteilung des Kaiserlichen Auswärtigen Amtes mit Bitte um eine Äußerung, ob einer Niederlassung der Basler Mission im Hinterland der Kolonie Togo seitens der Kolonialregierung ein Hindernis entgegenstehe.

Es wird festgehalten, dass es sich um das Gebiet von Yendi handle und die »Unternehmung nicht als eine Ausdehnung der Goldküsten-Mission in das deutsche Gebiet gedacht« sei. Die geplante Mission solle ihre Basis in Togo selber bekommen.[60] Doch alle Mühe ist umsonst. Über den Geheimrat Berner in Berlin erhält Basel die Antwort des Kolonialamtes. Am 1. April 1907 ergeht von Basel ein Schreiben an sämtliche Stationen auf der Goldküste. »Liebe Brüder, heute muss ich Ihnen mitteilen, dass nach einem Schreiben Herrn Geheimrats Berner aus Berlin Herr Kolonialdirektor Dernburg sich entschieden auf den Standpunkt des Gouverneurs Grafen Zech stellt, dass eine Mission im Innern von Togo jetzt nicht zuzulassen sei. Wir halten zwar die Begründung [...], dass durch die Aufnahme der Missionstätigkeit der Erregung der Mohammedaner Nahrung gegeben werden könne, nicht für zutreffend, können aber angesichts dieser Haltung der Regierung nichts anderes tun als zuwarten. [...] die ganze Unternehmung ist für uns in Frage gestellt. Doch hat das Komitee noch nicht Aufgabe dieses Projektes, sondern Zuwarten beschlossen.«[61]

In einem späteren Kommentar bemerkt der Bremer Inspektor Schreiber zur Haltung der deutschen Kolonialbehörde: »Es dürfte doch wohl angezeigt sein, dass Gouverneur Graf Zech von der massgebenden Stelle aus veranlasst würde, Aufklärung über diese Sperrung Nord-Togos zu geben. Die Nachschrift Br. Däubles bestätigt mir ein auch sonst zu Ohren gekommenes Gerücht, die Beamten wollten in Nord-Togo noch völlig unbeobachtet sein. In verschiedenen Blättern wurde es schon als auffällig bezeichnet, dass man von Nord-Togo nichts zu hören bekommt.«[62]

Grund dafür könnte die grobe Verfehlung eines deutschen Offiziers sein, die eine Untersuchung nach sich zog.[63] Missionar Mohr äußert sich später da-

---

59 Schreiben an Insp. Oehler, D-1,85 Nr 78.

60 D-1,87 Nr. 79.

61 Komiteeprotokoll 1907, § 353, und als Schreiben an die Brüder, D-1,85, Nr. 81.

62 Däuble's Nachschrift vom 1. Okt. 1907 in D-1,87 Nr 78

63 Siehe auch Martin auseinander (D-1,87 Nr. 91, vom 27. Nov. 1917, 4): »Was Oblt Riek, stellvertretender Bezirksleiter vom Yendi-Mangu-Bezirk, für ein Mensch ist, habe ich Herrn Insp. schon vor Jahren mitgeteilt. [...] Allem Anschein nach dürfte Herr Brückner Ähnliches erfahren haben«; H. Huppenbauer, Bericht über die Reise nach Moab

zu: »Es ist uns 1906 aufgefallen und nicht erklärlich geblieben, dass man uns die Reiseroute gleich vorschrieb und uns nicht erlaubte, gewisse Stämme im Norden zu besuchen, während andere das durften. [...] man hat vielleicht befürchtet, dass wir spionieren und den Beamten Unannehmlichkeiten bereiten. Ob Graf Zech nach K. Peter's Rezept die Stämme im Hinterland Togos möglichst lange mit Schulen verschonen will, um sie leichter regieren zu können?«[64]

9. TAMALE ODER TOGO? DIE ENTSCHEIDUNG

Die Frage der Ausdehnung der Arbeit nach Norden lässt die Brüder jedoch nicht zur Ruhe kommen. Bremen bedauert die Stellungnahme der Regierung. Man hätte auf ein mutiges Angebot der Basler eine mutige Antwort der Kolonialverwaltung erwartet und bleibt dabei, dass nur Basel in der Lage sei, diese Arbeit im Norden anzupacken.[65] Basel wartet zu und gibt den Brüdern, welche die Arbeit auf der Goldküste an eine britische Gesellschaft abtreten möchten, die klärende Weisung, dass die Mission wegen Schikanen der britischen Regierung das Feld auf der Goldküste nicht räume.[66]

Da meldet sich der Gouverneur der Northern Territories der Goldküste, Lt.-Col. Watherston, im April 1909 und lädt die Basler Mission ein, in Tamale eine Arbeit aufzunehmen. Natürlich geht es ihm in erster Linie um die Eröffnung einer Station der Missionshandlung. Aber in Tamale gibt es auch eine Christengemeinde, die Ausgangsbasis für eine Arbeit im Norden bilden könnte. Vieles spricht für diese neue Wendung. Beamte aus dem Regierungsdienst geben Informationen, der ehemalige Missionskaufmann Hutter, jetzt selbständiger Unternehmer, spricht sich sehr dafür aus. Sogar Josenhans, der sonst für die Arbeit im britischen Norden wenig Begeisterung aufbrachte, schreibt: »Ist es nun nicht ein wunderbares Zusammentreffen, dass mir dieser Brief des Commissioners in die Hände kam, als ich mich in Gedanken mit Vordringen ins Innere zum Hinterland [der Goldküste] beschäftigte [...]? Nachdem das nun sicher ist, kann uns nichts hindern, Vordringen ins Innere [auf der englischen Seite] gründlich in Erwägung zu ziehen. Es ist sogar eine lebenswichtige Aufgabe für unsere Goldküsten Mission, ob wir diesen Schritt tun oder nicht.«[67]

Andere Glieder des Ausschusses scheinen ebenfalls unter diesem Eindruck zu stehen. Rottmann steht dazu, dass ihm eine Arbeit in Togo sympa-

---

und Gurma 1913; er berichtet einmal von einem deutschen Offizier, der sich seiner Gräueltaten im Norden rühmt.

64 Mohr an Komitee, 18. Nov. 1907, D-1,87, Nr. 81.

65 Schreiber an Josenhans 1907, D-1,87, Nr. 76.

66 So in Brief Josenhans' an Oehler vom 14. Juni 1909, D-1,91 Nr. 94, 3 Mitte.

67 A.a.O., 4.

thischer sei, aber dieses Angebot müsse geprüft werden. Zürcher weiß, dass die Mehrheit der Brüder Togo vorziehen würde, sieht aber über Tamale einen leichteren Zugang zum Norden als über Nordtogo. Und Groh möchte bei seiner nächsten Missionsreise gleich noch Tamale anschließen und von dort einige Schüler mitbringen.

In Basel ist man zunächst angetan von dieser Wendung der Dinge. Sarasin unterstützt Grohs Reisepläne, ebenso Christ. Pfleiderer hat sich mit Preiswerk abgesprochen und kommt zum Schluss: »Die Annahme von Josenhans, dass Mission im Hinterland der Goldküste (Dagomba) nur durch Mission im Hinterland von Togo betrieben werden könne, teilen wir nicht.« Der Reise von Groh stimmt das Komitee in Basel zu, jedoch als Kommission von mindestens zwei Brüdern, und nach gründlicher Vorbereitung mit Karten und Berichten früherer Reisen. Mohr, noch immer im Heimaturlaub, kommentiert aus Kirchheim, dass offenbar der Aberwille gegen das Goldküste-Hinterland ins Gegenteil umgeschlagen habe.[68]

Die Stimmung hält allerdings nicht lange. Josenhans ist nicht bereit, mit Groh nur Tamale und nicht gleichzeitig auch das deutsche Gebiet zu besuchen. Dem Plan aber, von Englisch-Dagomba nach Deutsch-Dagomba hinüber zu reisen, muss das Komitee entschieden entgegentreten. Dies würde von beiden Kolonialregierungen ungern gesehen.[69] Die Besprechung mit Zech findet im September trotzdem statt. Josenhans legt ihm die neue Situation dar, nicht ohne darauf aufmerksam zu machen, dass gerade die kolonialfreundlichen Kreise in der Heimat die Arbeit im Togo wünschen. »Ich legte dar, wie es der Wunsch der hinter uns stehenden Missionsgemeinde sei, dass wir in deutschen Kolonien arbeiten, und dass die Arbeit in den deutschen Kolonien auch in der Schweiz begeisterte Anhänger habe [...] Deshalb fragte ich, ob die Arbeit im Hinterland von Togo uns erlaubt würde. Exzellenz erwiderte, dass es ihm leid sei, eine bejahende Antwort nicht geben zu können, denn die Verhältnisse im Hinterland seien eben noch keine so geordneten, dass Weisse ohne Gefahr dort sich aufhalten können. Sein Vorschlag geht dahin, bis zur Eröffnung der Bahn von der Grenze des Namumbalandes, nördlich Boëm, also in Bimbila, zu beginnen. »Infolge obiger Darlegungen wird das geehrte Komitee sich zu entscheiden haben, ob trotz alle dem auch ferner noch an einer Fortsetzung von Tamale gedacht werden kann. Ich glaube überzeugend nach-

68 D-1,91 Nr. 109. Er legt auch eine Karte bei. Sie zeigt, dass im Grunde genommen der Weg von Kumasi ins Dagombaland weiter ist, als er von Boëm in Togo aus gewesen wäre. Richtig ist aber, dass man zu diesem Zeitpunkt in Togo etwas ganz Neues hätte aufbauen müssen, man für Tamale aber von der Küste her doch den Volta bis nach Kpong benutzen könnte, was den Weg nach Tamale und Yendi wesentlich vereinfacht.

69 Komiteeprotokoll 1909, § 961.

gewiesen zu haben, dass unsere erste Aufgabe darin besteht, dass wir nach Togo gehen.«[70]

Aufgrund dieses Berichts billigt das Komitee die Reise im resp. über das deutsche Hinterland.[71] Aber nirgends dürften irgendwelche Zugeständnisse gemacht werden, weder auf deutscher noch auf englischer Seite: »Einen Beschluss über die Gründung einer Missionsstation, sei es auf englischem oder deutschen Gebiet, kann das Komitee erst fassen, wenn der Bericht der mit der Untersuchung der Verhältnisse betrauten Kommission vorliegt. Das Komitee kann sich noch in keiner Weise binden und es werden darum der Generalausschuss und die reisenden Brüder angewiesen, auch ihrerseits in keiner Weise Zusagen zu geben, die später event. nicht erfüllt werden könnten« (a.a.O. §1336).

Josenhans' Empfinden, im Schreiben des Gouverneurs von Tamale einen göttlichen Wink zu erkennen, ist also wieder seiner alten Abneigung gegen den Vorstoß im britischen Gebiet gewichen. Rottmann bestätigt, dass die meisten Brüder sowieso »dem Zuge des Herzen folgend sich Deutsch-Togo zuwenden« würden. Nur Groh meldet Bedenken an: Ich »glaube, dass es hier gilt, nicht so ohne weiteres unsere missionspolitischen Entschlüsse durch politische Sympathien bestimmen zu lassen.« Durch die politischen Ereignisse sei das Volk der Dagomba als nächstes Ziel vorgelegt. Darum frage er, »sollen wir wirklich für diese Arbeit das dünn bevölkerte Namumba Land [...] oder eine Stadt im englischen Gebiet unter dem 10-20 mal grösseren Teil des Dagombavolkes wählen?«[72]

Auch der alte Ramseyer hört in der Schweiz davon. Nach der Rückkehr von einem Besuch in Basel findet er Berichte von Groh über dessen Reise nach Aschanti und schreibt darauf in bitterem Ton: »Vielmehr haben die Brüder Josenhans, Groh, Rottmann und Fisch wieder Togo im Sinn, und weil Br. Josenhans den Beamten in Lome sehen und sprechen konnte, soll jetzt wieder eine Reise nach Togo gemacht werden. [...] Ich bedaure aber, dass genannte Brüder der Meinung sind, wir müssten durchaus ins deutsche Gebiet, obschon wir Togo der Bremer Mission übergeben haben und wir da einen Sprung von über

---

70 Brief an Oehler, D-1,91 Nr. 119. Ganz anders Missionar Groh: »Ich halte die entscheidende Stellungnahme der dt Regierung für providenziell. Sie hilft uns, die nationalen Erwägungen auf ein richtiges Mass zu beschränken und im englischen Gebiet, wo sich jedenfalls die grössere Hälfte des Dagombavolkes befindet, in Tamale oder Savalugu die Arbeit aufzunehmen.« (D-1,94 Nr. 91), oder auch Martin am 27. Nov. 1907: »Die Stundenleute fragen nicht darnach, wo missioniert wird, ob in englischen oder deutschen oder unabhängigen Gebieten, sondern es ist ihnen einfach um die Ausbreitung des Reiches Gottes zu tun, dafür sind sie zu haben und tun mit.« D-1,87 Nr. 82.

71 Komiteeprotokoll 1909 §§ 961, 1076 und 1150.

72 Brief an Oehler, D-1,91 Nr. 119.

14 Tagereisen zu machen haben. Br. Josenhans lässt sich aber nicht abhalten«.[73] Damit hat er wohl recht.

Die Reise wird auch von deutscher Seite genehmigt. Erst im März 1910 allerdings können Josenhans, Groh und Dr. Fisch losziehen. Sie reisen von Anum nach Yendi im deutschen Gebiet, wenden sich von dort westwärts ins britische Gebiet nach Tamale, dann nordwärts ins Mobaland, wieder deutsch, und von Sansane Mangu durchs Konkomba- und Bassarigebiet über Atakpame nach Lome. Der Bericht darüber, von Dr. Fisch verfasst, erscheint in Buchform, reich bebildert und voller Enthusiasmus geschrieben. Die Richtung ist klar, das Hinterland von Deutsch-Togo. Aber auch jetzt hält Gouverneur Zech am Entscheid fest, die Grenzen erst zu öffnen, wenn die Bahn bis in den Norden gebaut ist.[74]

Am 30. November 1910 berät das Komitee über die Frage. Inspektor Oettli gibt eine Einleitung mit Beschreibung der Bedingungen, sowohl im britischen als auch im deutschen Dagombaland. Auch die Frage der Sprachen und Möglichkeiten für Handel nimmt er auf. Hauptargumente sind das Vorschreiten des Islam, was auch die Welt-Missionskonferenz in Edinburgh 1910 betont hatte, und das Vordringen der Katholiken.

Als Gründe, die für die eine oder andere Seite sprechen würden, führt er u.a. an:

- Dass schon jetzt die Bremer Mission durch die Katholiken an die Wand gedrückt wird, lässt einen Vorstoß von evangelischer Seite in Deutsch-Togo als dringlich erscheinen.
- Sowohl die deutsche als auch die britische Regierung wünscht, dass wir eine Hinterlandmission in ihrem Gebiete beginnen.

Als Hindernisse für die eine oder andere Seite werden genannt:

- Die Bremer sähen es im Grunde nicht sehr gern, wenn wir in Togo arbeiten. Sie hoffen immer noch, einmal ganz Togo bearbeiten zu können.
- Weil Yendi noch geschlossen ist, könnte man in Bimbila mit der Namumbasprache beginnen. Da dies aber nur ein Dialekt der Dagombasprache ist, ist davon abzuraten.
- Das britische Gebiet wäre bereits offen, man könnte sofort beginnen.
- Merkwürdigerweise zeigt sich unter den Goldküste Missionaren keine große Begeisterung für eine Arbeit auf britischem Gebiet. Solange aber die deutsche Regierung eine Arbeit im Hinterland von Togo verbietet, bleibt keine andere Wahl, als zunächst auf britischem Gebiet zu beginnen.

Direktor Oehler beleuchtet die Frage von anderen Gesichtspunkten aus. Wie steht es mit der Finanzierung, haben wir die nötigen Missionare, können wir

---

73 29. Okt. 1909, 2, D-1,91 Nr. 126.

74 Insp. Oettli, Denkschrift zur Hinterland-Mission in Togo 1912, D-1,94 Nr. 99.

das Risiko in Kauf nehmen? Er schließt mit der Feststellung, dass aufgrund der Fakten ein neues Missionsunternehmen nicht in Angriff zu nehmen sei, im Blick aber auf das Vordringen von Islam und Rom es sich frage, »ob da nicht ein Schritt des Glaubens getan werden müsse«. Für die Beschlussfassung sind folgende Sätze wichtig: »Es ist jedenfalls grundsätzlich eine Mission sowohl auf englischem als auch auf deutschem Gebiet ins Auge zu fassen, denn eine reine Togohinterland Mission würde eine protestantische Enklave mitten in mohammedanischem und katholischem Gebiet schaffen, die sich nicht auf die Länge halten könnte. Sie müsste Anschluss haben an eine protestantische Kirche unter den Stammesgenossen im Hinterland der Goldküste. So ergibt sich, dass man auch auf englischem Gebiet arbeiten muss und zwar zuerst, weil das deutsche noch verschlossen ist.«[75]

In der anschließenden Diskussion bleibt noch alles offen. Die Schweizer Mitglieder Preiswerk, Burckhardt und Christ äußern Bedenken, vor allem auch im Blick auf die Kapazität des Missionshauses und hinsichtlich des Mangels an Kandidaten für den Missionsdienst. Den letzten Punkt macht der Asienreferent Dipper zur entscheidenden Vorbedingung für eine weitere Ausdehnung des Werkes. Sekretär Anstein sieht in der Ausdehnung Richtung Tamale den natürlichen Abschluss der Arbeit auf der Goldküste und damit auch die Sicherung des bisher Erreichten. In die Richtung votieren auch Mühlhäuser, Sarasin und Christ. Bezeichnend wird aber die Aussage von Insp. Dipper sein, »das Vordringen des Islam sei an und für sich schon ein Ruf in die Arbeit, ganz abgesehen von anderen Winken. Wir können unmöglich dem Vordringen des Islam mit verschränkten Armen zusehen. Votant fühlt sich von den entgegengesetzten Motiven auseinander gezogen und könnte sich jetzt noch nach keiner Seite hin entscheiden. Auch abgesehen von der Togofrage sind wir genötigt, uns zu fragen, ob unsere Einrichtungen in der Heimat genügen, um den Bedürfnissen auf den schon besetzten Gebieten zu entsprechen.«

Entschieden wird nichts, unverzüglich jedoch ein Brief an das Kaiserliche Gouvernement von Togo geschrieben. Er nimmt die Fragen auf, die Gouverneur von Zech als Bedingung gestellt hatte. Nochmals wird nachdrücklich die Teilung entlang der sprachlichen Grenzen gefordert. Herbe Kritik übt das Komitee daran, dass der Gouverneur sich immer noch weigere, die Hinterlandsperre für die Mission aufzuheben: Der Vorschlag, zunächst in Bimbila anzufangen, »ist für uns leider darum undurchführbar, weil in Bimbila nur ein Dialekt des Dagomba gesprochen wird, den zur Schriftsprache zu erheben sich nicht lohnen würde. Es wäre darum dringend wünschenswert, dass die Regierung der Basler Mission erlaube, sich im Hauptort von Deutsch-Dagomba, in Yendi, niederzulassen. [...] Kann die Kaiserliche Regierung auf diesen Wunsch

---

75 Besprechung der Dagombafrage im Komitee, vom 30. November 1910, § 1336, D-1,94 Nr. 99.

nicht eingehen, so sähen wir uns [...] genötigt, die Mission in einer der Städte im englischen Dagomba zu beginnen, dort die Sprache aufzunehmen und eingeborene Gehilfen auszubilden. In diesem Fall wäre es uns von Wichtigkeit zu erfahren, ob die deutsche Regierung uns erlauben würde [...], auch einige im englischen Gebiet ausgebildete Gehilfen ins deutsche Gebiet zu versetzen.«[76]

Die Präferenz für ein neues Missionsunternehmen im Togo-Hinterland ist, anders als noch an der Sitzung vom 30. November, spürbar. Die Option, im britischen Gebiet zu beginnen, wird offen gehalten, um das Kaiserliche Gouvernement etwas unter Druck zu setzen.

Inzwischen bahnt sich auch in Togo ein Wechsel an. Die Antwort auf den Brief des Komitees kommt nicht mehr von Graf von Zech, sondern vom stellvertretenden Gouverneur Brückner, der nun seinerseits auf möglichst baldige Beschlüsse seitens des Basler Mission drängt. Er fühle sich von den Protestantischen Missionen im Stich gelassen, schreibt er via Däuble von der Bremer Mission an Josenhans, der damit seinerseits beim Komitee in Basel Druck macht. Die offizielle Antwort des stellvertretenden Gouverneurs an Basel aber lautet positiv. „[...] bezüglich der örtlichen Abgrenzung sei der Gouverneur noch zu Verhandlungen bereit, aber das müsse er jetzt schon bemerken, dass die Konkomba des Sokode-Bezirks nicht der Basler Mission zugewiesen werden könnten. Die Leute seien von ungestümem Freiheitsdrang erfüllt, unbotmässig, politisch schwierig zu behandeln. Die politische Grenzziehung, durch die ihr Gebiet mit Absicht durchschnitten worden sei, sollte daher nicht durch Zuweisung zu einer Mission unterbrochen werden. Das könne die erst begründete Autorität der deutschen Regierung erschüttern. Anders sei das mit den Dagomba östlich des Otiflusses. [...] Was die Aufhebung der Hinterlandsperre betrifft, so sei eine Vorbedingung dafür jedenfalls die Einigung der Missionsgesellschaften über die Grenztrennung. Auch die Öffnung Yendis sei dann wahrscheinlich möglich. Die Eisenbahn über Atakpame hinaus sei vorläufig zurückgestellt. Immerhin könnte die Basler Mission in Yendi beginnen. Zu bedauern wäre es, wenn die Basler Mission dann trotzdem die Basis für ihre Arbeit auf englisches Gebiet verlegen würde.«[77]

Die Antwort sei halb entgegenkommend, kommentiert Direktor Oehler, aber es bestünden offenbar politische Gründe, die den Gouverneur zu seiner Einteilung bestimmen, und die deutsche Regierung handle durchwegs in ihren Kolonien nach dem Grundsatz »Divide et impera«. Für Oehler ist die Option Togo klar. Er verweist dazu auf die Begeisterung der Brüder, die die Reise gemacht hatten. Entsprechend stellt er nun den Antrag: »Das Komitee solle beschliessen, eine Togo-Hinterland-Mission im Namen Gottes zu übernehmen.«

---

[76] Brief vom 12. Dezember 1910, D-1,94 Nr. 101.

[77] In der Zusammenfassung des Komiteeprotokolls der 11. Sitzung vom 22. März 1911, § 340.

Afrika-Inspektor Oettli votiert nach wie vor vorsichtig für die Goldküste, in aller Schärfe tut dies Preiswerk. »Hr. W. Preiswerk erklärt, dass er seinen Standpunkt gegenüber früher nicht verändert habe. Auf die Stimmung der Brüder draussen können wir nicht gehen. Was sie dafür und dagegen sagen, wird sich so ziemlich gegenseitig aufheben. Die Arbeit im Hintertogo wäre ein Dorado für Brüder, die gerne auf eigene Faust wirtschaften, es wäre auch niemand von den älteren Brüdern da, um dagegen zu wirken.« Auch Dipper bleibt bei seinen grundsätzlichen Bedenken.

Inzwischen befassen sich auch die Bremer mit den Anfragen Basels vom 15. Dezember 1910. Am 20. März schreibt ihr Vorstand:

»1) Ihre Befürchtung, dass Nord-Togo der muhammedanischen und katholischen Propaganda anheim fallen wird, teilen wir durchaus. Wenn in Nord-Togo auch kaum noch eine bewusste Propaganda des Islam stattfindet, wie vor einigen Jahren durch die später wegen politischer Umtriebe ausgewiesener Wanderprediger, so ist doch der Islam gleichwohl in einer eher stillen, stetigen Ausbreitung begriffen.

2) [...] Im Blick auf die schon jetzt bevorstehende kulturelle Entwicklung und der immer schärfer einsetzenden katholischen Konkurrenz in Süd-Togo [müssen wir] darauf verzichten, ein neues Werk zu beginnen, da unsere Kräfte für das alte Arbeitswerk kaum ausreichen.

3) Der Vorstand der Norddeutschen Mission und unsere Missionare in Togo können daher das Eintreten der Basler Mission in Nord-Togo nur begrüssen und sprechen gemeinsam die Bitte aus, sobald als möglich mit der Arbeit einzusetzen.

4) Wir glauben nicht, dass durch das Eintreten der Basler Mission in Nord-Togo der evangelischen Ewe-Mission in sofern eine Erleichterung erwachsen würde, als dann die katholische Mission einen Teil ihrer Kräfte aus dem Süden nach Norden ziehen würde. Dagegen würde unserer kleinen Mission durch das Eintreten der grossen Basler Mission in allgemeinen Fragen eine wertvolle Stärkung zuteil werden.«[78]

Die eigentliche Diskussion folgt erst eine Woche später am 29. März 1911. Fast unbemerkt haben sich die Kräfteverhältnisse verändert. Preiswerk, unterstützt durch Pfleiderer, bleibt bei seiner früheren Stellungnahme, Dipper bei seinen Vorbehalten, aber »nicht absolut«. Präsident Christ ist unsicher und neigt Dippers Vorbehalten zu. Oettli sieht die Dringlichkeit der Aufgabe, die auch den Gemeinden auf der Goldküste Impulse geben würde, und »stimmt mit Bedenken zu«. Auf der andern Seite die klaren Befürworter: Oehler, Zahn, inzwischen auch Anstein, Würz, Mühlhäuser und Sarasin. Die Diskussion, ob britisches oder deutsches Schutzgebiet scheint ausgeklammert, nur einmal, bei Würz, findet sie Erwähnung: »Dass uns das Geld dafür zukommen werde,

---

[78] In D-1,103 (Nord-Togo 1911–12) Nr. 9.

ist wahrscheinlich, besonders von Deutschland her, da es sich ja um die Arbeit in einer deutschen Kolonie handelt. [...] Man darf nicht vergessen, dass es gerade die reifsten und abgeklärtesten Goldküste-Brüder sind, die für die Togomission eintreten. In zweiter und dritter Linie kommt auch die Verpflichtung des deutschen Volkes, das unsere Arbeit zur Hälfte trägt, in Togo vorzugehen. Votant macht ausdrücklich darauf aufmerksam, dass er hier völlig objektiv rede, da er im Begriff stehe, Schweizerbürger zu werden.«[79]

Auch diesmal wird der Entscheid vertagt. Man sucht einen Ausweg. Könnten nicht die Breklumer einspringen und den Bremern auf ihrer Seite, also im deutschen Gebiet, helfen? Denn für alle wäre es die glücklichste Lösung, wenn die Norddeutsche Mission die neue Arbeit aufgenommen hätte. Aber diese für alle so bequeme Lösung erweist sich als Sackgasse. Die Breklumer wollen sich in Ostafrika engagieren. Die Bremer ihrerseits bekräftigen ihren früheren Beschluss: »Nach reiflicher Überlegung müssen wir bei unserm letzten Beschluss und bei unserer Bitte verharren. So gerne wir selbst in Nordtogo eintreten würden, die uns von Gott zur Verfügung gestellten Kräfte und Mittel machen uns jetzt einen solchen Schritt unmöglich. Wir bitten aber die Basler Mission, die Arbeit zu beginnen.«[80]

Basel nimmt beides zur Kenntnis. Der Gouverneur in Togo soll eine Antwort erhalten, die noch zu nichts verpflichtet, bevor nicht das Komitee und eine Vertrauensmännerversammlung den Beschluss gefasst haben. Am 12. April 1911 ist es soweit. Oehler betont die Bedeutung der Togo-Mission für die Arbeit auf der Goldküste. »Eine spätere Ausdehnung dieser Dagombamission [...]in das englische Dagombagebiet wird wahrscheinlich werden. Von diesem Gesichtspunkt aus gewinnt die Besetzung Hintertogos auch für die Goldküste eine Bedeutung. Die dort aufgenommene Sprache und die am Dagombastamm gemachten Erfahrungen können dann zugleich als Vorarbeiten für eine Goldküsten-Hinterlandmission dienen. Die Togo-Hinterlandmission würde es uns später erleichtern, dass wir auch auf der Goldküste ins Innere vordringen könnten.«

Für Oettli ist diese Sichtweise wichtig: »Trotz aller Bedenken habe ich den Eindruck, dass wir uns nicht von dieser Sache zurückziehen dürfen. Jetzt ist der entscheidende Moment für jenes Land in Togo und auch für unsere Mission auf der Goldküste. Über kurz oder lang müssen wir doch einmal unser Goldküste Hinterland in Angriff nehmen. Je länger wir damit warten, desto schwieriger wird es sein.«

Zwar macht Frohnmeyer darauf aufmerksam, dass die Islamisierungsgefahr anderswo mindestens ebenso akut sei, dennoch scheinen die grundsätzlichen Bedenken, auch bei Dipper, weitgehend überwunden zu sein. Präsident Christ beschließt die Diskussion: »Es sind missionarische Gründe, die zu einer

[79] Komiteeprotokolle 1911, 12. Sitzung vom 29. März, § 356.
[80] Komiteeprotokoll 22. März 1911, § 340.

Togo-Mission drängen, vor allem die Gefahr des Islam. Wenn gesagt wird, die Mission könne es gegenüber der islamischen Flut nur noch zur Bildung von Inseln in Afrika bringen, so haben wir umso mehr die Pflicht, das unsere zu tun, um so viel Land als möglich noch dem Islam zu entreissen.«

Darauf spricht »das Komitee mit allen gegen eine Stimme seine Geneigtheit aus, in Hintertogo eine selbständige Mission zu beginnen unter der Voraussetzung, dass die massgebenden Vertreter unseres Freundeskreises ihre freudige Zustimmung und die Zusicherung für die Unterstützung geben. Es wird gleichzeitig beschlossen, zu diesem Zweck eine Vertrauensmännerversammlung für das nächste Missionsfest zusammenzurufen, die anstelle der Spezialkonferenz zu tagen hätte. Dem Gouverneur in Togo soll inzwischen mitgeteilt werden, dass wir die Geneigtheit haben, in Hintertogo mit einer Mission zu beginnen, dass wir aber zuvor die Zustimmung unserer Freundeskreise einholen müssten.«[81]

So geschieht es auch. In kürzester Zeit verfasst Inspektor Oettli eine »Denkschrift über ein neues Missionsunternehmen im Hinterland von Togo«. Das Echo darauf ist positiv. Um die 80 Briefantworten enthält das Dossier Komitee-Protokolle 1912. In seinem als Buch erscheinenden Reisebericht über die Dagomba verbreitet Dr. Fisch in seinem Vorwort Kreuzzugsstimmung. Auch Oettli übernimmt sie am Missionsfest: »Es war im Jahre 1095, da strömte eine gewaltige Volksmenge, einem Rufe des damaligen Papstes, Urban II. folgend, von allen Seiten nach der französischen Stadt Clermont zusammen. [...] In gewaltiger Rede wies der Papst die atemlos horchende Menge darauf hin, was für eine Schmach es für die Christenheit sei, dass die heiligen Stätten, die einst der Fuss des Herrn betreten habe, [...] sich immer noch in den Händen der Ungläubigen, der Anhänger Mohammeds, befinden. Mit begeisterten Worten forderte er zum Kreuzzug gegen die ›Kinder der Hagar‹ auf; höher und höher schwoll während seiner Rede die Begeisterung der Hörer, um endlich sturmgleich loszubrechen in dem vieltausendfachen Ruf: ›Deus le volt‹, Gott will es! Gott will es! Seither sind 800 Jahre verflossen. [...] Und doch, so gewaltig die Umwälzungen sind, die auf allen Gebieten des Lebens stattgefunden haben, so unüberbrückbar gross die Kluft erscheint, die das ›einst‹ vom ›heute‹ trennt. Gottes Weltregiment hat die Christenheit unserer Tage vor eine ähnliche Aufgabe gestellt: Auch wir sehen uns wiederum genötigt, uns auseinanderzusetzen mit der gewaltig anwachsenden Macht des Islam. [...] Gott will es, heisst es auch da wieder, dass wir hinausziehen in den heiligen Krieg gegen die Macht des Islam - aber freilich, wie anders nun dieser Kampf! Diesmal handelt es sich nicht mehr darum, Waffengewalt mit Waffengewalt zu vertreiben. Die einzige Waffe, mit der heute die Christenheit in den Kampf ziehen soll, ist das Schwert des Geistes, das Evangelium von unserm Herrn Jesus

---

[81] Komiteesitzung vom 11. April 1911. Die Gegenstimme ist wohl die von W. Preiswerk.

Christus. [...] Und dieser Ruf ist nun auch an die Basler Mission ergangen! Im Hinterland der deutschen Kolonie Togo und im Hinterland der Goldküste macht gegenwärtig der Islam unaufhaltsam Fortschritte.«[82]

Die Versammlung der Vertrauensmänner spricht sich über das neue Missionsunternehmen aus. Im Vordergrund der Diskussion steht nicht mehr so sehr die Frage, »Soll Basel nach Togo?«, sondern, »Darf Basel von Togo wegbleiben?« »Durchschlagend ist unseres Erachtens die Notwendigkeit des Kampfes gegen den Islam, für welche die Konferenzen Kairo, Edinburgh und Laknau bahnbrechend Verständnis gewirkt haben« (Pfr. Busch aus Frankfurt). Pfr. J. Martin, Genf: Die Genfer Freunde der Basler Mission nehmen durchaus keinen Anstoss daran, dass Togo deutsche Kolonie ist. Sie erblicken in der Übernahme dieses Gebiets keinen Akt des unbesonnenen Zufahrens, sondern des Zutrauens zu Gott. Pfr. Scharrer, Thal (St. Gallen) weist unter Berufung auf John Mott ›die Entscheidungsstunde der Weltmission und wir‹ darauf hin, dass die in Togo sich bietende Missionsgelegenheit unter keinen Umständen versäumt werden dürfe.«

Präsident Christ erinnert daran, dass für die Finanzierung des Unternehmens weitere Kreise aus Deutschland, die sich aus kolonialen Interessen für diese Mission interessieren, beigezogen werden dürften. Pfr. Busch aus Frankfurt ergänzt dazu, dass »speziell für uns Deutsche doch auch unsere koloniale Pflicht ins Gewicht« falle. Aber »nicht der Reiz der Neuheit, nicht koloniale Begeisterung, wohl aber die Tatsache, dass Gott die Türen nach Nord-Togo aufgetan hat«, das dränge, so Präsident Christ, zur Übernahme dieser Arbeit. Wegen des Siegeszugs des Islam stehe »in der Togofrage nicht nur ein lokales Interesse, sondern ein Interesse der Weltmission auf dem Spiel«[83]

EXKURS: EIN VERSCHWIEGENER BRIEF RAMSEYERS?

Der Bremer Inspektor Schreiber war der Überzeugung, dass beim Beschluss das »deutsch-nationale Moment« recht schwer gewogen habe. Ebenso empfindet Ramseyer gleich nach Erhalt der Denkschrift Oettlis. Ausführlich setzt er sich Ende April in einem Schreiben an Direktor Oehler mit dem Prozess zur Entscheidung »Dagomba-Mission über Nordtogo« auseinander.

---

[82] Heidenbote 84 (1911), 68f; dies trotz der mäßigenden Haltung des Vorstands der Norddeutschen Mission im Brief vom 20. März 1911, D-1,103 Nr. 9.

[83] Protokoll der Vertrauensmännerversammlung, in Basel am 27. Juni 1911 gehalten. Schreiber (Bremen) setzt in seiner späteren Eingabe an das Reichskolonialamt die Gewichte etwas anders: »Der Unterzeichnete war Zeuge davon, mit welcher Begeisterung die Vertreter der evang. Missionsgesellschaft zu Basel am 28. Juni die baldige Inangriffnahme einer Mission in Nordtogo beschlossen. Bei diesem Beschluss fiel das deutsch nationale Moment sehr schwer in die Waagschale.«

Er schreibt, die Basler Mission werde geschätzt, weil sie »Mission ohne Chauvinismus« treibe. Auch die Kamerun-Mission sei ihr von Gott zugewiesen ohne Einwirkung von Menschen. Das Togoprojekt aber habe viel mehr den Charakter einer Kolonial-Mission und dies wollten die schweizerischen Missionsfreunde sicherlich nicht. »Ich habe schon früher gesagt, dass wir gegen die Ansicht, die Basler Mission sei eine deutsche Missionsgesellschaft, zu kämpfen haben. [...] Die Togo Mission wäre aber eine Colonial Mission. Ich hörte zwar, die deutsche Regierung habe die BM hierzu eingeladen. Dies geschah aber, nachdem die Brüder sich immer wieder an die deutsche Regierung gewandt haben, sie war fast gezwungen und konnte kaum anderes machen. Ich höre sagen, es handelt sich nicht um eine Colonial Mission, sondern die Verhältnisse zwingen uns, wir müssten uns der Stämme dort im Innern von Hintertogo annehmen (als ob die Stämme im Norden von Kumase für uns nicht eine grosse, offene Türe wären, und die englische Regierung hat uns auch dazu eingeladen), [...] um dem Mohammedanismus einen Riegel vorzuschieben (dies ist auch der Fall im Norden von Asante). Dieser Beweggrund zum Vordringen nach Hintertogo ist vermutlich nicht die einzige Triebfeder zum Vordringen. Nein, seit Jahren wird getrieben: Die Basler Mission müsste ihr Augenmerk auf die deutschen Colonien lenken und sich dort niederlassen. Aber einige Brüder haben nicht aufgehört zu treiben, ›nach Togo‹ war das Losungswort. Solches Treiben einiger Brüder ist sicherlich nicht gesund und darf nicht Grund zum Vordringen nach Togo sein. Dass dies der Wunsch und die Triebfeder einiger Brüder war, beweist, dass schon vor der Untersuchungsreise von Br. Fisch und Br. Josenhans einem heimkehrenden Bruder gesagt wurde: Hoffentlich wirst du tüchtig für Togo arbeiten und man sehr erstaunt war, als der deutsche Bruder damit nicht einig war. Wenn der Herr uns nach Togo ruft, wird er uns seinen Weg zeigen, aber nicht das Treiben gewisser Brüder soll ein Beweis sein, dass die Mission in Togo von Gott gewollt ist. Es freute mich zu hören, dass in Württemberg auch wichtige Stimmen laut wurden: man solle sich davor hüten die Vaterlandsliebe hierin mitspielen zu lassen.[84]

Es ist auffällig, dass dieser Brief in der Sammlung von Zuschriften zur Vorlage der Vertrauensmänner nicht aufgeführt wird. Die Vertrauensmännerversammlung Ende Juni 1911 stimmt dem Unternehmen »mit freudiger Dankbarkeit gegen Gott« zu und erklärt sich bereit, »die wichtige Angelegenheit durch Fürbitte, vermehrte Handreichung und Werbetätigkeit zu unterstützen«. Der Weg ist frei. Das Unternehmen beginnt. Drei Männer und eine Frau werden für die Arbeit in Nordtogo bestimmt, der bisherige Goldküstenmissionar Otto Schimming mit seiner Frau Julia als Stationsleiter, dazu zwei Neulinge, Imanuel Kies und Hans Huppenbauer.

---

84 Personal Faszikel Nr. 627.

10. NEUE UNSICHERHEITEN

Die Schwierigkeiten und Überraschungen aber sind damit nicht behoben. Noch vor der definitiven Beschlussfassung durch die Vertrauensmänner überrascht zweierlei:

10.1 EIN UNERWARTETER PLAN DER BREMER

Auf die seinerzeitige Anfrage der Basler hatten die Bremer ja im März geantwortet, sie sähen sich zum Verzicht auf die »Ausdehnung über das Ewe-Gebiet hinaus« genötigt, wegen ihres Mangels an Arbeitskräften und Mitteln. Das schien eine klare Sache. Immerhin griffen sie einen Vorschlag der Basler, der um Unterstützung beim Aufbau des neuen Unternehmens bat, auf und schrieben am Schluss: »Ihren Gedanken, ob nicht ein gewisses Zusammenwirken der Basler und Norddeutschen Mission, ein Arbeiten nach einem gemeinsam festzustellenden Plan möglich wäre, begrüssen wir mit Freuden und erklären schon jetzt uns bereit, der teuren Basler Mission nach Kräften zu helfen.«[85]

Dann meldet sich, nachdem er Oettlis Denkschrift erhalten hatte, im Mai plötzlich Direktor Schreiber von Bremen mit einem solchen Plan, der nun allerdings nicht Hilfeleistung, sondern ein gemeinsames Unternehmen beider Missionen und eine spätere Übergabe an Bremen vorsah. »Hr. Dir. Schreiber in Bremen sandte an Hrn. Direktor ein Schreiben, worin er einen Plan zu einer Cooperation der Basler und Bremer Mission vorlegt, womit die neu zu beginnende Nordtogomission von Anfang an ein gemeinsames Unternehmen der Basler und der Bremer Mission sein würde, unter einer gemeinsamen Kommission, bestehend aus je drei Basler und Bremer Vorstandsmitglieder. [...] Ziel der gemeinsamen Arbeit wäre die allmähliche Übernahme der Arbeit durch Bremen.«[86]

So hatte man sich das in Basel nicht vorgestellt. Vierzehn Tage später, nach einem Besuch am Bremer Missionsfest, kann Oettli melden, dass Schreiber sichtlich beunruhigt gewesen sei über den Beschluss Basels, die Mission in Nord-Togo nun doch (und allein) übernehmen zu wollen. Der Bremer Vorstand allerdings konnte sich dem Vorschlag seines Direktors in dieser Weise nicht anschließen, wollte aber klare Abmachungen, in welcher Richtung die Hilfeleistungen der Norddeutschen Mission gehen sollten, denn sie hätten mehr zu bieten als nur Spedition von Traglasten. Offenbar war man sich im dortigen Vorstand über den Verzicht der Ausdehnung über das Ewe-Gebiet hinaus doch nicht so einig gewesen, wie das im März noch schien. Eine Bremer Delegation wurde deshalb zur Vertrauensmännerversammlung geladen.

85 Komiteeprotokoll der 12. Sitzung vom 29. März 1911, § 340.

86 Komiteeprotokoll der 25. Sitzung vom 7.6.1911, § 719.

Aber auf eine engere Kooperation mit der Option einer späteren Übergabe der Arbeit an Bremen, darauf ließ sich Basel nicht mehr ein.

10.2 Ein unerwarteter Plan der Regierung

Pressemeldungen in Deutschland sorgen im Juli für neue Unruhe. Deutschland, so heißt es, wolle Togo an Frankreich abtreten. Direktor Schreiber von Bremen wendet sich an Basel im Blick auf eine »Eingabe an das Reichskolonialamt, Berlin, betr. die angeblich in Aussicht genommene Abtretung Togos an Frankreich«.[87] Aus Halle schreibt Prof. Haussleiter wegen der »in der Presse umlaufenden Gerüchte wegen Abtretung unserer Kolonie Togo an Frankreich«, unter Beilage eines Zeitungsausschnittes. Telegramme jagen sich. Am 31. Juli telegraphiert Schreiber: »Telegramm von Bonn: ›Togosache ernst. Eingabe ans Kolonial- und auswärtige Amt nötig? Schluss meiner Eingabe in Bremen nicht gebilligt, also energischer protestieren.‹« Und am 5. August: »Togotausch nicht ausgeschlossen. Berner erbittet Eingabe Basels. periculum in mora.«

Gleichen Tags verfasst Oettli von Gsteig aus eine Eingabe nach Berlin. Am Tag darauf erreicht ihn ein Telegramm von Dipper aus Gletsch: »Berner, Berlin, wünscht sofortige Togoeingabe Basels.« Und von Frohnmeyer, Würz und Anstein, ebenfalls am 6. August aus Basel: »Togoeingabe von uns abgefasst, geht heute um 4 Uhr nach Berlin ab.«

Die Eingabe ist auffallend zahm, macht vor allem die Freundschaft mit der Norddeutschen Mission geltend, erwähnt fast nur nebenbei die jahrelangen Verhandlungen mit der Regierung über eine neu aufzunehmende Arbeit in Nord-Togo, was im Falle einer Abtretung an Frankreich hinfällig würde, und endet mit der Bitte, die Abtretung Togos an Frankreich möchte, »wenn irgend tunlich«, vermieden werden. Am 9. August dankt Direktor Schreiber, Bremen, »für die brüderliche Unterstützung gegen die eventuelle Abtretung Togos an Frankreich«.

Togo bleibt deutsch. Die beiden Brüder Huppenbauer und Kies begeben sich im Herbst 1911 nach Berlin ans orientalische Seminar, um sich Grundkenntnisse in Haussa und Dagbane anzueignen. Weitere Verhandlungen mit dem Reichskolonialamt in Berlin und dem neuen Gouverneur in Lomé betreffen die Aufhebung der Sperre im Hinterland.

Noch im Oktober 1912 ist nichts sicher. Noch einmal reist Josenhans nach Lomé, um mit dem neuen Gouverneur, Adolf Friedrich zu Mecklenburg, über die Öffnung Yendis zu sprechen. Er trifft dort auch den Geheimrat Döring und einen (katholischen) Arzt in Regierungsdiensten. Erreichen kann er nichts. Die Beamten scheinen ihn in seinen Fragen zur Katholische Mission zum Nar-

[87] Die folgenden Zitate entstammen alle dem Dossier D-1,103 Togo 1911–12, Nr. 108–120.

ren zu halten. In einer »Nachlese« schreibt er am 22. Oktober: »Noch nie habe ich so die Beamtenaristokratie und den Beamtendünkel, teilweise auch Beamtenverlegenheit kennen gelernt, wie bei diesem Aufenthalt. Im Verkehr mit diesen Leuten kommt man sich vor wie auf einem offenen Meer, ohne jeglichen Halt. Lügen treten einem da und dort entgegen. Es heisst also auf der Hut zu sein.«[88]

Auf dem Rückweg besucht er den ehemaligen Kollegen Mischlich, jetzt Regierungsbeamter in Misahöhe. Der sagt ihm dazu: »Du musst nicht alles für bare Münze nehmen, was die Beamten sagen. Es wird viel gelogen. Und auch darüber bekümmere dich nicht, dass ihr jetzt nicht nach Nord-Togo gehen könnt. Der derzeitige Bezirksleiter von Mangu, Hauptmann von Seefried, will keine Mission, aber er geht im Januar heim [...] und dann kommt Oberleutnant von Stockhausen, der stammt aus einer Pietistenfamilie, mit dem wird alles besser, wenn er auch kein Pietist ist.«

Erst im Dezember, kurz nach Ankunft der Missionare in Lomé wird die Sperre aufgehoben und ist auch Yendi frei zur Niederlassung. Nach Weihnachten begeben sich die drei Missionare mit Frau Schimming auf die Reise nach Yendi. Drei Wochen später erreichen sie die Hauptstadt des einstigen Dagombareiches, fast gleichzeitig mit dem Gouverneur, der von Norden her kommend von der Stadt und ihren Notabeln empfangen wird.

11. Mission als Wegbereiterin des Kolonialismus? Versuch einer Wertung

11.1 Stichwort Wiedergutmachung

Die Anfänge der Arbeit der Basler Mission in Westafrika liegen weit vor der Zeit des deutschen Kolonialreiches. Die Instruktion an die ersten Ausgesandten nach Afrika stellt die Wiedergutmachung für von abendländischen Christen erlittenes Unrecht in den Vordergrund. Liebende Zuwendung zu den Afrikanern steht sogar vor der eigentlichen Wortverkündigung, Vertrauen gewinnen vor der Gründung von Kirchen und Gemeinden.

Die Arbeit der ersten Gesandten auf der Goldküste wird zwar auf Wunsch einer Kolonialmacht begonnen, löst sich aber schnell aus der Vereinnahmung durch diese. Auch die frühen Visionen von einer Arbeit im Norden haben mit irgendeiner Kolonialmacht nichts zu tun. Ihnen geht es darum, den Afrikanern in ihrer Not - so sahen es diese Leute - das zu bringen, was ihnen wirklich helfen würde, die Gewissheit von Gottes JA zu ihnen, den von vielen als

[88] D-1,103, Nr. 150.

Nicht-Menschen diskriminierten Schwarzen auf Afrikas Erde. Man wird in dieser Ausprägung der Mission kaum ein imperialistisches Element erkennen können.

II.2 Stichwort Kulturmission

Die Vorstellung von der Mission als Wegbereiterin für Kultur und Zivilisation mag da und dort mitgespielt haben. Artikuliert findet sie sich bei Elias Schrenk im Blick auf die Rolle, die England in Aschanti zu spielen hätte, und dann im Umfeld von Fabri, in der Diskussion um Aufbau und Erwerb eines deutschen Kolonialreiches. Aus den Äußerungen Reichels an der kontinentalen Missionskonferenz 1885 lässt sich schließen, dass kolonialfreundliche Kreise in der Mission eine günstige Helferin für ihr eigenes Anliegen sahen. Über sie sei, so Fabri, das Interesse an der Mission von den Gemeinschaftskreisen auf weitere kirchliche Kreise übergegangen. Dabei taucht auch Matthäus 28 als Befehl zur Ausdehnung christlichen Territoriums auf. Fabris Ansicht ist nicht, innerhalb eines bestehenden Deutschen Reiches christlichen Glauben auszubreiten, sondern, das Terrain für eine Übernahme durch die Kolonialbehörden vorzubereiten.

Sowohl die Missionskonferenz von 1884 wie auch die Basler Mission selber haben sich diesem Ansinnen vehement widersetzt. National-politische Überlegungen hätten in der Missionsarbeit nichts zu suchen. Auch unter den Missionaren auf der Goldküste ist diese Tendenz anfangs des 20. Jh. durchaus noch zu spüren. Die Vorstellung aber, dass christliche Mission Anteil habe an einer Kulturmission, die zur zivilisatorischen Entwicklung der Afrikaner beiträgt, breitet sich auch unter den Missionaren aus.

II.3 Stichwort Reich Gottes

Eine von Reichels Thesen lautete: »Die Mission hat für niemand zu arbeiten, als für den König aller Könige und für kein anderes Reich zu wirken als das Reich Gottes«. Ob die Orientierung am Gedanken des Reiches Gottes schon ausreicht, um christliche Mission als imperialistisches Gehaben zu charakterisieren, das zu beurteilen geht über das Ziel dieser Studie hinaus. Deutlich ist jedenfalls, dass in dieser konkreten Situation die Berufung auf das Reich Gottes eine klare Absage an die Forderung einer Mission im Dienste des Kolonialismus darstellt. Ein starkes soziales Anliegen gibt weiterhin Motivation für die Mission: »Wir sehen die Not - da haben wir die Verantwortung zu helfen«. Gewiss, diese Mission ist paternalistisch geprägt und wird darum den Gedanken des zivilisatorischen Auftrags leicht übernehmen.

11.4 Ausdehnung innerhalb des alten Aschanti-reiches

Lange bevor die Deutschen in Togo Fuß fassten, haben Basler Missionare ihre Arbeit nach Osten ausgedehnt. Einmal, weil man offensichtlich schon früh auch an die Völker im Norden gedacht hat (J. Zimmermann) und weil durch die Okkupation durch die Aschanti die sprachlichen Voraussetzungen für diese Ausdehnung geschaffen worden waren. Die Basler ließen sich dort nieder, wo man Twi sprach. Das heißt, man machte sich eine durch innerafrikanische Kräfte gegebene Situation zu nutze. Das war ganz gewiss keine Aufgabe im Dienst des Königs von Aschanti, aber ebenso wenig irgendeiner Kolonialmacht. Dass ausgerechnet dieses Gebiet später Teil der deutschen Kolonie Togo wurde, lag außerhalb der Überlegungen der Basler Mission. Dagegen wird immer wieder deutlich, man tat dies im Gedanken an die Völker im Norden, um so die Basis für ein neues Missionsunternehmen im Norden vorzubereiten, das bis Ende der 1880er Jahre vom deutschen Reich noch nicht kolonisiert war.

11.5 Mission als Schutzwall

Begegnungen mit Menschen aus dem Norden lassen die Präsenz des Islam erahnen. Anfang des Jahrhunderts bearbeiten islamische Wanderprediger vom Westen her die nördlichen Gebiete, wenn auch ohne großen Erfolg. Aber die Befürchtung wächst, der Islam könnte, wenn er nur erst von den nördlichen Territorien Besitz ergriffen hat, auch die Gemeinden im Süden überrollen. Die Weltmissionskonferenz von 1910 hob gerade diesen Punkt besonders hervor und rief zum Einsatz gegen den vorrückenden Islam auf, was offensichtlich auch die deutsche Kolonialkonferenz in Berlin gehört hat.89 Als 1912 die ersten Basler Missionare nach Yendi kamen, erkannten sie bald, dass der Islam zwar das äußere Erscheinungsbild vieler Orte prägt, aber in den meisten Städten nicht so stark ist, wie angenommen. Vor allem aber erwiesen sich die Muslime als viel zugänglicher und dialogfreudiger gegenüber den Missionaren als etwa die nicht-muslimischen Dagomba. Im Vorfeld des neuen Unternehmens aber wird betont, nur durch Gründung weiterer christlicher Gemeinden im Norden kann dem Vordringen des Islam ein Riegel vorgeschoben werde. Expansion also zum Schutz des schon Erreichten.

---

[89] Könnte es sein, dass Kreuzzugsstimmung gegen den Islam nicht zuletzt auch von den Kolonialkreisen verbreitet wurde, um den Kolonialmächten einen gut christlichen Grund für ihre Expansionsgelüste zu gewähren? Trotz der Sympathie einiger Missionare und Glieder der Missionsleitung gegenüber dem deutschen Kolonialreich geht es ihnen nicht um einen Dienst für die Kolonialverwaltung, sondern um einen Dienst an den betroffenen Menschen.

II.6 STRATEGIE GEGEN KATHOLIKEN UND MUSLIME

Zum politischen gesellt sich auch ein dogmatisches Element. Zum Islam, der »Religion des falschen Propheten« kommt als »Feind« auch die römisch katholische Kirche. Beiden gegenüber gilt, nicht bekämpfen, aber ihnen zuvorkommen und ihr Vorrücken verhindern. In Aufrufen an die Heimatgemeinde oder den Diskussionen der Heimatleitung spielt das eine wichtige Rolle: »Wenn wir nicht gehen, werden diese Völker römisch, und was nicht römisch wird, fällt dem falschen Propheten anheim«. Dabei erweisen sich die Katholiken im Moment als die gefährlicheren. Denn, so die Meinung, sie rüsten auf, bereiten seit Jahren einheimische Lehrer vor, um das Hinterland, sobald es offen ist, zu überschwemmen.

Den Katholiken gegenüber will man möglichst präsent sein. Dem Islam gegenüber heißt es, den heidnischen Völkern wurde durch die Kolonialverwaltung ihre Religion sozusagen weggenommen. Sie fallen den Versprechungen des Islam leicht zum Opfer. Haben sie aber die Botschaft von Christus kennengelernt, haben sie festeren Boden unter den Füssen. Darum heißt hier die Devise, das Evangelium verkündigen, möglichst viel und in der jeweiligen Sprache, und so den entwurzelten Menschen wieder eine feste Identität geben.

II.7 IM SCHLEPPTAU DER KOLONIALVERWALTUNG?

Einige Brüdern auf der Goldküste und in der Missionsleitung machen aus ihrer Sympathie für eine Arbeit in der deutschen Kolonie keinen Hehl. Eben: »Deutsche Neger stehen uns näher als englische«. Anderen geht es dabei um die finanzielle Unterstützung durch die deutsche Heimatgemeinde. Über die Mission im Hinterland Deutsch-Togos wurden neue Kreise, z.B. auch der »Kamerunverein«, für die Mission gewonnen.[90] So kommt dies einer Verneigung vor dem deutsch-nationalen Reichsdenken gleich. Man will zwar »grundsätzlich die Mission nicht in den Dienst der deutschen Nationalen Sache stellen«, tut es aber eben doch, mit dem Vermerk, dass »deutsche Missionen in deutsche Gebiete geführt werden«.

Und doch, im Schlepptau befinden sie sich nicht. Sie sind sich bewusst, dass die Kolonialverwaltung Missionare je nach dem gar nicht will oder dass sie als Missionare in konkreten Fällen (etwa der Branntweinfrage oder dem Arbeitergesetz) sich gegen die Verwaltung würden stellen müssen.[91] Sie weh-

---

[90] Die ab 1912 für die Togomission reichlich fließenden Mittel belegen dies.

[91] Schon 1891 machte Komiteemitglied Christ aus Basel in einer Notiz zum Quartalsbericht von Pfr. N. Clerk (in Boëm) darauf aufmerksam: Sie seien die einzigen, »die gegen die enormen Missbräuche der Deutschen in Westafrika die Stimme erheben können« (D-1,55 Goldküste 1891, Anhang zu Nr. 125).

ren sich gegen die Vereinnahmung durch die Kolonialverwaltung. Die Mission macht sich aber die Tatsache zunutze, dass die deutschen Grenzen nun bis nach Togo reichen. Dort leben, wie einer einmal sagt, »braune Landsleute« und »schwarze Mitbürger«. Ihnen, nicht irgendwelchen Fremden, soll die Botschaft von Christus gebracht werden. In diesem Sinn ist wohl der etwas makabre Satz zu verstehen, dass »uns die deutschen Neger näher stehen«.

11.8 Für die Kolonialmission: Oehler und Josenhans

Die Frage nach der Kolonialmission stellt sich in diesem Zusammenhang nur in Bezug auf ein Engagement in und über Deutsch-Togo hinaus. Im britischen Bereich verhält man sich neutraler. Sowohl im Komitee als auch unter den Goldküste-Brüdern ragt je eine Person heraus, die durch ihren Eifer und ihre Hartnäckigkeit weitgehend dafür verantwortlich war, dass der schlussendliche Entscheid zu Gunsten von Deutsch-Togo ausfiel: Direktor Oehler in Basel, und Missionar G. Josenhans in Odumase auf der Goldküste.

Während Oehler das Ziel mit diplomatischem Geschick und viel Umsicht angeht, immer wieder auch die Möglichkeit des Vorstoßes auf britischer Seite in seine Überlegungen einbezieht und damit auch den zögernden Afrika-Inspektor Oettli zum Einlenken bewegt, handelt Josenhans in einem dienstfertigen Eifer, der nicht nur unter den Brüdern auf dem Feld, sondern manchmal auch dem Komitee Mühe bereitet. Obwohl das Komitee die Erkundungsreise von 1906 im Blick auf Vorstöße über Aschantigebiet vorsieht und den Plan Josenhans', Deutsch-Togo einzubeziehen, ablehnt, nimmt dieser mit dem deutschen Gouverneur erneut Kontakt auf und schafft damit ein fait acompli. »Josenhans lässt sich nicht zurückhalten« kommentiert Ramseyer zu recht. Alle sind sich darin einig, dass ein Vorstoß nach Norden möglichst rasch zu unternehmen sei. Das Komitee in Basel aber verharrt fast zehn Jahre lang in einer zögerlichen Haltung.altung, die Folge wohl von internen Meinungsverschiedenheiten, die den Entscheidungsfluss blockieren, wenn für eine wirkliche Auseinander-setzung der Mut fehlt. Im Hintergrund dieses dauernden Hinausschiebens einer Entscheidung ist wohl der dringende Wunsch einiger Komiteemitglieder sehen, die Arbeit nicht im englischen, sondern im deutschen Gebiet aufnehmen zu können, obwohl die Vorzeichen dafür im englische Gebiet besser standen.

11.9 Stichwort Heimatgemeinde

Voten für eine Arbeit im Norden der deutschen Kolonie Togo verwiesen immer wieder auf die Heimatgemeinde. Für etliche Leute war es eine Sache des Grundsatzes. Als Deutsche sollen und müssen wir uns in unsern Kolonien engagieren. Im extremen Fall meinte man sogar, dass deutsche Missionare oder gar ganze Missionen sich aus andern Kolonien zurückziehen sollten, um ihre Kapazität den deutschen Kolonien zur Verfügung zu stellen. Vertreter des »Alldeutschen Denkens« hatten sich auch in abgelegene Dörfern begeben und ihr Gedankengut dort verbreitet. Ableger davon finden sich auch unter den Missionaren selber. Für andere, unter anderem auch verschiedene Glieder im Basler Komitee, geht es dabei einfach um die Finanzen. Arbeit in Deutsch-Togo bringt Geld ein.

Andererseits haben sich Missionsleitung und auch einige Brüder auf dem Feld gegen eine solche Vereinnahmung durch koloniale Interessen widersetzt. In diesem Zusammenhang ist die Rückmeldung Missionar Martins an das Komitee vom 27. Mai 1907 sehr beachtenswert. »Die Stundenleute fragen nicht darnach, wo missioniert wird, ob in englischen oder deutschen oder unabhängigen Gebieten, sondern es ist ihnen einfach um die Ausbreitung des Reiches Gottes zu tun, dafür sind sie zu haben und tun sie mit.«

Das heißt, dass die, die das Werk wirklich von innen heraus trugen, sich um die politischen Argumente überhaupt nicht kümmerten. Ihnen ging es offensichtlich um viel mehr, eben um »Reich Gottes Interessen«.

II.10 Internationaler Charakter?

Obwohl sich die BM in Sachen Mission unter den Völkern des Nordens in den Schutz der deutschen Kolonialverwaltung begab, wahrte sie wenigstens in der Planung die Vision des internationalen Charakter der Mission. In ihrem Beschluss betonte sie ja, es gehe in diesem Vorstoß um das Volk der Dagomba. Und dafür seien zwei Unternehmen nötig, eines auf deutscher und eines auf britischer Seite. Mit diesem Argument konnte Oettli seine Bedenken ablegen und der Togomission schließlich zustimmen.

Leider hat die Missionsleitung dieses Argument nicht früher erwogen und damit der Anfrage aus Tamale (1909) oder schon früher, etwa 1906, Folge geleistet, mit umgekehrten Vorzeichen sozusagen. Ein früherer Beginn der Arbeit im Norden wäre für die Sache, nämlich die Mission unter den Dagomba, zweifelsohne ein Vorteil gewesen.

So wie die Dinge jetzt lagen, begann die Arbeit um einige Jahre später, als eigentlich gewünscht und auch möglich gewesen wäre. Sie beschränkte sich wegen des 1. Weltkrieges auf ein kurzes Experiment von nur 3 ½ Jahren auf Deutsch Togo. Der Vorstoss auf englischer Seite wurde nicht mehr ins Auge gefasst. Im Gegensatz zur Arbeit auf der Goldküste wurde die Arbeit in Yendi und Umgebung nicht einer englischen Missionsgesellschaft übertragen und deshalb auch nach dem Krieg nicht wieder aufgenommen. Was in den kurzen Jahren von 1912–16 erreicht worden, Sprachstudien in Dagbane und andern Sprachen und Anfänge einer Bibelübersetzung, blieb ungenutzt während Jahren in den Schubladen der Wissenschaft liegen.

Rechte Europäer lernen unsere Sprache nicht

Eine Pioniermission bunter den Dagomba im Hinterland von Togo

1. 13. Januar 1913

An diesem Tag waren sie nach dreiwöchigem Fußmarsch in Yendi, der Hauptstadt des Königreichs der Dagomba angekommen, Otto Schimming, als Leiter, mit Frau Julia, Hans Huppenbauer und Immanuel Kiess. Ein von der deutschen Kolonialregierung eigens für sie hergerichteter Rasthof war am gleichen Morgen fertig geworden, sieben Rundhütten und ein großer Raum zum Essen. Bezirksleiter Oberleutnant von Stockhausen, ihnen von der Schifffahrt nach Lomé bekannt, hatte viel zu ihrem guten Empfang getan. Der Gouverneur, Herzog A. F. von Mecklenburg, war am gleichen Tag von einer Inspektion im Norden zurückgekommen und hatte sie auf seiner Veranda zum Abendessen eingeladen. Hier lag für die nächsten Jahre ihre Heimat und ihr Arbeitsfeld. Berichte von allen vieren geben Einblick in die Höhen und Tiefen dieser Zeit.

Nach Worten des Danks für die gut verlaufene Reise drückt Huppenbauer im Bericht vom 18. Januar 1913 an das Komitee in Basel folgenden Wunsch aus: »Hoffen wir, dass dieser schönen Reise auch eine ebenso schöne, erfreuliche Arbeitszeit folgt und dass man dieser Stadt und dem ganzen Land sagen kann, was die Losung am Tag unserer Ankunft uns zurief: ›Sie sollen genannt werden Brunnen der Gerechtigkeit, Pflanzen, dem Herrn zum Preis (Jes. 61,3).‹«

2. Unser Yendi

»Das ist Yendi, sagten meine Träger eines Tages, als wir eine kleine Anhöhe erreicht hatten, und zeigten eine ansehnliche Zahl von kleineren und grösseren Gruppen von Hütten.«[1] So schreibt Julia Schimming im Rückblick auf die ersten Monate in Yendi und fährt fort: »Ich betrachtete diese Stadt mit eigenartigen Gefühlen; sollte sie doch unser neuer Wirkungskreis und zweite Heimat werden; was wird uns hier erwarten? Wie werden die Leute die frohe Botschaft, mit der wir zu ihnen kommen, aufnehmen? Wo werden wir Unterschlupf finden für uns und unsere Sachen, bis wir ein eigenes Haus haben? Solche Gedanken bewegten meinen Sinn beim Anblick dieser unbekannten Stadt.

Wir kamen durch eine schön angelegte, prächtige Allee von Schattenbäumen an. Bis dahin kam mir mein Mann entgegen [...]. Er erzählte mir freudig, dass die Regierung einen Rasthof für uns gebaut, den sie uns zur Verfügung stellte, bis wir eigene Hütten erstellt. Das war mehr, als wir erwarten durften. Der Rasthof bestand aus 7 Rundhütten mit Strohdächern, der Fussboden aus festgetretener Erde, mit Kuhmist bestrichen, die Wände waren gekalkt. Das nahm der Hütte etwas von ihrer Düsterheit, denn das einzige Licht, das hier eindringen konnte, kam durch die niedrige Türöffnung. Später liessen wir noch ein kleines Fensterloch in die Mauer schlagen. In der grössten dieser Rundhütten schlugen mein Mann und ich unsere Feldbetten auf und richteten uns so wohnlich ein, als es eben ging. In der zweiten haust Herr Kiess, in der dritten Herr Huppenbauer, in der vierten schliefen einige Eingeborene. Die fünfte richteten wir als Küche ein; in der sechsten wohnte unser Dolmetscher Musa mit Frau und Kind, und in der letzten war unser Petrol und anderes untergebracht.«

So viel gab es ja nicht einzurichten, außer den Betten einige Blechkisten, den Reisetisch, zwei Stühle und Wassertöpfe. »Diese Töpfe, von Hand aus Lehm geformt und zuerst an der Sonne getrocknet, dann gebrannt, sind ausgezeichnete Kühler. Die Konkomba machen solche Töpfe bis zu 60 Liter fassend.« Aus einer Kiste mit vier Latten als Beinen hatten sie einen Tisch gefertigt. An den Wänden hingen Tragkörbe. Das Bügelbrett, mit Seilen an den Dachsparren festgemacht, war zur Etagere umfunktioniert. »Das war neben Mäusen, Ratten, Eidechsen, Ameisen, Schlangen, Skorpionen unsere ganze Einrichtung. Zu den Mahlzeiten musste jeder mit seinem Stuhl anrücken und nach dem Essen nahm man ihn wieder mit in die Hütte.«

Je drei Steine ergaben zwei Kochstellen. Dazu kam der Backofen, »der bestand aus einem grossen Wassertopf, den wir mit der Öffnung nach vorn eingemauert hatten.« Die Mahlzeiten, berichtet sie, seien einfach, aber kräftig, konnten sie doch genügend Hühner und Eier bekommen, sogar auch Milch. Auch Wasser gab es vom Regierungsbrunnen. Manchmal musste man auch weiter gehen. Zitronensaft hatten sie unterwegs so viel zubereiten können, dass sie noch gut eingedeckt waren.

---

[1] D-1,104 Nr. 21, Bericht Frau Schimming vom Oktober 1913.

»Mit Hauspersonal waren wir übel dran. Aus der Bremer Missionsschule in Ho hatten wir zwei junge Burschen, die sich für das Hinterland begeistert hatten. Leider liess die Begeisterung hier sehr bald nach. Sie behaupten, sie könnten das hiesige Essen nicht essen, sie verstünden die Sprache nicht und wären überhaupt zu weit von daheim weg. Für die Wäsche nahm ich mir irgendeinen Arbeiter vom Bauplatz. Der rieb die Sachen, so gut er es verstand, auf dem Waschbrett herum, und ich besorgte die weniger anstrengende Arbeit. Ich probierte den Waschmann auch zum Bügeln, aber bei seiner Handhabung des Bügeleisens wurde mir fast Angst.«

Der nächste, den sie meinen für längere Zeit zu haben, leidet an Aussatz und kann nicht bleiben. Schließlich kommt einer, er will für immer »ihr boy« sein. Sie kommt zum Schluss, die Dagomba seien wohl stolze, ungefällige Menschen. Der Yendi-König, zum Beispiel, wolle ihnen absolut keine Milch verkaufen, obwohl er eine ganze Herde Vieh hat. Später bekommen sie Milch aus dem Nachbardorf Kuge.

3. Die ersten Monate: Bauen

Gleich nach der Ankunft halten sie Ausschau nach einem geeigneten Ort für die zukünftige Station. Bei den Kolonialbehörden ist man zwar der Meinung, es sei unsinnig, in Yendi eine Station errichten zu wollen. »Man hätte lieber, die Missionsleute kämen gar nicht nach Yendi.«[2] Dennoch erweist sich Bezirksleiter von Stockhausen als zuvorkommend und hilfreich. Einige der bevorzugten Plätze sind durch die Regierung beansprucht. Am 19. Januar jedoch bewilligt er die Zuteilung eines Areals von 5 ha Ausmaß an der Straße nach Kuge, im Osten der Stadt gelegen. Die Verhandlungen mit dem zuständigen Häuptling bereiten kein Problem. Schon am 23. Januar können sie mit dem Bau der Station beginnen. Die dafür vorgesehenen Barackenbestandteile sind noch nicht da. Deshalb baut man zunächst nach der Art des Landes eine Reihe von Rundhüten. Im April meldet Schimming, die Rundhütten seien zum großen Teil unter Dach. »Die Böden müssen alle noch geklopft und mit Kuhmist bestrichen werden und mit Dawadawa-Brühe begossen und mit Steinen abgerieben werden. Das gibt Böden fast so hart wie Zement.«[3]

Die Mauern sind aus Lehm auf über zwei Meter hoch gezogen. Sie sind nur 15 cm dick; dickere zu machen seien die Leute einfach nicht im Stande. Sie seien aber erstaunlich solide, fester als die »Swish-Mauern« auf der Gold-

---

[2] O. Schimming, Brief vom 20.1.13, D-1,104 Nr. 4; noch deutlicher Nr. 19 vom 23. Sept. 1913, nach einem Gespräch mit Bezirksleiter Hptm. v. Hirschfeld.

[3] D-1,104 Nr. 4. Die »Dawadawa-Brühe« ist ein Sud aus den leeren Schoten der »Parkia africana«; Rudolf Fisch, Nord-Togo und seine westlichen Nachbarn, Basel 1911, und Grammatik der Dagomba-Sprache, gesprochen in Nord-Togo und den nördlichen Bezirken der Goldküste (Dagbane), Berlin 1912, 134.

küste. In der Mitte des Raums steht ein vier Meter hoher Mittelpfosten, Stangen verbinden ihn mit den Mauern. Auf diese Stangen wird spiralförmig ein Seil aus Gras gelegt bis zum Giebel hinauf und das Ganze wird mit Grasmatten belegt. Sie beschäftigen fünfzig Arbeiter, weil man das Wasser von weit her holen muss. Weil der Tageslohn nur 50 Pfennig beträgt, sind die Kosten nicht so hoch.

Am 2. Mai beziehen sie die Station. Das Material für die Baracke ist angekommen. Am 9. Mai steht auch sie. Schimming schreibt: »Die Baracke bildet das Schlafzimmer für meine Frau und mich, ist aber zugleich mein Studierzimmer. Es geht deshalb etwas eng drin zu. Und doch, wie froh sind wir, wenigstens ein solides Dach über uns zu haben. Auch die Moskitosicherung erweist sich als eine segensreiche Einrichtung.«

Die »jungen Brüder« wohnen vorläufig noch in ihren Rundhütten. Julia Schimming dazu: »Ich kann gar nicht sagen, welch ein Gefühl es für mich war, als ich nach so langer Zeit wieder einen Bretterboden unter den Füssen spürte und die Tür hinter mir zu machen konnte. Fenster und Türen sind moskitosicher. Glücklicher kann sich kaum jemand fühlen, als ich mich jene erste Nacht in der Baracke gefühlt. Jetzt konnten meinetwegen die Hyänen, Leoparden, Schakale etc. ums Haus brüllen, so laut sie wollten. Ich fühlte mich geborgen in meinen vier Wänden.«

Und schon plant man weiter. Gleich im ersten Brief nach ihrer Ankunft in Yendi hatte Schimming um die sofortige Bestimmung eines weiteren Bruders gebeten und Ende Mai folgt die Bitte um Entsendung einer Krankenschwester.[4] Nach der ersten Erkundungsreise in das Konkombaland legt Schimming dem Inspektor seine Ausbaupläne vor. Er denkt dabei an Missionar Schäfer und seine Frau von der Goldküste. Sie möchte er im Norden, in Moab, ansiedeln, eine Krankenschwester in Yendi selber. Geplant ist außerdem ein Haus aus Stein und Holz. Beides gibt es in Yendi. Probleme bereitet nur die Bedachung. Grasmatten eignen sich nicht, Wellblech ist nicht gut, Ziegel gibt es keine, Eternit wäre eine Lösung. Am 18. Juni bedankt sich Schimming für die Bereitschaft Basels, eine weitere Station errichten zu lassen, und »Yendi wird auf alle Fälle Hauptstation bleiben. Yendi ist ein zu bedeutender Ort, als dass er ausser Acht gelassen werden könnte. Yendi wird die Basis für die nördlichen Stationen abgeben, Ferner werden wir hier ohne Frauenmission nicht auskommen. Wir brauchen Missionarinnen, seien es Krankenpflegerinnen oder Lehrerinnen«.[5]

---

4 D-1,104, Nr. 4 (20. Jan. 1913) und Nr. 10.

5 D-11,104 Nr. 13, 1-3.

4. Die Missionsfamilie in Yendi

Außer den drei Männern und Julia Schimming gehören zum Haushalt einige von der Bremer Mission übernommene Mitarbeiter. Sie bewähren sich nicht alle. Wegen Frauengeschichten müssen sie zwei entlassen. Einen festen Gehilfen für den Haushalt haben sie noch nicht, aber es wird ein Koch erwähnt, ein Pferdeknecht und verschiedene junge Männer, die beim Erlernen und Aufnehmen der Sprache helfen.

»So haben wir allerlei Leute und Sprachen in unserm Rasthof. Koch und Pferdeknecht sind Leute aus Basari, sie sprechen Timj, Hausa und auch Dagbane. Ein kleines Hausmädchen ist von Abetifi (Goldküste). Man kann also in unserm Rasthof zur Zeit sieben Sprachen hören: Deutsch, Englisch, Dagbane, Hausa, Ewe, Twi und Timj, und das wäre doch genug. Dazu kommt noch die Sprache Dazu kommt noch die Sprache der Konkomba, woher unsere Träger und viele unserer Arbeiter sind.«[6] Wegen der Hausboys wenden sie sich schließlich an die Regierung, die ihnen zu drei Jungen von Moab verhalf.

Aber »Ende August hatten wir uns ohne Buben behelfen müssen. Die Brüder Huppenbauer und Kiess und auch Frau Schimming mussten die allergewöhnlichsten Arbeiten wie Aufwaschen des Zimmers höchst eigenhändig verrichten. Das klingt ja ganz ideal [...]. Dem Missionswerk aber hat dieser Zustand keinen Nutzen gebracht. Der Neger sieht das mit seinen Augen und kommt dabei zu dem gewiss verkehrten, aber für ihn doch massgebenden Schluss, mit den Europäern sei nichts los, die müssen ja Arbeiten tun, die nur Frauen und Sklaven tun. Das wirkt umso auffallender, wenn daneben ein Regierungsbeamter viele Bediente hat.«[7]

Im April 1914 reisen Schimming und seine Frau in den Süden und auf die Goldküste, wo sie früher gearbeitet hatten. Nun wird Br. Huppenbauer die Stationsaufsicht übertragen. Am 24. April antwortet er Inspektor Oettli auf dessen Brief. »Die Zeit unserer Einsamkeit geht rasch zu Ende [...]. Was ich mich freue, bis ich die Stationsaufsicht kann in Br. Schimmings Hände legen und den Kochlöffel Frau Schimming anvertrauen. [...] Übrigens brauchen Sie nicht Angst zu haben, als hätten wir nicht genügend kräftige Kost gehabt. Besonders in der letzten Zeit. Zum Glück gab es sich, dass man in dieser Zeit gerade gut Perlhühner schiessen konnte.« Er empfindet allerdings in dieser Zeit auch Einsamkeit und notiert dazu, »welch gefährliche Sache die Einsamkeit in diesen ganz heidnischen Gebieten sein kann [...], wie schwer ist es, gegen die ermüdende und erschlaffende Wirkung der Umgebung anzukämpfen.«[8]

---

6 Schimming, D-1,104, Nr. 7.

7 D-1,104, Nr. 30 vom 31. Jan. 1914.

8 D-1,104, Nr. 35.

5. Drei Kollegen

Drei Missionare, das waren auch drei verschiedene Persönlichkeiten und Charaktere. Huppenbauer lässt in früheren Tagebuchnotizen eine Scheu vor Otto Schimming, dem Senior, erkennen, als einem Menschen, mit dem Streit zu haben man besser vermeide.

5.1 Otto Schimming

Als Senior ist er Leiter der Station und berichtet auch über die andern nach Hause, manchmal über Dinge, die sie bearbeitet hatten, als hätte er sie getan. Er muss auch die Berichte der jungen Brüder lesen. Er tut dies nicht nur mit seinem Visum, sondern mit persönlichen Bemerkungen ergänzender, vielleicht auch korrigierender Art. Darauf bedacht also, dass Botschaften richtig nach Hause kommen. Seine Urteile jedoch sind fair. Am 2. April 1913 schreibt er im Bericht an das »Hohe Komitee der ev. Miss. Gesellschaft in Basel«: »Die Arbeiten am Bau beaufsichtigt Br. Kiess. Ich bin überzeugt, wir wären weiter, wenn ich die Arbeit selber geleitet hätte. Aber die jungen Brüder müssen lernen und das können sie nur, wenn man ihnen selbständig etwas überträgt. Ich selber gehe täglich auch zweimal auf den Bauplatz, um Bruder Kiess mit Rat und Tat beizustehen. Auf dem Bauplatz hat übrigens Br. Kiess die allerbeste Gelegenheit, die Sprache zu lernen. Br. Huppenbauer hat die Kasse. Er bezahlt jeweilen die Arbeiter und die Träger. Da Buchführung für ihn Terra Incognita ist, muss ich da immer auch helfen. Ich tue das gerne, denn Br. Huppenbauer ist für Belehrung sehr dankbar. Br. Kiess hat nach der Bauerei durch seine Heiltätigkeit täglich Gelegenheit, sein Dagbane anzuwenden. Auch ist es ihm gelungen, unter den Kranken sich einen Assistenten zu gewinnen, der zwar kranke Füsse hat und deshalb stelzenartig daher wandelt. Dieser junge Mann hilft Br. Kiess nicht nur Wunden verbinden. Da er ein Dagomba ist, kann Br. Kiess viel von ihm lernen«.[9] Zur Spracharbeit bemerkte er früher schon: »Soviel ich bis jetzt merken kann, ist Br. Huppenbauer der rechte Mann für Spracharbeit. Er ist peinlich genau«. Und wie sie einmal unterschiedlicher Meinung sind, schickt er seine Vorstellungen zusammen mit den anders lautenden der beiden Jungen ans Komitee.

5.2 Immanuel Kiess

Mehr als die andern scheint er im traditionellen Sinn Missionar sein zu wollen. Über seine medizinische Tätigkeit kommt er in sehr direkten Kontakt mit

---

9 D-1,104, Nr. 24 vom 14. Nov. 1913.

den »Eingeborenen« und verhilft damit der Mission zu einem guten Ruf. Er will dauernd mehr, eben die Botschaft sagen. Gegenüber den Praktiken der Leute des Landes ist er sehr kritisch, aber so vernehmen wir von ihm einiges über Sitten und Bräuche der Dagomba. In der Stationssitzung scheint er gerne Opposition zu machen, setzt sich aber voll für die Sache der Mission ein. Auch sein Wunsch, früher als sonst gestattet, heiraten zu können, steht im Dienst der Sache.

5.3 Hans Huppenbauer

Anders als in früheren Tagebuchnotizen gibt er sich hier sehr sachlich. Da und dort schimmert in einem Brief leiser Humor und seine Naturliebe durch. Persönliches Empfinden drückt er in privaten Briefen aus, etwa am 7. März 1916: »Heute Morgen fielen zum ersten Mal seit mehr als 4 Monaten ein paar Tropfen vom Himmel. Sonst kommt es in dieser Zeit nur zum Regen nach fürchterlichem Sturm, Krachen und Blitzen. Heute früh, als ich auf mein Barackendach stieg, um dasselbe mit Ölfarbe zu bestreichen, da fing es ganz leise an zu tropfen. Ein wunderbares Schauspiel ist es aber doch, so ein Gewitter. Wenn man so von nachmittags 3 Uhr sieht, wie sich die Wolken zum Angriff sammeln, dann der aufsteigende Wolkenpilz, in dessen Innerem es fortwährend zuckt. Dann vergeht das herrliche Weiss, die Wolken färben sich dunkler, rücken näher, eine vorderste Schützenlinie trennt sich los. Dann auf einmal die überwältigende Wucht des Sturmes. Da nützt kein Schirm und kein Mantel mehr.«[10]

5.4 Nicht nur Harmonie

Als zu Beginn des Jahres 1914 das Gesuch um verfrühte Heiratserlaubnis für Kiess abging, hat Schimming dieses zwar befürwortend weitergeleitet. Gleichzeitig äußert sich er sich aber kritisch über den jungen Bruder. »Bruder Kiess hat eine nette Art mit den Eingeborenen umzugehen, aber es fehlt ihm eine Hauptsache, die man haben muss, wenn man selbständig sein will: Da muss man nein sagen können. Er setzt sich gern in Opposition zu seinen Mitbrüdern. Opposition ist gut, [...] wenn sie sich nicht zu einer nicht gerade angenehmen Charaktereigenschaft entwickelt [...]. Br. Kiess kann zu den Schwarzen nicht ›nein‹ sagen [...] und die Leute nicht zur Arbeit antreiben.«[11] Wenig später ergänzt er: »Es war mein Bestreben, so objektiv wie möglich zu sein. Es ist nicht mein Wunsch, Br. Kiess etwa die Tüchtigkeit zum Missionarsberuf

---

10 D-3,12 (unter Huppenbauer).
11 D-1,104 Nr. 40.

abzusprechen. Nur, was er eben nicht kann und zu was er fähig ist, wollte ich hervorheben« (a.a.O. Nr.44).

6. Ärztliche Mission

»Die einzige direkte Missionsarbeit, die mir bis jetzt zu tun möglich war, waren Samariterdienste,« so beginnt Br. Kiess seinen Bericht vom 31. Mai 1913, fast als ob er sich schämen müsste, »nur« solchen Dienst zu tun, obwohl er gerade so den meisten direkten Kontakt mit der Bevölkerung hat.[12] Tief scheint bei ihm dieses Gefühlt zu sitzen, denn neun Monate später hört es sich sehr ähnlich an: »Bis jetzt ist die Arbeit an den Kranken noch nicht die ideale ärztliche Mission gewesen. Wir konnten die Sprache noch nicht und konnten zu den Leuten nicht reden von dem, der uns zu ihnen gesandt hat.«[13]

Schon gleich bei ihrer Ankunft in Yendi waren sie um medizinische Hilfe gebeten worden, eine Frau sei in Geburtsnöten. Frau Schimming hatte Rat gewusst und gab der Frau etwas Wein, »um ihren Lebensmut zu heben«. Aber die Nachfrage weitet sich aus, wie Schimming anfangs 1914 berichtet. Leute mit den verschiedensten Gebrechen, wandelnde Totengerippe seien gekommen, über und über bedeckt mit eiternden Wunden. Dabei fehlte es anfangs am aller Notwendigsten: »Mit einem Verbandsplatz im Krieg liesse sich unsere Einrichtung vergleichen. Ein Tisch, um Verbandszeug und Medizinen aufzustellen, fehlte. Nicht einmal eine Kiste, die dem Übel hätte abhelfen können, stand zur Verfügung. Im Freien, unter den sengenden Strahlen der Sonne wurden die Wunden gewaschen und verbunden.«[14]

Anfangs schrieb Schimming von täglich 50 Patienten und Kiess im Mai von mehr als 60 Personen und: »Hat jemand bei mir Hilfe gefunden, so schickt er mir zum Dank zwei Genossen mit noch übleren Wunden«. Bald sind es schon 100 Patienten. Ab Juli führt er genau Buch, weil auch die Kolonialbehörde sich dafür interessiert: »Vom 13. Juli bis 13. September hatte ich 210 Patienten in Behandlung und 2250 Konsultationen. Bis heute sind es 250 Patienten, von denen etwa 150 regelmässig in Behandlung sind [...]. Diese Leute kommen aus über 80 Ortschaften, von Bimbila bis Djerepong, eine Tagesreise vor Mangu und noch von jenseits unserer Sprachegrenze bei Sanfagu bis weit hinein noch ins englische Gebiet.«[15]

Vielfältig sind die Gebrechen der Leute. Kiess zählt im Bericht von 1913 einiges auf: »Was die hier vorkommenden Wunden betrifft, so sind es vor allem alte, vernachlässigte Wunden, Frambösiekranke in den verschiedensten

---

12 D-1,104 Nr. 11.

13 D-1,104 Nr. 31, 5: Immerhin weiß er: »Wir sind dadurch bekannt geworden«.

14 D-1,104 Nr. 31, unter »Heiltätigkeit«.

15 D-1,104 im Anhang, Corr. Kiess, 29. Sept. 1913.

Stadien, bösartige Schleimbeutelentzündungen an Knien und Ellenbogen, und Mandurafuss. Zeitweise gab es auch viele Erkältungskrankheiten, ebenso auch Dysenteriekranke, besonders Kinder. Auch der Aussatz ist sehr verbreitet. Am häufigsten ist der Nervenaussatz, weniger der, den Menschen so entstellende Knotenaussatz, Augenkrankheiten kommen auch häufig vor« (ebd.).

Wenn ganze Körperteile wie eine einzige Wunde erscheinen, oder Blinde kommen und von ihm ihr Augenlicht erwarten, beginnt Kiess zu sorgen und zu seufzen. Denn ob Alt oder Jung, Mann oder Frau, Knabe oder Mädchen, sie seien alle im gleichen Elend. Einige Fälle beschreibt er ausführlich: »Einer der ersten Kranken war ein junger Bursche, zum Skelett abgemagert. Arme und Beine waren gekrümmt, über und über voll Wunden. Da er zu elend war, um zu gehen, ritt er auf einer Kuh, 5 Stunden weit. Heute, nach vierteljähriger Behandlung marschiert er wieder flott, wenn auch die Wunden noch nicht geheilt sind. Ein junger Mann von hier hatte eine von einer Syphiliswunde stark angefressene und klumpige Hand. Lange Zeit schien alle Mühe vergeblich. Jetzt ist die Wunde schön geheilt. Ein anderer kommt zu mir, dessen Nase abgefault und dessen Rachen eine Eiterhöhle ist, auch seine Augen sind angefressen. Ich hoffe, dass ich auch diesen Menschen retten kann. Ein anderer kam, dessen Gesicht mit Ausnahme eines Auges, eine faulende Masse ist, das eine Auge, Nase, Wange, Lippen abgefault. Ein Mund lässt sich nicht erkennen. Reden kann der Ärmste nicht mehr, nur gurgelnde Laute hervorbringen. Ihm musste ich sagen: Dir kann ich nicht mehr helfen.«

Erst einmal sei ein junger Mann mit einer frischen Wunde zu ihm gebracht worden, eine lange offene Wunde hinter dem Ohr, andere am Rücken. Solche Wunden heilten besser. Für zahlreiche andere Krankheiten, so schreibt er, wäre ein Arzt nötig.

Natürlich gibt es einheimische Medizinen. Er hält nicht viel davon und schreibt: »Allgemein sind hier als Heilmittel gebräuchlich: Holzasche, die jungen saftigen Blätter verschiedener Sträucher, die zu Pulver gestampft werden, und der klebrige Saft einer roten Baumwurzel. Gegen Entzündung der Augen und sonstiger Organe verwenden sie Lehm, der aufgestrichen wird. Gegen innerliche Krankheiten werden die Wurzelknollen des wild wachsenden Asparagus verwendet.[16] Am liebsten möchte er über jeden Patienten einen Eimer Wasser werfen, um die Krusten der einheimischen Medizin zu entfernen. Nur, Wasser ist hier sehr kostbar.

Von einem anderen Fall berichtet er: »Ich wurde zu einem von einer Schlange gebissenen Mann gerufen. Vor Schmerzen stöhnend lag der junge, kräftige Mann vor mir. An seinem ganzen Leib hatte er Schnittwunden, die ihm beigebracht wurden, um das Gift zum Ausbluten zu bringen. Eingeborene Medizin war schon viel verwendet worden, sie hatte nicht geholfen. Sein Hals, Mund und Zunge waren dick geschwollen. Krämpfe erschütterten seinen Kör-

---

16 D-1,104, Nr. 31 vom 31. Mai 1913.

per, die Atmung ging schwer.« Der Mann starb trotz aller Bemühung und Kiess fügt im Bericht bei: »Lautlose Stille herrschte unter denen, die im Hof harrten. ›Nawun biene, nawun biene‹, hiess es jetzt, wörtlich ›Gott ist da‹; in diesem Fall: Gott hat ihn sterben lassen. Wäre ich des Dagbane mächtig gewesen, hätte ich jetzt Gelegenheit gehabt, ein Wort der Ermahnung und des Trostes an die Anwesenden zu richten. Als ein von Gott Gestrafter wurde dieser Mann nicht am üblichen Begräbnisplatz, sondern in der Steppe begaben.«[17]

Im Urteil der Leute stand Kiess mit seiner Arbeit in hohem Ansehen. »Umsonst war diese Arbeit nicht, schreibt er am Schluss seines Berichts. Wir sind bei den Leuten bekannt geworden. Sie fangen an, uns Vertrauen zu schenken. Manchmal, wenn ich mit ihnen redete, zeigt sich, was sie über uns denken: ›Gott hat dir ein weises Herz gegeben, darum tust du solche Arbeit, die niemand sonst tut‹.«[18]

Während Kiess die praktische Arbeit tut, vernehmen wir von Schimming auch grundsätzliche Überlegungen zu dieser Seite ihrer Arbeit, über deren Unvollkommenheit Kiess aus medizinischer wie aus missionarischer Sicht klagt. Für Schimming hat die ärztliche Arbeit auch in der unvollkommenen Form ihren festen Platz und Bedeutung in der Missionsarbeit, besonders im islamisierten Gebiet: »Wir dürfen nicht vergessen, wir leben unter einer Bevölkerung, die grösstenteils islamisiert ist. Nichts kann uns die Sympathie und das Vertrauen der Leute besser zuwenden, als solche Hilfe, wo Imam und Malam versagen.«[19] Und nach der Reise ins Land der Moba im Norden schreibt er: »Man kann die in Mangu aufzunehmende Mission ruhig als Mohammedaner Mission bezeichnen. Da wird die medizinische Mission vorbereiten müssen.«[20]

Konkret sieht Schimming dies auch schon ohne Arzt, aber eine Schwester sei nötig. Sie könnte kranke Frauen und Mädchen in den Häusern aufsuchen. Das wäre der Anfang einer Frauenmission. »Ohne Frauenmission werden wir hier nicht auskommen.«[21] Denn: »Wir müssen in Nordtogo alle Kräfte einset-

---

17 Ebd. Kommentar HWH: Die ersten Instruktionen an Afrika Missionare sprechen von der einheimischen Medizin vorsichtig und positiv. Feindselige Opposition den traditionellen Heilern gegenüber sei fehl am Platz. Fischer spricht gar von einer fruchtbaren Wechselwirkung, ein Zeichen dafür, dass die damaligen Missionare mit der afrikanischen Kultur in partnerschaftlicher Weise umgingen; vgl. FRIEDRICH HERMANN FISCHER, Der Missionsarzt Rudolf Fisch und die Anfänge medizinischer Arbeit der Basler Mission an der Goldküste (Ghana), Herzogenrath 1991, 463 u. 467.

18 1915 kommen Kranke sogar aus der Region von Basari (D-3,12 unter Kiess).

19 Bericht vom 26. Mai 1913, D-1,104, Nr. 10. Diese Annahme wird dann korrigiert, nämlich dass Dr. Fischs Aussagen als falsch und für die Arbeit in Yendi als hinderlich bezeichnet werden.

20 D-1,104, Nr. 17.

21 D-1,104, Nr. 13 vom 18. Juni 1913 und Nr. 26 vom 16. Dez. 1913.

zen, die man bei einer mohammedanischen Bevölkerung einsetzen muss. Dazu gehört eine medizinische Mission.«[22]

Schimmings Pläne gehen weiter. Weil seiner Meinung nach diese Mission als Mohammedaner Mission bezeichnet werden könne, müsse der Arzt, »wenn wir einen erleben dürfen«, in Sansane-Mangu stationiert werden. Und es wäre klug, sich jetzt schon einen Platz in Sansane-Mangu zu sichern und Bauholz, Teak, anzupflanzen, damit man dann einmal auch schon Holz hat. Sie würden damit aber bei Hptm. von Hirschfeld, dem Bezirksleiter für Sansane-Mangu, nicht auf Gegenliebe stoßen. Der habe den Vorschlag mit der Bemerkung abgetan, sie seien bisher ohne Arzt ausgekommen und bräuchten keinen.[23]

Ein halbes Jahr später nehmen die Pläne konkretere Formen an. Schimming weilt mit seiner Frau auf der Goldküste. Dort lernt er in Aburi Karl Huppenbauer kennen, einen »lustigen und arbeitsfreudigen Arzt«, der durchaus Interesse an Nordtogo zeigt. Den möchte Schimming ganz für ihre Mission gewinnen. Karl Huppenbauer, selber auf der Goldküste geboren und Bruder von Hans Huppenbauer in Yendi, war für eine Vertretung nach Aburi gekommen und wäre nach Rückkehr des dortigen Arztes frei. »Kommt Dr. Huppenbauer nach Togo, dann ist ihm die Tätigkeit (dort) eine ausgezeichnete Schulung gewesen. Und er kann gleich voll einsetzen, sei es in Moab oder anderswo. Zudem ist er Spezialist für Augenkrankheiten, die spielen in Nordtogo eine grosse Rolle. Darin wäre er dem Regierungsarzt überlegen.«[24] Aus beidem wurde nichts. Weder gab es in Sansane-Mangu eine medizinische Station, der Krieg machte alle Planung zunichte, noch kam Dr. Huppenbauer nach Nordtogo.

7. Warten auf die Schwester

Dass das »verehrliche Komitee« im Herbst 1913 sich geneigt zeigte, eine Krankenschwester nach Nordtogo auszusenden, wird in Yendi dankbar zur Kenntnis genommen.[25] Derweilen fragen sie in Basel, ob eine Frau allein ausgesendet werden könne und bitten Schimming noch einmal um seine Meinung. Seine Antwort: »Ich danke Ihnen, dass Sie sich gegen die Meinung wehrten, ›entweder zwei oder keine‹. Damit wäre uns schlecht gedient. Vor-

---

22 So im März 1914 (D-1,104, Nr. 33): Die Schwester müsse vor dem von den Kolonialbehörden für Yendi vorgesehenen Regierungsarzt dort beginnen.

23 Bericht von der Reise nach Moab, Sept. 1913 D-1,104, Nr. 19. Der Bezirksleiter in Yendi dachte anders: Er erwägt Ende 1913 der Einsatz eines Regierungsarztes, aus Eifersucht, wie Schimming bemerkt, und Gegenmaßnahme gegen den wachsenden Einfluss der Missionare.

24 Schreiben vom März 1914 (D-1,104, Nr. 33).

25 D-1,104, Angang unter Kiess, 15. Jan. 1914. Komiteeprotokoll 1913, §§ 1141 und 1857.

erst können wir nur eine bauchen. Also senden sie uns bald eine tüchtige Schwester.«[26]

Es werden Namen genannt, u.a. Schwester Ottilie Schuhmacher, früher in Aburi. Sie hatte wegen Streitigkeiten um ihre Entlassung gebeten, im Urlaub neue Kräfte gefunden und ist jetzt zu einem neuen Einsatz bereit. Wenn sie möglichst bald reist, so Schimming, mit seiner Frau zur Erholung in Accra, dann könnte sie mit ihnen die Reise nach Togo unternehmen. Und: »Was den Charakter von Ottilie Schuhmacher anlangt, so fürchte ich den nicht so sehr. Hier wird nur gesagt, dass wir mit Schwester Ottilie entschieden besser versorgt sind als mit Schwester E., die gerne die Dame spielt und andere für sich arbeiten lässt.«[27] Wichtig sei nur, dass Auftrag und Arbeit der Schwester mit Br. Kiess sorgfältig geklärt sind, und dass das Komitee den Bau einer weiteren Baracke genehmigt.

Als Ende März noch keine Schwester in Sicht ist, wendet sich Schimming erneut nach Basel: »Die Sache mit Schwester Ottilie Schuhmacher bedrückt meine Frau und mich. Aus Komitee § 157 sowie aus ihrer Karte vom 24.II.14 glaubte ich schliessen zu dürfen, dass Schwester Ottilie je eher je lieber komme, dafür habe ich auch das Telegramm so abgefasst, wie es abging und nicht so, wie Sie es angeregt hatten. Wenn Schw. Ottilie jetzt nicht kommt und mit uns reisen kann, dann muss sie abgeholt werden, das kostet einen Monat Zeit und wieder Geld! [...] Es wird wohl Anfang Mai werden, bis wir nach Hause kommen. Trotzdem bin ich bereit, Schwester Schuhmacher abzuholen. Aber 9. Mai sollte sie zu Hause abreisen - das ist der letzte Termin.«[28]

Das Komitee entscheidet anders. Eine Neumünster Diakonisse kam in Sicht, Schw. Steinmann. Mit ihrer Ausbildung und Tüchtigkeit würde sie passen. Inspektor Oettli sieht auch da, vielleicht weil er der Station Yendi entgegenkommen wollte, Schwierigkeiten. Schw. Steinmann wird für Yendi bestimmt, aber erst im Herbst ausreisen können. Am 31. März geht ein Telegramm ab mit dieser Meldung.[29] Auch dieser Plan wurde nicht Wirklichkeit. Schw. Steinmann konnte, wie es offiziell heißt »des Krieges wegen« nicht ausreisen. Richtiger wäre wohl zu sagen, wegen der zögerlichen Haltung des Komitees.

---

26 D-1,104, Nr. 26, Brief vom 16. Dez. 1913.

27 19. Febr. 1914 aus Accra (D-1,104, Nr. 33). In Basel war unter dem 28. Jan. 1914, § 134, vermerkt worden, Schw. Schuhmacher sei etwas heftig veranlagt, weshalb Dr. Müller in Aburi Bedenken gegen die Wiederaussendung habe.

28 Brief aus Aburi 31. März 1914, D-1,104 Nr. 34.

29 Komiteeprotokoll 1914, §§ 387, 426 und 436.

8. SPRACHFORSCHUNG

Die Sprache der Dagomba, Dagbane, lernen sie alle. Schimming spricht auch Twi. Huppenbauer hat den Auftrag, die Sprache nach sprachwissenschaftlichen Gesichtspunkten aufzunehmen. Er spricht Hausa und liest auch Arabisch. Im Mai schreibt er: »Die Hausbauarbeiten gaben reichlich Gelegenheit zum Sprachstudium. Es waren mehrere Dagomba, die Hausa verstanden, die ich nach dem und jenem ausfragen konnte. Als die andern merkten, dass wir Dagbane lernen wollten, da stürmten sie auf uns ein mit allerlei Pflanzen- und Tiernamen, so dass wir abwehren mussten, da man die Fülle von Wörtern nicht behalten kann, und die Arbeiter dieses Mittel benützten, um mit der Arbeit auszusetzen. Ich wollte selbständig mit einer systematischen Spracharbeit anfangen, womöglich ohne Hilfe von Musa, dem Gewährsmann von Dr. Fisch. Es fand sich unter den Arbeitern auch ein Mann, der für diese Arbeit passend schien. Er war aus Savelogu, dem englischen Teil des Dagomba-Reichs. Er sprach ganz ordentlich Hausa, natürlich so, wie es die Dagomba sprechen.[30] Mit diesem Mann arbeitete ich einige Wochen jeden Vormittag 4-5 Stunden, teils in meiner Hütte, teils auf dem Bauplatz. Dieser junge Dagomba hatte natürlich absolut kein Verständnis dafür, wie wir Sprachen lernen wollen. Die Fragen mussten sichtbare Gegenstände oder einfache Handlungen und Zustände behandeln. Er musste sich unter jedem Sätzchen etwas Reales vorstellen können. Jeder Versuch, eine abstrakte Verbalform zu erfragen, scheiterte daran, dass er für jedes Pronomen ein Nomen eingesetzt haben wollte.« Als die ersten Schwierigkeiten überwunden waren, kommt er eines Tages »mit zerbrochenem Herzen«, er müsse sogleich nach Hause reisen, seine Mutter sei gestorben.[31]

Ein junger Dagomba, der ein sehr klares Dagbane spricht, meldet sich. Er kann alles, worauf man deutet, in kleine Sätze formen. Nur, noch bevor diese Gabe recht genutzt werden kann, kommt die Zeit der Feldarbeit. Er muss ins Dorf zurück. Der nächste, ein Muslim, spricht ein feines Hausa, kann arabische Schrift lesen und hat viel Verständnis für Sprachen; muss aber auf die Goldküste, um durch Lastentragen Geld zu verdienen. Sein Bruder ist weniger gebildet, spricht aber ein recht gutes Hausa, »mit diesem Mann arbeite ich nun 3-4 mal in der Woche je 2 Stunden, und freue mich, dass er einer ist, der ein Wort auch 6, 7 mal sagt, bis es richtig nachgesagt wird« (ebd.).

Dann kommt unerwartet Hilfe. Nach ihrer Rückkehr aus dem Norden stellt sich einer, einst Regierungsdolmetscher, vor. Er hatte sich auf der Regierungsstation an der Kasse vergriffen und eine Kettenhaft abgesessen. Dieser Mann sprach Dagbane, die Sprachen der Konkomba und Tschokossi, Hausa und Ewe. »Br. Huppenbauer arbeitet nun mit ihm und kontrolliert das

---

30 Es verhält sich zum Hausa in etwa so, wie das westafrikanische Kru- oder Pidgin-Englisch zum Britischen Englisch.

31 D-1,104 Nr. 8, »Bericht über meine bisherige Spracharbeit«.

Gewonnene bei seinem Pferdeknecht«, bemerkt Schimming.[32] Dieser Mann erleichtert die Aufnahmearbeit enorm. »Er sammelt abends, wenn er mit seinen schwarzen Brüdern zusammensitzt, Märchen und Sprichwörter. Uns selbst ist diese Sammlung erschwert, da man Märchen am Tag nicht gern erzählt und die Dagomba uns den Einblick in dieses Gebiet verhindern wollen.«

Huppenbauer versucht es auch auf andere Weise. Er fragt Patienten aus. Da kommt ein Barbier, um seine syphilitischen Wunden auswaschen und verbinden zu lassen. Huppenbauer fragt ihn nach den Namen seiner Werkzeuge und ihrer Handhabung. Nun will er Geld von ihm. »Da fragte ich ihn, was hast du dem Europäer gebracht, der dir Medizin gab? In solch einem Fall gilt das Sprichwort: ›Wenn du bei deinem Freund ein Huhn gegessen hast, ist dein Huhn schon auf einer Seite lahm‹.«[33]

Die Märchen und Sprichwörter werden aufgeschrieben, mit Akzenten versehen und in einem Heft als Texte gesammelt. Dann werden sie zerpflückt, die einzelnen Wörter in der gehörten Form und Betonung im Zettelkatalog eingereiht, mit genauer Angabe der Nummer des Märchens oder der Fabel, um jederzeit den Zusammenhang eines Wortes kontrollieren zu können. So gibt es grammatikalische Sammlungen von Verbformen oder Verbalstämmen, von Wörtern, deren Grundform er nicht kennt, und noch andere lexikalische Sammlungen. Das Ergebnis geht an Prof. Westermann in Berlin zur Begutachtung. Alles zeigt erhebliche Unterschiede zu Dr. Fischs früherer »Dagbane Grammatik«[34] und relativiert dessen Vorgaben.

Dagbane ist nicht die einzige Sprache, die sie erforschen. Für Huppenbauer kommt das verwandte Konkomba dazu, sowie später das Moaba und Gurma, während Schimming sich dem Anufo, der Sprache der Tschokossi widmen wird. Es liegt ihnen daran, auch diese Sprachen so weit vorzubereiten, dass sie jederzeit aufgenommen werden können. Der Dolmetscher Baba und ein Hausjunge helfen beim Konkomba, ein anderer, um auch das Moaba aufzunehmen. Die Kenntnis der verschiedenen Sprachen soll Huppenbauer befähigen, zu beurteilen, ob mit einer Sprache verschiedene Ethnien bedient werden könnten. Schimming ergänzt: »Da Anufo, die Sprache der Tschokossi, mit dem Twi verwandt sein soll, habe ich es unternommen, mit Baba das Anufo aufzunehmen. Nach dem, was ich bis jetzt sagen kann, ist die Verwandtschaft mit Twi nicht so eng, wie ich mir vorstellte.«[35]

Während Huppenbauer sich mit Überzeugung in die Geheimnisse dieser Sprachen vertieft, hegt er seine Zweifel im Blick auf die lieben Missionsfreun-

---

[32] 14. Nov. 1913, D-1,104, Nr. 24.

[33] Bericht vom 19.Oktober 1913. In Kru/Pidgin Englisch: »Das Huhn ist wobelebobele«.

[34] Vgl. RUDOLF FISCH, Grammatik der Dagomba-Sprache, gesprochen in Nord-Togo und den nördlichen Bezirken der Goldküste (Dagbane), Berlin 1912.

[35] 14. Nov. 1913, D-1,104, Nr. 24.

de zuhause, und auch gegenüber dem Komitee: »Wenn ich bedenke, es fragt mich daheim ein Missionsfreund nach der von mir vollbrachen Arbeit, und ich müsste ihm sagen; ich sass den ganzen Tag in der Hütte und habe Wörter aufgeschrieben, oder ich sei mit Notizbuch und Bleistift herumgegangen und habe gefragt, wie man das und jenes nennt, so würde der Mann wohl fragen: Ist das alles? Und ich müsste sagen: Ja, und was Gott sonst durch mich gemacht hat, entzieht sich meiner Beobachtung. So dachte ich auch, die heimatliche Leitung ist zwar dafür, dass der Missionar lernt, wie man die Sprache eines Volkes spricht, die Aufgabe aber, zu erkennen, warum man es so spricht, schiebt sie den Sprachforschern zu.« Er könnte wohl verstehen, wenn man sie zu mehr Beschränkung auffordern würde, »aber bedauern würde ich es sehr und das Bedauern, nur eine halbe Arbeit zu leisten, nicht los werden«[36]

Der Ausbruch des Weltkrieges im Sommer 1914 schränkt die Tätigkeit der Missionare auch in Yendi stark ein. Reisen und Verkündigung werden ihnen untersagt. Sie beschränken sich auf die Sprach- und die medizinische Arbeit, was sie jedoch nicht hindert, für die Zukunft zu planen. Sie fragen sich, was ein zukünftiger für Nordtogo bestimmter Missionar daheim tun könne, um sich sprachlich für seine Arbeit vorzubereiten. Huppenbauer setzt sich dabei mit den von Dr. Fisch veröffentlichten Arbeiten auseinander, die nach ihrer einhelligen Auffassung nichts taugen. »Die Unrichtigkeit in der phonetischen Wiedergabe fremder Wörter wäre nicht so verhängnisvoll, wenn wir gewohnt wären, Sprachen nach dem Gehör zu lernen. Aber wir sind von klein auf so dressiert, dass man seine Weisheit in gedruckten Buchstaben dem Gedächtnis einprägt. Wir prägen uns ein Wortbild ein statt einer Reihe von Lauten. Um richtig hören zu können, muss das Ohr geübt werden. Darin sehe ich die wichtigste Vorbereitung zum Erlernen des Dagbane.«

Schon anhand der verschiedenen Dialekte, die im Missionshaus gesprochen werden, könne man Unterschiede zeigen. Die Süddeutschen müssen merken, dass sie ein anderes b, d, g, s sprechen als die Norddeutschen. Alle beide müssen erfahren, dass sie ein anderes p, t, k, sprechen als die Franzosen. Die scharfen, nicht aspirierten Laute, und die weichen, stimmhaften Laute (b, d, g, z) finden sich in diesen Sprachen.

»All das Gesagte zusammenfassend möchte ich sagen: Neue Sprachen können nicht mit den Augen gelernt werden, sondern nur mit dem Ohr. Als Lektüre kämen die übersetzten biblischen Geschichten in Betracht. Bei der Übersetzung lag mir weniger daran, eine möglichst genaue Übersetzung des biblischen Textes zu liefern, sondern eine für Dagombakinder verständliche Erzählung, die sich an den Text der Calwer Biblischen Geschichten anschliesst, jedoch anschauliche Einzelheiten, die der biblische Text enthält, einbezog« (ebd.). Auch die Sammlung von Märchen und Sprichwörtern könnte hilfreich sein.

---

[36] D-1,104, Nr. 36.

9. Beziehungen zur Kolonialregierung

Nordtogo, im Osten an die damalige Goldküste grenzend, war für die Missionsleitung in Basel längst bekannt, als die Frage der Übernahme eines Arbeitsgebiets dort konkret wurde.[37] 1884 unternahmen verschiedene Basler Missionsleute eine Erkundungsreise ins nördliche Voltagebiet. Um die Jahrhundertwende waren es die Missionare G. Martin, von Kyebi, und J. Josenhans, von Odumase, die sich aufgrund ihrer Kontakte im Süden für die Dagomba interessierten und Reisen nach Yendi unternahmen. 1905 entschied die Generalkonferenz der Goldküsten-Missionare, dass eine Ausdehnung der Tätigkeit nach Norden eher im Hinterland Togos als in der Region von Tamale an der Goldküste erfolgen sollte. Als 1909 vom britischen Gouverneur für die nördlichen Territorien eine Einladung für die Aufnahme einer Mission in Tamale eintrifft, begeben sich Josenhans und Dr. Fisch auf eine ausgedehnte Erkundungsreise nach Norden, Togo und die Region Tamale. Die Missionsleitung zögert. Schon 1885 hatte sich das Komitee vehement gegen die Vorstellung gewehrt, die Mission habe lange genug für fremde Länder gearbeitet, jetzt solle sie für das Deutsche Reich arbeiten. »Wir arbeiten weder für das Englische noch für das Deutsche Reich, sondern für das Reich Gottes«.[38]

Anlass zum missionarischen Vorstoß in ein von der Mission noch unberührtes Gebiet war nicht ein Ruf »Komm herüber und hilf uns.« Der Plan entstand vielmehr als Ergebnis missionsstrategischer Überlegungen. Mit Besorgnis beobachtete man das Vordringen des Islam aus dem Sudan zur Küste hin. Nun war ja bekannt, dass da, wo der Islam seine Herrschaft aufgerichtet hatte, der Same des Evangeliums kaum mehr Wurzeln schlagen kann. Dieser Entwicklung wollte man zuvorkommen.[39] Auch praktische Überlegungen führten dazu wie die Furcht, die eigenen Christengemeinden könnten dem Ansturm des Islam nicht gewachsen sein.[40] Die deutsche Kolonialbehörde forderte von der deutschen Christenheit, »die noch nicht ergriffenen Gebiete ohne Verzug in missionarische Pflicht zu nehmen«.[41] Im Moment, als die Sache konkret

---

[37] Details siehe im vorigen Artikel. Eine Darstellung der Verhandlungen durch Insp. Oehler in D-1,94 Nr 104 in einem Schreiben an den Gouverneur.

[38] Der Entscheid der Generalkonferenz der Goldküste von 1905 scheint anders motiviert zu sein, vgl. Wilhelm Schlatter, Geschichte der Basler Mission, Bd. 3, Basel 1916, 199. Rudolf Fisch, Nord-Togo und seine westliche Nachbarschaft, Basel 1911, 188, dagegen plädiert für eine Sicht, die »die Völker in der englischen Kolonie einbezieht«.

[39] Hans Huppenbauer, Keine rechten Europäer: Erzählungen aus den Anfängen der Missionsarbeit in Nord-Togo, Stuttgart 1958, 3.

[40] D-1,103 Nr. 3 (Josenhans an das Komitee, 24. Jan. 1911).

[41] Der Heidenbote 1910, S.68ff.

wird, kommt ein weiteres Argument ins Spiel: »Togo darf nicht katholisch werden«.[42]

Als am Missionsfest 1911 Insp. Oettli die Missionsgemeinde mit dem neuen Projekt vertraut machte, bemerkte er, in Nordtogo habe sich für die evangelische Mission eine Tür geöffnet, die bisher verschlossen war: »Keine andere Missionsgesellschaft ausser uns Baslern ist imstande, durch dieselbe zu gehen. Nach langen Beratungen kam das Komitee zur Überzeugung, hier sei der Posten, den Gott uns in dem grossen weltgeschichtlichen Kampf gegen den Islam in Afrika zuweise, und den wir darum besetzen müssen.«[43]

Nach ausgedehnten Verhandlungen hatte sich die Kolonialverwaltung dem Argument der Basler gebeugt, für die Aufteilung zwischen dem evangelischen und dem katholischen Arbeitsgebiet den sprachlichen Grenzen zu folgen. So stand der Basler Mission das ganze Gebiet von Yendi, das Konkomba- und Mobaland offen.

So einmütig war die Beziehung zwischen Mission und Kolonialverwaltung jedoch nicht. Schon beim ersten Zusammentreffen mit dem Gouverneur äußert dieser sein Erstaunen darüber, dass die Missionare ausgerechnet in Yendi eine Station eröffnen wollten. Der Einfluss des Islam sei hier schon viel zu groß.[44] Im Grunde genommen hätte man die Missionare lieber gar nicht in Yendi gehabt. Schnell zeigen sich auch andere Differenzen. Zum Beispiel beim Thema »Schulsprache«, für die Kolonialbehörde selbstverständlich Hausa. Die Missionare sehen das anders. Damit würde dem Islam Vorschub geleistet. Ihre Bedenken werden nicht akzeptiert, vermutlich, ohne sie geprüft zu haben.[45] Klarheit ergibt ein Gespräch mit Hauptmann von Hirschfeld. Er befürchtet, »dass durch unsere Arbeit Unruhe entstehen werde.«[46]

10. Die Konkurrenz

In seinem Brief vom 11. Jan. 1911 an das Komitee in Basel drückte Josenhans fast beschwörend eine weitere Sorge aus, Togo darf nicht katholisch werden.[47] Das zu verhüten und die Bremer Mission zu stärken, habe Basel in der Hand. Darum müsse Basel die Togo-Hinterland Mission übernehmen. Und weil er über den Bremer Dettmann von Klagen des stellvertretenden Gouverneurs Major von Doering über die protestantische Mission gehört hatte, setzt er gleich noch einen drauf. »Die protestantische Mission kommt immer hinten

---

42 D-1,103, Nr. 1 (Josenhans, 11. Jan. 1911).

43 Heidenbote 84 (1911), 68f.

44 D-1,104, Nr. 4 (Schimming, 20. Jan. 1913).

45 Obwohl der Kolonialkongresses 1911 empfohlen hatte, alles zu vermeiden, was die Ausbreitung des Islam fördern könnte.

46 D-1,104, Nr. 19 (Schimming, 22.Sept. 1913, 2).

47 Josenhans am 11. Jan. 1911.

nach. Das ist wahr. Rom schreitet grossartig auf der ganzen Linie davon. Die evangelische Mission hinkt buchstäblich hintennach. Von Doering hat eine solche Achtung vor der Basler Mission, dass er es empfinden würde, wenn wir nicht kommen. Er ist zwar kein gläubiger Mensch, aber er ist Protestant.«

Im Antwortschreiben an den Gouverneur von Togo bemängelt das Basler Komitee, das den Katholiken zugewiesene Gebiet sei wesentlich grösser als das den evangelischen Missionen in Aussicht gestellte. Aus Bremen heißt es: »Es gelte, über die Interessen der Einzelmissionsgesellschaft das Interesse der Mission überhaupt zu stellen. Da gehe es um die Bewahrung grosser Völkerschaften vor dem Mohammedanismus und dem Katholizismus und ihre Zuführung zum evangelischen Glauben.«[48]

Im Interesse des konfessionellen Friedens will das Kaiserliche Gouvernement beiden Konfessionen gleichermaßen an der Arbeit Teil geben und knüpft die Öffnung der über das Gebiet verhängten Sperre an Bedingungen: »Ihrem Schreiben habe ich mit Genugtuung entnommen, dass die Evangelische Missionsgesellschaft grundsätzlich bereit ist, bezüglich des Missionswerkes in den Hinterland-Bezirken des Schutzgebietes in eine Gebietsteilung mit der Katholischen Mission zu willigen, sofern letztere sich verpflichtet, diese anzuerkennen. Diese Bedingung ist erfüllt. In der Sitzung vom 2.Juli 1909 hat der Präfekt der Steyler Missionsgesellschaft sich grundsätzlich mit einer Gebietsteilung auf 20 Jahre einverstanden erklärt.«[49]

In Sachen Sprachgrenzen wollte der Gouverneur erneute Verhandlungen veranlassen und hatte sich dafür mit der Leitung der katholischen Mission in Verbindung gesetzt. Allerdings könnten die Konkomba des Sokode-Bezirks nicht den Baslern zugeteilt werden. Sie seien ein schwieriges Volk, das ihrem Freiheitsdrang durch Unbotmäßigkeiten Ausdruck verleihe. Es sei ohnehin nicht gut, wenn dort eine Mission arbeite, die ihren Schwerpunkt in einem anderen Bezirk habe.

Am 15. April 1911 gibt die Basler Mission ihr Einverständnis zur Zusammenarbeit mit der katholischen Mission bekannt, legt aber noch einmal die Gründe dar, weshalb das Konkomba-Land für die Missionsarbeit als sprachliche Einheit behandelt werden sollte. Die Furcht vor möglichen Reibereien mit diesem unbequemen Stamm spreche für den Basler Vorschlag, sie als Einheit zu betrachten. Am 14. April 1912 antwortet der neue Gouverneur, Brückner, die Wünsche der Basler Mission seien berechtigt. So kam es, dass in Yendi neben dem Dagbane auch die Sprache der Konkomba aufgenommen wurde.

Im Juni 1913 schreibt Schimming über die Bautätigkeit der katholische Mission: »Sie haben es wieder sehr geschickt gemacht. Ich denke, im Sinne des Komitees zu handeln, wenn ich etwaige Übergriffe nicht mit langen Schreiben beantworte, sondern mit entsprechenden Gegenmassnahmen unter

---

48 D-1,103, Nr. 7, vom 4. März 1911.

49 D-1,103 Nr 4 vom 10. Februar 1911.

Berichterstattung an das Komitee und die Regierung, etwa mit folgenden Worten: Konkurrenz in Tschopowa, gehe nach Basari.«[50] Auch Huppenbauer hatte in Lomé Ungutes über die Katholische Mission gehört. »[Sie] erfreut sich bei den Beamten grösserer Beliebtheit, weil ihre Missionare weltmännische Gewandtheit haben. Bei allen Festlichkeiten sind sie anwesend, trinken mal ruhig ein Schöppchen über das Mass [...]. Die Bremer sind da viel zu steif. Was man aber sonst von den Bremer Geschwistern über die katholische Mission vernahm, waren meist unerfreuliche Nachrichten.«[51]

Auf katholischer Seite finden wir folgende Darstellung: »Seit Ende 1912 ist die unglückliche Sperre über Togos Hinterland aufgehoben. Die hat dem Lande genug Schaden gebracht. Nun stehen wir vor der Aufgabe, eine Viertelmillion Menschen dem Christentum und seiner Kultur zuzuführen. Diese Aufgabe ist keine kleine.« In einigen Distrikten habe sich der Islam seit Jahrzehnten eingenistet. Es heisse zwar, das sei nur eine äusserliche Erscheinung. »Wir glauben allerdings nicht daran.«[52]

»Am 10. März [1913] sind die ersten zwei Missionare von Atakpame aus in das neue Gebiet abgereist. [...] An der Regierungsstation Sodoke und seiner Umgebung sind wir für den Anfang vorbeigegangen und haben uns gut 50 km nördlich in der Stadt Alidjo niedergelassen.« Dies, weil dort, wie auch weiter nördlich, der Einfluss des Islam noch nicht spürbar sei und weil die Alidjo-Leute sich für den Plan ehrlich begeistert hätten.

»Interessant ist noch die Beobachtung, dass die Basler protestantische Mission von der Goldküste aus eine Missionstätigkeit im Westen von Togos Hinterland aufgenommen hat. Im Süden und Mitteltogo ist bekanntlich die Norddeutsche Mission tätig. Zu gern würde die Norddeutsche Mission auch das Hinterland genommen haben, und die Basler Mission hätte im Hinterland der Goldküste nicht nur der Arbeit genug, sondern sogar das gleiche Arbeitsfeld. Woher nun die Inangriffnahme der Arbeit auf deutschem Gebiet?«

Als Grund werden die traurigen kirchenpolitischen Verhältnisse in Frankreich und der Mangel an Geld und Personal (der Bremer?) genannt. Und: »Auf der Goldküste riskieren [die Basler] nichts, wenn sie dort weniger forciert arbeiten. Das Hinterland von Togo war in Gefahr, weil es der norddeutschen Mission unmöglich war, mit ihrem äusserst dürftigen Nachwuchs an Missionspersonal einer Konkurrenz der Katholiken gewachsen zu sein.«

Bei der Eröffnung der Missionstätigkeit gehe es um einen neuen »Gesichtspunkt«: »Es ist nicht nur die Gefahr des Islam, welche den ungeheuren Volksmassen droht, wir stehen auch einer tatkräftigen deutschen protestantischen Gesellschaft auf diesem Gebiet gegenüber. Da handelt es sich nicht um Kampfmittel, aber um ausgebreitete, gediegene Arbeit. Es beschleicht einen ein Gefühl des Kleinmuts, wenn man nur zwei Missionare mit zwei schwarzen

[50] D-1,104, Nr. 13.

[51] D-1,104, Nr. 5 vom 12. Febr. 1913.

[52] Dies und die folgenden Zitate aus: Die Katholischen Missionen (40), 1913.

Gehilfen und zwei Dutzend Lastträgern ausziehen sieht zu einem Werke mit solchen Schwierigkeiten.«

Auf Basler Seite hören wir von Schimming nicht viel anderes. »Wenn wir die Nordtogomission in Angriff genommen haben, so wollen wir es energisch tun. [...] Der Islam drängt sich überall ein, auch in Sapowa. Die Kaisersammlung weckt neues Interesse, die Katholiken werden dieses Interesse geniessen wie wir, und sie rüsten. Wenn wir also einmal die ersten sein dürfen an einem Platz, so wollen und müssen wir das auch wahrnehmen. Also, auf nach Sapowa!«[53]

Nach ihrer Erkundungsreise ins Land der Moba schreibt Schimming von möglichen Stationen. Anders als bei den Dagomba sei die Bevölkerung von Moab viel mehr verstreut. Da müsse man mehrere kleine Stationen anlegen, wegen der Katholiken. »Sie haben die Tendenz, viele kleine Stationen anzulegen.« Und im Blick auf die Frauen: »Lernen wir auch da wieder von der katholischen Mission. Was für einen Schwesternbetrieb haben doch die! Und die werden wissen warum. Der Einbruch der Katholiken wird folgen, sobald sie ihr Gebiet genügend besetzt haben.«[54]

11. Ins Konkomba-Land

Zwei Reisen zur Erkundung der näheren und weiteren Umgebung von Yendi unternehmen die Missionare im ersten Jahr. Die erste gilt dem Land der Konkomba beidseits des östlich von Yendi fließenden Oti-Flusses. Noch vor der Regenzeit wollte Schimming die Gegend erkunden. Er nahm Kiess mit, damit dieser »das Reisen in Afrika kennen lerne und Verständnis dafür gewinne, welche Orte für eine Europäer-Station in Betracht kämen«[55]

Auf ihrer Reise zu Pferd wenden sie sich zuerst nach Osten über den Oti nach Sansugu, von dort in nordöstlicher Richtung nach Sadji und Sapowa. Damit haben sie den Oti wieder erreicht und folgen ihm auf der westlichen Seite bis Demon und von da zurück nach Yendi. Sie machen interessante Feststellungen. Auf dem Weg nach Gnani, dem ersten Tagesziel, treffen sie nur auf zwei Ansiedlungen, aber die zahlreichen bepflanzten Felder lassen vermuten, dass in der Umgebung verstreut doch mehr Menschen leben als sie sehen. In Gnani selber begegnen sie vor allem Konkombas. Der Häuptling der Stadt ist aber ein Dagomba. Die alte Herrscherstruktur ist noch vorhanden. Sie werden reich beschenkt, weil man sie mit der Kolonialregierung in Verbindung bringt, obwohl Schimming ihnen deutlich zu machen versucht, »dass wir keine Regierungsbeamten sind, sondern Leute, die ihnen Gottes Wort bringen«.

---

53 D-1,104 Nr. 12, nach der Reise Richtung Osten und den Oti-River.

54 D-1,104 Nr. 19, Reise nach Moab, 23–24.

55 D-1,104 Nr. 12 vom 2. Juni 1913; alle folgenden Zitate aus diesem Bericht.

Am folgenden Tag »schweiften unsere Blicke sehnsüchtig hinüber in das schöne Bergland von Banjela und Basari,[56] während wir in der Sonnenglut der baumarmen Ebene unsere Rösslein zur Eile antrieben. Die Zeit wurde lange, der Sattel tat weh, die Zunge klebte am Gaumen. Ross und Reiter waren in Schweiss gebadet.«

In Sanzugu war der Häuptling nicht da. Sein Vertreter, ein Dagomba und Imam, empfängt sie. Schon sein Vater war Imam. Wieder werden sie reichlich beschenkt. »Ich selber gab immer etwas Geld und Salz. Salz ist sehr beliebt und ihnen mehr wert als Geld. Mit meiner Botschaft hielt ich mich zurück. Wir besuchten später den Imam. Neben seiner Wohnung steht eine Moschee.«

Sanzugu wird für eine spätere Station in Aussicht genommen, sozusagen als Grenzstadt zu den Katholiken. Über die Konkomba stellt Schimming fest: »Die Konkomba bauen noch zerstreuter wie die Dagomba. Man sieht in ihren Dörfern auch noch unverhüllt Spuren von Heidentum, Blut und Federn von Perlhühnern an den Häusern, da und dort Fetischhäuschen. Sie halten viel Vieh, auch Schweine, ein weiterer Beweis, dass der Islam noch keinen Einfluss auf sie gewann wie auf die Dagomba, bei denen ich noch kein Schwein sah.«

In Sapowa (Tschopwa) werden sie fürstlich empfangen. »Die singende Jungmannschaft lässt mich zwischen ihnen durch, macht kehrt und schliesst sich mir wieder an. Man begleitet mich singend, tanzend, trommelnd zum Rasthof. Kein Zweifel, die vielen Geschenke, der ehrende Empfang galten nicht dem Missionar, sondern dem Europäer. Immerhin ist es lobenswert, dass die Konkomba eine solch weitherzige Gastfreundschaft üben.« In Kukonsori gibt es keinen Rasthof. Sie nisten sich beim Häuptling ein, Kiess unter einem Hirsegestell, Schimming zieht die große Rundhütte des Häuptlingsvor,[57] muss da aber zuerst eine dicke Schicht Schmutz und Dreck wegfegen lassen. Nach dem Putzen gibt es Tanz. Den beschreibt er ausführlich und schließt dann: »Entschuldigen Sie, wenn ich etwas lange bei dieser Beschreibung hängen blieb. Es ist für einen Missionar wichtig, wenn er das Volksleben kennen lernt. Man bekommt durch solche Kenntnis auch Verständnis für das Seelenleben des Negers.«

Ergebnis der Reise: Sowohl in Sanzugu, südöstlich von Yendi, als auch in Sapowa sollte eine spätere Station vorgesehen werden. Zuerst in Sapowa, wo man dann mitten im Konkombagebiet wäre. Also, auf nach Sapowa.

12. Nach Moab

In den Verhandlungen mit der Kolonialregierung hatten sich die Missionare verpflichtet, den Schwerpunkt ihrer Arbeit nicht bei den Muslimen, sondern

---

56 D.h. nach Osten, wo die Katholiken arbeiten.

57 D.h. die Eingangshalle zum Gehöft. Sie dient Pferden wie Gästen als Unterkunft.

bei der noch nicht islamisierten Bevölkerung zu setzen. Dazu gehörten nach ihrer Meinung die Konkomba, vor allem aber die Tschokossi und Moba im Norden. So galt die zweite Reise diesem Gebiet. 500 km weit sind Schimming und Huppenbauer zu Pferd nach Sansane-Mangu, dem Zentrum der Tschokossi, von dort nach NW bis Dagon, fast an der Grenze zum heutigen Burkina Faso, und von dort über Gambaga, im britischen Gebiet »heim« nach Yendi geritten. Yiribile, ihr Dolmetscher und einige Träger machten den Trupp vollständig. Es folgen Auszüge aus dem Reisebericht.[58]

»8. August. Nachdem wir uns am letzten heimischen Frühstück noch tüchtig gestärkt hatten, bestiegen Schimming und ich unsere Pferde und folgten den vorausgegangenen Trägern auf der breiten Strasse nach Mangu. Die kleine Trägerkolonne hatten wir bald eingeholt. Voraus schritt der stattliche Aduna, unter den Nachfolgenden konnte man aber auch einen oder zwei finden, die unter ihrer Last seufzen. Einer der Hausbuben trug nur eine Schlafmatte, trieb aber ein Reservepferd vor sich her. Der Rossknecht folgte mit einer kleinen Last. Den Schluss machte sein noch junges Frauchen, die in einem Netz zusammengebunden allerlei Töpfe und Kalebassen trug, Sie hatte für die Träger zu kochen.

Das erste Reiseziel, Sanson, erreichten wir kurz nach 11 Uhr. Die Gehöfte waren so zwischen Maisfeldern versteckt, dass nur die Dächer herausguckten. Wir ritten von Gehöft zu Gehöft, bis wir den Rasthof fanden. Ein reizender Anblick, wie man so aus den Feldern herauskommend den Rasthof vor sich liegen sieht. Ein mächtiger Baum, 6 kleine Rundhüten stehen im Kreise um ihn her, unter sich durch eine niedere Mauer verbunden, als reichten sie sich die Hände.«

Sie machen einen Gang durch das Dorf, besuchen den Häuptling und den Imam, erfragen dies und das über die hier wohnenden Muslime und nehmen das Abendessen bei angenehmem Mondschein im Freien ein. »Als wir uns zur Ruhe legten, leuchtete der Mond durch die kleine Fensterlücke. Draussen rauschte leise der Wind in den Zweigen. Das war der erste Reisetag - solche Tage könnte ich wohl noch eine lange Reihe ertragen, dachte ich.«

9. August. In Wapuli war Yiribile mit dem Fahrrad schon früher eingetroffen und hatte einiges vorbereitet. Der Rasthof war nicht so gemütlich wie der letzte, dafür bekam jedes Pferd seine eigene Hütte. Keine gute Erfahrung machten sie mit dem Häuptling. Den mussten sie nötigen, bis er endlich genügend Essen für die Träger herbeischaffte. Ein Europäer, der keine Soldaten mitbringt, war in seinen Augen kein richtiger Europäer. Der Häuptling und sein Gefolge waren Dagomba. Sie verstanden alle Hausa.

Auf der Weiterreise nach Segberi treffen sie einen Offizier. Sie setzen sich nieder, plaudern, tauschen Erfahrungen aus, geben Ratschläge. Der Oberleutnant erzählt von seinen Heldentaten und wie er in Kratschi den mächtigen Fe-

---

58 Bericht »Reise nach Moab« D-1,104 Nr. 19.

tisch Odente vertrieben habe durch Hinrichtung zweier Priester und Sprengung der Höhle. In Segberi selber werden sie freundlich aufgenommen, sodass sie nachher tief in den Salzsack greifen, um dem Häuptling außer der Bezahlung für Wasser und Holz ein reichliches Geschenk zu machen. Nach einem leichten Regen ist es am andern Morgen angenehm kühl.

»Die Rebhühner aber hatten keine Lust im nassen Gras zu laufen. Sie sassen auf Termitenhaufen, kahlen Bäumen oder Baumstümpfen, und liessen ihr Geschrei von dort erschallen, was manche mit dem Leben bezahlt haben. Ein nettes Bild auch: Ein Haussa Mann führte an der Hand ein kleines 5-6 jähriges Bübchen, das in einem braunen Haussakleid mit dem roten Käppchen lustig und munter einher trippelte und nach allem Neuen fragte, was es sah.«

Sie hatten nun das Gebiet der Dagomba und Konkomba verlassen und befanden sich im Land der Tschokossi. Stattliche Gestalten, eine andere Sprache als Dagbane und andere Unterschiede fallen ihnen auf. »Die Gehöfte sind nicht wie sonst angelegt: ein Hof, um den die Hütten im Kreise stehen. Wenn man durch die Eingangshütte das Gehöft betreten hat, sieht man ein Durcheinander von Hütten, dazwischen schmale Gänge, Winkel und Ecken, sodass man nicht weiss, wo aus und ein. Unter den Gerätschaften fiel uns ein Handpflug auf, mit dem sie in kurzer Zeit ein grosses Stück Feld mit schönen Furchen durchziehen können. Allerdings schneidet der Pflug nicht tief.«

Besonders schön sind die Abende. Gleich nach Sonnenuntergang wird das Mondlicht stärker. Sie trinken im angenehmen Schein des Mondes ihren Tee. »Nebenan sassen die Träger ums Feuer, drehten von Zeit zu Zeit die Maiskolben in der Glut, dass kleine Funken aufflogen und erzählten irgendeine Geschichte. Wenn sie dann in die Hütte sich verkrochen hatten, wurde es ganz still, nur hin und wieder der Schrei eines Vogels, oder es fiel eine grosse weisse Blüte vom Affenbrotbaum mit leisem Aufklatschen zur Erde. Das waren schöne Plauderstunden, bis uns einige Tage nach Vollmond der Mond untreu wurde, stattdessen aber zum Frühstück uns sein Licht schenkte.«

Am 13. August erreichen sie Sansane-Mangu. Das erste Haus, das sie zu Gesicht kriegen, ist eine Moschee, die einzige von ursprünglich zehn. Der Islam ist hier stärker vertreten als in Yendi. Schimming schreibt in der Fortsetzung. »Wenn auch die Häuptlingsfamilie so wenig wie in Yendi dem Islam ergeben ist, so soll der Häuptling seit dem letzten Jahr seinen Gebetsplatz tatsächlich benutzen. Ein Drittel der Tschokossi sind Muhammedaner - sie sollen es schon vor der Einwanderung in Mangu gewesen sein.«[59]

Hauptmann von Hirschfeld hatte die Mission unter Muslimen als aussichtslos geschildert. Und der Islam verbreite ja auch Bildung. Schimming hält ihm entgegen, dass ein Großteil dieser Völker davon nichts zu spüren bekomme, nämlich die Frauen. »Nun bekannte der Hauptmann seine Befürchtungen, dass durch unsere Arbeit Unruhen entstehen würden.«

---

59 D-1,104, Nr. 19, vom 22. Sept. 1913, 2f.

Von Sansane-Mangu, direkt nach Norden, erreichen sie Barlkwasi, ohne Rasthof. Zwei einfache Strohhütten tun es für die eine Nacht. Hier beginnt der Aufstieg nach Moab, die Bevölkerung wird dichter, alles Land wird bebaut und der Weg immer steiniger. »Nach dreistündigem Ritt hatten wir den höchsten Punkt des Weges erreicht - vor uns lagen die Gehöfte von Bogu ausgebreitet über das ganze Hochtal. Man wird bei diesem Anblick an gewisse Hochtäler erinnert.«

Von dort aus erkunden sie zu Fuß in mehreren Ausflügen die Landschaft nach Osten und Westen. Sie finden auch einen Friedhof, mit Grabsteinen und einigen Töpfen als Grabschmuck. Steil führt der Weg nach oben. Der Blick ins Tal ist einzigartig, immer mehr Gehöfte erkennen sie, auch die gegenüberliegenden Hügel erweisen sich als dicht besiedelt. Es gibt in dieser Gegend viel Holz, für einen Stationsbau nicht unwesentlich. Ein Mann führt sie über Gjoach nach Dugpurgu. Schließlich erreichen sie den höchstgelegenen Ort Djaparga. »Ein grossartiger Rundblick. Wir sahen hinauf in den Norden bis in den französischen Sudan und hinüber ins englische Gebiet; nach Süden breitet sich die Ebene endlos vor unsern Blicken aus. Hier, dachten wir, sollte unsere Erholungsstation sein, gegen 500 Meter über Meer. Lebensmittel würde man bekommen.« Auf einem Pfad, den kein Pferd machen würde, gelangen sie ins Tal, vorbei an Felswänden und Geröllhalden. »Es sieht dort aus wie bei Arth-Goldau«.

Wo wird die Station stehen? Diese Frage erwies sich im Land der Moba als schwierig. Der Hauptmann hatte sie auf Hügel im Südosten aufmerksam gemacht. Aber die eigenen sich nicht: Kein Holz, kein Strauch und auch sonst nicht genügend Platz. Es käme fast nur Bogu selber in Frage. Dort lenkt ein Aussätzigenheim ihr Augenmerk auf sich. An so etwas hatten sie in Yendi auch schon gedacht. Die Frage bleibt offen. Östlich von Bogu wäre günstiger für die eigentliche Station, westlich für eine Erholungsstation.

In Dapong, dem nördlichsten Ort ihrer Reise, empfängt sie der Häuptling unter dem großen Baum. Zweierlei fällt ihnen hier auf, die großen, um die 300 Liter fassenden Töpfe - könnten man hier wohl Ziegel herstellen? - und dass unter den Marktfrauen Fulbe sind. »Sie fallen einem auf mit ihrem ganz andern Gesichtstyp, vielfach auch bedeutend heller, dazu die Raupenfrisur: über die Mitte des Kopfes zieht sich von vorn nach hinten, oder umgekehrt, die Haarraupe. Eine schmucke Haartracht!«

Fulbe Frauen treffen sie auch unterwegs. Sie versuchen ein Gespräch in Gang zu bringen, aber die Frauen verstehen kein Hausa. Dann die Beobachtung: »Diese Fulbe sind keine Mohammedaner. Ihre Knaben sind nicht einmal beschnitten. Sie haben auch keine Gebetsplätze. Sie beten auch nicht, sagte einer, nur die im Zongo in Dapong.« Die Gegend ist dicht bevölkert, das Land fruchtbar. Die Leute halten viel Vieh. Ihre Viehhirten, Fulbe, bekommen für die Arbeit Milch, aber keine Kälber.

Auch bei Kuchuragu finden sie Fulbe Viehhirten. »Das Vieh gehört einem reichen Dorfbauern. Ein Fulbe mit seinen Frauen und Kindern hat das Vieh in

Pflege. Im Kraal war noch eine kleine Dorneneinzäunung, dorthin werden die Kälber getrieben, damit sie über Nacht nicht saugen können. Um das Saugen am Tag zu verhindern, hatten die Kälber vorne auf der Nase ein gabelförmiges Holz. Die Kühe können nur so lange gemolken werden, als sie Kälber haben.«

Für den Rückweg nach Yendi wählen die Missionare den Weg über Gambaga im britischen Gebiet. Dort hatte man sie, wie im ganzen Gebiet der Kusassi, schon erwartet. »An der Dorfgrenze empfing uns der Trommler, der gleich bei unserm Anblick auf seiner Trommel unsere Ankunft meldete. Es kamen dann der Häuptling und seine Männer, uns zu begrüssen. Die Weiber mussten uns mit ihrem Trillern und geschwungenen Baumwedeln auf dem ganzen Dorfbann begleiten. Unsere Pferde wurden fast scheu. Wir konnten uns eines Gefühls des Erbarmens nicht erwehren, wenn man die Weiber fast nackt daher stürzen sah, die einen von rechts, die andern von links. - Die Sprache der Kusassi muss dem Dagbane verwandt sein, denn die Leute verstanden es, wenn man sie in Dagbane anredete.«

Einen Rasthof gab es hier nicht. Dafür richten die Dorfleute einen Platz, bringen Stangen, und mit Zelttüchern der Europäer entsteht so eine Unterkunft, gerade noch bevor ein Tornado über das Land braust.

13. Der Kalebassen-Fährmann

Drei Tage weiter, kurz vor der Grenze ins deutsche Togo müssen sie einen tiefen Fluss überqueren.[60] Weil das viel Zeit kostet, machen sie sich sehr früh auf den Weg. Dort aber gibt es kein Boot, auch keine Baumbrücke, und das Wasser ist tief. »Ja, wie sollten wir dann unsere Sachen hinüberbringen? Man zeigte uns zwei grosse Kalebassen, die oben nur ein kleines Loch hatten und ausgehöhlt waren. Wir schauten uns an. Einer Kalebasse hatte ich bisher weder Gut noch Leben anvertraut. Also sei's drum - hinüber mussten wir.«

Zunächst sind sie im Überschwemmungsgebiet, dauernd im knietiefen Wasser. Nach einer halben Stunde erreichen sie das Ufer. Auf einer kleinen Erhöhung können sie die Kisten abstellen. Einige ihrer Leute sind ängstlich. Sie können nicht schwimmen und den Kalebassen trauen sie nicht. Nun schicken sie Huppenbauer voraus. Er schwimmt hinüber, um die nachfolgenden Gepäckstücke in Empfang zu nehmen und trocken zu stellen. »Inzwischen hatten die beiden Kalebassenleute ihren Dienst eröffnet. Sie standen im Wasser, vor sich die schwimmende Kalebasse. Ein Träger um den andern ging vorsichtig zur ›Fähre‹. Dort wurde die Last vorsichtig auf die Kalebasse gestellt. Nun schwamm der Fährmann, die Last auf der Kalebasse vor sich herschiebend, hinüber. Nachher holt er auch den Träger ab, nur wurde er nicht drauf gesetzt, sondern die beiden, Fährmann und Träger, nahmen die Kale-

[60] Bericht Schimming D-1,104, Nr. 19, vom 22.Sept. 1913.

basse zwischen sich und drückten beidseitig gegen sie, indem sie sich fest an den Armen fassten, und so schob der Fährmann den Schwimmunkundigen vor sie her.« So geht es, bis alle hinüber sind. Inzwischen ist ein Sturm aufgezogen. Kalter Regen schießt herunter. Als Schimming als letzter hinüberkommt, haben sich alle Träger ins Wasser gesetzt, wo es wärmer ist als unter dem Regen. Er setzt sich zu ihnen. Es fehlen nur noch die Pferde. Zwei schwimmen ohne Weiteres hinüber. Das dritte will nicht. Da müssen die Träger, die schwimmen können, tüchtig nachhelfen.

Beim nächsten Flussübergang geht es besser. Tief im Wasser liegt ein schmaler Baumstamm als Brücke über den Fluss und eine Schlingpflanze zum Halten. Zum Glück kommen ein paar Männer und helfen ihnen. Und dann: »kein grosses Wasser mehr«.

14. Die erste Weihnachtsfeier

Weihnachten 1913, das sollte ein Markstein sein. Feiern und Verkündigen als Zeichen dafür, weshalb sie in diese Stadt gekommen waren. Drei Berichte gibt es dazu.[61]

Was braucht es, damit es wirklich Weihnachten wird? Für Kiess ist Weihnachten ein Fest der Freude, »auch wir in Yendi durften inmitten heidnischer Umgebung ein fröhliches Fest feiern und die frohe Botschaft ausrichten«. Dennoch, ein Christbaum ist ihm wichtig.

Frau Schimming findet: »Die Weihnachtsstimmung bleibt auch gar zurück. Kommt es vielleicht daher, dass wir mit unserer Weihnachtsfreude so allein stehen? Ausser uns vier und einem schwarzen Lehrer weiss keiner etwas von einem Weihnachtsfest.« Wehmütig denkt sie an die Zeit auf der Goldküste, wo der Lehrer mit den Schülern lange vorher Weihnachtslieder einübt, und die Kinder ihre Weihnachtsstimmung vor dem Fest in die Herzen der Erwachsenen hineinsingen. Dann blickt sie auf die Sendungen, die aus Europa gekommen sind. Die sind doch ein Zeichen dafür, dass sie gar nicht so allein sind. Sie öffnet die Pakete und staunt über den Reichtum der Gaben, die Menschen zu Hause für sie bereit gemacht haben, damit sie den Leuten in Yendi auch etwas schenken könnten: Seife, Biskuits, Tücher, Puppen, Hemden usw. »Wie war da auf einmal meine wehmütige Stimmung verflogen, sie hatte einem Freuden- und Dankgefühl Platz gemacht. Ich durfte so recht herausfühlen, mit wie viel Liebe all diese Sachen genäht und eingepackt wurden.«

Für Huppenbauer ist das Wichtigste: Wir müssen den Dagomba erklären, warum wir feiern. »Also gilt es, ihnen die Weihnachtsgeschichte zu erzählen, die erste biblische Geschichte, die dieses Volk in seiner Sprache hört. Welch

---

61 D-1,104, Nr. 27 (I. Kiess), Nr. 20 (J. Schimming), Nr. 28 (Huppenbauer).

eine Verantwortung!«[62] Aber was tun, wenn es kein Wort für den Stall oder die Krippe, kein Wort für Heiland oder Retter gibt und Himmelsboten eine Schwalbenart sind, aber gewiss nicht, was Lukas in Kap. 2 erzählt? Auch bei ihm spielt der Weihnachtsbaum eine wichtige Rolle, und da macht die Liebe zum Fest erfinderisch: »Einige Wochen vor Weihnachten machten wir uns auf die Suche nach einem passenden Baum. Endlich fanden wir etwas Taugliches. Es war ein silbergrüner, buschartig wachsender Baum mit zierlichen Blättern und feinen Dornen besetzt. Einige Tage vor Weihnachten besuchten wir gemeinschaftlich die in Aussicht genommenen Bäume und wählten den schönsten aus«.

In Julia Schimmings Bericht kling das folgendermaßen: »Am Mittwochmorgen zogen die Brüder Huppenbauer und Kiess aus, um den Weihnachtsbaum zu holen. Schon wochenlang hatten wir bei jedem Spaziergang nach einem passenden Bäumchen ausgeschaut. Kurz vor Weihnachten kamen die Brüder von einem Ausritt zurück mit der Botschaft: ›Jetzt haben wir einen‹. Es war allerdings ein ziemlich stachliges Bäumchen, aber der Form nach geeignet. Die Brüder übernahmen das Schmücken des Baumes, während ich den Gabentisch richtete.« Kiess befindet, »so war unser Steppenbaum doch ausnehmend schön«.

Die Feier wurde auf 7 Uhr angesetzt. Auch den Häuptling hatten sie dazu eingeladen. Julia Schimming fährt fort: »Schön geschmückt mit Lichtern übersät stand der erste Weihnachtsbaum von Yendi in unserer grossen Rundhütte, in der Mitte des Raumes der Tisch mit den Gaben. Auf dem Boden hockten etwa 40 schwarze Gestalten, die ihre Blicke unverwandt auf den brennenden Lichterbaum gerichtet hielten. Was doch die Weissen für merkwürdige Leute sind, mussten sie sich denken: einen stachligen Baum mit vielen Lichtlein [...] Kugeln und Sternen. Man sah es ihren Gesichtern an, dass sie aus dieser Sache nicht recht klug wurden.«

Zuerst singen die Missionsleute ein Lied auf Deutsch, Yiribile dasselbe in Twi. Dann wird die Weihnachtsgeschichte vorgelesen und vom Dolmetscher noch einmal erzählt. »Ab und zu hörte man ein unterdrücktes ›eh‹ von den Zuhörern. Nach der Weihnachtsgeschichte nahm mein Mann die Weihnachtskrippe und zeigte jedem einzeln das Jesuskindlein in der Krippe mit Maria und Joseph, den Hirten und den drei Weisen aus dem Morgenland, unter denen war auch ein Schwarzer. Daran knüpfte mein Mann auch an, dass die frohe Botschaft von unserm Heiland nicht eine Religion für die Weissen sei, sondern der Heiland auch für die schwarzen Leute auf die Welt gekommen sei.«

Wichtig sind natürlich die Geschenke. Alle Mitarbeiter, welchen Glaubens sie auch sind, sollen begreifen können, dass das Fest auch für sie ist. Hemden, Hosen, Biskuits gab es, Blusen und Kopftücher, ein Paar Schuhe für Huppenbauers Pferdeknecht und Puppen für die Hausbuben. »Eine grössere Freude

---

[62] Der Auftrag 14 (1969).

hätte ich ihnen nicht machen können. Die Europäerin - wie sie die Puppe nannten - erfüllte ihre Herzen ganz und gar! [...] Glücklich sahen sie alle aus, die Beschenkten. Jetzt wussten wir, dass wir nicht mehr allein waren mit unserer Weihnachtsfreude. Ihre Freude war zwar anderer Art als die unsere. Doch das tut nichts.«

Der Abend geht zu Ende. Die Schar der Zuhörer zerstreut sich. Die Lichter sind heruntergebrannt und die Missionsleute danken Gott für diese gesegnete Weihnachtsfeier.

15. DIE WEIHNACHTSGESCHICHTE

Huppenbauer war mit seiner Übersetzungsarbeit nicht so weit gekommen, wie er es gerne gewollt hätte.[63] An Wörtern fehlt es nicht, aber die Gesetze der Sprache sind nicht klar. Alles, was mit greifbaren Gegenständen und Alltagsgeschäften zu tun hatte, ist einfach. Begriffe aber wie Zorn, Hass, Feindschaft, Armut, Liebe usw. lassen sich nur über Märchen und Sprichwörter eruieren. »Trotz des beschränkten Wortschatzes hielten wir das bevorstehende Weihnachtsfest für Grund genug, einen Übersetzungsversuch zu wagen. Zudem hatten wir eine tüchtige Hilfe in der Spracharbeit bekommen. Und da er 7 in Togo gesprochene Sprachen kennt, kann man bei ihm auch etwas grammatikalisches Verständnis voraussetzen.«

Für Aussprache und Betonung sind zwei Dagomba zuständig, Huppenbauers Pferdeknecht, dem als Muslim auch Begriffe wie Busse, Reue und Glauben bekannt sind, dazu der Krankenpfleger von Kiess, ein nicht-muslimischer Dagomba. »Ein Vorzug bei ihm ist, dass er langsam und deutlich spricht. Auch kann er, was man nicht verstanden hat, mit andern Worten erklären. Ein Heide hat für die Übersetzungsarbeit den Vorteil vor dem Mohammedaner, weil diese sich über religiöse Vorstellungen der Dagomba herablassen in verächtlichem Ton, dass man an der Zuverlässigkeit der Aussage Zweifel bekommt.«

Die Übersetzung sollte möglichst getreu und trotzdem dem Denken des Dagomba-Volkes angepasst sein. Gewisse Dinge mussten da von vornherein wegfallen. So wird aus Lk 2,1: »Es begab sich zu der Zeit, dass ein Gebot von dem Kaiser Augustus ausging, dass alle Welt geschätzt würde«, »vor Zeiten kam ein mächtiger König auf den Thron. Dieser bestimmte, dass alle Menschen gezählt würden.«

Fragen gab es gleich beim Wort »bestimmen« für »ein Gebot ausgehen«, also eine öffentliche Bekanntmachung, dafür gab es zwei Wörter: Der Europäer in Yendi hat angeordnet, dass die Leute ihre Ziegen anbinden sollen, und der grosse Europäer in Lome hat festgesetzt, dass jeder Mann im Jahr 12 Tage

[63] D-1,104, Nr. 28. »Die Weihnachtsgeschichte in Dagbane«. Der Text ist sehr sachlich gehalten, handelt mehr über Methodenfragen und lässt die lustigsten Pointen weg.

Steuerarbeit tun muss. Letzteres schien für Lukas 2,1 das richtige Wort zu sein. Aber: »Alle Menschen zu zählen, das ging dem Dagomba zu weit, das kann niemand tun als Gott. Das führte zu einer Erklärung, dass die weissen Könige das früher nicht konnten; dieser aber als erster den Versuch machte und man es seither kann.« Damit war der zweite Vers gegeben: »Von allen Königen war dieser der erste, der anfing, die Leute zu zählen«. Aus »jeder Stadt« wurde »die Stadt seiner Vorfahren«.

Dann kamen die Namen. Sollten sie die arabische Form nehmen, wie sie der Koran kennt? Lieber nicht. »Es hat uns widerstrebt, für Jesus den Namen Isa zu brauchen, da dies ein nicht seltener Personenname ist. Wir entschlossen uns für die biblischen Namen dieselben zu gebrauchen wie die Gemeinden auf der Goldküste, die auch den evangelischen Gemeinden in Togo geläufig sind.«

Was aber sollen die Dagomba mit Maria, Josephs »vertrautem Weibe«, anfangen? Nachfragen über Sitten und Gebräuche ergaben, dass ihnen eine Verlobung bekannt ist, aber nur als Kinderverlobung. Als verheiratet gilt ein Mädchen erst, wenn das Geschenk für sie bezahlt ist. Es gibt also ein Wort für Verlobte. Es bedeutet »geschenkte«, d.h. unbezahlte Frau. Das schien nun doch nicht gut. Sie wählen ein anderes Wort, das auf verheiratete wie unverheiratete Frauen angewendet wird. »Eine im Einverständnis mit der Familie (einschl. dem Mädchen) dem Mann geschenkte Frau.« Die Frage, ob »verlobt« oder richtig »getraut«, wird damit gar nicht berührt.

Bei Vers 7 »und sie gebar« stellt sich unerwartet eine andere Frage. Die Dagomba sagen »Sie (die Eltern) gebaren«. Da ist man plötzlich in dogmatischen Schwierigkeiten. Denn die Frage einer Jungfrauengeburt wird dabei ausgeblendet. Und wie steht es mit der »Krippe«? Sollten sie »grosse Kalebasse« wählen, aus der man den Pferden das Wasser reicht? Schließlich umschreiben sie es mit »Ort des Maisabfalls«.

Die wirklichen Schwierigkeiten kamen aber erst jetzt, die »Engel«, die »Klarheit des Herrn« und andere Begriffe. Vom Islam her ist den Dagomba das arabische Wort »malaiku«, Engel, wohl bekannt. Aber gab es einen brauchbaren Ersatz für das Fremdwort? Dafür erkundigen sie sich beim Pferdeknecht und dem Medizingehilfen. »Beide gaben auf unsere Frage zuerst das (arabische) Wort ›malaiku‹ an. Nun suchen wir nach einem Dagbane-Wort für ›Bote‹ oder ›Gesandter‹. Da gab es das Wort ›Königsbote‹ für den Mann, der vom König mit Meldungen an andere Häuptlinge geschickt wird. Aus ›Königsbote‹ bildeten wir ›Gottesbote‹. Die Frage, ob es auch Gottesboten gebe, wurde bejaht. Es wurde uns gesagt, wenn jemand trotz starker Medizin gestorben ist, so sagt man: ›der Gottesbote hat ihn geholt‹. Auf die Frage, ob es viele solcher Gottesboten gebe, wurde lachend erwidert: ›Wenn jemand den Gottesboten gesehen hat, so stirbt er ja, wie kann er dann zurückkommen und erzählen, ob es einer war oder mehrere‹.« Das passte sehr wohl, und die Missionare zögern nicht.

Unbekannt war auch der »Heiland« oder »Retter«. Später schreibt Huppenbauer dazu: »›Heiland‹ ist das Kernwort dieser Geschichte. Ich suchte ein Wort für ›einem das Leben retten‹ und frage die beiden: ›Wenn einer über den Oti-Fluss paddelt und das Boot kippt um, er fällt ins Wasser und schreit um Hilfe und dann geht einer hinein und holt den Mann ans Ufer - wie sagt ihr dann?‹ Antwort: ›Das macht man überhaupt nicht, sonst bringt man den Flussgott um seine Beute. Das nächste Mal holt er dann deine Seele.‹ ›Aber ich mache das, wie sagt ihr dann?‹ ›Ho‹, erwiderte Mummuna, ›er hat seine Seele herausgerissen‹.« Seelen-Ausreißer, das also war das Wort für den »Heiland«. Wenig später hört Huppenbauer ein Märchen, wo die Spinne den Adler Awune = Gott anruft, sie zu retten, und der Adler so zum »Seelen-Ausreißer«, also zum Retter, geworden ist. Eine feine Bestätigung. Für »Ehre sei Gott in der Höhe und Friede auf Erden« lautete die Übersetzung nach einigen Schwierigkeiten, »Schaut zum Himmel hinauf, Gottes Ehre ist gross; blickt auf die Erde, Friede ist unter den Menschen«.

Und so wurde die Geschichte auch gelesen. Ob sie verstanden wurde? Das wagt Huppenbauer nicht zu sagen.

16. SPRACHENSTREIT

Die Basler Missionare wollten anderen nicht irgendein Christentum »überstülpen«. Glaube war für sie eine Haltung des Herzens. Deshalb sollten sie »den Weg zu den Herzen [der Einheimischen] suchen«.[64] Anders als die Kolonialbeamten wollten sie den Afrikaner in seinen Anschauungen verstehen und deshalb die lokalen Sprachen lernen. Darum erteilten sie Unterricht in ihren Schulen von Anfang an in den einheimischen Sprachen, was Anlass für mancherlei Spannungen mit den Kolonialbehörden war.

In Yendi wird dies schon am ersten Tag deutlich. Der Gouverneur Herzog A. F. zu Mecklenburg wies sie an, nur zu den »rein heidnischen Stämmen« zu gehen, und, weil Hausa die Sprache der Zukunft für Westafrika sei, diese Sprache auch in der Schule zu verwenden. Schimming wirft ein, man könne der Mission nicht zumuten, die Hausa-Sprache einzuführen, wenn damit der Islam gefördert werde.[65] Letztlich geht es aber nicht nur um Hausa oder Dagbane, sondern um alle Sprachen. Welche von ihnen soll Schrift- und Schulsprache werden? Oder deren zwei? »Oder soll es kommen wie neuerdings in Kamerun, dass einfach Deutsch alles andere verdrängen soll«? Ob Dagbane die richtige Sprache ist, bleibt unsicher. Darum müssen sie alle Sprachen aufnehmen und vergleichen, um zu sehen, wie weit sie mit einander verwandt

---

64 »Instruction 1827« (im zweiten Artikel) und D-10,3.3-1 Instruktion für Goldküstenbrüder 1828.

65 D-1,104, Nr. 4 (20. Jan. 1913).

sind. Wie sorgfältig sie dafür vorgehen, zeigt der Bericht Huppenbauers. »Sobald man an eine Arbeit auf englischem Gebiet denkt, sind alle Zweifel über Dagbane als Schriftsprache verschwunden. Für die Arbeit auf deutschem Gebiet ist Dagbane nicht über alle Zweifel erhaben. Sollten die Dagomba dem Christentum eine Ablehnung entgegenstellen und Konkomba und Moba sich dem Christentum erschliessen, wäre es dann nicht eine Vergewaltigung, diesen Völkern die Sprache ihrer Unterdrücker aufzudrängen? Und was macht man mit den Tschokossi, die sprachlich aus der Familie hinaushangen?«[66]

Die Sprachen der Moba und Konkomba sind näher miteinander verwandt als jede dieser Sprachen mit dem Dagbane. Huppenbauer möchte deshalb auch noch die Gurma-Sprache aufnehmen. Die komplizierten Sprachenverhältnisse weisen auf Hausa als Einheitssprache. Nur, richtiges Hausa käme hier einer Fremdsprache gleich. Für die Bibelübersetzung kommt ohnehin nur eine der einheimischen Sprachen in Frage. Ergänzend schreibt Schimming: »Wir haben einen kleinen Anfang mit Heidenpredigt gemacht, nachdem wir uns geeinigt hatten, welchen Namen wir für Gott und welchen für Jesus wir gebrauchen wollten. Ich bin aber hinsichtlich Heidenpredigt vorsichtig. Man fängt meist zu früh an und macht Fehler, die bittere Folgen haben.«[67]

Die Frage, ob sie das Hausa ignorieren könnten, wird akut, weil Tschokossi und Moba sicher kein Dagbane lernen wollen. Sie suchen Rat bei Prof. Westermann in Berlin. Der rät, Hausa müsse von der Mission noch mehr als bisher genutzt werden.[68]

Im Frühjahr 1914 möchte der Bezirksleiter eine sofortige Antwort, welche Sprache sie empfehlen würden. Schimming will das mit dem Komitee absprechen, Huppenbauer schreibt derweilen ein Gutachten über »Haussa als Schulsprache: Haussa gilt als leichte Sprache. Der Europäer erlernt sie in kurzer Zeit. Auch der Eingeborene eignet sich dieselbe sehr schnell an. Verschiedenheit der Stammesangehörigkeit scheint keine Schwierigkeiten zu machen. Als Verkehrssprache für Angehöriger verschiedener Stämme ist die Sprache wie gemacht, zumal auch keine besondere Abneigung gegen die Haussa zu merken ist.«[69]

Doch dürfe man die Schwierigkeiten nicht übersehen, die sich mit der Erhebung dieser Sprache zur Schriftsprache ergeben, denn als Schulsprache käme nur das echte Hausa in Betracht. Wer aber könnte in dieser Sprache oder die Sprache selbst unterrichten? Nur ein Hausa-Mann. Die reine Hausa-Sprache ist aber dem aus dem sudanischen Sprachgebiet stammenden Schüler so fremd wie irgendeine andere nicht-sudanische Sprache. Nach Schimming kann die Frage noch nicht entschieden werden.[70] Der Elementarunterricht

66 D-1,104, Nr. 23, 9ff, vom 19. Okt. 1913.
67 D-1,104, Nr. 24.
68 D-1,104, Beilage III, Brief vom 21. Juli 1914.
69 D-1,104, Nr 41 vom 22. Mai 1914.
70 D-1,104, Nr. 42 vom 23. Mai 1914, an die Kaiserliche Station Sansane-Mangu.

sollte jedenfalls in der jeweiligen Ortssprache erteilt werden, und Schimming fragt, »ob es politisch klug ist, diese Entwicklung [Haussa als Verkehrssprache einzuführen; d.Verf.] zu beschleunigen und somit die Möglichkeit heraufzubeschwören, dass alle diese Völkerschaften mit leichter Mühe von einem Willen aus dirigiert werden können.«

Der Bezirksleiter in Sansane-Mangu schließt sich dieser Meinung an. Auch dem Argument, das richtige Hausa komme einer Fremdsprache gleich, folgt er. Er hält zwar fest, dass die Dagomba nur 12% der Bevölkerung ausmachen, während die Moba, Konkomba und Gurma 27, 21, und 17% der Bevölkerung stellen, schließt aber folgendermaßen: »Ich halte es für einen schweren Missgriff, wenn mehrere oder zwei Schul- und Schriftsprachen im Bezirk eingeführt werden. Dies wird die unangenehmsten Folgen für die Verwaltung und auch die Mission zeitigen. So darf auch der Elementarunterricht keinesfalls in der jeweiligen Ortssprache erfolgen, vielmehr müssen die Schüler von der ersten Klasse ab sofort in Dagbane und sofort in Deutsch unterrichtet werden, wie es in Mangu bereits eingeführt ist.«[71] Der Bezirksleiter von Sansane-Mangu wollte also das, was er in der Stadt eingeführt hatte, auf den ganzen Bezirk übertragen. Anders die Missionare, die aufgrund besserer Kenntnis der Lage ein differenzierteres Handhaben der Sprachenfrage wünschen. Sie werden darin vom Komitee in Basel unterstützt.[72]

17. Begegnung mit Muslimen

Die »drohende Islamisierung« weiter Gebiete von Norden her, auch an der Weltmissionskonferenz in Edinburgh angemahnt, war eines der Argumente für die Aufnahme der Arbeit im Togo Hinterland gewesen. Fast noch mehr als die Missionsgemeinde schienen Kreise um die Kolonialbehörde in Deutschland eine Verantwortung zu spüren und wollten die Missionen dazu engagieren. Das 1911 erschienene Buch von Rudolf Fisch »Nord-Togo« heizte die Stimmung noch an, so sehr, dass Schimming klagte, Fischs Befürchtungen fügten dem Missionswerk großen Schaden zu, weil die Regierung nun meine, Städte wie Yendi stünden ganz unter dem Einfluss des Islam.[73]

Dem war aber gar nicht so. Während Fisch von 1000 Muslimen in Yendi schreibt, kommen Schimming und Huppenbauer auf 2-300, einschließlich der »biertrinkenden«, die sie nicht als richtige Muslime ansehen. Das wären weniger als 10% der Bevölkerung. Fischs Schätzung war also deutlich zu hoch. Ganz anders ist die Situation in Sansane-Mangu, wo ein Drittel der Tschokossi

[71] D-1,104, Nr 45 vom 30. Mai 1914.

[72] Komiteeprotokoll 1914, § 1081 (18. Juli 1914).

[73] Schimming D-1,104, Nr. 16. Siehe Rudolf Fisch, Nord-Togo und seine westliche Nachbarschaft, Basel 1911.

dem Islam angehörten, dies aber schon vor ihrer Einwanderung aus der Gegend der Elfenbeinküste. Unter den Dagomba sehen sie Häuptlinge mit »mohammedanischen Amuletten« an ihrer Mütze. Strenge Muslime tun dies nicht. Die Moba im Norden und die Fulbe, denen sie oft begegnen, sind offensichtlich keine Muslime.

»Unsere Beziehungen zu den Mohammedanern«, unter diesem Titel schreibt Schimming im September 1913 an den Inspektor: »Wir waren noch nicht lange in Yendi, als schon die Malami, einer nach dem andern, kamen und uns Willkommgeschenke brachten, wie es hier gute Sitte ist. An einem Freitag kamen gar alle Malami miteinander, uns zu grüssen. Wir erwiderten diese Besuche, und als unsere Kisten vollends da waren, schickten wir auch Gegengeschenke. So hat sich ohne unser Zutun ein lebhafter Verkehr zwischen uns und den Mohammedanern entwickelt.«[74]

In der Stadt gibt es drei Moscheen und viele Gebetsplätze. Aber sowohl der König als auch seine Mithäuptlinge benutzen ihren Gebetsplatz nicht, und es gibt keine eigentliche Hausa-Siedlung in der Stadt. »Die durchreisenden Mohammedaner wohnen im sogenannten Sondo, dem ein Malam vorsteht. Der Imam und die Malami wohnen alle unter den andern Leuten, im westlichen Stadtteil, wo auch die Moscheen stehen. Yendi wird durch die Regierungsstation in zwei Hälften geteilt, eine westliche mit Marktplatz und Fremdenquartier und eine östliche, wo der König mit seinen Leuten wohnt.«

Im westlichen Teil ist der islamische Einfluss größer als im östlichen. Dennoch dürfe man den Einfluss nicht unterschätzen, denn zum Malam gehen die Leute, um durch ihn dem Kind den Namen geben zu lassen, und auch bei Todesfällen. Schimming schreibt vom Fastenschlussgebet: »Wir ritten zu dem Platz, wo das Gebet gehalten wurde. Es nahmen daran auch die ›biertrinkenden‹ und die Frauen teil. Wir schätzten 200-250 Leute. Da wir sie beobachtet hatten, mussten wir sie auch grüssen. Diesen Besuch erwiderten die Gläubigen mit allen Malami auf unserer Station, 50 Leute, wahrscheinlich solche, die nicht Bier trinken.«

Fragen rund um die Muslime, ihre Gebetsplätze und Moscheen begleiten sie auch auf der Reise nach Moab. Huppenbauer schreibt: »In Sunson machten wir gegen Abend einen Gang durchs Dorf, besuchten den Häuptling und den Limam. Gebetsplätze sahen wir mehrere, die aber alle nicht benutzt wurden. Mittags um 2 Uhr und bei hereinbrechender Dunkelheit erschallt die Stimme des Gebetsaufrufs.«[75]

In Wapuli sind der Häuptling und sein Gefolge Dagomba, die übrigen Bewohner meist Konkomba. Hier gibt es einen großen »Songo«, wo durchreisende Händler, hauptsächlich Hausa, Unterkunft finden. Solche treffen sie unterwegs viele an. Weiter im Norden liegt Djereponi. Dort treffen sie Tschokossi,

---

[74] Ebd.

[75] D-1,104, Nr. 17.

große Gestalten, deren Sprache ganz anders klingt als Dagbane, und finden auch ein von Hausa-Händlern bewohntes Gehöft. »Gegen Abend kamen sie aus ihren Hütten; in der Hand das unentbehrliche Teekännchen. Sie setzten sich vor dem Gehöft hin, wuschen mit dem mitgebrachten Wasser die Füsse, dann die Hände, das Gesicht und zuletzt noch Mund und Zähne. Dann konnte das Gebet beginnen.«

Die nächste Station, Sansane-Mangu, präsentiert sich anders. Die Sauberkeit der Straßen fällt auf, dazu die vielen Steuerarbeiter. Gleich beim Eintritt in die Stadt sehen sie die Moschee, ein interessantes Gebäude mit vielen strohbedeckten Türmchen. Die Stadt ist wesentlich grösser als Yendi und der Islam viel stärker vertreten.

Weiter im Norden spricht der Bericht nicht mehr von Muslimen, weil es hier offenbar keine gibt. Das entspricht auch der Meinung des Bezirksleiters, der die Missionare nur im »heidnischen« Gebiet sehen wollte. Sie interessieren sich aber auch für andere Menschen wie die Fulbe, denen sie unterwegs immer wieder begegnen. Woher kommen sie? Sind sie zugezogene Muslime oder nicht? Da sie kein Hausa verstehen, ist ein Gespräch schwierig. Dennoch erfahren sie, Fulbe haben keine Gebetsplätze, sie beten auch nicht. »Also kein Zweifel, wir haben in diesen Viehhirten Fulbe, die keine Mohammedaner mehr sind oder nie gewesen sind«. In seinem Schlussbericht an das Komitee 1918 erinnert sich Huppenbauer an eine besondere Begegnung. Es seien damals manche echte Muslime zu ihm gekommen. »Ich erinnere mich eines jungen Mannes, der öfters zu mir kam und dem ich nach manchem Gespräch ein Markusevangelium in Haussa mit arabischer Schrift gegeben hatte. Anderntags kam er erfreut wieder, er habe bei Talglicht noch bis tief in die Nacht gelesen. Aber was weiter mit dem Mann war, weiss ich nicht, da er bald darauf auf die Goldküste ging und ich ihn nicht mehr zu Gesicht bekam.«[76] Während des Krieges war ihnen nämlich der Verkehr mit den Muslimen.

18. Die stolzen Dagomba

Wie hatten die Missionare auf der Goldküste von ihren Kontakten mit den Dagomba vom Norden geschwärmt und eine Missionsarbeit in deren Land ersehnt. Nun war es soweit. Nur dreieinhalb Jahre waren ihnen vergönnt. Der Krieg machte allem ein Ende. Im Rückblick sagen sie, ihre Arbeit sei ohne sichtbaren Erfolgt geblieben. Aber sie haben Kranke gepflegt und verschiedene Sprachen gelernt und aufgenommen.

Die Kolonialbehörden hatten lange gezögert, bis sie Yendi »frei« gaben. Bei aller Freundlichkeit hätten sie vorgezogen, die Missionare hätten sich nicht dort festgesetzt. Für die Regierung lag der Grund in der irrtümlichen

[76] D-3,12, unter Huppenbauer Nr. 64 (nach Rückkehr aus der Kriegsgefangenschaft).

Annahme, dass Yendi zu stark vom Islam geprägt sei. Während die Missionare den Kontakt mit den Ältesten, den Häuptlingen, dem König suchen, scheinen diese sie zu meiden. Die Stadtältesten erweisen sich als etwas offener, aber immer wird nach Entgelt gefragt. Wenn ihr bezahlt, dann kommen wir, z.B. zur Schule. Schimming klagt: »Die haben es nicht einmal gern, wenn ihre Jungen unser Grundstück betreten. Einer wollte bei uns bleiben, sogleich kam sein Vater und beklagte sich bei einem Stadthaupt, wir wollten seinen Buben stehlen.«[77] Einmal kommt gar ein Bruder, um einen arbeitswilligen Mann mit Gewalt von der Station wegzuholen. Die Regierung zeigt ein freundliches Gesicht, aber das eingeborene Personal verhält sich anders. Der Brunnen der Regierung war ihnen zur Mitbenutzung angetragen worden. »Von den Angestellten der Regierung werden unsere Leute aber unfreundlich behandelt. Jetzt in der Zeit der Trockenheit ist der Andrang zum Brunnen besonders stark. Letzthin wurde unser Gehilfe Yiribile von 3 Leuten der Regierung geschlagen, einer soll ein Eisenstück benützt haben.«

Es gibt Ausnahmen. Kiess berichtet 1914: »Es gibt auch solche, die dankbar wiederkommen. Der Vornehmste ist ein junger Dagomba, mager mit langen glasröhrenartigen Beinen und kissendicken Fingern. Stehen und Gehen ermüdet ihn, doch kommt er Tag für Tag zu uns. Ohne aufgefordert zu sein, dies oder jenes zu tun, half er mir bei der Behandlung der Kranken. Jetzt ist er mir eine unentbehrliche Hilfe, besonders auch als Sprachlehrer und Übersetzer.«[78]

Leichter gelingt der Kontakt zu den umliegenden Völkerschaften, den Konkomba, Tschokossi und Moba. Einst von den Dagomba beherrscht, sehen einige unter ihnen in der Missionsstation die Chance, eine Schule besuchen zu können. Gegen Ende ihres Aufenthalts, schreibt Huppenbauer, habe sich bei den einfachen Leuten eine Wandlung angebahnt. Sie haben gelernt, Person und Werk zu achten. Für die Oberen des Volkes aber galt, ohne Soldaten und Gewehre sind sie macht- und ehrlos. Und, obwohl als »andere Europäer« anerkannt, die ihre Sprache lernten, blieben sie für die Dagomba Fremde, mit denen man nichts zu tun haben will.[79]

19. Keine rechten Europäer

Die Ankunft der Missionare hatte unter den Dagomba eine nicht geringe Sensation ausgelöst. »Was sind das für Europäer?« Europäer waren für sie bisher die Regierungsbeamten. Die kamen immer in Begleitung von Soldaten mit

---

77 Schimming im Jahresbericht D-1,104, Nr. 30.
78 D-1,104, Nr. 31, Februar 1914.
79 D-3,12, unter Huppenbauer Nr. 12

Gewehren. Die neuen Europäer kamen ohne militärischen Schutz.[80] »Einige Dagomba, die schon weiter herum gekommen waren, klärten ihre Landsleute auf: Ihr müsst wissen, dass es nicht nur eine Gattung von Europäern gibt. Es gibt noch eine andere Art von Weissen, die mit der Geldkiste - worunter sie die Kaufleute verstanden. Nun machten sich die Dagomba hinter unsere schwarzen Begleiter, um zu erfahren, wie es bei uns mit der Geldkiste stehe. Da bekamen sie die Antwort, dass die neuen Europäer zwar viele Lasten in Palime zurückgelassen hätten, aber eine Geldkiste wäre nicht darunter. Wir gehörten also auch nicht zu dieser Gattung. Das Rätsel blieb vorläufig ungelöst.«

Das ungelöste Rätsel beunruhigte die Leute so, dass auch der Bezirkshauptmann in Sansane-Mangu davon hörte. Er hatte selbst ein Interesse daran, klar zu stellen, dass Regierung und Mission zwei verschiedene Dinge seien. Im ganzen Gebiet erzählte er, dass die neuen Europäer gekommen seien, um die Dagomba zu lehren, dass sie aber keine Befehlsgewalt hätten. Das war gut gemeint. Nur, der Dolmetscher, Baba, der später der Missionsstation so hilfreich war, hatte dies auf seine Art übersetzt. »Er habe damals, bekannte er eines Tages, schlecht an uns gehandelt. Er habe nämlich den Leuten gesagt, wir seien überhaupt keine rechten Europäer, sondern in Europa Sklaven gewesen und ins Dagombaland gekommen in der Hoffnung, es da besser zu haben. ›Aber diese Europäer haben euch nichts zu befehlen und ihr braucht ihnen auch nicht zu gehorchen‹, habe er übersetzt.«

So etwas ließen sich die Dagomba nicht zweimal sagen. Europäer, die nichts zu befehlen haben, das war allerdings eine Gattung für sich. Diese Aufklärung hatte zu einer plötzlichen Veränderung in der Haltung der Dagomba den Missionaren gegenüber geführt. Waren sie vorher freundlich und ehrerbietig, zeigten sie jetzt ihr stolzes Herrenbewusstsein. Bei allem Bemühen stand dieses »keine rechten Europäer - frühere Sklaven« wie eine Mauer zwischen den Missionaren und den Dagomba. Und ihre Mithilfe beim Bau der Station bestärkte die Dagomba in ihrer Überzeugung. »Die haben ja schmutzige Hände vom Arbeiten. Rechte Europäer tun keine Arbeit von der man schmutzige Hände bekommt«, hieß es. Sie hatten ihre Missionsarbeit mit dem Samariterdienst begonnen. Missionar Kiess wurde »timlana«, Medizinmann, genannt. Als die Leute in Scharen herbeikommen, meist aus den »Sklavenstämmen Konkomba und Kabure«, sagen die stolzen Dagomba: »Da sieht man es, hergelaufenen Buschleuten die stinkenden Wunden verbinden und sich nicht einmal dafür bezahlen lassen - das sind keine rechten Europäer!«

Auch, dass sie die Dagomba-Sprache lernten, macht keinen Eindruck. Für sie stand fest: »Ein rechter Europäer lernt unsere Sprache nicht.« Das

---

[80] HANS HUPPENBAUER, Keine rechten Europäer: Erzählungen aus den Anfängen der Missionsarbeit in Nord-Togo, Stuttgart 1958. Im Folgenden eine Kurzfassung dieses Berichts.

schmerzte, und war doch wichtig in einem Prozess des Lernens. Sie hatten Zugang zu den »Sklavenstämmen«. Dass dies Mission im Sinne von Hebräer 13,3, nämlich im Zeichen der Schmach und des Kreuzes, sein könnte, erkannten sie später.[81] »Nach zwei Jahren war es offensichtlich, dass wir eine ganz andere Stellung im Volk hatten als der Regierungsbeamte mit seinen Soldaten. Gerade die Machtlosigkeit hatte die Dagomba entwaffnet und Vertrauen geschaffen.«

20. Die Station brennt

Yendi liegt in der Tropenzone und zugleich im Savannengürtel. Heiß und sehr trocken kann es da sein. Der Kaufmann Hutter hatte sie auf der Hinreise darauf aufmerksam gemacht, dass Yendi feuergefährdet sei. Kaum sind sie dort, beobachten sie, wie leicht die strohbedeckten Rundhütten in Brand geraten. Schimming hatte damals in Basel gefragt, ob es Versicherungsschutz gab. Gab es aber nicht. Dann erleben sie es hautnah. Ein Blitz schlägt in eine ihrer Hütten ein, zum Glück ohne großen Schaden anzurichten. Schimming drängt deshalb auf ein solides Missionshaus, aus Steinen gebaut, mit Ziegeln oder Eternit bedeckt. Aber der Krieg behindert alle Ausbaupläne. Sie rechnen alle mit einem baldigen Ende. Aber nein, es kommt ganz anders.

9. März 1916, Nachmittag. Eben hat Schimming einen Rest von Dawadawa-Schoten in der Abfallgrube verbrannt. Kurz weggerufen, hat er das Feuer sich selbst überlassen, weil keine Gefahr droht. Da kommt plötzlich ein Wirbelwind, der irgendwo Blätter aufnimmt, die sich im Feuer entzünden. Der Wind trägt sie 50 m weit über die ersten Häuser ihrer Siedlung und lässt sie beim Hauptgebäude fallen, und schon steht alles in Flammen. Eine erste Nachricht davon trifft in Basel als Nachtrag in einem Brief Huppenbauers ein, dass »heute Nachmittag unser Stationsgebäude, 4 Rundhütten mit Zwischengängen und zwei Baracken ein Raub der Flammen geworden sind.«[82] Am folgenden Tag schreibt auch Schimming, »dass gestern unsere Station zur Hälfte abgebrannt ist. Die Baracken und Rundhüten der Brr. Kiess und Huppenbauer stehen noch, aber unsere Baracke und der ganze strohbedeckte Mittelbau mit Küche, Abort und Badehütte sind vollständig ausgebrannt.«[83] Aus der großen Rundhütte und ihrem Schlafzimmer konnten sie wenigstens einige Kisten und Matratzen in Sicherheit bringen. Nach einer Stunde waren nur noch rauchende Trümmer übrig. Die Schimmings bezogen Huppenbauers Baracke.

Dieser schreibt später: »Ich hörte das Herannahen des Windes, Rauschen der Blätter. Mein Standort befand sich ca. 60 Schritte vom Ort, wo das Feuer entstand. Erst das Rufen eines Arbeiters bewog mich, schleunigst an Ort und

81 Schlussbericht 1918 (D-3, 12, Nr. 64) und Huppenbauer, a.a.O., 11.

82 D-3, 12, unter Huppenbauer, vom 7. März 1916.

83 D-3, 12, unter Schimming, vom 10. März 1916.

Stelle zu gehen. Ich sah - also nur wenige Sekunden nach dem Wirbelwind - das Dach der Waschküche brennen.«[84] Dort stehen mehrere Wasserbehälter. Er versucht mit Spritzen die kleinen Flammen zu löschen, muss aber bald einsehen, dass er nichts ausrichten kann. Über ihn erfährt auch sein Bruder Karl in Aburi, Goldküste und so die Missionare dort, vom Unglück. Telegraphisch fragen diese in Basel an, ob die Togomissionare auf die Goldküste kommen sollen, dabei haben diese überhaupt nicht im Sinn, die Station zu verlassen. »Wir wollen doch der katholischen Mission nicht die Freude eines freiwilligen Abzugs machen«, schreibt Schimming.[85] Das Telegramm der Goldküste hat Basel nie erreicht. Dort wünscht man jedoch klarere Informationen und stellt kritische Fragen. War die Abfallgrube genügend weit von den Wohnhäusern entfernt? War niemand da, das Feuer zu überwachen? Gab es keine Versuche, das Feuer zu löschen? Schimmings Antwort verrät Unmut, hatte er doch immer auf dieses Risiko aufmerksam gemacht, ihre Küche mit Wellblechtafeln über dem Herd geschützt und in zwei Hütten brandsichere Einbauten gemacht.[86] Und: »Um der Gefahr der Grasbrände zu begegnen, reinigten wir alljährlich einen Streifen, mehrere Meter breit, rings um unser Land vom Grass. Das kostet natürlich Geld. In Zukunft muss diese Grasreinigung in noch breiterer Form vorgenommen werden. Um sicher zu sein, dass nachts in unserm Hof und Küche kein Feuer mehr Gefahr bringen kann, schauen meine Frau und ich vor dem Zubettgehen noch persönlich nach.«

Über die Reaktionen der Leute von Yendi schreibt Frau Schimming: »Als nur die Strohhüten brannten, blieben sie ganz ruhig. So etwas kommt bei ihnen öfter vor. Als aber das Feuer die Baracken ergriff, da kamen sie ganz ausser sich. Ein junger Mann fasste mich weinend an beiden Schultern und sagte immer wieder: ›O Mutter, dein Haus brennt, o Mutter, dein Haus, deine Sachen.‹«[87] Von einer alten Frau erhält sie anderntags Hirseknödel für die Arbeiter, die aufräumten, »sie habe sonst nichts, was sie mir geben könne«. Gleich darauf baut Schimming neue Lehmhäuser. So lange er baut, regnet es nicht, sodass die Dagomba sagen: »Der Europäer im Haus der weissen Frau verhindert den Regen, weil er baut.« Und kaum war das Haus gedeckt, da setzte starker Regen ein. Und noch etwas sagten sie: »Der Gott dieser Leute muss stark sein, dass sie noch immer da sind.«

---

84 D-3, 12, Nr. 57.

85 Brief Schimming vom 25. April 1916.

86 U.a. am 15. Mai 1915: »Ich habe alles getan, um das hohe Komitee auf die Gefahren aufmerksam zu machen, die uns im Brandfalle drohen.«

87 D-3, 12, unter Schimming, Nr. 56.

21. Julia Schimmings Kriegsküche

Mit dem Ausbruch des Krieges und der Übernahme des Gebiets durch die Briten wurde der Nachschub an Nahrungsmitteln erschwert. Hirse und Yams waren sie gewohnt. Schwieriger wurde es mit Gemüse und Salat. Ohne die nötigen Samen konnten sie auch nicht pflanzen. In ihrem Bericht über die zwei vergangenen Kriegsjahre beschreibt Julia Schimming im September 1916 ihre Lage. »Das Jahr 1914 war ein rechtes Teuerungsjahr. Es hatte so wenig geregnet, dass fast keine Feldfrüchte gedeihen konnten. Der Mais war ausgeblieben, Guineakorn gedieh spärlich. Wenn die fehlen, steht es übel. Ich entdeckte damals eine Art Böhnchen, die, wenn jung und zart verwendet, unsern Einmachböhnchen sehr ähnlich schmecken. Auch eine Art Erbsen, die dem Geschmack unserer Erbsen gleichkommen. Ebenso entdeckte ich eine Art Blätter zu sehr schmackhaftem Spinat. Die Eingeborenen verwenden sie als Gemüse zu Yams.[88] Dann fand ich eine sehr wohlschmeckende Beigabe zur Hühnersuppe, den Sesamsamen. Leicht geröstet und fein gerieben gibt er der Suppe einen sehr feinen Geschmack. Eine andere Samenart benutzte ich gleich wie Gries. An Buschfrüchten konnte ich ebenfalls verschiedenes verwerten. Für Salz brachten mir Frauen und Kinder alle möglichen Früchte aus dem Busch – nicht immer nach dem Geschmack des europäischen Gaumens. Von einer liess sich mit Zitronensaft ein ausgezeichnetes Apfelkompott zurichten, vom andern eine Marmelade oder Sirup. Man darf nur die Mühe der Zurichtung nicht scheuen. Kurz bevor wir von Yendi fort mussten, brachte mir eine Frau noch eine Art Gurken, die einen erfrischenden Salat geben. Die Haussa sollen den Samen aus dem Hinterland gebracht gepflanzt haben. Die Schwarzen verwenden die Frucht als Suppenbeilage. Seit Kriegsausbruch hatten wir keine Samen mehr bekommen und konnten deshalb auch nichts anpflanzen.«[89]

22. Heiraten?

In Yendi war Otto Schimming, als Senior, verheiratet. Für die jungen Brüder Huppenbauer und Kiess wäre nach gängiger Regel Heiratserlaubnis frühestens Ende 1914, also nach zwei Jahren, in Frage gekommen.[90] Schon im Frühjahr 1913 meldet Schimming, vorsorglich, dass Kiess sich mit Heiratsplänen herumtrage, um die Frage einer Krankenschwester zwischenzeitlich zu lösen. Das Komitee hatte gezögert, eine Schwester auszusenden, aber erwogen, dass

---

88 Wohl die Blätter des Taro, in der Größe wie bei uns Rhabarberblätter.

89 D-3, 12, unter Schimming, Nr. 56.

90 Zur Frage der Heiratsregelungen vgl. Hans Walter Huppenbauer, Jakob Sessing möchte heiraten und andere Heiratsgeschichten aus 200 Jahren Basler Mission, Saarbrücken 2015.

sich einer der ledigen Brüden verheiraten könnte. Konkret bittet Kiess im Januar 1914 um die Erlaubnis dazu.

»Geehrter Herr Inspektor
[...] Ich wäre nun in der glücklichen Lage, eine Person zu kennen, die gesund ist und bereit, mit mir hier dem Herrn zu dienen. Eine ordentliche Vorbereitung für hier wäre gut. Wenn sie glauben, dass durch eine zweite Missionsfrau dem Bedürfnis nach einer Schwester einigermassen Rechnung getragen sei, möchte ich auf den Vorschlag des Komitees eingehen und frage mich, darf ich mich an das verehrliche Komitee wenden und um Verlobungserlaubnis bitten? Es wäre mir lieb, wenn das Komitee mir dies gestatten würde, denn erst dann kann ich mich an deren Vater wenden.«[91]

Ihm liegt viel daran, dass seine Braut für die Ausreise nach Nordtogo gut vorbereitet wird. Nicht, dass er es eilig hätte mit dem Heiraten. Er möchte aber vorsorgen, sonst wäre dann für die Vorbereitung plötzlich keine Zeit mehr. In Basel wurde dieser Wunsch im März zur Kenntnis genommen, allerdings nur im Blick auf die Ausdehnung der Arbeit in Nordtogo, ohne eine Genehmigung zu erteilen. Auf Rückfragen des Komitees antwortet Schimming am 19.Mai 1914, es gehe wirklich nicht um eine schnelle Verheiratung des jungen Bruders, sondern um die gründliche Vorbereitung der Braut für ihren Missionsberuf. Dazu gehöre für ihn ein Hebammenkurs. Und »so lange wir nicht genügend Schwestern haben, müssen die Missionarsfrauen im Stand sein, einander gegenseitig beizustehen und den Heidenfrauen Beistand zu leisten.« Erst ein Jahr später, 1915, schreibt Inspektor Oehler an Kiess. Für den hat sich durch den Krieg und die Ungewissheit, wie es überhaupt weitergehen wird, die Lage verändert. Er dankt dem Inspektor. Über die Sache selber vernehmen wir später nichts mehr.

23. KRANKHEITSPROLEME

»Grab des weißen Mannes« wurde das tropische Westafrika oft genannt. Über hundert Männer und Frauen sind im Dienste der Basler Mission auf der Goldküste gestorben. Waren es anfangs Malaria und Gelbfieber, so veränderte sich die Todesursache ab 1870, als man Malaria konsequent mit Chinin behandelte. Die Todesfälle wurden nicht weniger, aber die Ursache war eine andere. Man sprach vom »Gallenfieber«, medizinisch nicht korrekt, wie schon Dr. Mähli in den 1880er Jahren erkannt hatte. »Schwarzwasserfieber« wird die Krankheit im Englischen und bald auch im Deutschen genannt. Zur ihrer Erforschung sandte die Basler Mission den Schweizer Arzt Dr. Rudolf Fisch aus.

Worum handelt es sich? Schon Mähli hatte die Krankheit mit dem Symptom des schwarzroten Urins beschrieben und festgestellt, dass es sich dabei

[91] D-1,104, Beilage Briefe Kiess, vom 25. Jan. 1914.

um eine Hämoglobinurie infolge einer massiv auftretenden Hämolyse handelt. Fisch wurde auf die Bedeutung der Nierenfunktion bei dieser Krankheit aufmerksam. Mit Borsäure als Diuretikum und dem erst seit zwei Jahren bekannten Antipyrin als Fiebermittel machte er neue Behandlungsversuche. Chinin ließ er in der Therapie dieser Krankheit fallen. Dann stellte er fest, dass die Todesursache nicht das Schwarzwasserfieber, sondern die Nachkrankheit, die Nierenentzündung, verursacht durch die Verstopfung der Nierenkanälchen, war. Therapeutisch kam alles darauf an, durch reichliche Flüssigkeitszufuhr eine ausreichende Urinmenge zu erhalten, damit der Blutfarbstoff in Lösung bleibe und mit dem Urin ausgeschieden werde. Fischer schließt aber: »Letztlich bleibt das Schwarzwasserfieber aber bis heute eine rätselhafte Erkrankung, deren Pathogenese immer noch im Dunkel liegt.«[92]

In Yendi hat Schimming diese Erkenntnis eisern angewendet und durchgehalten. Denn schon 1913 hat Huppenbauer einen leichten Anfall, den sie aber in Basel gar nicht melden. Im folgenden Jahr wiederholen sich die Anfälle. Schimming heißt den Mitbruder trinken, trinken, trinken, bis zu fünf Liter am Tag sollen es gewesen sein. Im Sommer 1915 äußert sich Schimming dazu und meint u.a., möglicherweise würden die Brüder in Basel falsch instruiert. »Es scheint, dass den Brüdern beigebracht wird, regelmässiges[93] Chinin nehmen schütze gegen jegliche Malaria. Das ist aber nicht richtig. Hätte Bruder Huppenbauer zu Zeiten, da er sich nicht wohl fühlte, auch ausser der Reihe Chinin genommen, so hätte er menschlich gesprochen nie Schwarzwasserfieber bekommen. Er hat teures Lehrgeld bezahlt. Seit er das weiss, ist auch kein Schwarzwasser bei hm aufgetreten.«[94] Ganz richtig ist auch das nicht. Huppenbauer macht diese Krankheit vier bis fünfmal durch. Zwischenzeitlich hat er mit seinem Bruder Karl, Arzt in Aburi auf der Goldküste, korrespondiert, der ihm attestiert, dass sein Verhalten richtig sei. Bei der Ankunft in Lomé aber wird die Sache ernst. Nach einem harmlosen Anfall kommt die gefährliche Nachkrankheit. Sie rufen den Arzt, der den Kranken ins Krankenhaus aufnimmt, wo er beste Pflege erhält. Auch rufen sie den Bruder von der Goldküste, der dafür eine Sonderbewilligung erhält.

24. Erzwungener Abbruch

Nach hektischen diplomatischen Aktivitäten in Europa im Juli 1914 bricht Ende des Monats der Krieg aus. Am 4. August greift auch Großbritannien ein. In Basel scheint man von den Ereignissen völlig überrascht worden zu sein. Telegramme werden verschickt und ein Rundschreiben. So rasch sei alles

92 Fischer, a.a.O., 364.
93 Das heißt hier, in ganz bestimmten Intervallen.
94 D-3, 12, Briefe Schimming.

über sie hereingebrochen, »dass wir Sie nicht einmal vorher auf die drohende Gefahr aufmerksam machen konnten.«[95]

Noch bevor der Brief in Yendi eintrifft, schreibt Schimming, denn seit Kriegsbeginn sind sie ohne Nachrichten. Sein Brief erreicht Basel erst zwei Monate später. »Das letzte Schreiben, das ich von Ihnen erhielt, war vom 9. Juli. Am 31. Juli hörten wir, es sei Krieg zwischen Österreich und Russland. Gleichzeitig kamen unsere Schüler aus den Ferien. Am 1. August hörten wir vom Ultimatum des Kaisers an Russland und Frankreich und von der Mobilmachung. 2. August: Wir hören, die Franzosen wollen von Dahome aus in Togo einfallen. 3. August: Wir hören, Krieg mit Russland und Frankreich ist ausgebrochen. 5. August, auch England habe den Krieg erklärt« (a.a.O.).

Vom Bezirksleiter werden sie ersucht, dass »Missionieren« einzustellen und auf ihrer Station zu bleiben. Sie entlassen ihre Schüler trotzdem nicht. Am 7. August wird Lomé von den Briten besetzt. Privat erfahren sie, alle Europäer sollten das Hinterland verlassen. Sie entschließen sich zu bleiben. Sie würden sich den Engländern ergeben, oder, falls die Franzosen kämen, nach Tamale flüchten. Sein dem 8. August sind sie ohne Verbindung mit dem Süden. Zu allem Unglück erkranken Huppenbauer und Julia Schimming.

Am 12. August verlassen die Beamten in Sansane-Mangu ihre Station. »Auch der hiesige Beamte verlässt mit seiner Frau Yendi. - 14. August: Ein englischer Offizier mit 8 Mann besetzt Yendi. Wir sind froh, nicht den Franzosen anheimgefallen zu sein. - Am 17. August werde ich zur Unterredung mit dem Offizier aufgefordert. Er wünscht, dass wir keinerlei deutschen Unterricht geben, was ich zusage.«

In den Worten Julia Schimmings: »Die Telegraphendrähte sind durchgeschnitten. Das Telefon gestört. Wir sind von jeder Verbindung mit der Küste abgeschnitten. Die Engländer sollen heute Nachmittag auf der Regierungsstation aufgezogen sein. Wir befinden uns unter englischer Herrschaft. Wie ruhig doch dieser Wechsel vor sich ging. Drei Tage waren wir unbemerkt geblieben. Da entdeckte uns ein englischer Soldat. Kurze Zeit später erschien ein Schwarzer mit dem Befehl, dass sich mein Mann bei dem englischen Regierungsbeamten vorstellen soll. Dort muss sein Erscheinen nicht geringen Schrecken hervorgerufen haben bei den englischen schwarzen Soldaten. Sie hatten ja keine Ahnung, dass hier noch Deutsche weilten und dachten wohl gleich an einen hinterlistigen Überfall.«[96]

Auch der Chief Commissioner aus Tamale kommt und verpflichtet die Missionare unter Eid, keine Verbindung mit den Feinden Großbritanniens zu pflegen. »Wir sind also auf Ehrenwort freigelassene Kriegsgefangene«, ergänzt Schimming den Brief seiner Frau. Sie wissen inzwischen, dass Sansane-Mangu von den Franzosen besetzt ist, ebenso Basari, Tschapowa und Sokode,

95 D-3, 12, unter Schimming.

96 D-3, 12, Togo 193-16, Nr. 55 (12. August).

Krakye und Lomé von den Briten. Bei Lomé seien 19 Deutsche nach einem Gefecht gefangengenommen worden, nachdem die schwarzen Soldaten weggelaufen waren.

Zwar »können wir ruhig und gleichsam in Frieden weiterarbeiten und haben einen uns wohlgesinnten, verständigen englischen Beamten hier«,[97] aber die Arbeit ist fortan eingeschränkt. Außerhalb Yendis können sie nicht wirken, außer Kiess, der gelegentlich Kranke in den umliegenden Dörfern besucht und entdeckt, dass er bei Menschen, die er einst pflegte, ein willkommener Gast ist.

Huppenbauer berichtet: »Die Schule dauerte nur noch solange, als Wassernot war! Weshalb? Das letzte Jahr war überaus regenarm. Die Maisernte fiel ganz aus. Wir selber konnten das Essen für die Schüler nicht mehr aufbringen, zumal die deutsche Regierung uns den Kauf von Lebensmitteln bedeutend erschwerte. Da frühzeitig eine unverschämte Spekulation mit Lebensmitteln getrieben wurde, verlangten die Kostfrauen immer höhere Preise. Wir konnten sie nur mittels des uns von der Regierung überlassenen Brunnens zwingen, da jede Frau zwei Töpfe Wasser bekam, das sie sonst eine Stunde weit hätte tragen müssen. Als die Regenzeit einsetzte, weigerten sich sämtliche Kostfrauen, weiter zu kochen, ausser zu einem Preis, den wir nicht bezahlen konnten. So blieb uns nichts anderes übrig, als die Schüler zu entlassen.«[98]

Ihre Hauptaufgabe liegt nun in der Spracharbeit, vor allem Dagbane, dazu weiterhin das Konkomba und eine Basari-Sprache der Tschamba. Sie »gehört [zwar] zum katholischen Missionsfeld, das tut aber nichts. Für mich ist sie eine wertvolle Vervollständigung meines Konkombamaterials. Die Aufnahme des Konkomba musste dreimal unterbrochen werden, weshalb verschiedene Dialekte die Einheitlichkeit des Materials stören. Die Tschamba-Aufnahme ist ganz einheitlich. Wir werden kaum in diesen Sprachen missionieren. Doch sind sie mir für die Bearbeitung des Dagbane von grossem Wert.«[99]

Für ihr Ergehen und den Nachschub an Nahrungsmitteln zeigt der neue Beamte viel Verständnis und verhilft ihnen jedes Mal zu Trägern. So ging das Mehl nicht aus. Sie streckten es mit einheimischem Mehl, obwohl dies immer viel Sand enthält, und einheimischen Reis erhalten sie auch, dazu Sesamfrüchte.

Kurz nachdem Schimming das neue, aus zwei Zimmern bestehende Lehmhaus fertig und unter Dach gebracht hat, wird der endgültige Abschied Tatsache. »Leider durften wir uns nicht lange unseres neuen Lehmhäuschens freuen. Am Tage, nachdem wir eingezogen waren, kam ein Brief vom Regierungsbeamten in Yendi. Er teilte uns mit, wir sollten uns bereit halten, da wir

---

97 D-3, 12, Nr. 50, Huppenbauer am 17. Juli 1915,

98 Ebd.

99 D-3, 12, Nr. 49, Huppenbauer am 29. Mai 1915.

in den nächsten Tagen den Befehl zum Verlassen der Station erhalten werden. Das war eine traurige Botschaft,« schreibt Julia Schimming.[100]

Sie nehmen Abschied von liebgewordenen Plätzen, den Bäumen und Sträuchern, die sie gepflanzt haben, und von Menschen. Sie spüren, dass sie diesen nicht gleichgültig waren. Überall hören sie »Möge Gott Euch bald wieder zurückbringen«. Noch auf der Reise an die Küste, unter militärischen Eskorte, klingt ihnen dieser Gruß entgegen.

In seinem Schlussbericht vom 1918 erwähnt Huppenbauer speziell die stille Arbeit von Julia Schimming und dass sie im ganzen Volk in hoher Achtung gestanden habe. Und dann: »Wie ganz anders sah es da nach 3 ½ Jahren aus. Wohl brachte man uns immer noch keine Buben. Unsere Schule war ja nach 7 monatiger Dauer eingegangen. So konnten die Leute den Wert der Schule gar nicht erkennen. Und als Hausbuben wollten sie dieselben nicht hergeben, da sie selber Arbeitskräfte brauchten. Aber unsere Station war doch kein Schreckgespenst mehr. Viele brachten uns Lebensmittel. Auch Kinder kamen täglich, um uns Hirseabfälle und Biertreber gegen Salz oder leere Konservenbüchsen einzutauschen. Als wir von Yendi abgeführt wurden, hatten wir alle das Bewusstsein, dass Gott auch in der kurzen Zeit durch die oft sehr eingeschränkte Arbeit seiner Boten hier sein Werk angefangen hatte. Die Losung am Morgen der Abreise war uns ein Trost:

›Die Heiden, die um euch her wohnen,
sollen erfahren, dass ich der Herr bin,
der baut, was zerrissen ist
und pflanzt, was verheert ist.‹«[101]

---

[100] D-3, 12, unter Julia Schimming, Nr. 55.

[101] D-3, 12, Nr. 64, Schlussbericht vom Juni 1918 (nach der Rückkehr aus der Internierung).